工商管理优秀教材译丛

管理学系列

企业研究方法

第 8 版

［荷］罗杰·鲍吉（Roger Bougie）
［美］乌玛·塞克拉（Uma Sekaran） 著

应 斌 译

清华大学出版社
北京

北京市版权局著作权合同登记号　图字：01-2023-5932

Research Methods for Business: A Skill-Building Approach, 8th edition by Roger Bougie and Uma Sekaran
EISBN: 9781119561224

Copyright © 2020 by John Wiley & Sons, Inc.

All Rights Reserved. This translation published under license. Authorized translation from the English language edition, Published by John Wiley & Sons. No part of this book may be reproduced in any form without the written permission of the original copyrights holder.

本书中文简体字版专有翻译出版权由 John Wiley & Sons, Inc. 公司授予清华大学出版社。未经许可，不得以任何手段和形式复制或抄袭本书内容。

本书封面贴有 Wiley 公司防伪标签，无标签者不得销售。
版权所有，侵权必究。举报：010-62782989，beiqinquan@tup.tsinghua.edu.cn。

图书在版编目 (CIP) 数据

企业研究方法：第 8 版 /（荷）罗杰·鲍吉,（美）乌玛·塞克拉著；应斌译.
北京：清华大学出版社, 2025. 1. --（工商管理优秀教材译丛）.
ISBN 978-7-302-67904-2

Ⅰ. F272

中国国家版本馆 CIP 数据核字第 202592QF84 号

责任编辑：梁云慈
封面设计：何凤霞
版式设计：方加青
责任校对：宋玉莲
责任印制：刘海龙

出版发行：清华大学出版社
　　　　　网　　址：https://www.tup.com.cn, https://www.wqxuetang.com
　　　　　地　　址：北京清华大学学研大厦 A 座　　邮　编：100084
　　　　　社　总　机：010-83470000　　　　　　　　邮　购：010-62786544
　　　　　投稿与读者服务：010-62776969, c-service@tup.tsinghua.edu.cn
　　　　　质　量　反　馈：010-62772015, zhiliang@tup.tsinghua.edu.cn
印 装 者：北京同文印刷有限责任公司
经　　销：全国新华书店
开　　本：185mm×260mm　　印　张：23.5　　插　页：2　　字　数：575 千字
版　　次：2025 年 3 月第 1 版　　印　次：2025 年 3 月第 1 次印刷
定　　价：72.00 元

产品编号：104482-01

前言

企业研究方法
Research Methods for Business

《企业研究方法》这本书的前几版已被用于各种研究方法的课程,并取得了巨大的成功。这些年来,这本书伴随着我的学生和世界上其他国家和地区的学生学习并开展研究工作。此书的优点在于,在学生看来,它条理清晰,语言简练易懂,易于接受。在第8版中,我想继续保持这些优势。

第8版的变化

第8版的《企业研究方法》已经被彻底修订。

- 第8版中增加了两个新章节(第3章定义管理问题和第18章研究结论)。同时本书的每一章都进行了一定的修改。
- 这一版对第2章(科学调研和可供选择的研究方法)、第4章(定义研究问题)以及关于访谈、变量的测度、抽样等的章节也进行了大量的修改和更新。
- 所有章节中的示例、练习和其他教学特色都进行了修订和更新。
- 书的结构没有改变,但是细节有了很大的改进。同之前版本一样,可访问的和非正式的信息呈现方式得到了保持,并聚焦于实践技能的建立。
- 第2章介绍并讨论了可供选择的研究方法。本章的新内容是对实用研究方法的详细讨论。后续章节从实用角度回顾了一系列主题(如管理问题和研究问题的定义),并在此基础上进行了跟进。对各种研究方法的讨论使读者能够认识和开发他们的研究思路和研究方法,确定哪种类型的研究问题对他们来说是最重要的,以及确定最好的收集和分析数据的方法,从而为他们的研究问题提供最佳答案。

与之前几个版本一样,本书提供了许多例子来说明提出的概念和要点。读者还将看到来自世界不同地区及不同业务领域的各种例子,包括人力资源管理、战略管理、运营管理、管理控制、营销、财务、会计和信息管理。

书中的大部分章节都包含了所讨论内容的管理启示,强调了管理者理解研究的必要性。研究中涉及的伦理考量也被清楚地提出。本书讨论了跨文化领域与研究工具、调查和抽样等方面的动态关系,这在当今全球经济的背景下对学生是有用的。

我们希望学生和老师都能喜欢这个版本。学生应该通过学习这本书的知识和技能,成为高效的研究人员。最后,希望学生发现研究的有趣性、简单性、实用性。

怎样使用第8版

你可以用很多种方式来读这本书,取决于你使用这本书的原因。

如果这本书是企业研究方法课程的一部分,你应该按照老师要求的顺序来学习这些章节。

如果你读这本书是因为你正在从事一个项目(一个咨询项目、一个研究项目或一篇论文),那么你可以自己选择阅读章节的顺序。不过,我们还是建议你遵循这本书的顺序。也就是说，我们建议你从前三章开始阅读，这前三章包括了研究概论、形成好的研究的各种方法，以及问题陈述和研究提纲等内容。根据研究问题的类型以及作为研究问题的结果，你的研究本质上是定性的还是定量的，你可以决定以下面哪种方式阅读这本书。

就定性研究而言：

5	批判性文献综述
7	研究设计
8，9 或 10	数据收集方法
14	抽样
17	定性数据分析
19	研究报告

就定量分析而言：

5	批判性文献综述
6	理论框架
7	研究设计
10	调查问卷
11	实验设计
12 和 13	测量和量表
14	抽样
15 和 16	定量数据分析
19	研究报告

教辅资源

我们为授课老师准备了一份广泛的习题库、一套完整的 PowerPoint 幻灯片，以及一份教师手册，提供最新的和有价值的额外教学辅助。

致谢

参与第 8 版《企业研究方法》的编写工作是一种积极和有益的经验。许多人在许多不同的方面对此做出了贡献。感谢蒂尔堡大学（Tilburg University）和提亚斯商学院（TIAS School for Business and Society）的同事们对本书早期版本的反馈。感谢你们为我提供了一个愉快、专业、鼓舞人心的工作环境。亲爱的同学们，感谢你们在过去 20 年中所进行的生动和鼓舞人心的讨论，我从这些讨论中学到了很多。感谢 John Wiley & Sons 的每一个人，感谢你们的支持、耐心和信心。谢谢审稿人对早期草稿的建设性建议和深刻的评论。

罗杰·鲍吉

目 录

企业研究方法
RESEARCH METHODS FOR BUSINESS

第 1 章　研究概论 ········· 1
　1.1　导言 ········· 1
　1.2　企业研究的类型：应用研究与基础研究 ········· 3
　1.3　管理者和研究 ········· 6
　1.4　内部和外部顾问 / 研究人员 ········· 8
　1.5　研究和管理效率的知识 ········· 10
　1.6　伦理与企业研究 ········· 10
　　总结 ········· 10
　　讨论题 ········· 11

第 2 章　科学调研和可供选择的研究方法 ········· 15
　2.1　导言 ········· 15
　2.2　科学研究的特征 ········· 16
　2.3　假设演绎法 ········· 18
　2.4　可供选择的研究方法 ········· 21
　2.5　务实的研究方法 ········· 23
　　总结 ········· 30
　　讨论题 ········· 30

第 3 章　定义管理问题 ········· 32
　3.1　导言 ········· 32
　3.2　寻找决策机会或改进领域 ········· 33
　3.3　修复破坏的局面 ········· 35
　3.4　向客户组织提供反馈 ········· 44
　3.5　管理启示 ········· 45
　　总结 ········· 45
　　讨论题 ········· 46
　　附录　组织的背景资料 ········· 47

第 4 章　定义研究问题 ········· 49
　4.1　导言 ········· 49
　4.2　管理问题 ········· 49
　4.3　定义研究问题 ········· 50
　4.4　研究计划 ········· 56

4.5	管理启示	58
4.6	研究调查初期阶段的伦理问题	58
	总结	59
	讨论题	60

第 5 章　批判性文献综述 …… 61
5.1	导言	61
5.2	如何进行文献综述	64
5.3	伦理问题	68
	总结	70
	讨论题	70
	练习	71
	附录	71

第 6 章　理论框架和提出假设 …… 79
6.1	导言	79
6.2	理论框架的必要性	80
6.3	变量	81
6.4	理论是如何产生的	87
6.5	提出假设	89
6.6	管理启示	95
	总结	95
	讨论题	96
	练习	97

第 7 章　研究设计的要素 …… 98
7.1	导言	98
7.2	研究设计	98
7.3	研究设计要素	99
7.4	混合方法	108
7.5	权衡和妥协	108
7.6	管理的启示	109
	总结	110
	讨论题	110

第 8 章　访谈 …… 112
8.1	导言	112
8.2	一手资料收集方法	113
8.3	访谈	114
8.4	访谈的优缺点	121
	总结	121
	讨论题	122

第 9 章　观察 …… 123
9.1	导言	123

9.2	观察的定义和目的	124
9.3	观察类型的四个关键方面	124
9.4	两种重要的观察方法	127
9.5	观察的优点和缺点	134
总结		135
讨论题		136

第10章 问卷调查 … 138

10.1	导言	138
10.2	问卷调查的类型	138
10.3	问卷设计指南	140
10.4	问卷调查的国际维度	150
10.5	不同资料搜集方法的优缺点及适用时机的回顾	151
10.6	多种数据收集方法	152
10.7	管理启示	152
10.8	数据收集中的道德问题	153
总结		154
讨论题		155

第11章 实验设计 … 158

11.1	导言	158
11.2	实验室实验	160
11.3	实地实验	164
11.4	实验的内部效度与外部效度	164
11.5	实验设计类型及效度	170
11.6	仿真	174
11.7	实验研究的伦理问题	175
11.8	管理启示	176
总结		177
讨论题		178
附录		179

第12章 变量的测度：操作化定义 … 182

12.1	导言	182
12.2	如何测度变量	183
12.3	操作化定义	184
12.4	操作化定义的国际维度	188
总结		188
讨论题		189

第13章 变量的测度：量表、信度和效度 … 190

13.1	导言	190
13.2	四种量表	190

13.3 评定量表 ··· 195
13.4 等级量表 ··· 199
13.5 量表的国际维度 ·· 200
13.6 测量的质量 ·· 201
13.7 反应性量表与形成性量表 ··· 205
总结 ·· 207
讨论题 ··· 208
附录 量表范例 ··· 208

第 14 章 抽样 ··· 214
14.1 导言 ·· 214
14.2 总体、元素、样本、抽样单位和研究对象 ································ 215
14.3 样本资料和总体值 ·· 216
14.4 抽样过程 ··· 218
14.5 概率抽样 ··· 220
14.6 非概率抽样 ·· 225
14.7 抽样设计使用时机的范例 ··· 228
14.8 决定样本规模时，精确性和可信度的问题 ································ 233
14.9 样本资料与假设检验 ··· 236
14.10 样本规模 ·· 237
14.11 定性研究的抽样 ·· 241
14.12 管理启示 ·· 242
总结 ·· 242
讨论题 ··· 243

第 15 章 定量数据分析 ·· 246
15.1 导言 ·· 246
15.2 整理数据用以分析 ·· 248
15.3 了解数据 ··· 253
15.4 Excelsior Enterprises——描述性统计第 1 部分 ························· 260
15.5 检验数据质量 ··· 262
15.6 Excelsior Enterprises——描述性统计第 2 部分 ························· 265
总结 ·· 267
讨论题 ··· 268

第 16 章 定量数据分析：假设检验 ··· 271
16.1 导言 ·· 271
16.2 第一类错误、第二类错误和统计功效 ······································ 271
16.3 选择合适的统计工具 ··· 272
16.4 Excelsior Enterprises——假设检验 ·· 290
总结 ·· 295
讨论题 ··· 295

第 17 章　定性数据分析 ⋯⋯⋯⋯⋯⋯⋯⋯⋯⋯⋯⋯⋯⋯⋯⋯⋯⋯⋯⋯⋯⋯⋯⋯ 298
17.1　导言 ⋯⋯⋯⋯⋯⋯⋯⋯⋯⋯⋯⋯⋯⋯⋯⋯⋯⋯⋯⋯⋯⋯⋯⋯⋯⋯ 298
17.2　定性数据分析的三个重要步骤 ⋯⋯⋯⋯⋯⋯⋯⋯⋯⋯⋯⋯⋯⋯⋯ 298
17.3　定性研究的信度和效度 ⋯⋯⋯⋯⋯⋯⋯⋯⋯⋯⋯⋯⋯⋯⋯⋯⋯⋯ 310
17.4　其他搜集和分析定性数据的方法 ⋯⋯⋯⋯⋯⋯⋯⋯⋯⋯⋯⋯⋯⋯ 311
17.5　大数据 ⋯⋯⋯⋯⋯⋯⋯⋯⋯⋯⋯⋯⋯⋯⋯⋯⋯⋯⋯⋯⋯⋯⋯⋯ 312
总结 ⋯⋯⋯⋯⋯⋯⋯⋯⋯⋯⋯⋯⋯⋯⋯⋯⋯⋯⋯⋯⋯⋯⋯⋯⋯⋯⋯⋯ 312
讨论题 ⋯⋯⋯⋯⋯⋯⋯⋯⋯⋯⋯⋯⋯⋯⋯⋯⋯⋯⋯⋯⋯⋯⋯⋯⋯⋯⋯ 313

第 18 章　研究结论 ⋯⋯⋯⋯⋯⋯⋯⋯⋯⋯⋯⋯⋯⋯⋯⋯⋯⋯⋯⋯⋯⋯⋯⋯⋯ 314
18.1　导言 ⋯⋯⋯⋯⋯⋯⋯⋯⋯⋯⋯⋯⋯⋯⋯⋯⋯⋯⋯⋯⋯⋯⋯⋯⋯⋯ 314
18.2　结论和建议：研究者研究过程的终点 ⋯⋯⋯⋯⋯⋯⋯⋯⋯⋯⋯⋯ 315
18.3　不正确或有缺陷的推理形式 ⋯⋯⋯⋯⋯⋯⋯⋯⋯⋯⋯⋯⋯⋯⋯⋯ 323
总结 ⋯⋯⋯⋯⋯⋯⋯⋯⋯⋯⋯⋯⋯⋯⋯⋯⋯⋯⋯⋯⋯⋯⋯⋯⋯⋯⋯⋯ 324
讨论题 ⋯⋯⋯⋯⋯⋯⋯⋯⋯⋯⋯⋯⋯⋯⋯⋯⋯⋯⋯⋯⋯⋯⋯⋯⋯⋯⋯ 325

第 19 章　研究报告 ⋯⋯⋯⋯⋯⋯⋯⋯⋯⋯⋯⋯⋯⋯⋯⋯⋯⋯⋯⋯⋯⋯⋯⋯⋯ 328
19.1　导言 ⋯⋯⋯⋯⋯⋯⋯⋯⋯⋯⋯⋯⋯⋯⋯⋯⋯⋯⋯⋯⋯⋯⋯⋯⋯⋯ 328
19.2　书面报告 ⋯⋯⋯⋯⋯⋯⋯⋯⋯⋯⋯⋯⋯⋯⋯⋯⋯⋯⋯⋯⋯⋯⋯⋯ 328
19.3　研究报告的内容 ⋯⋯⋯⋯⋯⋯⋯⋯⋯⋯⋯⋯⋯⋯⋯⋯⋯⋯⋯⋯⋯ 331
19.4　口头报告 ⋯⋯⋯⋯⋯⋯⋯⋯⋯⋯⋯⋯⋯⋯⋯⋯⋯⋯⋯⋯⋯⋯⋯⋯ 337
总结 ⋯⋯⋯⋯⋯⋯⋯⋯⋯⋯⋯⋯⋯⋯⋯⋯⋯⋯⋯⋯⋯⋯⋯⋯⋯⋯⋯⋯ 339
讨论题 ⋯⋯⋯⋯⋯⋯⋯⋯⋯⋯⋯⋯⋯⋯⋯⋯⋯⋯⋯⋯⋯⋯⋯⋯⋯⋯⋯ 339
附录 ⋯⋯⋯⋯⋯⋯⋯⋯⋯⋯⋯⋯⋯⋯⋯⋯⋯⋯⋯⋯⋯⋯⋯⋯⋯⋯⋯⋯ 340

给学生的最后一个提示 ⋯⋯⋯⋯⋯⋯⋯⋯⋯⋯⋯⋯⋯⋯⋯⋯⋯⋯⋯⋯⋯⋯⋯ 348
统计分布表 ⋯⋯⋯⋯⋯⋯⋯⋯⋯⋯⋯⋯⋯⋯⋯⋯⋯⋯⋯⋯⋯⋯⋯⋯⋯⋯⋯⋯ 349
参考文献 ⋯⋯⋯⋯⋯⋯⋯⋯⋯⋯⋯⋯⋯⋯⋯⋯⋯⋯⋯⋯⋯⋯⋯⋯⋯⋯⋯⋯⋯ 359

第1章

Research Methods for Business

研究概论

学习目标

学完本章后，你应该能够：
1. 描述并定义企业研究。
2. 区分应用研究和基础研究，并举例说明哪种情况属于应用研究，哪种情况属于基础研究。
3. 解释为什么管理者应该了解研究并且讨论管理者与研究人员互动时该做和不该做的事情。
4. 知道在哪种情况下适合请内部研究团队，哪种情况下适合请外部研究团队负责研究，并说明理由。
5. 说明研究对管理者的意义，并描述如何运用从研究中获取的知识。
6. 了解在企业研究中，伦理所扮演的角色。

1.1 导言

试着闭上你的眼睛，并想象当你听到"研究"（research）二字时，脑中会浮现的画面。画面中，是一群科学家在实验室拿着酒精灯与灯管做实验？还是像爱因斯坦（Einstein）般的研究者埋头撰写某篇复杂的研究论文？或是有某个人正在搜集资料，以探讨广告对产品销售量的影响？这些都是研究的不同方面。然而，研究并不一定以本生灯（Bunsen burners）、爱因斯坦式的人物或大数据为特征。**研究**，也许对有些人来说有点令人生畏，其实它只不过是在仔细调查和分析各种情境因素之后，找出解决问题答案的过程。沿着这些线路，当人们（消费者、投资者、管理者）想要更换手机供应商，买一辆新车，去看电影，投资创业，或者作为经理想要增加广告支出时，就会不断进行自我探索和研究问题——因此参与某种形式的研究活动。

以这样或那样的方式进行研究，可能会帮助组织中的管理者在工作场合做出决策。我们可以发现，有时管理者可以做出好的决策并顺利解决问题；但有时管理者也会做出不佳的决策，而使问题持续存在；甚至可能在决策时犯下大错，使组织面临困境。正确的决定和犯错误的区别在于我们做决定的过程。换句话说，良好的决策可以得到下列问题的肯定回答。我们能确定问题出在哪里吗？在需要调查的情况下，我们是否正确地认识到了相关因素？我们知道要收集哪些类型的信息以及如何收集吗？我们知道如何利用收集到的信息并得出适当的结论来做出正确的决定吗？最后，我们知道如何实施这个过程的结果来解决问题吗？这是研究的本质，要想成为一名成功的管理者，重要的是要知道如何通过了解在组织和（或）利益相关者感兴趣的问题中找到解决方案所涉及的各种步骤来做出正确的决策。这就是这本书的全部内容。

1.1.1 企业研究

企业研究可以被描述为一种通过系统的、有组织的方式，调查某个特定问题，以找出可以解决问题的方案的过程。它包括一系列设计和执行的步骤，目的是找到工作环境中管理者关心的问题的答案。这意味着研究的第一步是了解组织中存在的问题领域，并尽可能明确地确定需要研究和解决的问题。一旦问题被明确定义，就可以采取步骤来确定与问题相关的因素，收集信息，分析数据，对手头的问题做出解释，然后采取必要的纠正措施来解决问题。我们试图解决问题的整个过程叫作研究。因此，研究涉及一系列经过深思熟虑和精心执行的活动，这些活动使管理者能够了解如何解决组织问题，或者至少在很大程度上最小化组织问题。这些过程必须系统地、积极地、批判地、客观地、逻辑地进行。预期的最终结果会帮助管理者处理问题。

识别关键问题，收集相关信息，以有助于决策制定的方式分析数据，以及实施正确的行动方针，都可以通过理解企业研究来促进。毕竟，决策只是一个从各种解决方案中进行选择以解决问题的过程，以便解决你在（未来的）工作中，比如作为财务主管、品牌经理、产品经理、市场经理、IT审计项目经理、业务分析师或顾问，遇到的或小或大的问题。更重要的是，它将帮助你区分发表在（专业）期刊上的研究成果的好坏，区分研究机构的研究成果的好坏，更有效地与研究人员和顾问进行互动。

我们现在可以将企业研究定义为"通过有组织的、系统的、以资料为基础的、批判的、客观的和科学的方式，调查某个特定问题，以找出可以解决问题的方案的过程"。基本上，研究可以提供必要的信息，以引导管理者做出明智的决策并成功地解决问题，而其所提供的信息可通过自行调查获得一手资料或搜集现有资料（企业的、行业的资料档案等）的方式取得。这些资料可能是定量的（定量数据是以数字的形式聚集的数据，大多是结构性问题），或定性的（定性数据是以文字的形式呈现），定性资料大多来自访谈时获得的各种答案、开放性问卷中的回答、研究者的观察，或者从不同渠道（如互联网）搜集的资料。

1.1.2 研究与管理者

所有组织都有一个共同的经验，即管理者每天都会遇到大大小小的问题，他们必须通过正确的决策来解决这些问题。在商业中，研究通常主要用于解决会计、财务、管理和市场营销领域中存在的或互相关联的问题。在会计中，常遇到的问题有预算控制系统、惯例和程序、存货成本法、加速折旧法、季度性盈余下的时间序列行为、调拨定价、现金周转率、杠杆收购、企业间融资、抵押利率、股票交易行为等；在管理研究中，常遇到的问题包括员工的态度与行为、人力资源管理、生产运作管理、战略制定、信息系统、人口统计量变动时对管理实务的影响等；在市场营销研究中，常遇到的问题则有产品形象、广告、促销、配送、包装、定价、售后服务、顾客偏好、新产品开发等。

表1-1提供了企业管理领域常见的一些研究问题。

表 1-1　企业中一些常见的研究领域

1. 员工行为，例如绩效、旷工、离职。	25. 银行策略。
2. 员工态度，例如工作满意度、忠诚度、组织承诺。	26. 行为金融学：过度自信、有限理性、家庭偏见。
3. 监督者的绩效、领导风格、绩效评估系统。	27. 高管薪酬。
4. 员工的甄选、招募培训及留任。	28. 合并和收购。
5. 绩效评估系统的依据。	29. 投资组合和资产管理。
6. 人力资源管理与组织战略。	30. 财务报告。
7. 评定中心的评估。	31. 现金流会计。
8. 员工绩效评估时，评级与评级误差的动态性。	32. 会计准则。
9. 战略制定与执行。	33. 外包会计。
10. 实时生产系统、持续改善战略和生产效率。	34. 可持续性报告。
11. 在政府法规与组织变革下，政策与制度的更新。	35. 社交网络对资本市场的影响。
12. 组织的产出，例如销售量、市场占有率、利润、成长、效能。	36. 公司治理。
13. 消费者决策。	37. 制定有效的成本核算程序。
14. 消费者关系管理。	38. 安装有效的管理信息系统。
15. 消费者满意度、投诉、消费者忠诚度以及口碑传播。	39. 先进的制造技术和信息系统。
16. 消费者投诉处理。	40. 审计师的行为。
17. 传递与执行服务。	41. 审计的方法和技术。
18. 产品生命周期、新产品开发和产品创新。	42. 审计技术的使用。
19. 市场细分、目标市场选择、定位。	43. 审计决策。
20. 产品形象、企业形象。	44. 计算机网络和软件的导入、采用与更新，以建立有效的信息系统。
21. 资金成本、企业评估、股利政策及投资决策。	45. 构建有效的数据仓库和数据挖掘系统。
22. 风险评估、汇率波动及海外投资。	46. 接受新的计算机程序。
23. 税制对企业重组与购并的影响。	47. 税收审计。
24. 市场效率。	48. 内部审计。
	49. 会计舞弊与审计师责任。
	50. 加密数字货币。

各子领域内的问题不仅与特定系统的许多因素有关，而且还必须在业务面临的外部环境中进行研究。例如，经济、政治、人口、技术、竞争和其他相关的全球因素可能会影响到与公司相关的一些动态。这些问题也必须仔细审查，以评估它们对正在研究的问题的影响（如果有的话）。

1.2　企业研究的类型：应用研究与基础研究

研究有两个目的：第一是让管理者得以实时解决目前工作中面临的问题，例如，当某个产品销售不佳时，管理者可能想知道这是什么原因造成的，因为只有在了解原因后，才能采取正确的措施来加以改进，这一类型的研究就叫作**应用研究**；第二是先探讨某些特定问题如何被解决，以增加知识，然后再利用这些知识来帮助管理者解决问题，这类研究称为**基础研究**。

有些企业也可能利用基础研究获得的成果来解决自身问题。例如，某位大学教授可能基于兴趣而去研究有哪些因素会影响员工旷工，在搜集与分析相关资料后发现，弹性工时、不适当的员工培训以及士气不佳是造成员工旷工的主要原因。而当管理者发现公司存在员工旷工问题时，他可能会参考这些学术研究的结果，以了解在这些影响因素中，有哪些可能是造成自己公司员工旷工的原因。

因此，如果采用研究的结果来解决目前组织所面临的特定问题，就属于应用研究；而如果是希望能对组织中某些普遍发生的特定问题有更深入的了解，并寻求解决方法而进行的研究，则是基础研究，也称为纯粹研究，这类研究可以增加企业各职能领域的知识，教会我们一些之前不知道的知识。这些知识一旦被建立，就经常用来解决以后组织遇到的各种问题。

1.2.1 应用研究

下面的例子，根据《企业周刊》和《纽约时报》所引用的两种情况，提供了一些关于企业研究范围的概念。

例 1.1

1. 在全球范围内，可乐占汽水总销量的 50% 以上，价值 1 870 亿美元的软饮料行业面临的挑战是，在发达市场，消费者既想享受到他们想要的甜味，又不想摄入他们不愿摄入的卡路里，对肥胖和健康的担忧导致了美国汽水消费连续九年下跌。汽水巨头们不能轻易使用与他们同名可乐的现有减肥版，因为消费者们都在回避它们中所含的人工甜味剂。批评人士将从体重增加到癌症的一切都归咎于这些成分——不管正确与否。健怡可乐（Diet Coke）在美国的销售额正在以每年 7% 的速度下降，几乎是美国可乐总销售额下降速度的两倍。因此，可口可乐和百事可乐都在转向研究来拯救占据美国饮料产业销售额 2/3 的可乐业务。欧睿信息咨询公司的分析师 Howard Telford 表示"如果你能破解最完美的甜味剂，那将是巨大的突破"。

资料来源：Stanford, D. (2015, March 19). Scientists Are Racing to Build a Better Diet Soda. Retrieved from http://www.bloomberg.com/news/articles/2015-03-19/coke-pepsi-seek-diet-soda-s-perfect-sweetener.

2. 在古典神话中，阿奎拉（Aquila）是带着朱庇特（Jupiter）的雷电直冲云霄的鹰。在脸书（Facebook），这是一架高空无人机的代号，表明了这家社交网络公司的雄心壮志。这款 V 型无人驾驶飞机的翼展大约相当于一架波音 767 飞机的翼展，但重量还不及一辆小型车。它是脸书计划与大约 50 亿用户建立联系的核心部分。对于一家靠卖广告赚钱的科技公司来说，利用太阳能无人机向天空发射互联网接入信号似乎有些牵强。有 14 亿用户的脸书在商业模式上，与美国全国广播公司（NBC）更接近，而非波音（Boeing）。但在一场争夺互联网主导地位的高风险竞争中，谷歌（Google）拥有高空气球和高速光纤网络，亚马逊（Amazon）拥有实验无人机和庞大的数据中心，脸书也面临着压力，要求它证明自己也可以从事比产品更具风险性的项目。其中一个不寻常的想法，或者按照这样的思路，可能会成为一个赢家。"亚马逊、谷歌和脸书正在探索全新的东西，这些东西将改变我们的生活方式，"华盛顿大学

（University of Washington）的比尔和梅林达·盖茨（Bill and Melinda Gates）计算机科学与工程系主任艾德·拉佐斯卡（Ed Lazowska）说。

资料来源：Hardy, Q. &Goel, V.（2015, March 26）. Drones Beaming Web Access are in the Stars for Facebook. Retrieved from http: //www.nytimes.com/2015/03/26/technology/drones-beaming-web-access-are-in-the-stars-for-facebook.html.

这两个例子说明了应用研究的好处。下面提供一个基础研究的例子。

1.2.2 基础研究

例 1.2

> 萨拉从当银行职员起就注意到，她的同事们虽然对银行业的内在和细微差别了解得非常透彻，但在提高银行在客户关系和服务领域的效率和效力方面却几乎没有付出什么努力。他们承担了最少的工作量，享受长时间的茶歇和午休，但在与客户和管理层的沟通中似乎缺乏动力。他们在处理客户的申请时进行的讨论清楚地表明，他们对银行政策和惯例非常了解。萨拉本人工作非常努力，喜欢和客户一起工作。她总是想，对有才华的员工来说，偷懒而不是努力工作是多么大的浪费。她离开银行并撰写她的博士论文，论文的研究主题是工作投入，即人们对工作的自我投入。她的调查得出的结论是，影响工作投入的最重要因素是工作性质与从事工作的人的性格倾向之间的契合或匹配。例如，可以让高能力的员工参与到具有挑战性的工作中来，以人为本的员工参与到服务活动中来。莎拉这时明白了为什么那些非常聪明的银行职员不能参与到日常工作中去，也不能在日常工作中找到工作满足感，这些工作很少需要他们发挥自己的能力。
>
> 后来，当萨拉加入一家《财富》500强公司的内部研究团队时，她运用这些知识解决了组织中的激励、工作满足感、工作投入等问题。

以上是基础研究的一个例子，在这个例子中产生了知识来理解研究者感兴趣的现象。各行各业的大多数研发部门，以及许多大学和学院的教授，都从事基础研究，以便在行业、组织和研究人员感兴趣的特定领域产生更多的知识。虽然从事基础研究的目的主要是使自己对几个组织和行业中发生的某些现象和问题有更多的了解，以便找到解决方案，但是从这种研究中产生的知识通常在以后被应用到解决组织问题上。

如前所述，进行基础研究的主要目的是对感兴趣的现象产生更多的知识和了解，并在研究结果的基础上建立理论。这些理论为进一步研究这一现象的许多方面奠定了基础。这种建立在现有知识基础上的过程是理论构建的起源，特别是在管理领域可以提供几个基础研究的例子。例如，对全球变暖的原因和后果的研究将提供许多解决办法，以尽量减少这种现象，并导致进一步的研究。尽管对全球变暖的研究可能主要是为了了解这种现象的细微差别，但这些发现最终将被应用于农业和建筑业等行业，并对它们有用。

许多大公司，如苹果（Apple）、宝马（BMW）、通用电气（General Electric）、谷歌

（Google）、微软（Microsoft）和壳牌（Shell），也从事基础研究。例如，在德国宝马工厂进行的基础研究旨在进一步减少车队的温室气体排放，并促进电动创新。苹果、微软、谷歌和脸书等高科技公司都在研究网络行为和互动，以深入了解社会和技术力量之间的互动。这使它们能够围绕利益共同体建立新的在线体验形式，并增加它们对如何把人们聚集在一起的理解。

大学教授从事基础研究，以理解和生成更多关于企业的各个方面的知识，比如如何提高信息系统的有效性，将技术集成到一个组织的整体战略目标，评估营销活动的影响，提高对员工在服务行业的产量，监控在工作场所的性骚扰事件，提高小型企业的有效性，评估其他存货计价方法，改变金融和资本市场的制度结构等。这些发现之后在应用和商业领域都起到了很大的作用。

就像之前论述的一样，应用和基础商业研究的主要区别在于，前者旨在具体解决一个特定的组织目前经历的问题，而后者的目标更广泛，旨在产生知识和理解发生在不同组织的现象和问题。尽管有这样的区别，这两种类型的研究都可能受益于遵循相同步骤进行的系统调查，以得出问题的解决方案。

1.3 管理者和研究

1.3.1 为什么管理者需要了解研究

在这本书中，我们将主要关注应用研究。有研究知识的管理者比没有研究知识的管理者有优势。虽然作为管理者，你自己可能不会做任何重要的研究，但你必须理解、预测和控制公司内部发生的不正常的事件。例如，一个新开发的产品可能没有"起飞"，或者金融投资可能没有按预期"回报"。对这种令人不安的现象必须加以了解和解释。你必须这样做，否则无法预测该产品的未来或该投资的前景，不知如何控制未来的灾难性后果。对研究方法的掌握使管理者能够理解、预测和控制他们所处的环境。

你可能会有这样的想法，因为你可能会请研究人员来解决问题，而不是自己做研究，所以没有必要费心去研究。当一个人考虑到不这样做的后果时，其重要性的原因就变得很清楚了。随着现代组织的日益复杂，以及所面临的环境的不确定性，组织系统的管理现在涉及在工作场所中不断地进行故障排除。如果管理人员能够在问题失控之前发现问题并解决问题，这将会有所帮助。研究和解决问题过程的知识可以帮助管理者在问题失控之前识别问题情况。虽然小问题可以由经理解决，但大问题需要聘请外部研究人员或顾问。有研究知识的管理者可以有效地与他们互动。关于研究过程、设计和数据解释的知识也有助于管理人员成为对呈现的研究结果有识别力的接受者，并确定建议的解决方案是否适合执行。

如今职业管理者需要了解研究方法的另一个原因是，他们在筛选商业期刊上发布的信息时，会变得更加挑剔。一些期刊文章比其他文章更科学、更客观。甚至在科学文章中，有些文章比其他文章更适合应用或适应特定的组织和情况。这是采样设计、组织的类型研究，以及其他在《华尔街日报》的文章报道的因素的作用。除非经理能够充分掌握发表的实证研究的真正含义，他或她可能弄错这些出版物提供的一些建议。出于同样的原因，经理们可以通过研究公开发表的科研成果来成功地解决他们自己的问题，从而节省大量的成本。

职业管理者应该对研究和商业研究方法有所了解还有其他几个原因。首先，这样的知识提高了管理者在运营中对无数变量的敏感性，并经常提醒他们现象的多重因果和多效性，从而避免了这种一个变量"导致"另一个变量的不恰当、过于简单化的概念。其次，当管理者了解了专业人士提交给他们的关于组织的研究报告时，他们就具备了承担智能的、受教育的、计算的风险的能力，这些风险是指他们决策的成功或失败的已知概率。于是，研究就变成了一种有用的决策工具，而不是产生大量难以理解的统计数据信息。再次，如果管理者对科学调查有所了解，组织内外的既得利益者就不会占上风。例如，如果管理人员意识到可能蔓延到研究领域的偏见并知道数据是如何分析和解释的，那么组织内的一个内部研究小组就不能对信息进行扭曲或对研究结果进行有利的操纵。例如，一个内部研究小组可能会说，其所偏向的某一单位（不论出于什么原因）利润增加，因此应拨出更多资源购买精密设备，以进一步提高其效率。然而，由于市场条件等外部环境因素，增加的利润可能是一次性的意外之财，与单位的经营效率无关。因此，了解数据伪装的不同方式将有助于经理做出正确的决策。最后，关于研究的知识可以帮助管理者和研究者或解决问题的顾问分享相关信息。

总之，对研究和研究方法的了解有助于职业管理者：
1. 识别并有效解决工作环境中的小问题；
2. 知道如何区分研究的好坏；
3. 鉴别并不断意识到影响一个情况的多种原因和多种结果；
4. 在做决策的时候，要承担经过计算的风险，充分了解不同可能结果的概率；
5. 防止可能的既得利益者在特定情况下施加影响；
6. 更有效地与雇用的研究人员和顾问联系；
7. 在做决定时，将经验与科学知识相结合。

1.3.2 管理者和顾问 / 研究员

管理者通常需要聘请顾问来研究他们遇到的一些更复杂、更耗时的问题，就像前面提到的脸谱网（Facebook）那样。因此，了解如何有效地与顾问进行沟通是很重要的（术语研究者和顾问，在这里交替使用），管理者和研究者的关系应该是什么，以及内部和外部的优势和劣势也是很重要的问题。

在他们的职业生涯中，管理人员经常需要与顾问打交道。在这种情况下，管理者不仅必须与研究团队有效地互动，而且还必须明确界定研究人员和管理层的角色。管理者必须告知研究人员，他们可能会得到哪些信息，更重要的是，他们不会得到哪些记录。这些记录可能包括雇用人员的人事档案，或某些商业秘密。在一开始就把这些事实说得很清楚，可以为双方减少很多波折。对研究非常了解的管理者可以更容易地预见到研究人员可能需要什么信息，如果不能提供包含这些信息的某些文档，他们可以在一开始就通知研究团队。研究人员在后期发现，公司不会让他们获得某些信息，这让他们很烦恼。如果他们从一开始就知道约束条件，研究人员可能就能找到另一种方法。

除了明确角色和限制，经理还应该确保管理层和顾问的价值体系是一致的。例如，研究团队可能非常相信并建议，裁员和精简将是大幅削减运营成本的理想方式。然而，管理层的一贯理念可能是不解雇有经验、忠诚和资深的员工。因此，管理层和研究团队之间可能会产生冲突。研究知识将帮助管理者甚至在一开始就识别和明确地陈述组织所珍视的价值观，这样在将来就不会有什么意外了。问题的澄清为研究团队提供了一个机会，要么接受任务并找到处理问题的替代方法，要么反悔表示无法承担项目。无论哪种情况，组织和研究团队都是如此。

以直接和坦率的方式交换资讯，亦有助增进双方之间的融洽和信任，从而促进双方有效的互动。在这种情况下，研究人员可以自由地向管理层寻求帮助，使研究更有目的性。例如，研究团队可能会要求管理层将后续研究及其广泛用途告知员工，以减轻他们可能产生的任何担忧。

总之，在招聘研究人员或顾问时，经理应确保：
1. 明确双方的角色和预期。
2. 清楚地阐明组织的相关理念和价值体系，沟通组织的约束条件（如果有的话）。
3. 与研究人员以及研究人员和组织内的员工建立良好的关系，使后者能够充分合作。

1.4 内部和外部顾问/研究人员

1.4.1 内部顾问/研究人员

有些组织有自己的咨询或研究部门，可称为管理服务部、组织与方法部、研发部或其他名称。此部门是该组织面临某些问题并寻求帮助的各单位的**内部顾问**。如果组织内有这样一个单位，它在若干方面是有用的，在某些情况下获得它的帮助可能是有利的，但在其他情况下则不然。管理者经常需要决定是使用内部研究人员还是外部研究人员。为了做出决定，管理者应该意识到两者的优缺点，并根据情况的需要权衡两者的优缺点。现在讨论内部和外部团队的一些优点和缺点。

1.4.1.1 内部顾问/研究人员的优点

聘请内部团队进行研究项目至少有四个优点：
（1）内部团队更容易被组织中需要进行研究的子单元中的员工所接受。
（2）团队需要更少的时间来理解组织的结构、理念和氛围，以及组织的功能和工作体系。
（3）他们可以在研究结果被接受后执行他们的建议。这是非常重要的，在执行建议时，任何故障都可以在他们的帮助下被清除。它们还可用于评估变化的有效性，并在必要时考虑进一步的改变。
（4）内部团队的成本可能比外部团队要低得多，他们需要更少的时间来理解系统，因为他们不断地参与组织的各个单元。对于低复杂度的问题，内部团队将是理想的。

1.4.1.2 内部顾问/研究人员的缺点

为了解决问题而聘请内部研究团队也有一些缺点，主要包括以下四个：
（1）考虑到他们作为内部顾问的长期任期，内部团队很可能陷入一种看待组织和自身问题的老套路。这抑制了任何纠正问题可能需要的新鲜想法和观点。这对于需要调查重大问题和复杂问题的情况无疑是一种障碍。

（2）组织中某些强大的联盟有可能影响内部团队，从而操纵、歪曲或曲解某些事实。换句话说，某些既得利益集团可能会占据主导地位，特别是在获取相当一部分可用的有限资源方面。

（3）还有一种可能是，即使是最优秀的内部研究团队也不会被员工和管理层视为"专家"，因此他们的建议可能得不到应有的重视。

（4）在某些情况下，内部研究团队的某些组织偏见可能会使研究结果不那么客观，因而也就不那么科学。

1.4.2 外部顾问/研究人员

内部研究团队的缺点是外部研究团队的优点，内部研究团队的优点是外部研究团队的缺点。然而，外部团队的具体优点和缺点可能会被强调。

1.4.2.1 外部顾问/研究人员的优点

外部团队的优点是：

（1）外部团队可以从与具有相同或类似问题的不同类型的组织合作中获得丰富的经验。这种广泛的经验使他们既可以发散地思考，也可以集中地思考，而不是匆忙地根据形势中明显的事实立即找到解决办法。由于他们在各种组织机构中有广泛的解决问题的经验，所以他们能够考虑用几种不同的方法来看待这个问题。从几个可能的角度和方面（发散地）观察情况后，他们可以批判性地评估每一个问题，抛弃那些不太可行的选项和替代方案，专注于具体可行的解决方案。

（2）外部团队，特别是来自已建立的研究和咨询公司的团队，可能通过定期的培训项目对当前复杂的问题解决模型有更多的了解，而组织中的团队可能无法接触到这些模型。由于知识过时在咨询领域是一个真正的威胁，外部研究机构通过定期组织培训项目确保其成员与最新的创新保持一致。内部团队成员了解最新解决问题技术的程度在不同组织之间可能有很大差异。

1.4.2.2 外部顾问/研究人员的缺点

聘请外部研究团队的主要缺点如下：

（1）聘请外部研究团队的成本通常很高，而且是主要的阻碍因素，除非问题比较重要。

（2）外部研究团队需要花费大量时间来了解要研究的组织，此外，外部研究团队很少受到员工的热烈欢迎，也不容易被员工接受。可能受到研究影响的部门和个人可能会将研究团队视为威胁并抵制他们。因此，对于外部研究人员来说，在研究中寻求员工的帮助和获得他们的合作比内部团队要困难和耗时一点。

（3）外部团队还为协助执行和评估阶段收取额外费用。

考虑到内部和外部研究团队的这些优点和缺点，希望获得研究服务的经理必须在做出决定之前权衡利弊。如果问题是复杂的，或者可能存在既得利益者，或者由于一个或多个严重问题而危及本组织的存在，那么最好聘请外部研究人员，尽管这样做会增加成本。然而，如果出现的问题相当简单，如果时间是解决中等复杂问题的关键，或者如果整个系统都需要建立具有相当常规性质的程序和政策，内部团队可能是更好的选择。

对研究方法的了解，以及对内部和外部团队比较优势和劣势的认识，可以帮助管理者决定如何处理问题，并决定内部或外部的研究人员是否是调查和解决问题的合适选择。

 ## 1.5　研究和管理效率的知识

正如前面提到的，管理者在工作中做出正确的决定，对最终的结果负责。研究知识大大促进了这一点。研究知识提高了管理者对工作和组织环境中无数的内部和外部因素的敏感性。它还有助于促进与顾问的有效互动，理解研究过程的细微差别。

在当今世界，大量的工具和理论、（大）数据和复杂的技术都可以用来建模和分析各种各样的问题，比如业务流程、消费者行为、投资决策等。精通研究工作并敦促在特定情况下应用特定模型、工具或统计技术的外部顾问的建议对不熟悉研究工作的经理可能毫无意义，甚至可能产生一些疑虑。即使是浅薄的研究知识也能帮助管理者以成熟和自信的态度对待顾问／研究人员，以便与"专家"打交道不会导致不适。作为经理，你将是最后决定执行研究小组建议的人。保持客观，专注于问题的解决方案，充分理解所提出的建议，以及为什么和如何得出这些建议，有助于做出良好的管理决策。虽然公司传统要尊重，但在研究成果的基础上，在某些情况下，今天快速变化的动荡环境要求替换或再适应有些传统。因此，研究的知识大大提高了管理者的决策能力。

 ## 1.6　伦理与企业研究

企业研究中的伦理是指进行研究时的行为准则或预期的社会行为准则。伦理行为适用于赞助研究的组织及成员、承担研究的研究人员以及向他们提供必要数据的应答者。对伦理的遵守始于从事研究工作的人，他应该真诚地这样做，关注于结果所指，并且，放弃小我，追求组织而不是自我利益。伦理行为也应该反映在进行调查的研究人员、提供数据的参与者、提供结果的分析人员以及整个研究团队的行为中，他们对结果进行了解释并提出了替代方案。

因此，伦理行为渗透到研究过程的每一个步骤——数据收集、数据分析、报告和在互联网上传播信息（如果进行了这样的活动）。如何对待课题以及如何保护机密信息都是由商业伦理所指导的。在本书的相关章节中，我们将重点介绍这些与研究的不同方面相关的内容。

有的商业期刊，如《商业伦理期刊》和《商业伦理季刊》，主要致力于商业伦理的有关问题。美国心理学协会为开展研究制定了一定的指导方针，以确保组织研究以道德的方式进行，并保障所有有关方面的利益。如前所述，我们将在接下来的章节中讨论道德的作用，只要它与研究过程中的各个步骤相关。

 ## 总结

学习目标1：描述和定义企业研究。

研究是对问题进行深入的研究和分析，找出解决问题的方法的过程。企业研究是一种有组织的、系统的、基于数据的、关键的、客观的、调查某一特定问题的研究，其目的是寻找问题的答案或解决方案。从本质上讲，企业研究提供了必要的信息，指导管理者做出明智的决定，以成功地处理问题。无论以何种形式，理论和信息都在研究中扮演着重要的角色。

学习目标 2：区分应用研究和基础研究，举例说明和讨论。

为什么它们可以归为这两类中的任何一类。研究可以用于不同的目的。一是解决当前管理者在工作环境中面临的问题，要求及时解决。这种研究被称为应用研究。另一种是通过试图理解如何解决组织中出现的某些问题来生成知识体系。这被称为基础研究或纯粹研究。这种研究的结果教会了一些我们以前不知道的事情。这些知识一旦产生，通常会在以后的组织设置中用于解决问题。

学习目标 3：解释为什么管理者应该了解研究，讨论管理者应该做什么和不应该做什么，以有效地与研究者互动。

有研究知识的管理者比没有研究知识的管理者有优势。掌握研究方法使管理者能够理解、预测和控制他们的环境和/或有效地与外部研究人员或顾问沟通。在聘请外部研究人员/顾问时，经理应确保双方的角色和期望是明确的；明确组织的相关理念和价值体系，沟通相关约束；与研究人员建立良好的关系。

学习目标 4：确定并充分讨论管理者使用内部研究团队会更好的具体情况，以及外部研究团队会更明智地给出决定的原因。

管理者经常需要决定是使用内部研究人员还是外部研究人员。为了做出决定，管理者应该意识到两者的优缺点，并根据具体情况的需要权衡两者的优点和缺点。

学习目标 5：讨论研究对你意味着什么，描述你，作为一个管理者，如何应用研究知识。

作为管理者，你将是最后决定执行研究人员或研究团队的建议的人。保持客观，集中于问题的解决方案，充分理解所提出的建议，以及为什么和如何得出这些建议，有助于做出良好的管理决策。研究的知识大大提高了经理的决策能力。

学习目标 6：说明对企业研究中伦理角色的认识。

企业研究中的伦理是指在进行研究时的行为准则或预期的社会行为规范。伦理行为适用于组织和赞助研究的成员、承担研究的研究人员以及向他们提供必要数据的应答者。伦理行为渗透到研究过程的每一个环节。我们将在本书的相关章节中强调这些与研究的不同方面有关的内容。

讨论题

1. 请描述这样一种情况：你通过研究来了解与个人兴趣相关的想法、决定和/或行动，比如买一部手机或去看电影。提供关于你的研究目的、问题、你调查的信息、你如何收集这些信息、理论的作用以及问题的解决方案的信息。
2. 当一名管理者需要管理人员、产品和活动时，他为什么应该了解研究呢？
3. 基础研究的具体目的是什么？
4. 与基础研究不同，应用研究什么时候有用？

5. 为什么善于处理管理者与研究者之间的关系很重要？
6. 解释应用或基础研究哪个更重要，并给出原因。
7. 给出两个具体的情况，其中一个使用外部研究团队，另外一个是使用内部研究团队，充分解释各场景为什么适合使用外部研究团队或内部研究团队。
8. 描述一种情况，这种情况下研究可以帮助作为管理者的你做出一个好的决定。
9. 考虑到以下场景1～场景3。
    a. 讨论并解释各场景是属于应用研究还是基础研究范畴；
    b. 对于场景1，解释并给出理由，谁将执行这项研究。

场景1

> **收购或不收购：这是一个问题**
> 公司对收购其他公司非常感兴趣，即使后者的业务领域完全不相关。例如，可口可乐（Coca-Cola）公司宣布，它希望收购中国汇源果汁集团（China Huiyuan Juice Group），以扩大其在中国这个全球增长最快的饮料市场之一的业务。这种收购被称为"创造奇迹"。然而，考虑到股市的波动和业务的放缓，许多公司不确定此类收购是否涉及太多风险。与此同时，它们也在想，如果它们不能承担这样的风险，是否会错失一个巨大的商机。这里需要一些研究！

场景2

> **缺勤的原因**
> 一位大学教授想要深入分析组织中员工旷工的原因。幸运的是，离校园20英里的一家公司雇用了她作为顾问来研究这个问题。

场景3

> **服务恢复对客户满意度的影响**
> 一位研究科学家想调查这样一个问题：组织从服务失败中恢复的最有效的方法是什么？她的目标是为在服务失败和服务恢复之间建立适当的"匹配"提供指导方针，这将推广到各种服务行业。

案例 拉罗什糖果公司（Laroche Candy）

1864年，亨里克斯·拉罗什（Henricus Laroche）开始在他位于比利时Ooigem的厨房里制作高质量的巧克力。亨里克斯是在巴黎一家著名的巧克力店里学的手艺，于是他和妻子开始制作块状、棒状和其他形状的巧克力，不久亨里克斯回到比利时开始他自己的事业。比利时人喜欢他的巧克力，很快就获得了成功，这促使他想增加他的生产设备。亨里克斯决定在科尔特里克建立一个巧克力工厂，科尔特里克是佛兰德省西弗兰德斯附近的一个城市。通过大规模生产，该公司能够降低生产巧克力的单位成本，曾经是奢侈品的产品，现在人人都买得起。在接下来的几十年里，拉罗什糖果公司蓬勃发展，扩大了产品线，并成立了相关公司。不到一个世纪，该公司已经成为比利时领先的糖果制造商，拥有超过2 500名员工。

如今，拉罗什糖果公司是欧洲最大的巧克力和非巧克力糖果产品制造商之一。当今在卢克·拉罗什（Luc Laroche）的领导下，拉罗什糖果公司非常具有创新性。该公司采用了一个非常积极的营销计划，因此在日益全球化的市场中是一家很有竞争力的企业。公司产品和市场数量大幅增加；目前，有超过250种拉罗什糖果在国际上以散装、袋装和盒装的形式出售。

卢克·拉罗什生于1946年，是拉罗什糖果公司的第五代掌门人。他是公司创始人亨里克斯·拉罗什的玄孙，也是公司现任董事长兼首席执行官。但卢克·拉罗什即将退休。他计划在两到三年内停止工作。虽然对很多人来说，从权力中退下来是一件非常困难的事情，但对卢克·拉罗什来说，这是一件很容易的事情：他期待着与孙辈们共度时光，并驾驶着他的哈雷·戴维森（Harley Davidson）在欧洲驰骋。更重要的是，他从来没有时间打高尔夫球，他计划花"整整三个夏天学习它"，如果需要的话。然而，尽管"放手"对卢克·拉罗什来说不是问题，但他仍然担心自己即将到来的退休。

和大多数家族企业一样，卢克·拉罗什的两个孩子暑假都在"公司"工作。卢克的大儿子戴维曾多次在财务部工作，戴维的弟弟罗伯特很少在这个部门工作。然而，他们从未对商业表现出浓厚的兴趣。现年35岁的戴维目前在比利时一所著名大学担任管理会计副教授。现年32岁的罗伯特住在巴黎，在过去十年里一直从事摄影工作。大约12年前，罗伯特对他的父亲说："我知道你想让我进入这个业务，但我有自己的人生。""我只想让你开心"，这是他在那次特殊场合对罗伯特说的话。

自从和罗伯特谈话以后，卢克·拉罗什就把希望寄托在戴维身上。几天前，卢克·拉罗什邀请戴维去比利时 Dranouter de Wulf 餐厅吃晚餐，讨论拉罗什糖果公司的未来。他想和戴维谈谈他的退休计划和公司的继任计划，戴维对接管公司持严重怀疑态度。戴维知道，对他的父亲来说，公司就是他的生命，就像他父亲一样，他希望公司在未来取得成功；但他只是不知道从他父亲手中接过权力是否是个好主意。为了在这个问题上保持平衡的观点，戴维做了一些研究。因此，他对家族传承失败率的统计数据已经非常熟悉。这些统计数字引发了对他从父亲手中接管公司的担忧。

卢克·拉罗什和戴维在一次纪念晚宴上讨论了公司的未来。卢克·拉罗什告诉戴维，他想让他的儿子接管公司，但戴维解释说，他感到不安。他提出了自己的疑虑和恐惧，以及其他选择，比如上市、出售给战略收购者或投资者，或者通过员工持股计划出售给员工。卢克·拉罗什倾听了戴维的担忧，但仍坚持保留家族企业。

"历史上有很多家族企业惊人崛起的例子"，他在侍者倒满酒杯后说，这是他在仅仅一个小时之内的第四杯了，"罗斯柴尔德家族、默多克家族、沃尔顿家族和范德比尔特家族，等等。例如，罗斯柴尔德家族不仅积累了西方世界有史以来最大的私人财富，他们还通过资助君王改变了历史进程。你知道他们支持威灵顿的军队,最终在滑铁卢击败拿破仑吗?我打赌你没有。"

戴维挑起眉毛。"我没有。但我所知道的,"他回答说,"是范德比尔特在铁路和航运领域发家致富,但在康奈利·范德比尔特(Cornelius Vanderbilt)死后50年,他的几个直系后裔却一文不名。显然,范德比尔特家族在收购和花钱方面都有无与伦比的天赋。说真的,爸爸,我确实相信强大的家族价值观是非常重要的。但是,我觉得,这同样可能限制企业的发展。众所周知,意大利南部的家族主义是导致南北差距的主要原因之一。"

卢克·拉罗什叹了口气,看着儿子。"那么,这一切意味着什么?"

"嗯,我认为关键的问题是,家族企业的发展是作为对制度和市场环境的有效回应,还是可能会对企业决策和经济结果造成损害的文化规范的产物",戴维温和地笑着回答。"你不这样认为吗?"

"我……嗯……我想是的。"卢克·拉罗什也对儿子笑了笑。"我不太明白你的意思,但听起来不错。让我们投入一些资金,聘请一位对此有所了解的顾问。我明天早上第一件事就是给麦肯锡打电话。干杯。"

"干杯,爸爸",戴维举起酒杯重复道。

两周后,麦肯锡高级顾问保罗·托马斯·安德森(Paul Thomas Anderson)在与卢克·拉罗什的一次会议上,提出了以下问题:家族控制对拉罗什糖果公司的治理、融资和总体业绩有何影响?

案例问题

1. 什么是企业研究?
2. 为什么保罗·托马斯·安德森为拉罗什糖果公司做的项目是一个研究项目?
3. 既然保罗已经清楚地定义了需要注意的问题,他会采取哪些步骤?
4. 卢克·拉罗什决定聘请一位外部顾问来调查这个问题。你认为这是一个明智的决定,还是让他的儿子戴维或一位内部顾问来做这个研究项目更好?
5. 卢克·拉罗什能(或应该)做什么来帮助保罗产生有价值的研究结果?
6. 基础研究如何帮助保罗解决拉罗什糖果公司的具体问题?
7. 试着找到与这个问题相关的书籍、文章和研究报告。使用图书馆及/或互联网的电子资源。

第 2 章

科学调研和可供选择的研究方法

学习目标

完成第 2 章的学习后，你应该能够：
1. 解释什么是科学调研，给出科学和非科学调研的例子。
2. 用你自己的例子来讨论假设演绎法的七个步骤。
3. 围绕什么是好的研究进行可供选择的研究方法的讨论。

2.1 导言

管理者经常会遇到需要做关键性决策的问题。基于"好的"研究问题的管理决策往往是有效的。在本书第 1 章，我们将研究定义为对需要寻求解答的特定问题所做的一种有组织的、系统的、以资料为基础的、批判性的科学探究。不论是基础研究还是应用研究，都以科学的方式进行。因此，理解什么是科学的研究至关重要。科学研究的重点是解决问题，并且寻求一种一步一步的、有逻辑的并且严谨的方法去界定问题、搜集资料、分析资料，并得出有用的结论。因此，科学研究不是基于预感、经验以及直觉（虽然这些也许会在最后决策时扮演部分角色），而是具有目的性和严格性的特征，由于科学研究的过程相当严格，使得对于相同或类似议题有兴趣的人，在分析资料后能够得到具有可比性的发现，科学研究还能帮助研究人员用精确度和可信度来陈述其观点，并且可以帮助许多不同的组织解决类似问题，而且，**科学调研**（scientific investigation）更倾向于客观而不是主观。

研究人员总是采用科学的方法进行研究吗？不。有时候，研究人员对什么是好的研究以及应该如何进行研究有不同的看法。我们将在本章的后面对这个问题进行更详细的讨论。在应用研究的背景下，旨在检验假设的科学方法（我们将在本章稍后解释）不一定与引发研究过程的问题有关。例如，如果经理只是想知道员工对工作的满意度，从而只是想描述一种现象（工作满意度），那么假设检验就无关紧要了。在某些情况下，管理者甚至可能完全拒绝进行研究的想法，例如，因为问题太简单了而不需要进行详细的研究，过去的经验可能会提供必要的解决方案（在第 3 章中，我们将对需要研究和不需要研究的不同类型的问题有更多的说明）。最后，时间的紧迫性（需要快速决策）、不愿消耗进行好的研究所需的资源、缺乏知识和其他因素可能会促使企业尝试基于直觉来解决问题。然而，在这种情况下做出错误决定的可能性很高。就连理查德·布兰森（Richard Branson）和史蒂夫·乔布斯（Steve Jobs）这样的商业"大师"也承认，由于判断失误而犯下了重大错误。《商业周刊》《财富》和《华尔街日报》等商业期刊和报纸不时刊登文章，讲述由于直觉和（或）信息不足做出错误决定而面临困难的企业。许多实施的计划之所以失败，是因为在制订计划之前没有进行足够的研究。现在让我们仔细看看科学研究。

2.2 科学研究的特征

科学研究的特征或主要特点是：（1）目的性；（2）严格性；（3）可验证性；（4）可重复性；（5）精确性与可信度；（6）客观性；（7）共性；（8）简练性。

每一个特征都可以用一个具体的例子来解释。现在，我们以一个管理者想要研究如何提高员工对组织的承诺为例，来说明这八个特征如何应用到研究上，以保证研究的科学性。

2.2.1 目的性

当管理者开始进行研究时都有一个明确的目标或目的。在我们所举的这个例子中，目的是提升员工对组织的承诺。提升员工的承诺对许多方面而言都是有利的，例如，可以降低离职率、缺席率，甚至可以提高绩效水平，因此，这一研究有明确的**目的性**（purposive）。

2.2.2 严格性

好的理论基础和方法论设计将会增加有目的性研究的**严格性**（rigor）。严格性意味着在研究探索时认真、谨慎以及精确的程度。举例来说，管理者要求10至12位员工指出有哪些事项会提升他们对组织的承诺程度。如果管理者仅依据员工们的回答就立即得出结论，则整个研究的过程就缺少了严格性，其原因如下：

（1）少数几位员工的意见并不能代表整个工作群的意见；

（2）问题设计与提出问题的方式会导致偏差或不正确的回答；

（3）还有其他许多重要因素会影响员工对组织的承诺，但这种小样本的受测者在访谈期间可能无法用口头表示出这些因素，因而研究人员未能在研究中纳入这些因素。

因此，从缺乏良好理论基础的调查中获得结论［如原因（3）中所证明的］，以及方法论上的牵强附会［如原因（1）、（2）］，都会导致研究缺乏科学性。严格的研究应当包含良好的理论基础和经过仔细思考的方法，以使研究人员能在最小偏差的情况下，从适当的样本中得到正确的信息，并对所搜集的资料适当地加以分析。本书接下来的几个章节将陈述这些理论与方法论上的问题。

2.2.3 可验证性

可验证性是一种适用于研究假设的特性。在第6章中，我们将把一个假设定义为一个试探性但可验证的陈述，它预测了你期望在实证数据中找到的东西。假设来源于理论，该理论基于研究人员的逻辑信念和先前研究的结果——我们将在第 6 章中对这些问题做更多的介绍。

一个科学的假设必须是可检验的。并非所有的假设都可以验证。不可验证的假设往往是模糊的陈述，或者它们提出了无法通过实验验证的东西。关于不可检验的假说，一个著名的例子是上帝创造了地球的假说。

若管理者或研究人员能事先对从组织中随机选出的员工进行访谈，并且在研读组织承诺领域的相关性研究后，才得出关于如何提升员工承诺的假设，则这些假设就可以应用某些统计检验方法来验证。举例来说，研究人员也许会假设：感觉到有较大机会参与决策的员工将会有较高的承诺水平，这是一个可以用收集数据来检验的假设。

科学研究将有助于检验经过逻辑推理后所形成的假设以检验资料是否支持在认真研究问题所处的情况后所得出的推论或假设，**可验证性**（testability）因此成为科学研究的另一个特征。

2.2.4 可重复性

可重复性（replicability）是通过对研究设计细节（如所使用的抽样方法和数据收集方法等）的详细描述来实现的，它们使得可重复性研究成为可能。可重复性是指通过在研究报告中提供研究的设计细节，使重复研究成为可能的程度。可重复性是科学研究的另一个特征。

2.2.5 精确性与可信度

在管理研究上，我们很少可以愉快地根据资料分析结果得到确定的结论。这是因为我们无法直接研究我们所感兴趣的全部事件、议题或研究对象总体，而研究必须是以总体中所抽出的样本为依据的。然而，在所有概率中，我们所研究的样本可能无法反映现象的真正本质（这个问题我们会在第 14 章中讨论）。测量误差（measurement errors）或其他问题也会导致结果的偏差或错误，我们希望尽可能地设计出一种研究方法，可使最后的结果更贴近事实，也更值得信赖。

精确性（precision）是指根据样本所得到的结果与真实情况的接近程度。举例来说，如果我们估计在 1 年之中，因为缺席所造成的生产天数损失在 30～40 天，而真实天数是 35 天，其精确性就比 20～50 天的估计要大得多了。你也许会记得统计学上的置信区间，而在这里我们称为精确性。

可信度（confidence）表示我们所估计的结果是正确的概率。也就是说，不仅需要精确，更重要的是我们可以有信心地宣称结果有 95% 的概率是真实的，只有 5% 的概率可能错误，因此又称为置信水平。

如果我们所估计的预测范围之上下限越窄（亦即结果越精确），而且对研究结果的信心越大，研究发现将会变得更有用且更科学。在社会科学的研究上，一般的接受标准是 95% 的置信水平或是 0.05（$p=0.05$）的显著水平，这意味着研究结果错误的概率有 5%。因此，精确性与可信度是研究的两个重要方面，而其可以通过适当的科学性抽样来实现，我们在研究中所追求的精确性与可信度越高，调查就越科学，而结果也就越有用；关于精确性与可信度在本书第 14 章"抽样"中有详细的讨论。

2.2.6 客观性

通过对资料分析结果的解释所下的结论应该是客观的,因为这些结论是依据实际资料的推导而非个人主观的或情绪性的判断而来。举例来说,若有假设认为扩大决策参与范围将会提升组织承诺,但却不被研究结果支持,则研究人员还继续辩称让更多员工具有参与决策的机会将会提高组织承诺,就显得没有任何意义。这样的辩称并非根据以资料为基础的研究发现,而只是研究人员的主观意见,若这是研究人员全部的想法,则最初时就不需要做研究了。

对资料的解释越客观,研究调查也就越科学。因此,管理者或研究人员在研究初期,即应有一致的价值观与信念,对资料的解释也必须祛除个人的观点与偏见。尤其当管理者尝试自己做研究时,更应该特别注意这方面的问题,因此**客观性**(objective)是研究的另一个特征。

2.2.7 共性

共性(generalizability)表示一个组织情境的研究发现,可以应用到其他组织范围的程度。显然,通过研究所得到的解决方法可应用的范围越大,这个研究对使用者而言,也就越有帮助。然而,并非所有的应用研究发现可推广到其他任何场合、情境或组织中。

2.2.8 简练性

能简单解释所发生的现象或问题并找出答案,通常比考虑太多无法控制的因素的复杂研究框架要好,而且太多无法管理的变量还会完全超出管理者的控制范围。举例来说,管理者如果在工作场合中能找出两三个特定变量,当这些变量改变时会提高员工 45% 的组织承诺,这会比改变十个不同变量却只能提升 48% 的组织承诺更有用且更有价值。因此,采用有意义且简约而非精致但累赘的问题解决模式,成为研究中相当重要的课题。

当我们在建构研究框架时,如果以较少的变量来解释方差,远比采用复杂变量更有效率时,这样的研究模型是相当经济的。而要达成**简练性**(parsimony)必须先充分了解问题,以及影响它的重要因素,因此,如果能通过结构化与非结构化的访谈,并且对该特定问题领域先前的研究成果做彻底的文献综述,就可得到良好的概念性理论模型。

2.3 假设演绎法

科学研究是指为找出问题的答案,一步步地采用具有逻辑性、组织性和严谨性的研究方式(科学的方法)。假设演绎法是一种典型的科学研究方法,它由奥地利哲学家卡尔·波普尔(Karl Popper)推广开来。假设演绎法为我们解决基础的和管理的问题提供了一种实用的方法。下面我们就来探讨一下假设演绎法。

2.3.1 假设演绎法的七个步骤

假设演绎法包含七个步骤:(1)观察;(2)初步信息收集;(3)理论构建;(4)研究假

设；（5）资料搜集；（6）资料分析；（7）演绎。

2.3.1.1 观察

销售量下滑、经常性的生产中断、不正确的会计数字、低报酬的投资、员工对工作缺乏兴趣、消费者转换品牌等，都很容易引起管理者的注意，从而形成研究问题。

2.3.1.2 初步信息收集

初步信息收集包括深入搜寻所观察问题的相关信息（例如，关于我们公司正在失去客户的观察结果）。这可以通过文献综述（关于客户转移的文献），或与工作场合的一些人员交谈，与客户交谈（他们为什么转换？），或与其他相关人士交谈，从而收集所发生事情及其原因的相关信息。通过这些方法中的任何一种，我们都能对这种情况下发生的事情有一个想法或"感觉"。这使我们能够发展一种关于正在发生的事情的理论（或者换句话说，解释）。

在科学研究中，我们一开始就要确定一个明确的目标。为了找到解决问题的方案，研究者应该在问题陈述中表明此次研究的目的。通过初步搜集与研究目的相关的信息，我们可以缩小问题范围并形成问题陈述。本书第 3 章详细讨论初步的信息搜集，包括寻找深度信息以及寻找观察对象（如观察公司客户流失）。这可以通过撰写文献综述（关于消费者品牌转换的综述），或与工作场合的一些人员或顾客进行访谈，或通过其他相关信息，搜集所发生事情及其原因的相关信息。通过上述方式，可以得到对环境中所发生事情的想法或感觉，以便于我们构建理论（或者解释发生了什么）。

2.3.1.3 理论构建

在这个阶段，我们主要探讨导致问题出现的变量之间的关系以及如何解决问题。从变量间的理论化关系网络中，即可产生特定的可供检验的假设或推论。

2.3.1.4 研究假设

举例来说，我们可以假设一些具体的问题，如定价过高、竞争、不便和员工反应迟钝等特定因素会影响消费者品牌转移。

一个科学假设必须满足两个标准。第一个标准是假设必须是可检验的。我们在本章前面已经讨论了假设的可检验性。第二个标准，也是假设演绎方法的核心原则之一，是假设也必须是可证伪的。也就是说，必须有可能推翻这个假设。这一点很重要，因为根据卡尔·波普尔的理论，若假设不能被证实，未来的研究总是有可能证明这个假设是错误的。因此，无法证伪一个假设并不能证明这个假设的成立：在被证伪之前，它一直是暂时的。因此，可证伪性的要求强调了研究结果的试探性：我们只能"证明"我们的假设，直到它们被推翻。

第六章更详细地讨论了假设的发展和理论构建的过程。

2.3.1.5 资料搜集

在提出假设之后需要搜集与假设中每一变量相关的资料。换句话说，需要进一步地搜集科学资料来检验研究中所产生的假设。这些资料是将来资料分析的基础。我们将在本书的第 8 章至第 13 章具体学习有关资料搜集的内容。

2.3.1.6 资料分析

在资料分析阶段，我们对所搜集的资料进行数理统计分析，确定是否支持前面提出的假设。例如，要证实员工不负责任是否导致消费者品牌转移，研究人员可能要做相关性分析，以确定变量之间的关系。

我们将在本书的第 16 章学习利用适当的数理统计分析来验证假设。

2.3.1.7 演绎

演绎是通过解释资料分析结果内涵，而获得结论的过程。例如，如果从资料分析中发现，员工不负责任与客户转移呈负相关（如 0.3），那么研究人员可以推论：若要提高客户忠诚度，必须培训员工对工作更加负责任。从资料分析得出的另一个推论是，员工不负责任解释了客户转移 9% 的方差量（0.3^2）。根据这个演绎，研究人员将对如何解决客户转移问题做出建议（至少在一定程度上解决问题）：培训员工更加灵活、善于沟通。

2.3.2 假设演绎法回顾

假设演绎法包含了七个步骤：观察、初步信息收集、理论构建、研究假设、资料搜集、资料分析以及演绎。科学方法使用**演绎研究**（deductive research）来验证一个感兴趣的话题的理论（对一个科学家来说，一个理论是一系列有组织的假设，并且这些假设产生可以验证的预测）。在演绎推理中，我们从一般推理到具体推理。我们从一个一般的理论开始，然后把这个理论缩小到我们可以检验的特定假设。当我们收集具体观察到的资料来验证我们的假设时，我们会进一步缩小范围。对这些具体观察结果的分析最终使我们能够证实（或反驳）我们原来的理论。

归纳研究（inductive research）与演绎研究正好相反：它是根据观察到的事实建立一般性命题的过程。根据这个思路，我们观察一只天鹅、两只天鹅、三只天鹅都是白色的，于是我们得出一个结论，"所有的天鹅都是白色的"。在这个例子中，我们重复观察天鹅的颜色，得出一个结论。根据卡尔·波普尔的观点，假设不能用"归纳"来证明，因为没有足够数量的证据能够说明相反的证据不存在。我们观察到 3 只、10 只、100 只甚至 10 000 只天鹅的颜色都是白色的，但这并不能证明"所有天鹅的颜色都是白色的"这个结论，因为有可能下一只天鹅就是黑色的。所以，波普尔认为演绎推理才是科学的方法。

尽管波普尔对归纳抱有批判的态度，但是我们在研究中常常用到归纳法和演绎法。其实很多研究人员都认为，理论的产生（归纳）和理论的验证（推理）都是研究过程的重要组成部分。

归纳和演绎通常按顺序使用。约翰·杜威（John Dewey）将这一过程描述为"反思思想的双重运动"。归纳发生在研究人员观察到一些东西并问"为什么会这样"的时候。为了回答这个问题，研究者可能会提出一个临时的解释——假设。演绎随后被用来检验这个假设。下面的例子说明了这个过程。

这个例子展示了归纳和演绎过程如何在研究项目中应用。尽管演绎过程和归纳过程都可用于定量研究和定性研究，但演绎过程更常用于因果研究和定量研究，而归纳研究过程则经常用于探索性研究和定性研究。

例 2.1

一名销售部门的经理可能会注意到产品频繁的价格促销活动会对产品的销量产生消极的影响。根据这个观察的结果，经理就会思考价格促销活动为什么对销售产生的是负面的影响而不是正向的影响。与顾客的访谈表明频繁的价格促销活动会对产品的声誉和形象产生不良的影响从而不利于产品的销售。基于这些访谈，对于为什么频繁的价格促销活动反而会对销售不利，经理提出了一个新理论，即频繁的价格促销活动给产品的名誉造成了消极的影响！因此，经理假设频繁的价格促销会对产品的声誉产生负面影响，从而影响产品的销售。经理可以通过演绎推理来验证这个假设。

2.4 可供选择的研究方法

一套科学的研究方法应该能够帮助做研究的人获得相关学科研究的信心。但是现实中存在一种叫作信心的具体物品吗？或者它只是一种主观的想法，一些只存在于我们脑海中的事物。所有的研究都以我们对周围事物的信念［哲学研究什么可以被说是存在的，我们称为**本体论**（ontology）］以及可以通过研究有可能发现的事物为基础的。因而对于这些问题，不同的学者就会有不同的观点。

对于知识本质或者我们如何获得知识问题上的分歧已经有了很长的历史［我们称对事物进行适当命名的方法为**认识论**（epistemology）］，在企业研究领域也是如此。2000多年来哲学家以及很多其他领域的学者仍然着迷于类似于"什么存在着""什么是知识"以及"我们如何获取知识"的问题。基于这点，我们将相继对企业研究中最重要几个观点进行简要的讨论。这些观点有**实证主义**（positivism）、**构成主义**（constructionism）、**批判实用主义**（critical realism）和**实用主义**（pragmatism）。需要说明的是，我们有时可能为了更好地阐述我们的观点，会对这些观点作夸大的描述。因此会有相关研究领域的专家不赞同我们的说法。

2.4.1 实证主义

在实证主义者（positivist）看来，科学和科学的研究是获得真理的方式。的确实证主义者们相信客观事实的存在并且可以通过这些客观事实实现对世界足够的认识，从而能够进行预测和控制。对于一个实证主义者来说，世界以一定的效应和原则运行，因而如果我们能够运用科学的方法进行研究就能够获得认识。实证主义者关心的是调查结果的普遍性，还有观测值的可靠性以及研究的严谨性和可复制性。他们通过演绎推理提出理论，这些理论可以用客观的测量方法以及固定的事先设定好的研究手段来加以验证。实证研究的重要方法是实验，这个方法可以让实证主义者们通过观察和做相关的处理后检验变量间的因果关系。有的实证主义者认为研究的目标就仅仅是对客观现象的描述，这些客观现象是可以直接被观察和测量得到的。在他们看来，通过任何不属于这些客观现象，比如心情、感受和思想获得的认识是不可能的。

2.4.2 构成主义

另一个是构成主义,它倡导的研究方法以及研究过程完全不同。构成派批判实证主义者认为存在客观真理的观点。构成派持有相反的观点,认为世界(我们所认知的)本质上是由心智或者精神构建成的。因此构成派不会寻找客观的事实,相反则致力于通过调查人们的心理活动认识人们如何理解世界的原则。所以构成主义强调人们如何构建知识,它研究人们对问题和主题的描述以及人们如何使用这些描述。构成主义者特别感兴趣的是人们对世界的看法是如何产生于与他人的互动以及他们所处的环境。构成主义研究者的研究方法往往是定性的。焦点小组和非结构化访谈让他们能够收集丰富的数据,以研究世界的背景独特性为导向。事实上,构成主义者通常更关心的是理解一个特定的案例,而不是他们的发现的概括。从构成主义者的观点来看,这是有道理的,因为没有可以概括的客观现实。

2.4.3 批判实用主义

在这两种截然不同的研究观点和应该如何进行研究之间,存在着许多折中的观点。批判实用主义是其中一个。批判实用主义是对外部现实(客观真理)的信仰与对这种外部现实可以客观衡量的主张的否定相结合的产物;观察(特别是对我们不能直接观察和测量的现象的观察,如满意度、动机、文化等)总是需要解释的。因此,批判实用主义者对我们理解世界的能力持批判态度。实证主义者认为研究的目标是揭示真相,而批判现实主义者则认为研究的目标是朝着这个目标前进,尽管这是不可能实现的。根据批判现实主义的观点,情感、感觉和态度等现象的测量通常是主观的,数据的收集一般来说是不完美和有缺陷的。批判现实主义者也认为研究人员天生就有偏见。他们认为,因此,我们需要使用三角测量法来跨越多种有缺陷和错误的方法、观察和研究人员,以便更好地了解我们周围正在发生的事情。

2.4.4 实用主义

关于研究的最后一个观点是实用主义。实用主义者在什么是好的研究上没有一个特定的立场。他们认为,对客观、可观察的现象和主观意义的研究可以产生有用的知识,这取决于研究的问题。实用主义的重点是实用的、应用的研究,在这些研究中,对研究和研究对象的不同观点有助于解决(商业)问题。实用主义将研究描述为一个概念和意义(理论)由我们过去的行动和经验的概括,以及我们与环境之间的互动归纳而来的过程。实用主义者因此强调研究的社会建构性;不同的研究者可能对我们周围发生的事情有不同的看法和解释。对于实用主义者来说,这些不同的观点、想法和理论帮助我们了解世界;因此,实用主义赞同折中主义(eclecticism)和多元主义(pluralism)。实用主义的另一个重要特点是,它认为当前的事实是试验性的,并随着时间的推移而发生变化。换句话说,研究结果应该总是被视为暂时的真理。实用主义者强调理论与实践的关系。对于一个实用主义者来说,理论是来源于实践的(正如我们刚刚解释的那样),然后将其应用到实践中以实现智能(intelligent)实践。沿着这些思路,实用主义者将理论和概念视为在我们周围的世界中找到我们的道路的重要工具。实用主义者坚信研究的价值在于它的实用性;理论的目的是指导实践。

2.5 务实的研究方法

尽管科学的研究方法为过去和现在的许多重大发现奠定了基础，但在应用研究情景中，它不一定是最合适的方法。其中一个重要原因是，在许多情况下，管理者和研究人员对旨在解决工作问题的研究假设并不感兴趣。这是因为企业的问题通常不需要因果研究，而是需要其他类型的研究——本质上是探索性研究或描述性研究（本书第4章将讨论探索性研究、描述性研究和因果研究）。例如，如果经理想知道有多大比例的人更喜欢三星手机而不是iPhone或华为，或者客户是如何做出决定的，或者竞争对手是如何在市场上定位他们的产品的，或者企业的员工对他们的工作有多满意，因果研究——旨在解释并理解某些变量是否会导致其他变量发生变化的研究——并不适用。

另一个可能有助于解释为什么一些研究人员愿意采取别的研究方法，而不是科学的研究方法的点在于，它与"好"研究的理念有关。不用说，应用研究应该是"好的"；如果研究人员收集的信息不"好"（准确性、可靠性、抽样的代表性、有效性），则研究人员的结论不可能是好的（或有效的），并且向客户企业提供的建议很可能具有误导性。然而，在很多情况下，采用科学的方法进行良好的研究可能会产生问题。如果研究项目本质上是探索性研究或描述性研究，那么科学研究的许多特征（如可验证性、准确性和可信度），由于明显的原因（不检验任何假设）而不（一定）适用。在本章的前文，我们已经解释了为什么科学研究的另一个特征（共性），在研究旨在解决工作场景中的特定问题时也不一定适用。这就是为什么许多研究人员认为，在应用研究情景下，科学方法并不总是能够为得出研究成果提供明确的指导。在这些情况下，研究人员可能会从采取不同的方法进行"好"的研究中受益，以确保研究项目具有针对性、系统性、组织性、逻辑性和严谨性。务实的研究方法通常用于帮助研究人员产生有用的知识，为管理者的思维、决策和（或）行动提供信息。从务实的角度来看，研究工作与引发研究过程的问题类型密切相关，我们将在下面详细介绍。

2.5.1 组织内部研究

我们可以将企业看作是三个主要活动的集合：情报、运营和战略发展。情报是指致力于收集或描述信息以用于运营或战略决策的任何活动。运营涉及企业当前的业务重点，包括制造、财务、营销计划等。战略发展包括研发和长期规划等活动。研究通常需要满足运营和战略发展的信息需求。例如，监测客户满意度、销售额和市场份额等现象，为管理者提供评估计划、产品和服务的数据。更复杂的研究可能适用于评估替代方案（如测试替代操作程序、网站或广告活动）。最雄心勃勃的研究类型与组织变革和创造新的商业机会有关，下文将进行讨论。

2.5.2 组织变革："修复破坏的局面"

当管理者注意到现有情况与期望的情况或特定规范或标准不一致时，变革过程通常就会启动。在这种情况下，管理者将面临行动问题。行动问题之所以被称为行动问题，是因为（最终）只有一种方法可以解决问题：采取行动。换句话说，需要采取干预措施来修复这种情况。在讨论研究在这些情况下的作用之前，让我们先举一些行动问题的例子，以便让您了解什么是行动问题。

- 员工流动率（14%）远高于行业平均员工流动率（6%）。这给管理者带来了困扰，因为员工流动会导致有经验的员工流失。此外，员工流动率会对生产力产生负面影响，导致额外的成本（例如替代成本）和利润的减少。这就是管理者想要降低员工流动率的原因。
- 客户对该组织的服务不满意。管理者认为这是个问题，因为不满意的客户会进行负面的口碑传播和转换行为。因此，管理者想要提高客户满意度。
- 公司的市场份额低于要求。这阻碍了企业从规模经济、品牌主导地位以及与供应商、分销商和客户的更大议价能力中受益。因此，管理者想要增加公司的市场份额。
- 审计表明，该组织没有控制权。这是有问题的，因为组织活动不一致、无效和低效。管理者想要重新获得控制权。

在上述情况中，组织（业务部门、行政部门）遇到了某种麻烦，管理者需要找到解决问题的方法。需要进行变革。管理者应该关注不良的、有时是复杂的局面。以现有情况（例如14%的员工流动率）为起点，经理需要制定一个组织目标（例如6%的员工流动率）。为了实现这一目标，管理者最终需要干预、采取行动并解决问题。在这个行动阶段，相关问题必须得到改善。所采取的行动应该解决所识别的问题，而不会导致问题的再次发生或产生新的问题；如果问题再次发生或产生了新问题，则说明行动没有效果。

现在，你可能会有一个问题：研究与上述情况有什么关系？答案并不难：当管理者想要达到一个特定的目标（例如6%的员工流动率），但不知道如何（最好）达到这个目标时，就需要进行研究。这种研究通常旨在找到问题的解决方案，或找到最有效的问题解决方案。沿着这些路线，研究告诉管理者可以采取的行动，或者哪些具体行动比其他行动更为有效。这种类型的研究被称为行动导向研究（action-oriented research），不要与行动研究（action research）混淆。

框2.1 关于行动导向研究的必要性说明

> 请注意，当现有情况与期望情况或特定规范或标准不一致时，并不总是需要进行行动导向的研究。有时，一旦问题被识别出来，解决问题的方案就很明确了；在这种情况下，管理者或由管理者委托的专家将能够解决问题，而无须进行（行动导向的）研究。问题是常规问题，管理者或专家有足够的知识和经验来解决这个问题。这种问题被称为技术问题或常规问题。我们将在下一章中详细介绍不同类型的行动问题，包括技术问题。

总之，如果管理（行动）问题很明确，但问题的解决方案不明确（因为解决方案不直接或不清楚哪种解决方案最有效），则需要进一步的研究。在确定了管理问题之后，管理者就会面临信息问题（因为他或她不知道如何有效地纠正这种情况）。这就是研究的切入点。

框 2.2　管理者通常对问题有敏锐的嗅觉

管理者往往对不良情况或需要了解重要信息的情况非常敏感。来自他人（客户、员工、老板）或来自无法控制的情况（例如影响组织的新规定）的触发因素也可能引起管理者的注意。

2.5.3　创造新的商业机会

前文说明了外部对管理者施加了多少组织问题，消费者的偏好正在改变，新的竞争者正进入市场，法规制度也在不断变化等等。因此，企业的市场份额可能正在下滑，企业的销售额也可能在下降，行动问题就显现出来了。但没有法律规定管理者必须等待问题发生。他们可以在问题出现之前主动创造新的机会。同样的，另一种情况通常需要更复杂的研究——管理者创造自己的决策问题。

例如：

- 管理者正在考虑进入某个市场。然而，目前尚不清楚进入这个市场是否是一个明智的决定。这就是为什么管理者想知道该特定市场的长期盈利能力。
- 管理者想要向市场推出一种新产品。为了决定是否以及如何将产品推向市场，他就会对消费者决策感兴趣。他想知道潜在客户是谁，他们购买什么，为什么购买，在哪里购买以及如何购买等。
- 管理者希望就如何、何时、何地以及在多大程度上将资金用于投资做出决策。这就是为什么他会对确定每种选择的成本和回报感兴趣。
- 管理者正在考虑围绕特定细分市场中独特的产品利益重新定位产品。然而，目前尚不清楚该细分市场（潜在）客户的需求和期望是什么，以及这些消费者如何做出购买决策。这就是为什么我们无法确定重新定位产品是否是一个明智之举。

上述案例的共同点是，与组织出现行动问题的情境相反，一切仍然很好。市场份额没有损失，员工流失率不高，也没有很大比例的不满意客户。相反，上述案例中的管理者正在积极寻找决策机会。他们不是等待强加给他们的情形，而是采取主动。由于各种原因（见框 2.3），研究通常是上述情况中合乎逻辑的第一步。

框 2.3　收集信息的不同原因

管理者往往对不良情况或需要了解重要信息的情况非常敏感。来自他人（客户、员工、老板）或来自无法控制的情况（例如影响组织的新规定）的触发因素也可能引起管理者的注意。

1. 决策制定
   a. 适当使用（基于证据的决策制定）
   b. 不适当/有偏见的使用（选择性地使用信息来支持立场）

2. 获取知识
   a. 关于现象（长期盈利能力、员工激励、客户满意度、风险厌恶）
   b. 关于过程（市场进入、制造过程、客户决策）
3. 政治目的
   a. 让他人参与决策过程/变革过程
   b. 传统/政策
   c. 重要信号
   d. 给他人留下深刻印象
4. 增加舒适度
   a. 减少决策的不确定性
   b. 感觉全面完成了工作

因此，Menon 和 Varadarajan（1992）区分了用于决策制定的信息和用于决策制定者的信息（获得知识、政治目的、增加舒适度）。

总之，我们介绍了可能需要（或不需要）应用研究的两种情况（日常情况或复杂情况）：（1）管理者认为现有情况不符合期望的情况，或不符合标准或规范的情况（并认为这是有问题的），以及（2）管理者积极寻找决策机会的情况。接下来，我们想介绍两种略有不同但仍然相关的过程，管理者和研究人员可以在这两种情况下做出有效的决策。由于第一种情况（管理者陷入困境，需要找到出路）的过程比第二种情况（管理者积极寻找决策机会）的过程更复杂，我们将在接下来的部分中重点介绍第一种情况。框2.4例举了第二种情况，管理者积极寻找商业机会。

2.5.4　初始阶段：管理者开始探索

管理者注意到员工离职率在过去几年有所上升。然而，管理者并不清楚这种情况是否有问题，也就是说，管理者对问题的确切性质和规模还不清楚。根据现有或易于获得的信息和/或与（选定的）利益相关者进行的初步交流，管理者旨在明确是否应该采取进一步行动来处理其对现有情况的不满。在这个探索阶段的基础上，管理者可能会决定重新评估情况，重新解释情况并接受它。或者，管理者可能会决定从中制定一个项目来处理问题。

例 2.2　管理者探索

销售经理观察到，客户可能不如以前那么满意。经理可能不确定情况是否真的如此，但可能会感受到消费者中出现不安，并观察到最近客户投诉的数量有所增加。这种观察或感知我们周围现象的过程是大多数研究（无论是应用研究还是基础研究）的起点。经理的下一步是确定是否存在真正的问题，如果是的话，问题的严重程度如何。问题的识别需要一些探索。经理可能会随意地与一些客户交谈，了解他们对产品和客户服务的看法。在这些谈话的过程中，经理可能会发现客户喜欢这些产品，但因为许多他们需要的物品经常缺货而感到不满，或者对销售人员没有帮上忙而不满。通过与一些销售人员的讨论，经理可能会发现有时工厂没有按时供货，或有时无法兑现新交货日期的承诺。销售人员也可能表示，他们试图通过告知客户工厂给他们的交货日期来取悦和留住客户。

通过对非正式访谈和正式访谈过程中获得的信息加以整合，可以帮助经理确定问题是否真的存在。

如果管理者决定从中制定（或更改）一个项目，通常会召集内部或外部人员参与该项目。在这种情况下，"问题"会呈现给内部或外部人员（研究人员），然后指示他们进一步调查情况。

框 2.4　寻求改进领域：管理者探索

为了进一步增加企业的销售额，经理正在考虑在一个新的市场中销售他们的产品。在实施这样的市场发展战略之前，经理想知道该市场的长期吸引力有多大。经理已经收集了一些关于这个市场容易获得的信息，并与一些利益相关者讨论了进入这个新市场的想法。根据这次探索的结果，她决定让一个外部人员参与这个项目。

2.5.5　初始阶段：向研究人员简要介绍情况

当客户企业中的某位成员联系研究人员寻求帮助解决组织问题时，研究过程通常就会启动。接下来的简报通常涉及对组织问题的澄清。这个"问题"可能以具体的方式（员工流动率增加、市场份额下降）或一般的方式（"我们需要快速改变"）呈现。请注意，在许多情况下，提出的问题（仅）是潜在问题的症状。在其他情况下，提出的问题包括隐含或指定的解决方案（"我们需要缩小规模"或"我们需要削减成本"）。这就是为什么研究人员需要意识到，提出的问题通常只不过是一个"草稿"（见下文示例）。

例 2.3　初步界定问题的例子

1. 长时间和频繁的延误导致航空公司乘客感到极度沮丧。
2. 员工离职率高于预期。
3. 现有用于评估潜在员工担任管理职位的工具存在缺陷。
4. 组织中的少数群体成员无法获得职业晋升。
5. 管理者没有使用新安装的专门为其设计的信息系统。
6. 采用弹性工作时间所引发的问题比解决的问题更多。
7. 组织中的年轻员工对组织的忠诚度较低。

通常情况下，客户只是对问题进行了初步的探索，但未能投入足够的时间和精力进行更全面的情况分析和/或诊断。

> **框 2.5　寻求改进领域：简报**
>
> 经理向专业研究机构的两位研究人员介绍了企业面临的信息问题。她解释说："我们正在考虑用我们目前的产品进入这个新市场，但我们不知道这是否是个好主意。我们需要了解该市场的长期盈利能力，以及任何其他有助于我们做出明智决策的信息，从而决定是否进入该市场"。

2.5.6　研究过程的初始阶段：探索和（在某些情况下）诊断

我们刚刚解释了为什么许多组织问题并不像乍看之下那么简单。管理者经常通过假设和预期的方法来感知情况。这就是为什么研究过程的第一个步骤涉及探索，收集关于组织及潜在问题的初步信息。在这个阶段，收集的信息应来自各种各样的来源（不同的人和文件），并且应该帮助研究人员和客户组织确定他们是否应该继续这个过程。

研究过程的下一个阶段（如果问题是行动问题）称为诊断。诊断是一个协作过程，涉及管理者和研究人员共同收集相关数据并分析这些数据，旨在定义组织问题（Cummings and Worley, 2015）。在许多应用研究项目中，诊断阶段是一个非常重要的阶段。如果这一阶段执行不当，可能会出现误诊问题，尤其是在问题复杂的情况下。如果一个研究项目基于错误的问题，其"解决方案"将无法解决组织的实际问题，甚至可能使事情变得更糟。我们将在下一章中进一步讨论探索和诊断。

> **框 2.6　寻求改进领域：研究者探索**
>
> 研究人员在接下来的几天里与企业内各种各样的人进行了交谈。他们对进入这个新市场的想法有何看法？研究人员还通过内部和外部文件、互联网等收集有关企业历史、文化、结构和战略以及他们进入这个新市场的动机的信息。他们还收集了一些关于潜在新市场的初步信息。他们向客户企业展示他们对项目的理解、他们对组织问题的定义以及他们关于如何推进项目的想法。根据研究结果的潜在有用性以及项目的货币成本和收益，决定是否继续进行这一研究过程。

2.5.7　研究过程的初始阶段：首次文献综述

首次文献综述与探索和诊断阶段并行。文献——研究人员可用的知识体系——可能在研究过程的初步阶段以不同的方式帮助研究人员。例如，它可以帮助他们思考和/或更好地理解组织和组织的问题，因为它为他们提供了广泛的模型和工具来研究组织和组织问题。对教科书、期刊文章、会议记录和其他已发表和未发表的材料进行仔细的审查（见第 5 章关于如何进行文献综述的详细讨论），确保研究人员对与主题领域相关的问题的当前工作和观点有全面的认识和理解。这有助于他们根据已完成的工作构建研究过程的初步阶段。首次文献综述还将提供可能有助于研究人员探索和诊断的方法和工具。因此，文献综述有助于研究人员随后定义管理问题和研究问题（研究目标和研究的具体问题）。首次文献综述还可以帮助研究人员对其研究方法做出明智的决定。

> **框 2.7　寻求改进领域：首次文献综述**
>
> 对文献的第一次回顾为研究人员提供了有用的工具，可以收集有关组织以及企业打算进入的新市场的信息。它还有助于研究人员定义管理问题和研究问题。

2.5.8　研究过程的开始：制订研究计划

在初步的探索、诊断（如果问题是行动问题）和对文献的初步回顾之后，研究人员准备制订一个研究计划。研究计划作为客户组织与研究者之间的协议，包含了关于管理问题、研究问题、将使用的方法论、项目期限、成本等方面的信息。我们将在第 4 章中详细讨论研究计划。

2.5.9　找到问题的解决方案：数据的规划、收集和分析

一旦确定了研究问题（即已经制定了研究目标并确定了具体的研究问题），研究人员就可以开始思考问题的解决方案。对文献的第二次回顾（在第 4 章中讨论）和实证数据的规划（第 7 章）、收集（第 8 章至第 14 章）和分析（第 15 章、第 16 章和第 17 章），使研究人员能够解决客户组织的决策问题。

2.5.10　向客户组织提供反馈

根据研究人员收集的数据和对这些数据的分析，可以就客户组织的问题（解决方案）做出明智的判断。换句话说，研究人员已经准备好得出结论（将在第 18 章中讨论）。这些结论可能与员工对组织的满意或不满意程度、特定行业的长期吸引力、竞争对手如何在特定细分市场中定位他们的产品或客户组织如何提高其市场份额（客户满意度、员工离职率等）有关。随后，研究人员根据这些结论提出建议。这样，研究人员就实现了研究项目的目标。从而，研究人员为解决客户组织的问题做出了贡献。

2.5.11　最后阶段：管理者做出决策并采取行动

有了结论和建议，研究人员将项目交还给管理者。现在由管理者做出决定并采取进一步行动。管理者会做什么，以及管理者是否会听从研究人员的建议，取决于研究项目的质量以及结论和建议的说服力。

2.5.12　小结

你可能会反复问自己：“我为什么要知道这些？”一个答案是，我们相信，重要的是你要知道，关于什么是好的研究有不止一个观点。认识论的知识可以帮助你联系和理解其他

人的研究以及在这项研究中做出的选择。不同的研究者对知识的本质或我们如何获得知识有不同的看法［事实上，科学的研究方法（the scientific approach）仅仅是关于什么是"好"研究的一种观点，尽管这种观点很重要］。这些不同的看法转化成不同的研究方法、不同的研究设计、不同的研究方法的选择。

对问题"为什么我需要知道这个？"的另外一个答案是你可能会注意到，你更喜欢一种研究视角而不是另一种。了解你对研究的个人想法，以及应该如何去做，可以让你决定哪种类型的研究问题对你来说是重要的，并且帮助你找到合适的数据收集和分析方法以给这些问题最好的答案。它还将帮助你在研究过程中做出明智的决定，对你的研究结果（做和不做）有一个清晰的理解，并理解你的研究方法允许你得出的结论类型。这样一来就可以帮助你正确地研究和得出准确的结果。

总而言之，你对知识本质和我们如何了解的观点将对你提出的研究问题、你的研究设计以及你将使用的研究方法产生很大的影响。这本书的其余部分主要是关于研究问题的提出、研究设计和研究方法，上述的哲学问题则相对少得多。然而经常思考你的研究问题、研究设计和研究方法的哲学基础是很重要的。之所以重要是因为你的研究成果的价值取决于它们与你所使用的方法、你所选择的设计、你所提出的问题以及你所采取的研究视角之间的联系有多紧密。

总结

学习目标1：解释什么是科学调研，给出科学和非科学调研的例子。

科学研究以解决问题为中心，采用循序渐进、逻辑严密、组织严密的方法来识别问题、收集数据、分析问题，并从中得出有效的结论。科学研究的特征或主要特征是目的性、严格性、可验证性、可重复性、精确性和可信度、客观性、共性和简练性。

学习目标2：用你自己的例子来讨论假设演绎法的七个步骤。

假设演绎法是科学方法的典型代表。该方法为解决基础问题和管理问题提供了一种有用的、系统的知识生成方法。假设演绎法包括七个步骤：（1）观察；（2）初步信息收集；（3）理论构建；（4）研究假设；（5）资料搜集；（6）资料分析；（7）演绎。这种科学方法使用演绎推理来检验关于感兴趣话题的理论。

学习目标3：讨论关于什么是好的研究的不同观点。

所有的研究都是基于对我们周围世界的信念以及我们通过研究可能发现的东西。不同的研究者对同样的问题有不同的看法。你对知识本质和我们如何了解事物的观点会对你提出的研究问题、你的研究设计以及你将使用的研究方法产生很大的影响。

在本书的其余部分中，我们将更详细地讨论这些问题。

请访问网站www.wiley.com/college/sekaran进行案例学习：太平洋期货贸易公司。

讨论题

1. 描述科学研究的特征。

2. 假设演绎法的步骤是什么？请以本书以外的例子加以解释。

3. "研究"一词在许多群体中均会被提及，如研究组织、学院与大学教授、博士生、研究生助理、做期末报告的研究生或本科生、产业的研究部门、报纸特派员、记者、律师、医生，以及许多其他的专家与非专业人士。就你从本章中所学到的，你认为上述提到的群体中，哪些可能会在基础或应用领域从事科学研究？为什么？

4. 解释演绎法与归纳法的过程，并分别举例说明。

5. 讨论下面的陈述："好的研究本质上是演绎的。"

6. 讨论下面的陈述："科学研究的特征不/不能适用于归纳研究。"

7. 如果管理领域的研究不能100%的科学，为什么还要费心去做呢？请对这个问题进行评论。

8. 什么是认识论？为什么了解研究的不同观点以及应该如何去做很重要？

9. 讨论实证主义与构成主义最重要的区别。

10. 你对感兴趣的研究有什么特别的看法吗？为什么？

11. 有些人认为你应该根据你的研究问题来选择一个特定的研究视角。另一些人则认为某个特定的研究视角"选择"了你。也就是说，他们相信你会对一个特定的研究视角有强烈的偏好；反过来，这会影响你问的问题的类型。你对这件事怎么看？

12. 试评论下列在服务行业所做的研究是否符合本章所讨论的科学研究特征。

移动电话公司

移动电话公司被评为被投诉最多的手机公司，尽管以微弱优势在3G时代中胜出，但仍成了最糟糕的住宅电话线提供商。

根据监管机构英国通信办公室（Ofcom）的最新数据，在2014年最后三个月，移动电话公司是投诉率最高的移动服务提供商——每1 000用户中有0.15个人投诉。2014年第四季度，该公司的投诉数量大幅上升。该公司希望查明具体问题并采取纠正措施。

研究人员与许多顾客交谈，并留意其所面对的特定问题的性质。因为这些问题必须尽快地解决，所以他们从100位顾客的样本中搜集有关的详细信息，并分析资料，得出一个理论基础。结果似乎相当准确，至少有85%的机会可以成功解决问题。研究人员将依照资料分析的结果向公司提出建议。

第 3 章

定义管理问题

学习目标

完成第 3 章的学习后,你应该能够:
1. 识别有可能在组织中研究的问题范围。
2. 解释为什么区分可能导致(或不导致)研究项目的两种不同类型的情况很重要。
3. 进行探索。
4. 进行诊断。
5. 区分不同类型的行动问题:技术问题、信息问题、共识问题、信息与共识组合问题。
6. 定义管理问题。

3.1 导言

开展应用研究的原因有很多。而共同的主题是,每个研究项目都从研究人员想要解决的问题(信息问题)开始。在上一章中,介绍了两种与组织变革有关的情况,这些情形通常与应用背景下更复杂的研究形式有关。如前所述,当管理者主动寻找决策机会时,通常需要进行研究。例如,经理可能正在考虑进入一个新市场(但她不知道这是否是个好主意)或将一种新产品引入市场(但她希望让消费者参与到该产品的开发过程中)。另一位经理可能致力于保持组织的整体竞争力(但他对组织的竞争环境几乎没有了解)。事实上,除非管理者了解这种情况下发生了什么,否则他们无法做出有效的决策。应用研究也可能源于管理者想要改变的特定情况(例如,员工流动率为 20%,出于某种原因,管理者发现这有问题)。如果管理者想解决(行动)问题,但不知道如何解决,或者不清楚与其他干预措施相比哪种干预措施更有效,那么就需要进行研究。这样的研究将帮助管理者做出有效的决策来解决这些问题。

本章将讨论这两种情况。首先,我们探讨了管理者主动寻找决策机会的情况。接下来,我们将关注(从管理者的角度来看)现有情况与期望情况不符的情况,即管理者面临行动问题的情况。在这两种情况下,我们都会关注研究过程的第一步(分别为"探索"和"探索和诊断"),并思考如何最好地定义管理问题。在下一章中,我们将探讨研究者如何从管理问题中提炼出研究问题。

3.2 寻找决策机会或改进领域

在组织中，必须做出许多决策。即使在没有直接问题的情况下，如市场份额的损失、员工不满或消费者不满，有效的管理者也在不断寻找决策机会或改进领域。他们不会等待情况发生，而是表现出主动性。在这些方面，研究有许多潜在的应用。这些应用包括：

- 监测绩效（销售额、利润率、市场份额、员工满意度、员工流动率、客户满意度和不同类型的审计）可能有助于管理者获得有用的反馈，以便做出决策。
- 识别市场机会和约束条件通常是制定有效战略的重要起点。
- 对于考虑推出新产品或进入新市场的企业来说，了解市场的长期盈利能力、了解竞争对手和消费者等信息将受益匪浅。
- 客户分析有助于管理者了解客户的需求和预期，制定有效的市场细分战略，对产品进行市场定位等。
- 对组织竞争环境的研究是保持和提高组织整体竞争力的关键。
- 行业评估可以帮助管理者确定组织是否有效地从现有机会中获得了最大利益（例如，在销售额、市场份额和利润方面）。
- 通过广泛的研究产生创意，可能会导致新产品的成功推出。

上述例子表明，在管理者主动寻找决策机会或改进领域的情况下，研究往往起着重要作用。研究可以帮助管理者做出决策，获得知识，减少决策的不确定性，和/或让利益相关者参与决策过程。

3.2.1 研究过程的第一步：探索

3.2.1.1 是否开展研究

在听取了管理者的介绍后，研究人员准备开始。在管理者积极寻找决策机会或改进领域的情况下，探索的逻辑起点是是否开展研究的问题。影响开展研究决策的四个因素是：(1) 研究成果的潜在有用性，(2) 实施研究成果的可用资源，(3) 各利益相关者对项目的态度和 (4) 项目的成本和收益（Lehmann, Gupta & Steckel, 1998；Parasuraman, Grewal & Krishnan, 2004）。

研究项目的潜在有用性是指其研究结果对决策和行动的贡献程度。它与研究成果在多大程度上降低了决策者的不确定性，并在特定情况下提供了多少额外的见解有关。我们不应该执行潜在用处不大的项目。

如果一个组织缺乏资源（金钱、时间和员工）来跟进研究成果，那么研究也是徒劳的。例如，如果针对市场机会的研究表明某个特定市场非常有吸引力，但该组织没有资源来增加产能，那么该研究项目就毫无用处。

如果研究项目要取得成功，利益相关者必须以开放的心态来看待拟议的研究项目。如果利益相关者对项目有负面情绪，他们不愿意合作，或者他们不接受项目的结果，那么努力将是徒劳的。框 3.1 中的问题将帮助你评估利益相关者的立场。

框 3.1　评估利益相关者立场的有效问题

> 谁是关键利益相关者?
> 他们认为这个项目有多重要,为什么?
> 我们需要从各利益相关者那里获得哪些类型的信息?
> 他们是否愿意并能够向我们提供必要的信息?
> 他们的目标、任务和责任是什么?
> 他们对这个项目的目标是什么?
> 他们对这个项目有什么想法和感受?
> 他们是否愿意改变?
> 他们是否会感情用事?
> 在项目过程中,各利益相关者会有什么损失?
> 这会导致反对吗?这有多大的问题?这将如何影响这一进程?

到目前为止讨论的所有因素都与研究项目的成本和收益有关。事实上,它们都集中在是否值得启动一个研究项目。此外,考察项目的货币成本和收益非常重要。这可以避免研究项目成本高于其价值的风险。请注意,通常来说研究项目的成本相对容易量化;另一方面,准确预测研究项目的收益并不那么简单。决策树通常被作为一种对信息价值进行定量评估的方法。虽然决策树的概念使用很普遍,但其实际应用却相当有限,主要是因为管理者发现它们很难应用。

框 3.2　评估信息的价值

> 为了评估信息的价值,需要考虑几个因素(Lehmann, Gupta & Steckel, 1998):
> 1. 时间压力:管理者处于何种时间压力之下?
> 2. 收集信息有多容易?
> 3. 错误的决定会带来什么代价?
> 4. 可行的替代方案有何不同?
> 5. 更多的信息会改变决策的可能性有多大?
>
> 请注意,考虑因素 1 和 2 与信息的成本有关,考虑因素 3 和 4 与替代决策的相对结果有关,考虑因素 5 与在有更多信息和没有更多信息的情况下做出良好决策的相对可能性有关。

3.2.1.2　定义管理问题

为了能够评估研究项目的成本和收益,研究人员需要了解项目"是什么"和"为什么"。管理者想要发现什么以及为什么?换句话说,必须定义管理"问题"。根据以下内容定义管理问题通常是有帮助的(Kapteyn, 1999):

（1）现有情况
（2）为什么这种情况是有问题的（改变动机或做研究的动机）
（3）理想情况（管理目标）

在管理者主动寻找决策机会或改进领域的情况下，我们可以将管理问题表述如下：

（1）现有情况

为了发展，我们正在考虑进入一个新的市场。然而，从长远来看，这个市场有多大吸引力尚不清楚。

（2）为什么这种情况是有问题的

这很成问题，因为我们想做出市场进入的决策。

（3）理想情况（管理目标）

了解市场的长期吸引力。

从这一管理问题出发，研究人员应该能够确定研究问题（研究目标和研究问题）。研究问题的确定将在下一章中讨论。在本章的其余部分，我们将重点讨论可能需要研究的第二种情况——组织陷入困境，管理者需要找到解决方案的情况。

3.3 修复破坏的局面

管理者的重要任务是确保组织的目标得以实现，组织能够高效运转。如果组织目标没有实现，或者组织没有以最佳方式运作，那么解决问题的任务就落到了管理者身上。如果管理者对现有情况不满意，或者情况不符合既定规范或标准，那么管理者就会启动问题解决的程序。

例如，当公司的员工流动率高于行业平均水平，客户对组织的服务不满意或公司的市场份额低于要求时，管理者可能会发现问题。当管理者发现现有情况和理想情况之间的差距太大，并看到或预见到这种差距造成的重大负面后果时，管理者将会采取行动以找到摆脱现有局面的方法。当管理者委托研究人员帮助解决组织问题时，研究过程就开始了。探索和诊断将帮助研究人员（最终）确定管理问题。

3.3.1 研究过程的第一步：探索

在听取了管理者的简要介绍后，研究人员准备开始工作。研究人员必须采取的第一步是探索，即研究人员要试图找到更多关于核心问题的信息："发生了什么？"和"为什么有问题？"是两个重要的问题，在这个阶段需要一个临时的答案。探索解决问题的条件也是有用的。例如，在某些情况下需要快速解决问题，以至于将问题转化为一个变革项目是没有意义的，这样的项目只会花费太多的时间。评估潜在项目的成本和收益、问题对组织的重要性以及阻碍项目的潜在可能性，也有助于研究人员评估项目的可行性。根据探索阶段的结果，研究人员应该能够做出明智的决定，是否继续展开问题解决的过程。由于诊断是合乎逻辑的下一个步骤，在这方面必须做出的第一个决定是："我们是否要投资进行诊断？"研究人员要避免以下的两种情况（Kapteyn，1999）：

（1）高估问题：当问题微不足道时，决定投入时间和精力进行诊断。

（2）低估问题：存在潜在的问题且需要改变时，决定不进行诊断。

如果研究人员和客户组织决定继续进行该项目，那么考虑如何进入诊断阶段就变得非常重要：谁需要参与，以什么角色参与（参与者、信息提供者或专家）？需要多少资源和需要什么类型的资源？我们是否有权访问相关信息？在研究人员进入诊断阶段之前，与客户组织一起解决这些问题通常是有用的。

框 3.3 中的问题可以帮助你组织探索阶段。

框 3.3　对探索的有用问题

1. 对问题的初步探索

发生了什么？为什么这很糟糕？是什么导致客户注意到这个问题？它有多重要？重要性体现在哪些方面？对谁来说很重要？其他人是否也认为存在问题？谁这样认为？为什么？关于这个问题，已经有哪些信息？我如何获取这些信息？该项目将如何为决策和行动做出贡献？客户是否有足够的资源（金钱、时间和人员）来跟进可能的解决方案？在这方面是否存在任何限制？项目的货币成本和收益是什么？

2. 开展研究/解决问题的条件

谁是关键利益相关者？他们认为有问题吗？他们与问题之间有什么关系？他们是否愿意改变？是否有可能影响他们？他们是否愿意向我们提供我们需要的信息？他们是否会感情用事？他们与问题相关的目标是什么？是否存在许多与问题相关且相互关联的现象？这些现象是什么？这些现象如何相互关联以及与问题相关？是否有人已经尝试去解决问题？他们是如何尝试解决问题的？为什么这些努力没有成功？我们需要解决什么问题（在人员和其他资源方面）？这个问题重要吗？对谁重要？为什么重要？解决问题是否值得？需要付出什么代价？解决问题需要多少时间、金钱和精力？是否需要考虑速度（在解决问题时）？这对过程有何影响？是否进行研究？我们应该考虑哪些具体方面（情绪、法规、保密性、文化和其他问题）？我们需要帮助吗？需要什么样的帮助？需要来自谁的帮助？在过程的哪个阶段需要帮助？这对解决问题/研究过程有何影响？

3. 问题的临时定义

发生了什么事？为什么会有问题？问题有多大？

4. 关于诊断

我们是否要进行诊断？诊断阶段谁将做什么？我们需要诊断什么（人、资源）？诊断阶段我们需要什么类型的信息，以及我们将如何收集这些信息？是从人那里收集信息吗？从哪些人那里收集？这些人是什么角色（受访者、专家、知情人）？还是从文件那里收集信息？需要哪些文件？

对于许多研究人员来说，探索阶段是一个困难的阶段，主要是因为存在很多不确定性。常见的陷阱包括：渴望快速取得成果、视野狭窄以及将解释与事实混淆的倾向。框 3.4 提供了一些关于探索阶段的有益建议，可以帮助你避免这些陷阱。

框 3.4　对探索的建议

- 保持开放的心态。
- 不要太快聚焦问题：在这个阶段，应该从更宽的范围去看待问题，而不是从狭窄的范围去看待问题。
- 不要急于下结论。
- 确保你的信息来自许多不同的来源（人和文件）。
- 将事实与解释区分开来。
- 不确定性是这个阶段的一个重要特征，它使得许多人感到任务困难。
- 在这个阶段，没有必要对问题做出最终的定义。你可能需要制定一个或多个初步的问题定义。
- 对所有事物保持灵活性。
- 不要接受预定义的解决方案。
- 尝试对问题的严重性进行现实评估。
- 考虑组织的下一阶段：诊断。你需要从谁那里得到什么？
- 你可能会得出结论，探索过程在这里结束。
- 如果问题不值得调查，请勿继续。

3.3.2　研究过程的第二步：诊断

如果研究人员在咨询客户组织后确信对问题进行进一步调查是值得的，那么研究将进入下一个阶段，即诊断阶段。诊断阶段在许多方面是变革过程中最重要的阶段。在诊断阶段，研究人员将更深入地研究问题，以便充分了解情况。需要彻底定义问题，以及确定解决方案的约束条件。这不是一项简单的任务。至关重要的是，研究人员要确保正确的问题得到解决，并且问题以正确的方式得到解决。

诊断可以在组织内不同层面进行。例如，诊断过程可以在组织、部门或战略业务单位（SBU, strategic business unit）层面进行，也可以在个人（如员工或客户）层面进行。诊断可以针对所有这些层面，也可以针对其中一个层面。表 3.1 提供了一些例子，说明诊断可能发生的层面与变革项目广泛主题之间的关系。

表 3.1　诊断级别与广泛主题之间的关系

主题	诊断级别
组织绩效、利益相关者满意度	组织层面
团队效率、工作质量	团队层面
工作满意度、个人发展	个人层面

有许多有价值的手段和工具可以帮助你进行诊断，其中大多数手段本质上是分析性的（它们帮助你把问题分解成各个组成部分或要素）。这些手段可以帮助你构建你的活动，并在诊断阶段组织信息收集。可能派上用场的工具（见框 3.5）是麦肯锡 7S 框架（McKinsey

7S Framework）或彼得·坎普（Peter Camp）重新设计的蒂奇矩阵（Tichy matrix）。一些工具，如鱼骨图或根本原因分析（也称为"5问法"，"问5次为什么"），强调因果关系。不用说，使用的工具应该与诊断发生的层面和手头情况的复杂性一致。框3.5中提供了蒂奇矩阵和根本原因分析的例子。

由彼得·坎普重新设计的蒂奇矩阵旨在支持组织变革。它基于诺埃尔·蒂奇（Noël Tichy）提出的关于政策、组织和人员这三个重要组织问题的一致发展的理论。蒂奇认为，在组织内部，技术特征、政治特征和文化特征对组织绩效产生影响。这导致了一个有九个单元格的矩阵，每个单元格都有特定的变革关注点。请注意，九个单元格中的特定元素之间往往存在很强的联系。

除了上述工具外，框3.6中的问题可以帮助你形成诊断阶段。

框3.5　蒂奇矩阵（彼得·坎普重新设计）

技术特征	目标和战略	任务和责任	专业知识
	• 目标	• 组织	• 资格要求
	• 战略	• 任务分工	• 团队构成
	• 研究	• 咨询	• 专业知识
	• 预算	• 程序	• 奖励
政治特征	政策影响者	决策制定	自治
	• 领导者	• 参与	• 自由度
	• 承包商	• 承包	• 需求和欲望
	• 利益相关者	• 谈判	• 前景
	• 投资者	• 法规	• 风险
文化特征	文化	合作	态度
	• 质量标准	• 规划	• 胜任力
	• 参与	• 团队建设	• 意愿
	• 感知	• 创意生成	• 创造力
	• 习惯	• 方法	• 改进

例3.1　问题与问题症状

很重要的一点是，不要把问题的症状当作真正的问题。例如，一位管理者可能试图通过增加工资来降低员工流失率（最好的人才正在离开组织），但收效甚微。在这种情况下，真正的问题可能是其他因素，例如员工感到对自己的工作没有足够的控制权而缺乏动力。高流失率可能仅仅是动机问题根深蒂固的表现。在这种情况下，从长远来看，更高的薪水不会影响员工的离职意愿。因此，为"错误"的问题定义找到"正确"的答案是没有帮助的。我们应该认识到，正确识别问题对于找到解决棘手问题的办法至关重要。

管理者往往倾向于从症状的角度描述问题。研究人员需要更准确地识别问题，而不是接受所描述的问题。确定问题而不是症状的一种方法是"5个为什么"或"5次为什么"。5问法是一种相当简单的方法，它将帮助你（通过初步研究）找到问题的根本原因（最基本的原因）。这个方法由日本实业家丰田光一（Sakichi Toyada）开发，其理念是不断问"为什么？"，直到找到最基本的原因。

让我们回到具体的例子来演示这种方法。

我最优秀的员工要离开公司了。

- 为什么？因为他们不满足现在的工作。
- 为什么？因为他们觉得自己的工作没有挑战性。
- 为什么？因为他们对自己的工作没有控制权。
- 为什么？因为他们对自己所做的工作的计划、执行和评估没有很大的影响力。
- 为什么？因为我们一直不愿意放权。

请注意，数字5是达到根本原因级别所需"为什么"数量的一般指导原则，但问"为什么"5次而不是3次、4次或6次并不是严格的要求。重要的是，我们通过找到真正的原因而不是这些原因的症状来调查反复出现的问题。

框3.6　诊断时有用的问题

1. 利益相关者

谁是"关键利益相关者"？他们认为有问题吗？他们如何定义问题？他们认为问题有多重要，为什么？他们对问题的想法和感受是什么？他们的目标、任务和责任是什么？这将如何影响他们对问题的看法和感受？

2. 信息

已经获得哪些信息？这些信息是如何收集的？

3. 问题的原因和后果

这个问题是什么时候暴露出来的？这个问题已经持续多久了？导致现有情况的因素是什么？这个问题会带来什么后果？进行根本原因分析是否有帮助？如何帮助？我们还可以使用其他工具吗？是否有其他信息或其他"证据"强调了该问题的相关性？

4. 问题的复杂性

情况是简单还是复杂？以何种方式？以"认知"方式？政治上？问题是否属于更大系统的一部分？关于促成因素和相关因素有哪些信息？

5. 问题定义

现状（事实）是什么？为什么情况很糟糕？客户想要实现什么？这些问题是否有共识？

6. 条件

解决方案的约束条件是什么？资源？规章制度？政策？价值观？在这些问题上是否有共识？

7. 利益相关者——再访

在以下这些方面是否达成了共识？问题是什么，管理目标是什么，约束是什么，各个利益相关者在项目过程中会失去什么，是否会引起阻力，问题有多大，这将如何影响过程等。

> 8. 问题类型
> 我们如何对问题进行分类？它是一个信息问题还是其他类型的问题？问题有多简单、复杂、难懂？达到管理目标需要哪些信息？我们是否可以获得必要的信息？如何获得这些信息？

诊断的主要目标之一是确定管理问题。再次重申，管理问题最好从以下方面进行定义（Kapteyn，1999）：

（1）现有情况
（2）为什么这种情况是有问题的（改变动机）
（3）理想情况（管理目标）

对现有情况和理想情况的描述在问题定义中起着重要作用。现有情况和理想情况最好根据事实事件或情况来确定。根据事实描述现有情况通常是一个好主意，因为很难否认事实（例如，"病假率是 12%"）。另一方面，事实和解释的混合（"病假率太高"）可能会导致各利益相关者之间的误解和/或分歧。管理目标的制定也应具体明确（见框 3.7）。这减少了误解的机会，并有助于管理者轻松地将目标传达给各利益相关者。

框 3.7　SMART 目标

> 如果设定的管理目标得以实现，则认为变革项目是成功的。成功的第一步是制定明确的目标。许多书籍、文章和网站都提倡制定 SMART 目标，以降低设定模糊或不清楚的目标的风险，因为这些目标不太可能实现。SMART 是一个缩写词，对不同的人有不同的含义。
>
> - 明确性（有人说简单、明智）
> - 衡量性（激励、有意义）
> - 实现性（可实现、达成一致）
> - 相关性（合理的）
> - 时限性（基于时间，有限的时间）

多兰（Doran）1981 年在《管理评论》上首次使用了 SMART 这一术语。尽管如此，SMART 标准通常被认为是德鲁克（Drucker）提出的。

同样，值得注意的是，事实（例如，员工流失率为 12% 或净推荐值 +35）本身没有意义。当它们被置于某种变革动机的背景下时，它们才变得有意义。这就是为什么变革动机（或对"为什么这有问题？"这个问题的回答）是问题定义的第三个重要因素。动机反映了为什么变革被认为是必要的，并形成了现有情况和理想情况之间的逻辑联系。这可以用一个例子来解释。

管理问题定义示例：

1. 现有情况

在过去三年里，平均而言，任职不满一年的人员流失率为 18%。

2. 为什么这是有问题的（改变现有状况的动机）

在组织中工作不满一年员工的高离职率会导致以下问题：员工不满意、士气低落，甚至那些原本选择不离开公司的同事最终离职；对支持缺乏经验和效率低下的新员工的工作感到沮丧；需要额外的管理时间来处理离职的负面影响，以及高昂的招聘成本。

3. 理想情况（管理目标）

将任职未满一年的人员流动率降低 50%。

正如我们已经解释的那样，用事实而不是解释来描述现有情况是有帮助的。因此，最好说"不理想的员工流动率为 18%"，而不是说"不理想的员工流动率太高"。毕竟，什么是太高可能是一个看法因人而异的事情。改变现有情况的动机（或对于"为什么有问题？"这个问题的答案）表明了管理者想要改变的原因（换句话说，它代表了改变动机）；同事们的不满、士气低落和退出，以及对支持缺乏经验和效率低下新员工工作的沮丧，高昂的更换成本等，构成了现有情况与明确的管理目标之间的逻辑联系。管理目标（或理想情况）是研究问题发展的逻辑起点，至少在需要后期解决问题的情境中是这样（我们稍后会回来讨论）。请注意，管理目标是根据行动来制定的：将服务不满一年的员工流动率降低 50%。

3.3.3 需要考虑的约束条件或先决条件

在开始考虑解决行动问题之前，人们不仅需要定义管理问题，还需要定义解决问题必须满足的约束或先决条件。约束条件涉及的问题不是直接来自问题定义，但在实现管理目标的背景下却很重要。这些限制性条件可能与资源（如时间和金钱）、法律法规或组织政策有关。在员工流失的例子中，约束条件可能与解决方案的成本（时间、金钱和精力）以及法律要求、就业法规和/或组织的人力资源管理政策有关。对这些约束条件的理解和定义可以防止最终提供的建议（提出的解决方案）因成本太高、无法达成相关方的意愿（或与之相左）或法律禁止而无法实施。

框 3.8　定义管理问题

在研究过程的早期阶段，你必须花时间在初步研究（例如，探索、诊断和对文献的第一次审查）和（重新）定义管理问题之间进行交替。在你形成第一个初步的问题定义之前，你无法确定哪些信息是有用的。然而，对当前工作和相关观点的认识和理解以及探索和诊断的结果可能会改变你对问题的看法，并鼓励你完善和重新定义管理问题；更精确的问题定义可能会引发收集更多信息的需要，这可能会激励你重构问题定义等。

3.3.4 不同类型的问题及其解决方案

诊断的目的是确定管理问题和解决方案的约束条件。这就是为什么诊断是解决问题过程中的关键阶段（有人说是最重要的阶段）。但诊断并不总是那么容易；有些问题比其他问题更容易定义。事实上，有些问题复杂且难以掌握；有许多相互关联的现象，由于各种原因，这些现象是不受欢迎的。在其他情况下，可能很难甚至不可能收集足够的信息来了解正在发生的事情。有时，利益相关者对是否存在问题、问题是什么和/或解决方案的约束条件存在分歧。有时，问题非常复杂，可以肯定地说是一团糟。所有这些方面都会影响问题的可解性。

如果能够清楚地定义问题和解决方案的约束条件，则问题的可解性会受到积极的影响。如果就这些问题达成共识，并且利益相关者认为可以在已制定的约束范围内实现管理目标，那么就可以开始考虑解决问题。

一般来说，问题的可解性由两个因素决定（Douglas & Wildavsky，1982）：
- 人们对是否存在问题、问题是什么以及解决方案应满足的约束条件的共识程度；
- 如何解决问题的相关知识的可用程度。

基于这些因素，可以区分四种类型的行动问题（表3.2）。

让我们仔细看看这些不同类型的问题。如果管理问题是**技术问题**或**常规问题**，那么就会对问题是什么以及解决方案的约束条件有明确的认识和共识。此外，在组织内部或外部（可以委托专家解决问题）有足够的知识和经验来解决这个问题，因为解决方案是显而易见的，或者可以使用以前实施的解决方案。因此，解决问题是一个规划和行动的问题。这一类别包括所有常规问题。

表3.2 行动问题的类型

关于问题和解决方案应满足的约束条件的共识度	有关如何解决问题的现有知识是否已经存在	
	是	否
高	技术问题/常规问题 计划、行动	信息问题 研究
低	共识问题 谈判、说服	信息和共识问题（混乱问题） 领导

资料来源：Douglas and Wildavsky（1982）和 Kapteyn（1999）.

例3.2

一家普通的医疗诊所希望改善其数字接入性。该诊所的代表要求实现组织"不可或缺的无障碍性"，该问题的专家随后提出一项计划以进行必要的变革。

如果问题可以被定义为**信息问题**，那么对于问题是什么以及解决方案的约束条件也存在共识。但与常规问题不同，目前尚不清楚如何（最好地）解决问题（这就是信息问题）。尽管存在备选行动方案，某个行动方案比另一个更有效，但最初尚不清楚哪个替代方案是最有效的。解决此类问题的方法可以通过开展研究来找到，研究旨在告知管理者如何（最好地）解决问题。此类研究称为面向行动的研究。

例3.3

一位营销经理想要提高客户忠诚度，但不知道该如何提高。

在某些情况下，利益相关者对问题是什么和/或解决方案的约束条件意见不一。有时，对如何解决问题有足够的知识，但由于利益冲突或不同的价值体系、信仰或道德观点，问题的各个可行解决方案都受到阻碍。这种**共识问题**经常发生在组织中。谈判、说服和/或利用一个人的权威是达成解决方案的更常见的方法。在某些情况下，共识问题可能导致出于政治动机的研究，研究结论从一开始就很明确。请注意，进行这样的研究从来不是一个好主意。

例 3.4

> 一位人力资源专业人员被指示改变一家金融机构的奖金制度。然而，该组织中的许多人（特别是那些获得奖金的人）并不认为需要改变。人们对改变制度的计划公开表示反对。

如果一个问题是由信息和共识问题组合而成，对于如何解决问题知之甚少或一无所知，并且对于问题是什么和/或解决方案必须满足的约束条件没有足够的共识，在这种情况下，对于期望的变革方向往往存在分歧。这阻碍了收集有关如何解决问题的信息。因此，问题似乎无法解决。在许多情况下，很难确定必须采取哪些步骤来达成一个共同的问题定义和一个大家都能接受的管理目标。有几种方法可以打破僵局，其中魅力型和威权型领导是最常提到的方法。

例 3.5

> 我们目前面临的许多重大问题（如环境问题、全球健康问题、难民危机等）都是信息和共识问题的组合。因此，解决这些问题非常困难也就不足为奇了。在组织环境中，这类问题的一个很好的例子是"捕鱼游戏"。

这四种类型的问题经常发生在组织中。如表 3.2 所示，（行动导向的）研究并不总是解决问题的最明显途径。根据问题的具体特征，计划和行动、谈判和说服或不同形式的领导力都可能有助于管理者应对不利的局面。如果问题是技术问题或常规问题，那么研究如何（最好地）解决问题是没有必要的；解决这个问题所需的所有相关信息都是现成的。问题可以通过计划（确定干预成本、建立基线或绩效指标、分配资源、制定切实可行的时间表等）和采取行动来解决。如果问题是共识问题，那么以对话或讨论的形式进行协商，或者必要时使用权威，是定义和解决管理问题的关键第一步。如果问题是共识和信息问题的结合，那么魅力型和威权型领导可能会打破僵局。

由于研究并不总是找到行动问题解决方案的最明显途径，因此研究人员不仅要在诊断阶段确定管理问题和解决方案的约束条件，还要确定问题的特征以及问题的类型，这一点非常重要。只有当研究人员得出结论认为问题是信息问题时，才需要（面向行动的）研究。在这种情况下，研究人员可以开始考虑确定研究问题和制定研究提案。在其他情况下，如果行动问题不是信息问题，那么研究人员的任务在诊断阶段就结束了。

诊断阶段往往比探索阶段更困难。框 3.9 旨在为诊断过程提供有益的建议。

框 3.9　诊断的建议

- 抛开偏见。
- 不要过早下结论。
- 先不要考虑解决方案。
- 从不同的角度看清情况。与各种利益相关者交谈。在这个问题上形成自己的观点。
- 收集更多信息。
- 不要忘记约束条件。
- 从现有文献等资讯中获益。不要进行重复研究。使用现有的工具和方法进行诊断。
- 使用正确的工具。
- 正确使用方法。
- 根本原因分析和鱼骨图通常是很有用的工具，但不是你唯一可以使用的工具。
- 为你收集的大量数据（通常是定性的、混乱的、相互矛盾的）赋予意义。
- 将你的发现与文献联系起来，以便从现有的想法和见解中获益。
- 问题是一个技术问题、信息问题、共识问题还是混乱问题？这会对解决问题的下一阶段产生什么影响？

3.4　向客户组织提供反馈

　　研究过程初始阶段的一个重要步骤是向客户组织提供反馈。反馈通常是在一次会议上提供的，或者（甚至更好）是在一系列会议上提供的。通过会议，客户组织有机会讨论探索和/或诊断阶段的结果，得出结论并制订行动计划。因此，提供反馈可以确保对问题解决和/或决策过程的所有权，激发组织行动，并将精力引向组织问题解决和决策。文献中提供了有效反馈的几个特征（Folkman, 2006）：

　　（1）相关性。反馈给客户组织的数据应对客户组织的成员有意义，并减少与探索和诊断阶段有关的相关问题的不确定性。数据应该与问题相关。

　　（2）可理解。反馈必须以可理解的方式呈现。有时，如果没有参照标准，数据很难解释。在这种情况下，提供来自比较组的数据可能会有所帮助。

　　（3）可验证。反馈数据应准确、具有代表性、可靠和有效。客户组织的成员应能够验证数据。

　　（4）及时性。在收集和分析相关数据后，应尽快提供反馈。

　　（5）有限性。不要让客户信息超载。

　　（6）临时性。反馈可以成为进一步讨论、进一步探索和进一步诊断的刺激因素。

3.5 管理启示

在没有出现市场份额下降、员工不满或消费者不满等直接问题的情况下，有效的管理者会不断寻找决策机会或改进领域。他们不会等待形势强加于他们，而是采取主动。管理者应该了解研究在这些情况下如何发挥作用、为什么发挥作用以及在什么条件下发挥作用。

如果组织目标没有实现，或者组织、战略业务单位或部门没有以最佳方式运作，解决问题的任务就落到了管理者肩上。如果管理者发现现有情况不令人满意，或者发现情况不符合特定规范或标准，解决问题的过程通常会启动。管理者应根据现有信息或易于获得的信息和/或与（选定的）利益相关者进行初步交流，回答是否应该对现有情况的不适采取进一步行动的问题。基于第一次探索，管理者可以决定重新评估情况或制定项目。如果管理者决定制定一个项目，通常会邀请内部或外部人员参与该项目。在这种情况下，"问题被提交给内部或外部人员（研究人员），然后指示该方进一步调查情况"。当管理者委托研究人员帮助解决组织问题时，研究过程就会启动。管理者负责向研究人员提供充分的简报。

管理者了解研究过程的第一阶段也很重要。在研究过程的初步阶段，研究人员需要大量信息，管理者向研究人员提供这些信息至关重要。没有信息，研究人员将无法：（1）充分定义管理问题；（2）评估研究项目的成本和收益。

了解不同类型的行动问题有助于管理者理解为什么定义问题并不总是那么容易。更重要的是，了解不同类型的行动问题可能有助于管理者选择和实施有效的策略来解决问题。

总结

学习目标 1：确定组织中可能要研究的问题领域。

当管理者发现他们处于以下两种情况之一时，通常会启动研究过程：（1）管理者主动寻找决策机会或改进领域，以及（2）现有情况不符合期望或一定的规范或标准。出于某种原因，这使管理者感到困扰。换句话说，管理者有一个行动问题。

学习目标 2：解释为什么区分可能导致或可能不会导致研究项目的两种不同情况很重要。

区分可能导致或可能不会导致研究项目的两种不同情况（主动和被动）很重要，因为管理目标不同，而且研究功能也不同。这可能会导致不同类型的研究问题和研究方法。

学习目标 3：进行探索。

在管理者向研究人员介绍情况后，他们准备开始。研究人员必须采取的第一步是探索。其想法是，研究人员试图找出更多关于潜在问题的信息："发生了什么"和"为什么有问题"是两个重要的问题，在这个阶段需要一个临时的答案。探索解决问题/做研究的条件也是需要的。

学习目标 4：进行诊断。

如果管理问题是行动问题，探索阶段将进入下一个阶段，即诊断阶段，如果进一步调查问题是值得的。诊断阶段在许多方面是变革过程中最重要的阶段。需要彻底定义问题和明确解决方案的约束条件。诊断可以在组织的不同层面进行。例如，诊断可以在组织、部门或战略业务单位层面进行，也可以在个人（如员工或客户）层面进行。诊断可以针对所有这些层面，也可以针对其中一个层面。有许多有价值的方法和工具可以帮助你进行诊断。这些工具大多是分析性的工具。

学习目标 5：区分不同类型的行动问题——技术问题、信息问题、共识问题以及信息和共识问题的组合。

如果管理问题是一个技术问题或常规问题，那么对于问题是什么以及解决方案的约束条件就会有明确的认识和共识。此外，无论是在组织内部还是外部（可以委托解决问题的专家），都有足够的知识和经验来解决问题，例如，因为解决方案是显而易见的，或者因为以前实施的解决方案是可以复制的。因此，解决问题需要计划和行动。如果问题可以定义为信息问题，那么对于问题是什么以及解决方案的约束条件也会有共识。但与常规问题相比，尚不清楚如何（最好地）解决问题（这里是信息问题）。有备选行动方案，某个行动方案比另一个更有效，但最初尚不清楚哪个替代方案是最有效的。解决此类问题的方法可以通过开展研究来找到，研究旨在告知管理者如何（最好地）解决问题。此类研究称为面向行动的研究。在某些情况下，利益相关者对问题是什么以及/或解决方案的约束条件的意见不一致。有时，人们对如何解决问题有足够的知识，但由于例如利益冲突或不同的价值体系、信仰或道德立场，每一个可行的问题解决方案都会受阻。这种共识问题经常发生在组织中。谈判、说服和/或利用自己的权威是更常见的达成解决方案的方法。在某些情况下，共识问题可能导致出于政治动机的研究，即研究的结论从一开始就很明确。请注意，进行这样的研究从来都不是一个好主意。如果问题是信息和共识问题的组合，那么对于如何解决问题，人们知之甚少或一无所知，并且对于问题是什么和/或解决方案必须满足的约束条件也存在分歧。在这种情况下，人们往往对期望的变革方向存在分歧。这阻碍了收集有关如何解决问题的信息。因此，这个问题似乎无法解决。在很多情况下，很难确定必须采取哪些步骤才能达成一个共同的问题定义和一个所有人都能接受的管理目标。有几种方法可以打破僵局，最常被提及的方法是魅力型领导和威权型领导。

学习目标 6：定义管理问题

管理问题应该从以下几个方面进行定义：

- 现有情况
- 为什么这种情况是有问题的（改变动机或做研究的动机）
- 理想情况（管理目标）

讨论题

1. 定义"问题"，并举例说明你在日常生活中遇到的问题。讨论你是如何解决问题的？在解决问题的过程中，你是否使用过研究？何时以及为什么？你是否使用过其他解决问题的策略，如谈判、领导和/或计划和行动？为什么（为什么不）？
2. 如果管理者主动寻找决策机会，请描述探索的功能。
3. 如果管理者有行动问题，请描述探索和诊断的功能。
4. 使用互联网查找有关"5问法"的更多信息。使用互联网上提供的示例讨论这种方法。

5a. 请举三个例子，说明管理者主动寻找决策机会的情况。

5b. 在什么情况下，开展研究是明智的选择？

6. 提供一个行动问题的例子。

7. 比较技术问题和信息问题。提供两者的示例。

8. 技术问题总是简单的问题吗？或者你认为技术问题也可能是复杂的？解释一下为什么。

9. 提供对共识问题的描述和示例。

10. 用自己的话描述以行动为导向的研究。

11. 以下是《商业周刊》一篇文章的要点。看完之后请你：

   a. 确定广泛的问题领域；
   b. 解释接下来你会如何做。

两年前，美国第二大视频游戏公司电子艺界（Electronic Arts）信守承诺。为一款大型游戏设计一个功能的开发者必须制作一个很酷的视频才能获得老板的认可。该公司的创意总监之一 Ian Milham 说，它们被搁置了几个月，太迟以至于解决任何问题都为时已晚。他将这一理念描述为"对一个预告片承诺过多，在其完美前不向任何人展示"。

以往并不是这样的。电子艺界2013年发布的几款最重要的游戏，包括《模拟城市》（SimCity）和《战场上的弗兰·切塞斯》系列游戏，在发布时都是漏洞百出，导致游戏服务器崩溃，在修复之前的几天或几周内基本上无法使用。电子艺界的运动游戏已经成了互联网上的笑料，这多亏了一段视频，视频中出现了一些小故障，把数字运动员困在了结构上不可能的位置。

Burger，D.（2015，March 12）EA Tries Selling Video Games That Work. 检索自：http://www.bloomberg.com/news/articles/2015-03-12/electronic-arts-delays-game-releases-to-fix-bugs-for-a-change

附录　组织的背景资料

收集的有关背景因素的信息将有助于与公司的经理和其他雇员进行有见地的交谈，并提出与问题有关的适当问题。沿着这些思路，对这些因素的理解可能有助于得出精确的问题陈述。背景资料可能包括以下所列的背景因素，这些因素可以从各种来源获得。

（1）公司的起源和历史——公司的产生、经营、增长率、所有权和控制权，等等。

（2）员工规模或资产规模。

（3）宪章——宗旨和意识形态。

（4）地点——区域、国家或其他。

（5）资源——人力和其他。

（6）与其他机构和外部环境的相互依存关系。

（7）5～10年财务状况及相关财务数据。

（8）关于结构因素的信息（例如，组织中的角色和职位以及每个工作级别的员工数量、沟通渠道、内控系统、工作流系统）。

（9）关于管理理念的信息。

根据情况、调查的问题类型和所收到的一些初步反馈的性质，某些方面可能必须比其他方面要更深入地探讨。

所提及的背景信息可以通过各种一手或二手的数据收集方法获得，例如采访和浏览公司记录和档案。通过现有数据源收集的数据称为二手数据。**二手数据**是由其他人收集的数据，其目的与本研究的目的不同。一些二手数据来源是统计公报、政府出版物、从组织内部或外部获得的已发表或未发表的信息、公司网站和互联网。二手数据的性质和价值在使用之前应该仔细评估。框3.10提供了评估二手数据的关键标准的概述。

在研究过程的早期阶段，收集一手数据通常是很有帮助的，但在某些情况下，最好通过其他方法获得信息，如采访、观察或向个人发放问卷。研究者为研究的特定目的而第一手收集的数据称为**原始数据**。第8至第11章讨论了一手数据收集的四种主要方法（访谈法、观察法、调查问卷法和实验法）。

注意，在研究过程的早期阶段同时收集一手和二手数据通常是有益的。一方面，二手数据可以帮助你在访谈中更有意义地关注（深入）问题的相关方面；另一方面，访谈可以帮助你在二手资源中寻找相关信息。

框3.10　评估二手数据的标准

数据的及时性。数据是什么时候收集的？数据必须是最新的。请检查你所有的二手数据的日期，以确保有最新的信息可用。

数据的准确性。展示数据的目的是什么？网页的创建有一个特定的目的。商业组织经常在网上发布信息，这些信息可能会以某种方式对它们有利，或者代表其自己的利益。谁收集了这些数据？数据是如何收集的？作者在这个问题上的资历如何？数据的准确性会受到谁收集数据以及如何收集数据的影响。数据是否与其他来源的数据一致？如果不同来源的信息不同，你需要找出哪个信息更准确。

数据的相关性。并不是所有的辅助数据都与你的特定需求相关。数据可能是准确和最新的，但不适用于你的研究目标和研究问题。

数据成本。这些数据要多少钱？收益大于成本吗？有更好收集的其他数据吗？你是否更适合使用其他（主要）方法来收集数据？

第 4 章

定义研究问题

学习目标

完成第 4 章的学习后，你应该能够：
1. 将管理问题缩小为研究问题。
2. 提出一个好的研究问题。
3. 制订研究计划。
4. 了解管理者在研究过程的早期阶段所起的作用。
5. 了解伦理在研究过程早期阶段中的作用。

4.1 导言

在上一章中，我们解释了两种可能需要（或不需要）进行研究的情况：管理者主动寻找决策机会的情况和"需要修复的破坏"情况（管理者希望提高客户忠诚度、员工积极性等）。我们解释说，在这两种情况下，管理问题需要根据现有情况、情况为何有问题和管理目标来定义。在本章中，我们将着眼于定义研究问题。我们将介绍研究问题的两个重要组成部分：研究目标（研究项目的"为什么"）和研究问题（研究项目的"什么"）。我们还将讨论研究计划的制订，并解释为什么管理问题和研究问题是研究计划的两个重要组成部分。

4.2 管理问题

应用研究始于管理问题。在上一章中，我们已经解释过，管理问题可以从以下几个方面来定义：
- 现有情况
- 为什么这种情况是有问题的（改变动机或做研究的动机）
- 理想情况（管理目标）

一个定义明确的管理问题为定义研究问题奠定了基础。事实上，如果研究是决策过程或问题解决过程中合乎逻辑的下一步，那么我们需要一个研究问题来指导我们作为研究者的行动。

4.3 定义研究问题

在定义管理问题之后，研究人员就可以定义研究问题。研究问题必须明确、具体和集中，并且要从特定的学术角度来解决问题。如果研究问题没有明确指出，再多的好研究也无法找到解决方案。

4.3.1 什么是好的问题陈述？

好的问题陈述包括研究目标的陈述和研究问题的陈述。在第 2 章中，我们已经解释了好的研究有一个目的性的焦点。虽然商业领域的基础（或基本原则）研究的目的是扩展一般商业和管理（过程）知识，但应用研究的最终目标往往是为了解决工作环境中遇到的特定问题而改变一些东西。例如，经理可能对确定增加员工对组织责任的因素感兴趣，因为员工承诺的增加可能会导致员工流失率降低、缺勤率降低和绩效水平提高，所有这些都将使组织受益。因此，研究的目的解释了为什么要进行这项研究。研究目标的陈述应该简短，但要清楚地传达项目的重点。

> **例 4.1　研究目标的例子**
>
> - 找出消费者通过互联网购买 a 产品的动机。
> - 研究领导风格对员工工作满意度的影响。
> - 调查资本与公司的结构和盈利能力之间的关系。
> - 建立有关信息系统的采用和使用的成功因素。
> - 确定产品的最优价格。
> - 调查商店购物环境对冲动性购买的影响。
> - 确定员工参与的决定因素。
> - 了解员工缺席的原因。
> - 调查某个市场的长期盈利能力（显然，必须指定市场）。
> - 确定细分市场。
> - 确定员工承诺水平。
> - 了解组织是否处于控制之中。

一旦确定了研究的目的，就可以确定研究的问题。在问题陈述中包含一个或多个研究问题进一步澄清了有待解决的问题。研究问题指定你想要了解关于这个主题的什么。它们引导和组织收集和分析信息的过程，帮助你达到学习的目的。换句话说，研究问题就是将组织问题转化为具体的信息需求。框 4.1 提供了一个问题陈述的例子。值得注意的是，本例详细描述了本研究的研究目标和研究问题。

框 4.1 讨论的研究问题既涉及研究目标，也涉及研究问题。研究目标与研究问题密切相关；如果研究目标不明确、未指明或含糊不清，就不可能充分详细说明研究问题。更重要的是，研究问题已经非常清楚，就可以将它们与现有文献中的等待、服务评估和情绪理论联系起来。因此，广泛的问题领域已经转变为一个可研究的课题。

框4.1 问题陈述的例子

CAA航空公司对中程目的地（如地中海、北非和红海）和长途目的地（如加勒比）实行包机和定期航班。如今，CAA的机群由三架（新的）波音737-800和四架（过时的）波音767-300组成。因为波音767已经过时了，它们需要比普通飞机更多的维护。尽管有严格的维护计划，这些飞机还是有很多技术问题。因此，CAA的长途机群最近需要处理大量的延误。新的长程飞机已经被订购，但这些飞机在2016年之前不会交付。这意味着更多的延迟将不可避免地发生。这可能会转化为乘客的不满情绪、转换行为，以及负面的口碑传播。消费者的情感和行为最终可能对产品的性能和利润产生负面影响。

先前的研究声称服务等待可以由两种技术控制：操作管理和感知管理。对于CAA航空公司来说，获得"零缺陷"（无延误）是非常困难的。因此，这个项目将集中于管理等待体验的感知：因为CAA航空公司无法控制实际的延迟数量和持续时间，公司必须集中精力管理客户对等待体验的感知。

本研究的目的有两方面：（1）确定影响乘客等待体验的因素；（2）调查等待对客户满意度和服务评估可能产生的影响。

因此，本课题主要研究了以下几个问题：
（1）哪些因素会影响乘客的等待体验？这些因素会在多大程度上影响乘客对等待时间的感知？
（2）等待的情绪后果是什么？等待和服务评估之间的关系如何调节？
（3）情景变量（如占用时间）如何影响客户对等待体验的反应？

依据前面对等待、服务评估和情绪理论的研究，做出延迟、等待、情绪与服务评估之间关系的假设，并在CAA延迟航班乘客中进行检验。

框4.2总结了框4.1中讨论的研究项目的管理问题和研究问题。

框4.2 管理问题转化为研究问题

管理目标	研究问题	
	研究目标	研究的具体问题
改善客户等待体验、客户满意度和服务评价。	本研究的目的有两方面：(1)找出影响乘客等待体验的因素；(2)调查等待对顾客满意度及服务评估的可能影响。	1.哪些因素会影响乘客的等待体验？这些因素会在多大程度上影响乘客对等待时间的感知？ 2.等待的情感后果是什么？如何调节等待和服务评估之间的关系？ 3.情景变量（如占用时间）如何影响客户对等待体验的反应？

到目前为止，应该清楚的是，问题陈述既涉及研究的"为什么"（研究的具体目的），也涉及研究的"什么"（中心研究问题或一系列研究问题）。评估问题陈述的质量有三个关键标准：相关性、可行性和令人感兴趣的。

如果问题陈述在管理角度、学术角度或两方面都有意义，那么它就是相关的。从管理的角度来看，如果研究与（1）当前组织环境中存在的问题，（2）管理者认为组织中需要改进的领域有关，那么研究就是相关的。

例 4.2　学术相关性

> 从学术的角度来看，如果（1）不知道主题，（2）对这个话题有较多的了解，但知识是零散和不整合的，（3）研究主题是可用的，但结果（部分）矛盾，或（4）在某些情况下，建立关系并不恒成立，研究就是相关的。如果你的研究报告基于"什么都不知道"的论点，你就必须证明你的说法是正确的。对于一项主题的了解很多，但是知识是分散的，没有整合的观察也为一个研究报告提供了良好的基础。然而，你的任务是一项困难的任务，因为你需要对主题进行综合概述。一个旨在调和矛盾的发现或建立边界条件的研究项目也是一个真正的挑战。

一个好的问题陈述是相关的，但也是可行的。如果你能够在研究项目的限制范围内回答研究问题，那么问题陈述是可行的。这些限制可能与时间和金钱有关，但也与受访者的可用性、研究人员的专业知识（问题陈述可能太难回答）等有关。在可行性方面，一个常见的问题是问题陈述的范围太广。事实上，重要的是你要开发一个狭义的研究问题，这个问题可以在合理的时间内，用合理的金钱和努力进行研究。例如，问题陈述"消费者如何表现"就太笼统了，无法进行调查。

例 4.3　让问题变得清晰和集中

> 将你的问题变得清晰和集中的"秘密"是在第一个版本中分离出关键思想。一个首次提出的宽泛的论点通常包括几个需要定义的单词或短语。看看下面的问题陈述："组织中的少数群体成员在他们的职业生涯中没有进步。"
> 要确定问题陈述中的关键术语，寻找主题（职业）、动词（进步）和陈述中的对象（少数群体成员）。关键术语的定义必须准确，以确定研究主题并获得相关学术文献。精确的定义将允许你去探索文献。文献综述会帮助你完善你的研究目标和研究问题，从而提出了一个可行的课题进行研究。

选择一个特定的（学术）角度来研究这个问题也将提高研究项目的可行性，因为它使我们能够利用丰富的文献来帮助我们制定研究问题。以下示例就是一个很好的例子。

例 4.4　学术视角的选择将如何帮助我们缩小研究范围

> 考虑以下问题："长时间而频繁的航班延误给航空乘客带来了很大的困扰。这些情绪可能最终导致转换行为、负面的口碑传播和客户投诉。"关于这个问题的初步研

究表明服务等待时间通常由两种技术控制：操作管理，去减少实际客观的等待时间（视角1）和感知管理，这将帮助服务提供者管理客户的主观等待体验（视角2）。对问题的特定学术视角的选择（如在前面例子中提到的长时间而频繁的航班延误下的管理视角）为我们提供了大量的知识，这些知识将帮助我们形成自己的思维，并激发我们在研究方面对问题的宝贵见解。

好的问题陈述的第三个特征是你对它感兴趣。研究是一个耗费时间的过程，你会经历很多起起落落，然后才会提交最终版本的研究报告。因此，对你试图回答的问题感兴趣是至关重要的，这样你就能在整个研究过程中保持积极性。

例4.5 定义良好的研究问题

1. 组织的结构和所安装的信息系统的类型在多大程度上影响了管理决策的有效性？
2. 新的广告活动在多大程度上成功地创造了高质量的、以客户为中心的符合我们初衷的企业形象？
3. 新包装对产品的销售有何影响？
4. 新的广告信息是否增加了对产品的回购？
5. 价格和质量如何影响消费者对产品的评价？
6. 参与式预算对绩效的影响是否受到控制系统的调节？
7. 更好的自动化是否会导致每单位产出的资产投资增加？
8. 扩大国际业务是否会提升公司的形象和价值？
9. 裁员对公司的长期增长模式有什么影响？
10. 在为一家制造公司建立数据仓库时，需要考虑哪些具体因素？

4.3.2 问题的基础类型：探索性问题和描述性问题

在本章的前文，我们解释了研究问题包括研究目标和研究问题的陈述。研究项目可以解决的问题有三种基本类型：探索性问题、描述性问题和因果问题。现在我们将更详细地讨论每一个问题。

4.3.2.1 探索性的研究问题

探索性研究问题通常是在以下情况下产生的：①对某一特定现象了解不多；②现有研究成果不明确或存在严重局限性；③课题高度复杂；④没有足够的理论来指导理论框架的发展（在第6章中讨论）。探索性研究通常依赖于数据收集的定性方法，如非正式讨论（与消费者、雇员、经理）、访谈、焦点小组或案例研究（将在第6章和第7章讨论）。一般来说，探索性研究本质上是灵活的。事实上，研究人员在探索性研究中的活动与刘易斯探长、沃兰德探长、亨特中士、迪伊探长或南佛罗里达"CSI迈阿密"法医调查小组的活动非常相似，他们使用老式的警察工作方式、尖端的科学方法，或两者同时用于破解谋杀犯罪。

虽然研究的重点一开始是广泛的，但随着研究的进行，它变得越来越窄。探索性研究的结果通常不适用于总体。

以下是一个需要进行探索性研究的例子。

例 4.6

> 一家跨国公司的经理很想知道在其位于彭纳图尔市（Pennathur City）的子公司工作的雇员的职业道德是否与美国人不同。关于彭纳图尔，我们几乎没有什么消息（除了它是印度南部的一个小城市），而且由于对于工作伦理价值对其他文化的人意味着什么存在相当大的争议，经理的好奇心只有通过探索性的研究，即访谈在彭纳图尔的组织中工作的员工才能满足。宗教、政治、经济和社会条件、教养、文化价值等在世界不同地区的人们如何看待他们的工作方面起着重要作用。在这里，由于人们对印度的职业道德价值知之甚少，一项探索性的研究将会被采用。

4.3.2.2 描述性的研究问题

描述性研究的目的是获取描述相关话题的数据。例如，如果我们想知道在双盲测试中，相比百事可乐有多少人更喜欢可口可乐，我们感兴趣的是描述消费者的口味偏好。描述性研究通常用于收集描述对象（如人员、组织、产品或品牌）、事件或情况的特征的数据。描述性研究本质上是定量研究或定性研究。它可能包括对定量数据的收集，如满意度评级、生产数据、销售数据或人口统计数据，但也可能包括对定性信息的收集。例如，可以收集定性数据来描述消费者如何进行决策制定，或者考查管理者如何解决组织中的冲突。

有时研究人员对描述人口、事件或情况的变量之间的关联感兴趣。例如，研究人员可能对工作投入与工作满意度、唤醒需求的倾向与冒险行为、自信与创新产品的采用或目标清晰与工作绩效之间的关系感兴趣。这些研究本质上是相关的。相关研究描述变量之间的关系。虽然相关研究表明两个变量之间存在关联，但发现关联并不意味着一个变量会导致另一个变量的变化。

描述性研究可以帮助研究者：

（1）了解一个群体在特定情况下的特征（例如一个市场中特定部分的轮廓）。

（2）系统地考虑给定情况下的各个方面（例如，与工作满意度相关的因素）。

（3）为进一步的探索和研究提供思路。

（4）帮助做出某些（简单的）决策（例如，根据客户概况、开放时间、成本削减、员工雇用等，与使用特定沟通渠道相关的决策）。

下面是需要进行描述性研究的例子。

例 4.7

> 银行经理希望有一个个人档案，这些个人有六个月以上的未偿还贷款。个人资料将包括他们的平均年龄、收入、职业性质、全职/兼职工作状况等。这可能有助于他

获取更多信息，或快速决定哪些人将来不适合获得贷款。一位 CEO 可能会对她所在行业的公司如何将企业社会责任融入公司的业务管理感兴趣。这些信息可能允许我们之后比较特定类型公司的绩效水平。

3.3.2.3 因果关系的研究问题

因果研究测试一个变量是否导致另一个变量的变化。在因果研究中，研究者感兴趣的是描述一个或多个导致问题的因素。因果研究问题的典型例子是："奖励系统对生产力的影响是什么？"以及"感知价值如何影响消费者购买意愿？"研究者进行因果研究的目的是能够说明变量 X 导致变量 Y。因此，当变量 X 以某种方式被删除或更改时，问题 Y 就得到了解决（注意，通常情况下，在组织中引起问题的不仅仅是一个变量）。在第 6 章中，我们将解释，为了建立因果关系，必须满足以下条件：

（1）自变量和因变量应该共变。
（2）自变量（假定的因果因素）应先于因变量。
（3）为了建立因果关系，研究人员应控制"无关"变量的影响，以确保因变量的变化不是由实验中包含的自变量以外的因素或变量引起的。无关变量是指对研究结果产生意外影响的变量。当允许外部变量与所研究的两个变量一起系统地变化时，它们会混淆结果。因此，这些变量扭曲了结果，使得无法从结果中得出有意义的结论，因为它们允许对结果进行替代解释。

由于时间序列条件的限制，实验设计经常被用来建立因果关系。实验设计在第 6 章中有讨论，在第 11 章有更详细的讨论。

因果研究的例子如下：

例 4.8

> 市场经理想知道如果他增加广告预算，公司的销售额是否会增加。在这里，经理想知道广告和销售之间可能建立的关系的本质，通过检验假设："如果广告增加，那么销售也会上升。"
> 一个普遍的理论是，劳动力的多样性增加了组织的有效性。
> 经理想知道这种关系是否适用于她所在的组织，经理想检验工作中所经历的压力对员工工作满意度的负面影响这个假设。
> 一名研究人员对检验女性比男性更有工作动力这一假设很感兴趣。

研究人员通常在一个项目中回答不同类型的研究问题。因此，在转向描述性或因果性研究之前进行探索性研究是很常见的，以便对所研究的现象有一个全面的理解。事实上，三种类型的研究（探索性的、描述性的和因果性的）经常被视为构建模块，其中探索性研究为描述性研究奠定基础，因果性研究则建立在描述性研究之上。

框 4.3　实证主义的观点

因果研究是科学方法的核心。对于实证主义者来说，世界的运转是根据因果法则进行的，如果采用科学的研究方法，就能辨别出因果法则。当没有足够的理论来指导理论框架的发展时，需要进行探索性研究。在这种情况下，需要进行探索性研究来了解发生了什么。在此基础上，我们将能够建立更严格的（阅读：因果）设计来进行进一步的调查。

在定义了问题陈述之后，你就可以开始你的研究了。但是，你需要先将问题陈述和研究的其他一些重要方面（如研究的范围、要遵循的程序、时间框架和预算）传达给所有相关方。

4.4　研究计划

任何一项研究在启动之前，研究人员和授权此次研究的机构必须就研究方法、时间和资金达成一致。这样做的好处是，保证双方在将来的研究中不至于产生误解或挫败。双方沟通一般是采用研究计划的形式。研究人员把计划交给研究授权方，然后授权方再发一封授权信。

研究人员提出的**研究计划**（research proposal）是经过计划、组织和认真努力的结果。基本上包括以下内容：

1. 一个工作标题
2. 研究的背景介绍
3. 管理问题：

如果管理问题是一个行动问题：解决方案必须满足的约束条件或先决条件。

4. 研究问题：
　　a. 研究的目的
　　b. 研究的具体问题
5. 研究的范围
6. 研究的相关性
7. 研究设计，详细介绍：
　　a. 研究类型——探索性和描述性
　　b. 数据收集方法
　　c. 抽样设计
　　d. 数据分析
8. 研究的时间范围，包括提交书面报告的时间
9. 预算，需详细列出具体支出明细
10. 参考文献

如果这样一份包含上述特征的计划被提交给管理者，管理者可能会要求澄清一些问题，希望在某些方面对计划进行修改，或者全部接受。下文摘录了一份研究新聘员工频繁离职

的研究计划。

一旦计划被接受，研究人员将开展研究，并在研究设计过程中讨论适当的步骤。

模块 4.1　关于如何留住新员工问题的研究计划

研究目的

新员工在入职后的前 3 年离职率是 40%，我们要找出解决这个问题的方案，具体是：
（1）了解离职员工的情况。
（2）评估新员工是否有些特别的要求需要被满足。
（3）找出员工在入职后的前 3 年离职的原因。

问题陈述

中小企业如何提高它们对员工的承诺？

研究范围

研究中小企业员工离职率高的原因。

研究的相关性

员工离职给企业带来的成本是员工薪酬福利（Schlesinger and Heskett，1991）的 150%。企业产生的成本包括直接成本和间接成本。直接成本是指离职成本、替换成本和转换成本，而间接成本是指生产率下降、组织效率下降、不必要的加班和士气低落等。研究结果将给经理提供降低离职率的解决方案。

研究设计（即具体的研究细节）

调研工具。首先，我们会采访几位在过去 3 年入职的员工。然后根据探索性研究结果设计调查问卷，把问卷发给在过去 3 年入职的员工。

数据搜集。访谈的地点安排在公司的会议厅，我们将利用上班时间安排与受访者见面。发给员工的问卷，他们可以带回家完成，然后在规定时间内匿名放在一个事先准备好的箱子里。如果在截止时间前两天还未完成问卷，我们会提醒他们。

时间框架

完成研究一般需要 5 个月的时间。在此期间，研究人员会就研究进展提供周期性报告。

预算

研究预算见附录 A。

参考文献

Bateman, T. S. & Strasser, S. (1984) A longitudinal analysis of the antecedents of organizational commitment. *The Academy of Management Journal*, 27 (1), 95–112.

Lachman, L. & Aranya, N. (1986) Evaluation of alternative models of commitments and job attitudes of professionals. *Journal of Occupational Behavior*, 7, 227–243.

Meyer, J. & Allen, N. (1997) *Commitment in the Workplace: Theory, Research and Application*. Thousand Oaks: Sage.

Meyer, J., Stanley, D., Herscovitch, L. & Topolnytsky, L. (2002) Affective, continuance and normative commitment: a meta-analysis of antecedents, correlates and consequences. *Journal of Vocational Behavior*, 63, 20–52.

Schlesinger, L. & Heskett, J. (1991) The service-driven servicecompany. *Harvard Business Review*, 69, 71–81.

Vandenberghe, C., Bentein, K. & Stinglhamber, F. (2002) Affective commitment to the organization, supervisor andwork group: antecedents and outcomes. *Journal of Vocational Behavior*, 64, 47–71.

4.5 管理启示

管理者的投入有助于研究人员定义管理问题，并将管理问题缩小为一个可行的研究主题。管理者意识到，正确定义管理问题和研究问题对最终解决问题和决策至关重要，他们不会吝啬与研究人员密切合作的时间，尤其是在研究项目的早期阶段。

尽管管理者透过一份优秀的研究计划书可以判断研究相关性，但是为了保证研究目标可以实现，管理者必须参与整个研究过程。在研究过程中的几个重要阶段，管理者和研究者互相交流，必能提高管理相关性和研究质量。

4.6 研究调查初期阶段的伦理问题

研究者通过初步搜集信息缩小问题范围，然后定义问题。在很多情况下，研究者为了更好地了解问题，会对决策者、管理者和员工进行采访以搜集信息。一旦确定了问题所在，研究人员需要评估自己的研究能力；如果研究者缺乏足够的技术或资源，应该放弃这个研究项目。如果研究者决定接手做这个研究项目，首先有必要通知所有员工，特别是那些因结构性与非结构性访谈做初步资料搜集而需接受访谈的员工。虽然没有必要让员工熟知研究的真正原因（以免有偏差），但要让员工了解到，该研究对其有益，如此才能获得员工的支持与协助，并减轻其心中的不安。同时，也有必要向员工确保，其回答将被保密，不会泄漏给组织中的任何人。这两个步骤可让员工对进行的研究感觉自在，并确保其合作。而研究者应避免存有以欺骗方式取得信息的企图，以免引发组织的不信任与焦虑。在本质上，雇主有权搜集与工作相关的信息，而员工有权保有隐私及机密，但是应答者本身的合作，可确保取得有用的信息。

> **例 4.9 研究开始阶段可能出现的道德问题和困境**
>
> - 该研究项目为什么值得做？
> - 组织如何从研究中受益？
> - 研究对组织有何影响（如果有的话）？

- 你有进行此次研究所需要的能力和资源吗？
- 你已经告知研究涉及的所有员工了吗？为什么没有通知？
- 参与者可以谢绝参与研究吗？
- 参与者可以随时退出吗？如何退出？
- 在研究中你能接触到敏感信息吗？如何保证这些信息不外泄？
- 如何保证在研究报告或论文中不暴露受访者信息？
- 研究可能对受访者产生任何可能出现的副作用（长期或短期，包括任何身体或精神上的伤害）吗？
- 如何将你的研究结果反馈给参与者？
- 伦理问题何时出现？你采取哪些步骤解决问题？

总结

学习目标1：根据管理问题定义研究问题。

管理问题并不能为研究人员提供足够的信息来展开他们的研究之旅。这就是为什么管理问题必须转变为一个可研究的主题进行调查。研究问题（研究目标和研究的具体问题）需要：具体准确；有明确的界限。最后，研究者需要选择一个视角来研究组织问题。初步研究应该有助于研究人员得出具体的研究问题。

学习目标2：确定一个好的研究问题。

评估研究问题的质量有三个关键标准：相关性、可行性和令人感兴趣的。好的研究问题包括研究目标的陈述和研究问题的陈述。研究目标与研究问题密切相关。研究项目可以解决的问题基本类型：探索性问题、描述性问题和因果问题。

学习目标3：制订研究计划。

在进行任何研究之前，研究发起者和研究人员应就待调查的问题、研究方法、研究持续时间及其成本达成一致。这通常是通过研究计划完成的，研究人员提交研究计划并获得主办方的批准，主办方出具授权书，方可进行研究。

学习目标4：在研究过程的早期阶段，了解管理者的角色。

管理者必须在整个研究过程中始终参与到研究项目中。这将提高管理相关性和研究工作的质量。

学习目标5：在研究过程的早期阶段要意识到伦理的作用。

本章提供的清单将帮助研究者在研究过程的第一阶段处理道德考虑和两难问题。在下一章我们将考察研究过程中的下一步：批判性文献综述。

请访问网站 www.wiley.com/go/bougie/researchmethodsforbusiness8e，了解案例研究：CAP航空公司。

讨论题

1a. 在什么情况下，我们还必须将以下管理目标转变为可研究的主题进行调查？

在未来 12 个月内将病假减少 40%。

1b. 根据该管理目标制定相关且可行的研究目标。

2. "在研究过程中，问题定义阶段（管理问题和研究问题的定义）可能比问题解决阶段更关键。"讨论这句话。

3. "让你的研究问题变得清晰和聚焦的'秘密'是在问题陈述的第一个版本中分离关键的想法。"下述研究目标中的主语、动词和宾语是什么？

深入了解为什么管理人员不使用新安装的信息系统。

4. 在企业文化、工作满意度或投资者风险偏好行为的广泛领域提供明确、聚焦的研究目标。

5. 一个典型的研究问题是："奖励制度对生产力的影响是什么？"

  a. 根据研究人员的说法，这里有什么问题？

  b. 根据同一研究人员的说法，这个问题可能的解决方案是什么？

6. 在下述情况下，确定可能的管理目标和研究目标：

员工忠诚度

公司从员工的忠诚中获益。在经济衰退期间，组织机构的粗放式裁员摧毁了数百万人的忠诚。忠诚的经济效益包括较低的招聘和培训成本，较高的员工生产率、客户满意度以及对新员工士气的提振。为了不失去这些好处，一些公司在裁员时，会尝试各种花招。例如，弹性离职就是其中之一，这可以帮助员工获得 20% 的工资，外加雇主提供的福利，同时他们可以休 6～12 个月的假，并对他们的服务提供看涨期权。另一些人则尝试更多的交流、手把手的指导等。

第 5 章

批判性文献综述

学习目标

在完成第 5 章的学习之后,你应该能够:
1. 讨论文献综述的作用;
2. 在任何给定的主题下写文献综述,并用规定的方式引用参考文献;
3. 讨论文献综述的道德问题。

5.1 导言

在第 2 章中我们解释过,对学术文献进行初步回顾将帮助你确定组织的问题,并确定一个明确而具体的研究问题。但仅仅是对问题做出界定并不能解决问题本身。那我们怎么往前更进一步呢?其中一个答案是,通过走完图 5.1 中研究流程模型的整个流程。如图所示,当你有了一个研究计划之后,下一步就是进行批判性文献综述,即图 5.1 中阴影部分。

本章的目标是向你介绍进行文献综述的流程。本章的开始部分对批判性文献综述进行了定义,并且讨论其作用。接着介绍各个步骤,包括找出你感兴趣的主题的已发表或未发表的作品,评估该作品与你研究的问题的相关程度,以及撰写文献综述。最后,本章讨论了当你引用参考文献时需要注意的两个陷阱:歪曲原意和剽窃。

为了能够产生可供有效决策的可行性选择,你必须成为你关注的话题领域里的专家。因此,对文献的二次回顾,即批判性文献综述,在几乎所有的研究项目中都是必需的。文献综述是"某个话题下对可获得文献(已出版的和未出版的)的一个挑选,它包括了从某个特定立场出发的关于该话题本质的为了实现特定目标或者表达特定观点的信息、想法、数据和证据,以及它是如何进行调查的,以及与将要提出的研究相关的文献的有效评估"(Hart,1998,p.13)。

总的来说,文献综述要确保:

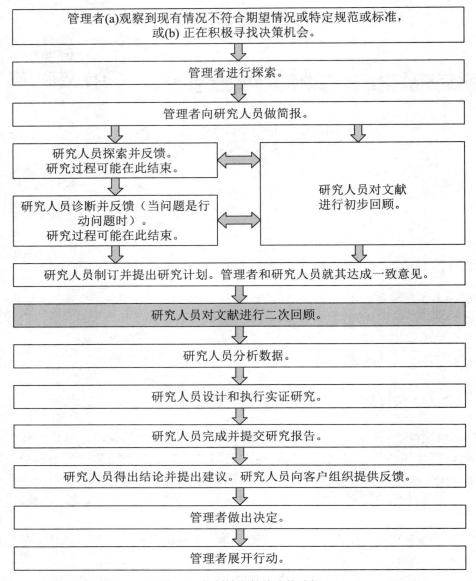

图 5.1 批判性文献综述的功能

（1）研究成果与已有知识相关并建立在其基础上；

（2）你不会陷入"重复造轮子"的风险，即浪费精力在尝试发现一些已知的事情上；

（3）研究成果可以被放入一个更广泛的学术辩论中，即把你的发现与其他人的发现联系起来。

（4）你能够介绍相关术语，并定义写作中使用的关键术语。这十分关键，因为在不同的使用语境中，同样的词语可能有不同的含义。定义也将能帮你构建你的短文、文章或者报告的结构（请看框 5.1 的例子）。

（5）你可以从其他人用来回答类似研究问题的方法中获得有用的见解。

框 5.1　定义服务等待时间

服务等待时间是指一个顾客准备好接受服务和服务开始这两个时间点之间的时间（Taylor, 1994）。一个顾客可能在交易之前、之中、之后进行等待。也就是说，有三种类型的等待：事前等待、事中等待、事后等待（Dubé-Rioux, Schmitt & LeClerc 1988; Miller, Kahn & Luce, 2008）。举个具体的例子，想象你要坐飞机从地点 A 飞到地点 B，你可能需要在登机之前等待（事前等待），在降落之前等待（事中等待），降落后不能马上下飞机时也需要等待（事后等待）。

由于研究问题是对文献进行批判性回顾的出发点，因此批判性文献综述的一些功能取决于研究的类型和所采用的具体研究方法，如方框 5.2 中的例子所示。

批判性文献综述帮助了艾玛、乔治和吉姆（请看框 5.2）熟悉与他们想要解决的问题相关的知识。框 5.2 表明了批判性文献综述几乎对于所有的研究项目都是至关重要的，不管是什么类型的研究。确实，对你主题领域内的文献的熟悉，对探索性、描述性和因果性的研究都是有益的。文献综述在学术性（基础性）和非学术性（应用性）的环境中都是有帮助的。在两种情况下，一个好的理论基础都将给研究增加严谨性。我们之前曾解释过严谨的研究使研究者以最低程度的偏差去收集正确类型的信息，且促进对已收集数据的恰当分析。显然这在基础性和应用性研究中都重要。

框 5.2　批判性文献综述的具体作用

艾玛正在做一个描述性研究，旨在描述制药工业中的大企业如何将有价值的产品推向市场。一个批判性文献综述有助于她形成对价值的综合性的总览、指导性的定义以及对于框架和分析工具（如迈克尔·波特价值链分析）的有深度的概览。以上所述将帮助她描述一个组织如何创造价值和竞争优势。

乔治的基础研究项目的本质是归纳和探索。文献综述帮助他形成一个理论背景，提供与他研究主题相关的文献概览。在早期和近期的作品中，他整理了相关研究发现、方法论和主要结论，明晰了其间逻辑连续性，并提出了存在的矛盾和争议。他认为，尽管早期的研究发现针对其研究的问题提供了各种各样可能的解释，但是有一些是互相冲突的或者与某行业紧密相关，这给研究发现的通用性带来限制。

吉姆的应用研究的本质是演绎推理。文献综述帮助他形成一个理论背景，使其清晰地认识什么变量（不同类型的变量将会在第 6 章进行讨论）对他的理论框架是重要的，为什么重要，变量之间有什么联系，为了解决问题应该如何测量这些变量等。一个批判性的文献综述同时也能帮助他解释因果模型中变量的关系，以及提出假设。此外，文献综述同时也给他自己的研究提供了一个框架，以确保过去已经（重复）发现的在相关研究问题上有重要影响的变量没有被遗漏。的确，如果有一些对研究问题至关重要的变量没有识别出来的话，那么没有考虑到这些变量的相关研究将会是一场徒劳。这样一来，问题的真正答案仍未揭晓，相关的研究项目也不会帮助管理者解决问题。为了避免这种情况的发生，吉姆已经开始在探究与其研究问题相关的所有研究。

总之，批判性文献综述将形成很多对你的研究主题有用的深刻认识。它也将让你用专家的方式去工作，做有依据的决策以及从已有知识中通过多种方式受益。现在，我们介绍如何进行文献综述。

5.2 如何进行文献综述

第一步，需确认并找出与研究主题相关的已发表和未发表资料。

5.2.1 信息来源

一篇文献综述的质量取决于研究者是否谨慎选择并研读相关书籍、学术期刊和专业期刊、报告、学位论文、会议论文和未发表资料等。一般而言，学术著作和学术期刊是最有用的信息来源。但是，其他资料，如专业期刊、研究报告甚至报纸上的信息可能也是有价值的，因为它们可以为你提供有关市场、行业或企业的具体的反映真实世界的信息。因此，你需要综合利用上述信息来源。如何恰到好处地综合使用上述资源取决于你的研究项目的本质和目的。

5.2.1.1 教材

教材是我们了解某一领域理论知识的重要资料来源。教材的优点是它涵盖的主题比较广泛，并且它比文章讨论的内容更加完全。因此，教材是进行文献调查的一个较好的起点，然后再去寻找更加详细的资源，如期刊、学位论文和未发表资料。教材的缺点是它不像期刊那样更新得那么快。

5.2.1.2 期刊

学术期刊和专业期刊都是最新信息的重要来源。学术期刊上的文章一般都经过同行评审，意味着这些文章在发表之前都经过相同领域专家的审核。综述性文章（可能有或没有包含元分析：一种定量分析手段，对已有研究结果的再统计分析）总结前人的研究，以明确目前研究的情况。综述性文章很有用，因为它给我们提供了一个特定领域里所有重要研究的概览。研究性文章又是描述一个或几个相关研究的实证研究报告。其中，概念背景部分对相关的文献进行简要的概览。此外，研究性文章还对研究目的、研究方法和研究结果进行详细的表述。

专业期刊中的文章是了解相关领域最近发展情况、事实和数据的宝贵资源。此外，它们将有助于你感知所研究问题与实践的相关性。

5.2.1.3 学位论文

博士论文中通常包含某一特定领域里详尽的文献综述。大部分博士论文有几个章节是实证部分，其结构和特点通常与学术期刊的文章相同。值得一提的是，并不是学位论文的每个实证章节最终都会发表在学术期刊上。

5.2.1.4 会议论文

在了解最新研究情况或尚未出版的研究成果方面，会议论文比较实用。会议论文跟进较新的动态，如果你正在研究一个相对新的领域，会议论文是很有价值的信息来源。然而，并不是所有的会议论文都最终会发表在学术期刊上，所以你必须非常严格地去评估相关信息的质量。

5.2.1.5 未发表资料

美国心理协会（APA）的出版手册对未发表资料的定义是：未被个人、出版社或其他公司正式发表的所有信息资源。例如，未发表资料包括已审核的待出版论文、未发表的研究中的数据、信件、正在准备中的手稿和个人通信材料（包括电子邮件）。未发表资料通常也跟进较新的动态。

5.2.1.6 报告

政府部门和公司也会进行大量的研究工作。它们发表的研究结果也能提供关于具体的市场、行业或企业的信息。

5.2.1.7 报纸

报纸提供最新的商业资讯。它是了解具体市场、行业或企业的有用来源。需要注意的是，报纸中的观点有时可能会存在偏见。

5.2.1.8 互联网

互联网上有海量的信息。你可以搜索到书籍、期刊和其中的文章、会议论文和专业的数据（如企业出版物和报告）。并且，越来越多的报纸、杂志和期刊都能在网上找到电子版。

请注意，互联网缺乏管制和监督，且制作网页简单而便宜。因此，确定网络资源的实用性和可靠性对研究者来说是不同寻常的挑战。Coke（2001）也许可以帮助你评估网络信息的质量。你也可以自己在互联网上找到很多有用的信息；一些大学也给出了评估网络信息质量的指导（例如，https://www.lib.berkeley.edu/TeachingLib/Guides/Internet/Evaluate.html）。

搜索引擎，如谷歌和雅虎，也可以帮助你找到相关信息。例如，谷歌有个学术搜索，你可以在谷歌主页点击进入，它可以帮助你搜索学术文献，如同行评审论文、学位论文、书籍、摘要以及学术出版机构、大学和其他学术组织的文章等。

5.2.2 搜索文献

不久之前，研究者必须人工检索定期编制的书目索引，以查阅与其感兴趣的研究领域相关的期刊、书籍及其他相关信息来源。有了现代技术，搜寻这些已发表的资源已经变得更容易了。现在，几乎每一个图书馆都有计算机网络系统，可用来搜寻这些已发表的信息资源。计算机数据库有很多优点。首先，它为研究者节省了大量的时间。其次，计算机数据库的书面索引和摘要比较全面。最后，访问计算机数据库相对来说花费更少。因此，研究者可以更加专注于与研究成果最相关的资料。

花费一些时间并逐步熟悉你所在的图书馆提供的网络资源对你来说是有益的。大多数图书馆都拥有以下电子资源：年度报告、（电子）书籍、书评、（电子）期刊、期刊文章、论文等。

附录中还提供了互联网上可用的一些重要数据库。数据库包括期刊文章列表、印刷书籍、人口普查数据、论文摘要、会议论文和报纸摘要，这些对于商业研究很有用。

5.2.3 评估文献

通过在线系统,可从书目索引中找出与研究主题相关的已发表作品的完整书目。由于在线可以搜索出上百种结果,所以研究者必须仔细选择相关书籍和文章。在这方面,相关性和质量是两个重要标准。

快速浏览文章或书籍的名字,判断哪些可能与你的研究紧密相关而哪些是无关紧要的。文章的摘要部分一般包括研究目的、研究策略、研究发现和结论。因此,一个好的摘要提供的信息可以帮助你判断这篇文章是否与你的研究相关。一篇文章的引言也概括地介绍了研究要解决的问题和具体的研究目的,引言的结尾通常会总结所研究问题的框架。了解了问题陈述、研究问题和(或)研究目的之后,你便能够判断这篇文章研究的是什么以及其与你的研究是否相关。类似地,一本书的目录和第一章也能帮助你评估该书与你研究的相关性。

一篇好的文献综述需要引用本领域中的重要研究。因此,经常被他人引用的书籍或文章也应列入你的文献综述中,即使有些书或文章是 20 年之前甚至 30 年之前出版的。当然,一些近期的研究也应纳入你的文献综述,因为与过去的研究相比,近期研究建立在更广泛、更新的文献基础之上。

欲评估近期研究的质量(在这种情况下,你可能很难把文章的引用次数作为衡量标准),你可以通过下面这些问题去考察:
- 主要的研究问题或问题陈述分析表述得清楚吗?
- 所研究问题的相关性阐述清楚了吗?
- 研究直接建立在前人研究的基础之上吗?
- 该研究对所在领域有贡献吗?
- 该研究有理论指导吗?
- 所用理论与研究相关吗?理论分析是否采用了易于理解、结构清晰且具有说服力的方式呢?
- 文中采用的研究方法是否解释得清楚?(研究方法描述)
- 选择该研究方法的理由,是否采用了具有说服力的方式表达?(研究方法辩解)
- 样本的选择合适吗?
- 研究设计和(或)调查问卷是否适用于该研究?
- 变量测度是否有效可靠?
- 作者采用恰当的定量和定性分析方法了吗?
- 结论的得出来自于研究结果吗?
- 结论能够清楚地回答主要的研究问题吗?
- 作者考虑到研究的局限性了吗?
- 作者在文中提出研究的局限性了吗?

发表该文章的期刊本身的质量也是文章质量的反映。两个重要的问题是:"该期刊经过同行评审了吗?也就是说,所有的文章在发表之前都经过专业人士的审核了吗?"和"期刊的影响因子是多少?"学术期刊的影响因子可看作一定时期内(一般是过去两年)期刊上发表文章的平均被引率。因为重要文章比不重要文章的被引用次数更多,所以期刊的影响因子经常被用作某期刊在其领域里重要程度的衡量标准。

总之，判断书籍或文章质量的标准是：书籍或文章与要解决问题的相关性、引用次数、出版时间及其整体质量。

所有与所做研究相关的文章，皆可列入参考文献。本章附录部分介绍了参考文献的格式。

5.2.4　文献综述的编写

如上文所述，文献综述的目的是在研究项目的各个阶段中帮助研究者在其他人的工作成果的基础上做出信息充分的决策。对文献的回顾能辨别并凸显出相关的主题，记录重要的研究发现、框架、早期研究的工具，这将建立起当前研究项目的基础。文献的整理可以向读者表明研究者在该问题领域上是博识的，且已为实施该研究做了必要的准备工作。

Murray 和 Hughes（2008）确定了学术写作的一些明确区分的功能：定义、描述、比较和对比、分类、解释原因和影响以及提出论点。了解学术写作的这些功能可以帮助你在进行文献综述时确定你所要寻找的内容，以及在记录文献综述时确定目标。请注意，根据项目的具体特征（例如，根据项目在本质上是否是探索性的、描述性的或因果性的），其中一些功能可能很重要，而其他功能可能不那么重要或根本不重要。

- 定义：为写作中的关键术语赋予意义。请注意，无论项目类型如何，这一功能始终很重要。
- 描述：描述在研究项目中可以采取多种形式。Murray 和 Hughes 解释说，它可能涉及（a）如何做某事的解释（例如，如何进行实验），（b）解释某事的组成要素（例如，一些专家认为构成员工幸福的要素是工作要求和工作资源）或（c）时间序列的描述，事件在时间上的展开顺序。
- 比较和对比：考虑两个或多个事物之间的相似性和差异性（例如，针对投资组合分析的两个工具或两种客户满意度方法之间的相似性和差异性）。
- 分类：将项目、工具、定义等组织成可明确区分的组。
- 解释因果关系：讨论因果关系是为了解释事情发生的原因（例如，为什么员工的士气低落或为什么客户不满意）。
- 提出论点：正如我们在第 18 章中所解释的那样，论点是一组陈述，其中包括结论和支持该结论的证据。

需要注意的是，文献综述应该把所有相关的信息用清晰有逻辑的方式展示出来，而不是将其按照时间顺序未经整合地简单排列。一个文献综述应该要把相关领域的研究"综合"（未必是"总结"）起来。"综合"，即将两个或更多的"元素"组合起来以形成一个"新的整体"。在你的文献综述中，"元素"即你阅览和挑选文献过程中得到的发现，"新的整体"即从这些发现中得出的结论。

在文献综述部分及引述时，有几种公认的参考文献引用方式。《美国心理协会（APA）的出版手册》(*Publication Manual of the American Psychological Association*，2019）提供了关于引述与参考文献的详尽信息，是管理领域中公认的参考格式之一。其他格式还有《芝加哥文体手册》(*Chicago Manual of Style*，2017）及《哈佛格式引文指南》(*Harvard Format Citation Guide*，2016）。以 APA 手册为准则的参考文献格式和引述格式的详细信息，可参见本章最后的附录部分。

最后，让我们以一篇已完成的文献综述的一部分为例，考察该综述如何帮助（1）介绍研究主题和（2）在先前研究的基础上为研究过程的下一步提供基础。

> **例 5.1　种族偏见对决策的影响**
>
> 最近的一系列研究记录了就业、刑事、司法和教育环境中群体内种族偏见的存在（Bertrand et al., 2005; Donohue & Levitt, 2001; Giuliano et al., 2011; Stoll et al., 2004）。虽然社会和法律变革消除了许多制度化的种族歧视形式，但同样的政策工具可能对支持群体内偏袒的隐性种族刻板印象的影响较小。种族偏见对决策的持续影响的一个例子在最近分析美国职业篮球联赛（NBA）裁判行为的研究中显而易见（Price and Wolfers, 2010）。Price 和 Wolfers 使用 1991 年至 2003 年的 NBA 数据发现，白人/黑人球员的个人犯规相对较少时，大多数情况下判罚比赛的裁判是同肤色的。NBA 裁判表现出的群体内偏袒足以对比赛结果产生明显影响，这与记录群体内偏见的更广泛的文献是一致的。
>
> 在这项研究中，我们利用了 2007 年 5 月发生的一个特别不寻常的自然实验，当时 Price 和 Wolfers 的研究结果受到了媒体的广泛关注，并考察了 NBA 裁判群体内偏袒意识的增强是否随后影响了观察到的偏误。相关媒体关注了这项研究的发布，包括《纽约时报》和许多其他报纸的头版报道，主要新闻网络、ESPN 和脱口秀电台以及体育媒体的广泛报道，还包括明星球员勒布朗·詹姆斯（LeBron James）、科比·布莱恩特（Kobe Bryant）和查尔斯·巴克利（Charles Barkley）以及时任 NBA 专员大卫·斯特恩（David Stern）的评论。我们认为，由此产生的对种族偏见的更多认识是一种准实验处理。

从上面的摘录中，可以获得一些见解。文献综述（1）介绍了研究主题（种族偏见），（2）总结了迄今为止在这个主题上所做的工作，以及（3）介绍了研究目标。有了这些，作者们为下一步工作精心铺平了道路，即介绍研究方法并讨论研究的实证结果。

5.3　伦理问题

我们曾在本章的前面部分解释过研究需要建立在别人的作品之上。当你总结、发展或挑战别人的成果时，你需要小心别掉入下面这两个陷阱：

（1）故意地歪曲其他作者的作品——他们的观点、看法、模型、发现、结论、解释等；

（2）剽窃——使用别人的原始表达和观点，或将他们的看法变成你自己的看法，即使这些行为是有意的、粗心的或者是无知的。

故意歪曲别人的作品和剽窃都被认为是欺骗行为。

在当今信息时代，将网上的信息资源进行复制和粘贴到你自己的研究论文中已经变得十分容易，从而可能产生一种诱惑去（大量地）复制别人的文章到你的作品中。你的任务就是抵制这种诱惑。剽窃是在学术界中被十分严肃对待的欺骗行为，因为这种行为不尊重其他人在作品中倾注的努力。IJzermans 和 Van Schaaijk（2007）则指出了另外两个原因：

（1）剽窃使得读者很难去验证你关于其他作者和来源的声明是否准确；

（2）你参与的是一个科学的辩论，你需要明晰地提出你的立场，通过指出是建立在谁的作品之上或者是在挑战谁的观点。

除了复制文章和粘贴到你自己的作品之外，还有很多形式的剽窃。框5.3概括了剽窃的一些常见形式，以帮助你避开这些陷阱。

值得一提的是，许多大学使用软件去检测剽窃行为，如Turnitin和Ephorus。为了避免剽窃，你需要遵守参考其他文献的规则（详见本章附录）。你也可以参考你所在大学检验剽窃的指导方针，或者参考麻省理工学院的学术诚信手册（网址：http://web.mit.edu/academicintegrity/handbook/handbook.pdf）。

框5.3　剽窃的常见形式

未作引用

1. "雇枪手代写"：作者将别人写的作品逐字逐句变成自己的作品。
2. "影印机"：作者直接从单一引用源不做修改地大量复制。
3. "碰运气"：作者试图通过从几个不同的引用源进行复制以掩盖剽窃，进行部分微调使得句子能够拼凑起来，但是仍保留了大部分原有表述。
4. "糟糕的伪装"：尽管作者保留了引用源的基本内容，但其通过改变关键词和表达方式已把论文的面貌改变了。
5. "懒惰劳动"：作者转述其他文章的大部分内容并将其拼凑在一起，而不是花这些努力在原创性工作上。
6. "自我剽窃"：作者从自己先前的作品中进行大量"挪用"，违反了大多数学术机构采用的期待原创性成果的原则。

已作引用（但仍涉嫌剽窃）

1. "被遗忘的脚注"：作者提及了被引用资料的作者，但忽略了资料的具体信息和引用源。这常常是为了通过掩盖其他形式的剽窃而采用的模糊化处理。
2. "误导"：作者对于引用源给出了不准确的信息，使得读者找到它十分困难。
3. "过于完美的释义"：作者恰当地进行了引用，但忽略了对（基本）完全复制的内容加上直接引用标记。这种情况下尽管基本意思是属于引用源的，但作者错误地表明这是该信息的原创性展示。
4. "狡黠的引用者"：作者经过转述和正确使用引号，但是论文本身已经基本没有原创性的部分了。有时候很难去辨别这种形式的剽窃，因为论文看起来跟其他经过研究的好文章一样。
5. "完美犯罪"：其实我们都知道"完美的犯罪"是不存在的。在文献综述的范畴里，作者在一些地方进行了适当的引用标记之后，又用引文对其进一步解释时却不进行引用标记。这样一来，后者会被当作是对前面已作引用标记之处的作者自己的分析。

已授权转载：What is Plagiarism?（无发布日期），http://www.plagiarism.org/learning_center/what_is_plagiarism.html，访问日期：2011年6月22日

总结

学习目标 1：讨论文献综述的作用。

文献综述是某个话题下对可获得文献的一个挑选，它包括了从某个特定立场出发的关于该话题本质的为了实现特定目标或者表达特定观点的信息、想法、数据和证据，以及它是如何进行调查的和与将要提出的研究相关的文献的有效评估。文献综述确保研究的成果与已有理论相关并建立在其基础之上。文献综述还有很多其他作用，取决于研究者想要研究的问题，因为这些问题是进行文献综述的起点。

学习目标 2：在任何给定的主题下写文献综述，并用规定的方式引用参考文献。

第一步需确认并找出与研究主题相关的已发表和未发表资料。在寻找感兴趣领域的文献过程中你会找到很全面的资料，因此需仔细地进行筛选。评估资料价值的标准有：与要解决问题的相关性、引用次数、出版时间及其整体质量等。文献的整理可以向读者表明研究者在该问题领域上是博识的，且已为实施该研究做了必要的准备工作。

学习目标 3：讨论文献综述的道德问题。

研究者撰写文献综述的时候需要避免两个陷阱：（1）故意地歪曲其他作者的作品；（2）剽窃——使用别人的原始表达和观点，或将他们的看法变成你自己的看法，即使这些行为初衷是好的、粗心的或者是无知的。以上两者都被认为是欺骗行为。

本章的附录提供了以下信息：（1）网络数据库；（2）书目索引；（3）APA 引用格式；（4）在文献综述中进行引用的方法。

进入网站 https://www.wiley.com//college/sekaran/ 查看"案例研究：文献综述"（Case Study: The Literature Review）

讨论题

1. 批判性文献综述的目的是什么？
2. "批判性文献综述的确切目的取决于研究采用的方法。"请对这个说法进行讨论。
3. 在下列术语中选择其中至少两个并给出其定义：
   - 领导力
   - 工作满意度
   - 组织效能
   - 服务质量
   - 审计责任
   - 现金流
4. 如果需要针对企业社会责任的领域进行文献综述，你会怎么做？
5. 在某一个话题内找出两个或更多持不同意见的资料，并讨论其主要的差异。
6. 在获得所有相关的前人研究的信息之后，研究者如何确定在文献综述中要对哪个资料、哪篇文章和哪个信息进行重点突出？
7. 为什么恰当的引用是重要的？如果在参考了资料的信息之后没有提及该引用源会有什么后果？

练习

根据列出的步骤,完成以下项目:

1. 从下列主题或者你感兴趣的主题中选择一个,并从商业的视角编制一个参考文献目录:(1)服务质量;(2)产品开发;(3)公开市场操作;(4)信息系统;(5)制造技术;(6)测评中心;(7)转让定价。

2. 从这个参考文献目录中,选择 5～7 个参考文献,包括书籍、学术期刊和专业期刊。

3. 基于这 5～7 个参考文献写一个文献综述,并用上附录里提及的不同的引用格式。

附录

1. 有助于企业研究的在线数据库

1.1 在线数据库

数据库用各种方式去保存原始数据。基于电子计算机的数据库可以购买,它包括统计数据、金融数据、文本数据等。计算机网络链接使得分享这些数据库成为可能,且通常这些数据库是会定期更新的。大多数大学图书馆有一些易于访问的关于商业信息的计算机数据库。下面列出了一些对企业研究有帮助的数据库:

(1)ABI/INFORM Global 和 ABI/INFORM

提供了自 1971 年开始大多数商业、管理、贸易与产业学术期刊的搜索。你可以通过搜索作者名字、期刊名字、文章标题或者公司名字来获取信息。期刊的全文资料也可通过光盘和电子服务获取。

(2)Dow Jones Factiva

提供商业新闻和信息,涵盖了超过 14 000 个资源,包括《华尔街日报》《金融时报》、道琼斯通讯社、美联社、路透社以及 D&B 公司等。

(3)EconLit

是一个综合性的索引,包括学术文章、书籍、书评、论文集、工作论文和学位论文。

(4)IMF eLibrary(Data)

可获取宏观经济和金融数据。

(5)IMF eLibrary(Publications)

国际货币基金组织电子图书馆作为国际货币基金组织内容的一站式资源,提供国际货币基金组织的出版物、研究、分析论文、报告和数据。

(6)MUSE

为学术界提供数字人文学和社会科学内容。

(7)Orbis

提供全球公司的综合信息。

（8）PsycINFO

是一个从 19 世纪至今的心理学文献摘要数据库。它包括行为学和社会科学中的书目引文、摘要、引用文献和对学术出版物的描述性信息。

（9）RePEc（Research Papers in Economics）

是 63 个国家的志愿者为了促进经济学研究的传播而协同努力形成的，其实质是一个去中心化的包含工作论文、期刊文章和软件组件的数据库。

（10）SSRN（Social Science Research Network）

是为了促进社会科学研究的全球化传播，由数个社会科学分支下的专业化研究网络组成的。

（11）Web of Science provides access to international research journals

访问：科学引文索引，社会科学引文索引和艺术与人文引文索引。

（12）Web of Stories

包含关于当今伟大科学家、作家、电影制作人、手工艺人和他们故事的采访视频档案。注册之后可以获得个人定制的网页版面。

（13）World Development Indicators（World Bank）

是一个由世界银行编制的数据库，其中载有自 1970 年以来 223 个国家经济和社会发展的统计数据。

（14）Zephyr

包含有关并购、IPO、私募股权和风险投资交易的信息。

以下数据库同样能通过网络进行访问：Business and Industry Database，Guide to Dissertation Abstracts，Periodicals Abstract，Social Science Citation Index，STAT-USA 等。

注意：还可获得有关会计及商业期刊文章的索引，并依主题、作者排列。Lexis-Nexis Universe 提供特定公司和行业的具体信息，包括公司报告、股票信息、行业趋势等。

1.2　网站信息

下面列出了一些对企业研究有帮助的网站。

1.2.1　综合类

- 美国人口普查局：http：//www.census.gov/
- 互联网上的商业信息：http：//www.rba.co.uk/sources/ 由 Karen Blakeman 编辑，列出了一些重要的商业信息网址。
- 互联网上的商业信息：http：//www.crosscut.net/research/business.html. 由 Terry Dugas 维护，收录了一些商业信息网址。
- 商业研究者的兴趣：http：//www.brint.com/interest.html
- 商业周刊在线：http：//www.businessweek.com/ 收录了从 1995 年至今的《商业周刊》杂志。
- 中国与世界经济：http：//www.iwep.org.cn/wec/
- 公司年报：http：//www.annualreports.com
- 公司信息：http：//www.corporateinformation.com/ 寻找全球公司信息的一个起点。
- 经济学网络期刊：http：//www.oswego.edu/economic/journals.htm
- 欧元：http：//www.euromoney.com/ 收录了从 1995 年至今的《欧元》杂志，需要注册。

- 欧洲企业名录：http://www.europages.com/home-en.html
- 欧盟统计局：http://ec.europa.eu/eurostat. Eurostat 是欧盟统计办公室的网站，它提供最新最全的欧盟、欧盟成员国、欧元区和其他国家的信息。
- 《财富》杂志：http://www.fortune.com/ 提供《财富》美国 500 强和全球 500 强企业的财务数据及其官网主页。
- 《福布斯》杂志：http://www.forbes.com/forbes/ 收录了从 1997 年 8 月至今的《福布斯》杂志。
- FT.com.TotalSearch：http://news.ft.com/home/europe. 通过金融时报网的 TotalSearch 板块，你可以访问超过一千万份免费的报纸和杂志文章。同时，TotalSearch 板块与 Business.com 合作，你可以搜索从 1996 年至今的《金融时报》《卫报》和《华尔街日报》。
- globalEDGE：http://globaledge.msu.edu/ibrd/ibrd.asp 一个国际商业资源名录，经过 globalEDGE TM 团队筛选和审核。
- I.O.M.A.：www.ioma.com/ioma/direct.html 此网站提供链接至商业资源，包括金融管理、法律资源、小微企业、人力资源和互联网营销等。
- Kompass：http://www.kompass.com/ 包括全球范围内 150 万个公司的地址和商业信息。
- 经济学期刊列表：http://en.wikipedia.org/wiki/List_of_economics_journals
- 纳斯达克股票市场：http://www.nasdaq.com
- 纽约股票市场：http://www.nyse.com
- STAT-USA：http://www.usa.gov/statistics
- 华尔街高管图书馆：http://www.executivelibrary.com/ 收录了许多商业网站，包括报纸、杂志、政府、金融市场、公司与行业、法律、营销与广告、统计等。
- 《华尔街时报》：http://online.wsj.com/public/us

1.2.2 会计类

- ARN：http://www.ssrn.com/update/arn/ 会计研究联盟（ARN）建立的目的是增进全球范围内会计从业人员与学者之间的交流。ARN 鼓励通过在以下三个期刊上发表高质量论文的摘要以尽早分享研究成果：*Auditing, Litigation and Tax Abstracts*，*Financial Accounting Abstracts* 和 *Managerial Accounting Abstracts*。这些期刊发表与金融与财务管理、审计和税收策略相关的实证、经验、理论研究的论文摘要。ARN 是社会科学研究联盟 Social Science Research Network（SSRN）的一个分支。
- 会计术语指南：http://www.nysscpa.org/glossary
- AuditNet：http://www.auditnet.org/. 面向审计人员的全球性资源。
- 内部审计网（Internal Auditing World Wide Web，IAWWW）：http://www.bitwise.net/iawww/ 一个与各协会、各行业和各国的国际审计相关的信息与知识仓库。

1.2.3 管理类

- 管理学会：http://www.aomonline.org
- 哈佛商业评论：https://hbr.org/
- 人力资源管理协会：www.shrm.org
- 斯隆管理评论：http://sloanreview.mit.edu

1.2.4 金融经济类
- 行为金融：http：//www.behaviouralfinance.net/
- CNN 金融网：http：//money.cnn.com
- 金融经济学研究网（FEN）：http：//www.ssrn.com/update/fen/ 社会科学研究联盟（SSRN）的一个分支
- FINWeb：http：//finweb.com/ 一个由 James R.Garven 管理的金融经济网站，其主要目标是列出提供重大经济与金融信息的网络资源。
- MFFAIS：http：//www.mffais.com/ 其全名为 Mutual Fund Facts About Individual Stocks，是一个可以展示哪些共同基金交易了某一公司股票的参考网站，同时也是唯一一个会列出某一公司前十以外基金持有人的网站。
- Morningstar，Inc.：是全球领先的关于北美、欧洲、澳大利亚和亚洲地区的独立投资研究报告提供商，http：//www.morningstar.com
- Standard & Poor's Ratings Services：以信用评级、研究的形式提供市场情报，http：//www.standardandpoors.com

1.2.5 市场营销类
- 营销科学学会：http：//www.msi.org/ 一个非营利性的会员制的组织，致力于缩小市场营销学术理论与商业实践之间的鸿沟。
- 营销学术期刊：http：//www.sfu.ca/mvolker/biz/journal1.htm
- KnowThis：http：//www.knowthis.com/ 市场营销虚拟图书馆，提供关于市场营销基础、市场调查、网络营销、营销企划、广告等方面的客观无偏见的资料。

2. APA 引用格式

书目与参考文献是有区别的。**书目**（bibliography）是与研究兴趣主题相关的作品列表，按作者姓氏的首字母顺序进行排列。**参考文献**（reference list）是书目的一个子集，包括了文献综述和论文其他地方引述的书目资料，且同样按作者姓氏的首字母顺序进行排列。标注这些引用的目的是提及被引用的作者和让读者能够找到被引用的作品。

在企业研究中至少有三种引用格式，分别基于《美国心理协会出版手册》[*Publication Manual of the American Psychological Association*（*APA*），2012］，《芝加哥文体手册》（*Chicago Manual of Style*，2010）和《Turabian 写作手册》（*Turabian's Manual for Writers*，2013）。每一个手册都通过例子说明了如何引用书籍、期刊、报纸、学位论文以及其他材料。因为 APA 引用格式用在许多管理领域的期刊中，我们将通过 APA 引用格式来举例不同类型资料对应的引用格式。随后我们将讨论在文献综述中又应该如何进行引用。在一个研究报告中的所有引用都将出现在报告最后的"参考文献"部分。

3. 不同类型的引用格式举例（APA 格式）

3.1 纸质资料的引用
- 独著

Leshin，C.B.（1997）. *Management on the World Wide Web*. Englewood Cliffs，NJ：Prentice Hall.

- 作者多于一人的著作

Diener, E., Lucas, R., Schimmack, U., & Helliwell, J.F.（2009）. *Well-being for Public Policy*. New York: Oxford University Press.

- 书评

Nichols, P.（1998）. A new look at Home Services [Review of the book Providing Home Services to theElderly by Girch, S.]. *Family Review Bulletin*, 45, 12–13.

- 编著中的某一章

Riley, T., & Brecht, M.L.（1998）. The success of the mentoring process. In R. Williams（Ed.）, *Mentoring and Career Success*, pp.129–150. New York: Wilson Press.

- 出版会议论文集

Sanderson, R., Albritton B., Schwemmer R., & Van de Sompel, H.（2011）. Shared canvas: A collaborative model for medieval manuscript layout dissemination. Proceedings of the Eleventh ACM/IEEE Joint Conferenceon Digital Libraries, pp.175–184. Ottawa, Ontario.

- 博士论文

Hassan, M.（2014）. *The Lives of micro-marketers: Why do some differentiate themselves from their competitors more than others?* Unpublished doctoral dissertation, University of Cambridge.

- 编著

Pennathur, A., Leong, F.T., & Schuster, K.（Eds.）（1998）. *Style and Substance of Thinking*. New York: Publishers Paradise.

- 编著（电子出版物，有 DOI 号）[①]

Christiansen, S.（Ed.）.（2007）. Offenders' memories of violent crimes.doi: 10.1002/7980470713082.

- 期刊文章

Jeanquart, S., &Peluchette, J.（1997）. Diversity in the workforce and management models. *Journal of Social Work Studies*, 43（3）, 72–85.

Deffenbacher, J.L., Oetting, E.R., Lynch, R.S., & Morris, C.D.（1996）. The expression of anger and its consequences. *Behavior Research and Therapy*, 34, 575–590.

- 待刊文章

Van Herpen, E.Pieters, R.&Zeelenberg, M.（2009）. When demand accelerates demand: Trailing the bandwagon, *Journal of Consumer Psychology*.

- 期刊文章（有 DOI 号）

López-Vicente, M., Sunyer, J., Forns, J., Torrent, M.&Júlvez, J.（2014）. Continuous Performance Test IIoutcomes in 11-year-old children with early ADHD symptoms: A longitudinal study. Neuropsychology, 28, 202–211. http://dx.doi.org/10.1037/neu0000048

- 同一作者同一年份的多本著作

Roy, A.（1998a）. *Chaos Theory*. New York: Macmillan Publishing Enterprises.

Roy, A.（1998b）. *Classic Chaos*. San Francisco, CA: JosseyBass.

[①] DOI（digital object identifier）即数字对象唯一标识符，是一串由国际数字对象识别号基金会分配的字母和数字组合，目的在于辨识一个物体（如一个电子文档）并且在互联网上提供一个永久的链接地址。出版公司在一篇文章出版且发行电子版之后需要为其确定数字对象唯一标识符。

- 佚名报纸文章

QE faces challenge in Europes junk bond market（2015，March 27）. *Financial Times*，p.22.

- 会议论文

Bajaj，L.S.（1996，March 13）.Practical tips for efficient work management. *Paper presented at the annual meeting of Entrepreneurs*，San Jose，CA.

- 未出版手稿

Pringle，P.S.（1991）. *Training and development in the '90s.* Unpublished manuscript，Southern Illinois University，Diamondale，IL.

3.2 非纸质资料的引用

- 应用程序

Skyscape.（2010）. *Skyscape Medical Resources（Version 1.9.11）[Mobile application software].Retrieved from http*：//itunes.apple.com/

- 网络论文集

Balakrishnan，R.（2006，March 25–26）.*Why aren't twe using 3d user interfaces，and will we ever？* Paper presented at the IEEE Symposium on 3D User Interfaces.doi：10.1109/VR.2006.148

- 字典

Motivation.（n.d.）.In Merriam-Webster's online dictionary（12th ed.）.Retrieved from http：//www.merriam-webster.com/dictionary/motivation

- 电子书

Diener，E.，Lucas，R.，Schimmack，U.，& Helliwell，J.F.（2009）. *Well-being for Public Policy*（New York：Oxford University Press）.Retrieved from http：//books.google.com

- 电子期刊文章

Campbell，A.（2007）.Emotional intelligence，coping and psychological distress：A partial leastsquares approach to developing a predictive model. *E-Journal of Applied Psychology*，3（2），39–54.Retrieved from http：//ojs.lib.swin.edu.au/index.php/ejap/article/view/91/117

- 网络论坛和讨论组的记录

Davitz，J.R.（2009，February 21）.How medieval and renaissance nobles were different fromeach other [Msg 131].Message posted to http：//groups.yahoo.com/group/Medieval_Saints/message/131

- 网络文档

Frier，S.（2015，March 19）. *Facebook shares hit record amid optimism for ads business.* Retrievedfrom http：//www.bloomberg.com/news/articles/2015-03-19/facebook-shares-hit-record-amid-optimism-for-ads-business

- 无作者无日期的网络文档

GVU's 18th WWW customer survey.（n.d.）.Retrieved 2009，March 24，from http：//www.bb.gotech.edu/gvu/user-surveys/survey-2008-10/

- 播客

Raz，G.（TED Radio Hour Host）.（2015，February 27）.Success（R）[Audio podcast].

Retrievedfrom http：//podbay.fm/show/523121474/e/1425015000？ autostart=1

- 在私人机构官网发布的报告

Philips UK.（2009，March 23）.U.S.Department of Energy honors Philips for significant advancement in LED lighting.Retrieved March 2009，24，from http：//www.philips.co.uk/index.page

- 网络视频（例如，YouTube 视频）

How2stats（2011，September 15）.Cronbach's Alpha – SPSS（part 1）[Video file].Retrieved fromhttps：//www.youtube.com/watch？ v=2gHvHm2SE5s

- 推文

TIAS（@TIASNews）."Cooperative banks make the financial system more stable，says Professor Hans Groeneveld"，buff.ly/1BwXNhR.13 March 2015，19.24 p.m.Tweet.

- 维基百科

Game theory（n.d.）.In Wikipedia.Retrieved 2015，November 6，from http：//en.wikipedia.org/wiki/Game_theory

4. 在文献综述中进行引用的方法

在论文主体中引用所有的参考文献都需要用到"作者－年份"的方法，即在适当的位置标注作者的名字（姓氏）以及出版年份。下面有一些例子：

1. Todd（2015）发现学生越受到激励就越……
2. 近期的领导力转换研究（Hunt，2014；Osborm，2013）更多关注……
3. 在随后的 2013 年的研究中，Green 展示了……

正如上述例子，如果作者的名字需要出现在叙述中（如上例 1），则出版年份需要单独用圆括号进行标注；如上例 2，作者名字和出版年份都在圆括号中进行引用，并用逗号分开；如果年份和作者名字都需要作为文本讨论中的一部分（如上例 3），那么可以不使用圆括号。

注意下列问题：

1. 在同一个段落内，对同一个资料做了第一次引用之后，后续的引用不需要标注年份以避免混淆。如：

- Lindgren（2009，p.24）定义满足感为"顾客的满意度反应，是对一个……服务……提供的与消费相关的愉悦感程度的评价"。Lindgren 发现……

2. 如果一个作品由两位作者合著，每次引用时其名字均需在文中进行引用。如

- 正如 Tucker 和 Snell（2014）提出的……
- 有一种观点（Tucker & Snell，2014）是……

3. 如果一个作品有超过两个但少于六个作者，首次引用时需要列出所有作者，其后只需要列出首位作者的名字（姓氏）并加上"et al"。如：

- Bougie，Pieters 和 Zeelenberg（2003）发现……（首次引用）。Bougie et al（2003）发现……（之后的引用）

4. 如果一个作品有六个或者更多作者，不管是首次引用还是之后的引用只需要列出首位作者的名字（姓氏）并加上"et al"以及相应年份。如果在文中需要与其他作品并列引

用，使用"and"。如果在附加材料、表格和参考文献列表中引用，使用"&"符号。

5. 如果一个作品没有作者，则用双引号引用其文章题目的前两个或三个词语。举个例子，当引用上一节提到的报纸文章时，可以这样写：

- 对于投资者的冒险程度是有限制的（"QE faces challenge"，2015），……

6. 如果一个作品的作者标注为"匿名"，也需要正常进行引用，如（匿名，2014）。在参考文献列表中也需要根据"匿名"（即 Anonymous）的首字母的顺序来排列。

7. 如果需要在正文中引用同一个作者的数个作品，其顺序要与在参考文献列表中出现的顺序一样，并且把待刊发的作品放到最后。如：

- 企业社会责任的研究（Long，1999，2003，in press）表明……

8. 如果在正文中需要引用多于一个作者的作品，其应该按照第一作者的名字（姓氏）首字母顺序排序，并用分号隔开。如：

- 在职位设计的相关文献中（Aldag & Brief，2007；Alderfer，2009；Beatty，1982；Jeanquart，1999），……

9. 通过信件、备忘录、电话和类似方式进行的私人沟通，仅需要在正文中引用而不应该包括在参考文献列表中，因为它们不是可检索的资料。在正文中应提供通讯者的名字首字母和姓氏，以及对应的日期。如：

- T. Peters（personal communication，June 15，2013）认为……

在这部分我们介绍了不同的引用方式。接下来我们将介绍如何在正文中进行直接引用。

正文中的直接引用

直接引用必须与原文保持一致。原来的表述、标点符号、拼写，以及斜体都需要保留下来，即使它们可能是有错误的。直接引用在文末写出参考文献之后还需要标注其页码。

在正文中进行直接引用需要使用双引号，如原文中有双引号包括的部分则可用单引号来体现。如果你想要强调引文中特定的词语，可以用下划线标注并在其后插入括号注明：italics added。可以使用三点省略号（...）来表明你省略了原文中的一部分内容。可参考下面的例子。

如果引文超过 40 个单词，需要另起一行并整体左缩进五个空格。

举个例子，Weiner（1998，p.121）提出：

Following the outcome of an event, there is initially a general positive or negative reaction (a "primitive"emotion) based on the perceived success or failure of that outcome (the "primary" appraisal). (...) Following the appraisal of the outcome, a causal ascription will be sought if that outcome was unexpected and/or important.A different set of emotions is then generated by the chosen attributions.

如果你打算发表一篇文章，且从一个有版权的作品进行了大量引用，那你需要得到版权作者的书面许可。确保你在脚注处标注已获得的许可，以表示对所引用资料的尊重。如果没有这样做可能会导致不愉快的后果，包括涉及版权保护法的法律诉讼等。

第 6 章

理论框架和提出假设

学习目标

在完成第 6 章的学习之后,你应该能够:
1. 讨论在演绎研究中建立理论框架的必要性。
2. 描述变量的四种主要类型,辨析并归类与任何给定情况有关的变量。
3. 建立一个包含所有相关组成部分的理论框架。
4. 提出一套可供检验的假设。
5. 在理论框架的建立与发展过程中,表现出对管理者角色的认识。

6.1 导言

当研究人员(a)旨在理解事情发生的原因(例如,为什么客户组织的消费者不满意或为什么客户组织的人员流动率很高)和/或(b)试图评估某种干预措施(例如,一项活动、一个项目、一项新政策或一项新计划)的效果时,需要讨论因果关系,并在此基础上建立理论框架和假设。为了向读者清楚地呈现因果关系,研究人员通常会建立一个理论框架。理论框架代表了人们对某些现象之间相互关系的看法,以及对为什么人们认为这些变量相互关联的解释。

框 6.1 理论框架与假设演绎方法

> 理论框架是假设演绎方法的基础,因为它是你将要提出假设的基础。回想一下,这种方法包括七个步骤,即确定广泛的问题领域、定义问题陈述、假设、确定措施、数据收集、数据分析和结果解释。该方法用于检验关于感兴趣主题的理论,即对事情发生原因的解释。

理论框架通常与演绎研究方法相关联(见框 6.1)。正如我们在第 2 章中所看到的,演绎方法倾向于假设检验,在此之后研究者的想法得到证实、反驳或修改。

从实用角度来看,只有当研究人员提出的研究问题具有因果性质时,才需要提出理论框架和假设。另一方面，如果研究人员进行的是探索性或描述性的研究，则不需要提出或检验假设。框 6.2 提供了两个需要建立理论框架的情况示例和一个不需要建立理论框架的情况示例。

框 6.2　从实用角度看理论框架

> 情况 1：客户组织对如何减少员工流失感兴趣。理论框架的构建使研究人员能够解释人们离开的原因。该框架还概述了员工流失的原因。从这个框架中，可以提出假设并进行检验。这最终使研究人员（在收集和分析数据后）得出结论，并就如何减少员工流失提出建议。
>
> 情境 2：一家大型银行对改进后的奖金制度对员工激励的影响感兴趣。理论框架的构建使研究人员能够解释新的奖金制度如何（正面或负面，线性或非线性，有意和无意，直接和间接）以及为什么对员工激励产生影响。基于这一理论框架的实证研究结果有助于组织评估新制度，并在必要时对制度进行修改。
>
> 情况 3：一个组织对其主要竞争对手如何在市场上定位他们的产品感兴趣。由于这项研究本质上是描述性的（问题是如何而不是为什么），因此没有必要为我们的假设构建一个理论框架。

在检验假设之前，首先必须提出假设。本章解释了如何建立一个理论框架。详细讨论了构建理论框架的过程、不同类型的变量和假设的提出。

6.2　理论框架的必要性

理论框架（theoretical framework）是一个概念模型，通过它可以建立理论，或找出研究问题中的几个重要因素间的合理关系。理论的依据来自于先前与问题相关领域的研究文献资料，而在调查研究问题的过程中，将个人的理念与已发表过的研究相互整合、考虑影响情境的限制条件等，都是相当重要的。总结来说，研究框架所讨论的，是找出在研究的情境之中重要变量的相互关系。发展这一概念性框架，将有助于我们形成假设，同时验证某些变量之间的关系，增加我们对情境的理解。

建立理论框架的步骤如下：

（1）介绍模型中概念或变量的含义；

（2）形成描述理论的概念模型；

（3）提出一个解释模型中变量关系的理论。

框 6.3　"理论"一词是什么意思？

> "理论"一词可能意味着很多不同的东西，这取决于你问的是谁。许多人使用"理论"一词来表示某人拥有的想法或预感，例如，关于足球队的最佳阵容、投资银行家的薪酬或阿波罗计划和相关的登月计划（"阿波罗登月没有发生"）。对于其他人来说，

理论是帮助他们思考或解决问题、描述现象或更好地理解感兴趣的主题的任何概念、工具、模型或框架，例如竞争优势、投资组合管理或加拿大甜甜圈店的社会学。对于科学家来说，理论解释了某种现象，而这种解释将在广泛的背景下成立。例如，期望理论（expectancy theory）提出，人们会根据他们对行为的预期结果来选择行为方式。换句话说，人们根据他们期望的结果来决定做什么。例如，在工作中，人们可能会因为期望加薪而工作更长的时间。像这样，一个理论可能会产生可检验的（而且迟早会检验的）预测。因此，一个理论（在正式的、科学意义上）在概念发展和经验检验的程度方面可能有所不同。

依据理论框架，我们可以提出可检验的假设，同时验证理论是否成立；然后，便可通过合适的统计分析来验证假设的因果关系。

由于理论框架涉及识别对研究任何给定问题情况都很重要的变量之间的关系网络，因此理解变量的含义以及不同类型的变量是什么至关重要。

6.3 变量

所谓**变量**（variable）是指任何具有不同数值的事物。例如，对相同的对象或者人而言，变量数值会因为时间的不同而改变；对不同的对象或者人来说，在同一个时间之内会有不同的数值。产量、旷工率、动机都是变量很好的例子。

例 6.1

1. 产量

生产部门的某一位工人，每分钟生产一个小部件，而另外一个工人每分钟做出来两个。第三位工人每分钟生产三个。另外，也有可能同一位工人，在第一分钟能生产出一个小部件，而下一分钟却能做出五个。这两个例子中，小部件的产量具有不同数值，因此称其为变量。

2. 旷工率

今天销售部门可能有三名员工没来上班，明天可能有六位，后天可能都来上班，因此理论上，旷工率变量的数值范围为 0 ～ 1。

3. 动机

成员在课堂中或工作小组中，学习动机的强度可从"很低"到"很高"。个人在不同课堂或小组中的学习动机也可能会有所不同。

本章所讨论的变量主要有以下四种类型：
（1）因变量（或又称为效标变量，criterion variable）；
（2）自变量（或又称为预测变量，predictor variable）；
（3）调节变量；

（4）中介变量。

变量可以是不连续变量（如男性/女性），或是连续变量（如一个人的年龄）。第13章学习变量的测量。在本章中，我们将把重点放在上述四种变量上。

6.3.1 因变量

因变量（dependent variable）是研究者主要关心的变量。研究者的目标在于理解及描述因变量，并解释或预测其变化。换句话说，因变量是研究的主要变量，通过对因变量的分析（如找出哪些变量会影响它），或许可找出问题的答案或解决方法。因此，研究者应将重点放在因变量的量化与测量，以及会影响到因变量的其他变量上。

> **例 6.2**
>
> 一位管理者担心已经经过市场测试的新产品的销售量不如预期。在此，"销售量"是因变量，其可能的变化是"很低""普通"或"很高"，所以是一个变量。销售量对管理者而言是考虑的重点，因此它是一个因变量。
>
> 一位基础研究者有兴趣研究美国南加州制造业公司的资产负债比率。在此，因变量即是资产负债比率。
>
> 一名副总裁担心员工对组织没有忠诚度，或将其忠诚度转移至其他机构。在该案例中，因变量就是"组织忠诚度"。由于员工对组织的忠诚度有高低不同，所以副总裁想通过了解员工的组织忠诚度为何不同，以期能控制员工忠诚度。如果他发现加薪能有效提升员工忠诚度与留职率，便可以此为诱饵。

在研究当中，可能会有一个以上的因变量，例如，我们在产出的质与量之间、低成本生产与顾客满意度之间等，常有争论存在。在上述情况下，管理者想知道的是影响所有因变量的因素，以及对不同因变量其中一些影响因素的变化。像这样的研究需要使用多变量分析。

> 请完成练习6.1与练习6.2。
>
> **练习6.1**
> 行为金融学的研究表明，过度自信会导致投资者对新信息反应不足。
> 请问，这里的因变量是什么？
>
> **练习6.2**
> 一位市场营销经理认为，限制产品的数量可以提高消费者对产品的购买欲望。
> 请问，这里的因变量是什么？

6.3.2 自变量

所谓**自变量**（independent variable），是指以正向或负向方式影响因变量的变量。换言之，自变量与因变量同时存在，且自变量每增加 1 单位，因变量也会因此而增加或减少，即因变量的改变，源自自变量的改变。要确定自变量的变化导致因变量的变化，需满足下面的四个条件：

（1）自变量和因变量应产生共变，也就是说，因变量的变化应与自变量的变化有关系。

（2）自变量的变化（假设它是因）应该发生在因变量之前。也就是说，两者的发生存在时间顺序：因必须先于果。

（3）其他因素的变化不会导致因变量产生变化。因此，研究者应控制其他变量的影响。

（4）需要有逻辑分析（理论）来解释为什么自变量的变化导致因变量的变化。

由于时间序列条件的限制，第 11 章所描述的实验设计常被用来建立因果关系。

> **例 6.3**
>
> 研究报告显示，成功地研发新产品，会影响公司股价，也就是说，新产品越成功公司股价就会越高，因此，新产品的成功是自变量，而公司股价则是因变量。对公司新产品成功的认知程度，可用来解释公司股价的改变，它们的关系及变量归类参见图 6.1。
>
> 跨文化研究指出，管理的价值观将决定公司高层与下属之间的距离。在这里，权力距离（如上司与部属的平等交流，相对于上司高高在上与部属的有限交流）是研究的重点，因此是因变量。至于用来解释权力距离变化的管理价值观，则是自变量。我们可以从图 6.2 来看出它们的关系。
>
>
>
> 图 6.1 自变量（新产品的成功）与因变量（公司股价）的关系
>
>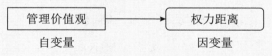
>
> 图 6.2 自变量（管理价值观）与因变量（权力距离）的关系

> 现在请你完成练习 6.3 和练习 6.4。
> 请列出以下习题的变量，加以归类并且说明自己的理由，同时画出关系图。
>
> **练习 6.3**
> 一位投资者认为，更多的信息会提高他的预测的准确性。
>
> **练习 6.4**
> 一位销售经理认为，公司选择有吸引力的代言人和选择模特来宣传自己的产品，可以提高自己产品的说服力。

6.3.3 调节变量

所谓**调节变量**（moderating variable），是指对自变量与因变量的关系具有附带影响的变量。换言之，由于第三个变量（即调节变量）的存在，改变了自变量与因变量间原有的关系。举例说明如下：

例 6.4

研究发现指出，生产工人操作手册的利用率与瑕疵产品的数量具有相关性，当员工遵循操作手册进行作业的时候，瑕疵产品不易产生。如图 6.3（a）所示。

尽管我们可以认为以上情况适用于所有的员工，但是当我们采用新的作业程序的时候，这个关系会受到员工是否有意愿阅读操作手册的因素的影响。换言之，当作业程序建立起来的时候，有意愿阅读操作手册的员工，才可能生产出没有瑕疵的产品。而那些没有阅读操作手册的员工则不会因此受益，还是会生产出来瑕疵产品。这种员工特性对自变量与因变量关系的影响，如图 6.3（b）所示。

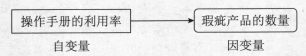

（a）自变量（操作手册的利用率）与因变量（瑕疵产品的数量）的关系

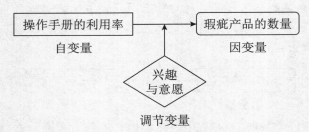

（b）受调节变量（兴趣与意愿）调节的自变量（操作手册的利用率）与因变量（瑕疵产品的数量）之间的关系

图 6.3　变量之间的关系

在前例中，当自变量与因变量的关系受到另一个变量影响时，我们可以说，第三个变量对自变量与因变量的关系具有调节作用，这个调节双方关系的因素，就是调节变量。

例 6.5

举例来说，一般盛行的理论认为，劳动力多元化（劳动人员由不同的人种、民族以及国籍的成员构成）在组织效能上会有较好的表现，因为不同的群体可以将其特有的专长与技能分别贡献于工作场所之中。不过，如何发挥这种协同效应，取决于管理者如何利用多元工作团队的特殊专长，否则，还是无法发挥协同效应。在上述情况之下，组织效能是因变量，受到了劳动力多元化（自变量）的正向影响，管理者须知如何鼓励与居中协调，并且充分利用他们的潜力，让这些各有专长的人员发挥所长、完成任务。能否有效运用各种的人才、观点以及利用适当的能力去解决问题，强化组织效能，会受到管理者在管理上的专业技能的影响。这时候，管理者在管理上的专业技能扮演了催化剂的角色，这项技能就是调节变量，如图6.4所示。

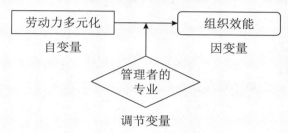

图6.4　三种变量的关系：劳动力多元化、组织效能以及管理者在管理上的专业技能

自变量与调节变量的差异

有时候，我们会对一个变量何时被视为自变量或者调节变量而感到困惑。举例来说，你可能会碰到以下两种情况：

（1）一项研究调查显示，组织当中训练课程的质量越好，员工自我成长的需求就越高（如在工作上要求发展与上进的需求很强），也更愿意学习新的工作方法。

（2）另一项研究调查显示，员工学习新工作方法的意愿，与组织内提供给所有员工的训练课程质量无关，只有那些具有高度成长需求的员工，会渴望通过专业训练，来学习新的工作方法。

以上两种情况所包含的三种变量都一样。在第一种情况中训练课程与自我成长需求的强度是影响员工学习意愿的自变量，而学习意愿则是因变量；但在第二种情况中训练课程的质量是自变量，因变量还是学习意愿，而自我成长需求在此为调节变量。换句话说，只有那些具有高度自我成长需求的员工，在训练课程质量改善时会有较高的意愿来学习新的工作方法，因此，自变量与因变量的关系会因调节变量的存在，而产生变化。

上例说明，即使使用相同的变量，如何将变量归类仍取决于它们彼此间如何相互影响；自变量与调节变量所产生的不同影响，我们可以从图6.5(a)和图6.5(b)【请注意图6.5(b)当中上端较陡的直线和下方较平缓的直线】中看出来。

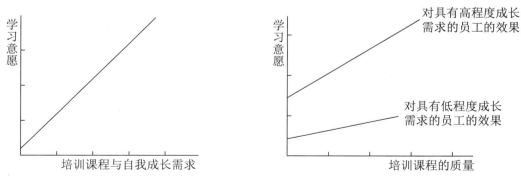

（a）无调节变量存在时，自变量与因变量的关系　（b）出现了调节变量时，自变量与因变量的关系

图6.5　自变量与调节变量的不同影响

请你完成练习 6.5 和练习 6.6。

练习 6.5

某位经理发现,在业余时间安排训练课程对其部门的生产力有着显著的影响;然而他同时也发现,年龄在 60 岁以上的员工,似乎并没有因为训练的课程而有所收益并且改进生产力。

练习 6.6

一家保险公司的经理发现,广告中的"恐惧诉求"与消费者购买房屋的行为意图呈正相关。这种影响对于那些内在焦虑程度高的人来说尤为明显。

6.3.4 中介变量

中介变量(mediating variable or intervening variable)是指从自变量开始影响因变量时,在产生影响期间所显露出来的一种变量,因此,中介变量具有暂时性或时间维度。在任何情况下,中介变量都被看作自变量的函数,从而帮助形成概念来解释自变量对因变量所产生的影响。举例说明如下。

例 6.6

在前面的例子中,自变量(即劳动力多元化)影响了因变量(即组织效能);至于在中间作为劳动力多元化函数的中介变量,是创造性的协同。这种创造性协同,源自不同人种、民族及国籍的劳动力组成(即多元化),各成员彼此配合贡献不同的才能来解决问题。这有助于我们了解如何因为劳动力多元化而产生组织效能。请注意,当中介变量作为劳动力多元化的函数在时点 t_2 出现时,劳动力多元化在时点 t_1 时即已存在,然后在时点 t_3 产生组织效能,这样我们就通过创造性协同的概念来认识劳动力多元化如何带来组织效能。这些变量间的关系变化如图 6.6 所示。

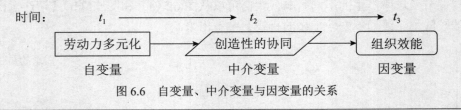

图 6.6 自变量、中介变量与因变量的关系

在本例中我们将调节变量也就是管理上的专业技能放入前例,看看会对整个变量模式或关系产生何种影响。从图 6.7 可看出,管理经验协调了劳动力多元化和创造性协同之间的关系。换句话说,除非管理者能够有效居中协调,使不同员工发挥专长以产生协同,否则即使多元化的劳动力本身具有解决问题的技巧,也无法产生创造性协同,这导致整个组织不但不能有效地运作,甚至可能因此停滞不前或退步。

现在我们可以很容易地看出自变量、调节变量与中介变量之间的差异。自变量帮助我们解释因变量的变化；至于在时点 t_2 出现并作为自变量函数的中介变量，则帮助我们概念化自变量与因变量间的关系；调节变量则是对自变量与因变量的关系造成了附加影响。分开来说，当自变量解释了为何因变量会改变时，中介变量并未被列为考虑的因素，而在解释自变量与因变量关系的改变时，调节变量对自变量具有交互影响效应，也就是说，除非调节变量存在，否则其他两种变量的理论化关系就无法成立。

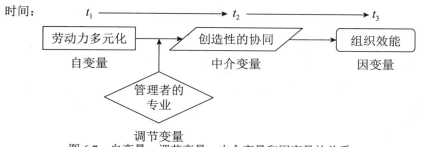

图 6.7　自变量、调节变量、中介变量和因变量的关系

不论是自变量、中介变量、因变量还是调节变量，都需在仔细研究各情境动态后，再来辨析变量，举例来说，工作动机可以是自变量、因变量、调节变量或中介变量，这取决于理论模型。

> 请做练习 6.7、练习 6.8 和练习 6.9。
>
> **练习 6.7**
>
> 假想三种不同的情况，使工作动机分别作为自变量、调节变量及中介变量。
>
> **练习 6.8**
>
> 请列出以下情况中的变量并加以归类，同时解释这些变量之间的关系，然后用图表示出来。
>
> 公司若未能遵照公认会计原则做账将会给组织带来许多问题且引发极大困扰。然而经验老到的簿记员，可及时发现错误并予以改正，有效避免问题产生。
>
> **练习 6.9**
>
> 请列出以下情况中的变量并加以归类，同时解释这些变量之间的关系，然后用图表示出来。在下列情况中，问题陈述或问题界定是什么？
>
> 汉斯公司的一名经理观察超市员工士气低落。她认为假如能改善工作环境，加薪及提供诱人的年假福利，将能有效提升士气。但她同时也揣测加薪是否提升所有员工的士气。其推论是，那些原本有额外收入的员工并不会受到影响，只有那些没有额外收入的员工，才会因公司加薪而感到高兴，进而提升士气。

6.4　理论是如何产生的

我们辨析某个情境中的各种变量，并了解它们之间的关系后，即可开始考虑如何建立研究的概念模型或理论框架。

理论框架（theoretical framework）可以说是整个研究计划的基础，它按照逻辑关系描述，阐明与研究问题相关的各种变量的关系，并通过一连串访谈、观察以及相关的学术文献研究等过程来进一步确认，此外，经验与直觉也可引导我们发展理论框架。

显然，在这一阶段要找到好的问题解决方法，必须先正确界定问题和相关变量。在选定恰当的变量后，下一步即需详细说明变量间的关系，这样才能形成相关的假设进行验证，根据假设的验证结果（可指出假设是否受支持），就能明白问题是否可解，所以，理论框架可说是研究过程中的重要的步骤。

文献综述为理论框架的建立提供了强有力的基础，也就是说，通过文献综述，可在过去研究发现的变量中辨析对本研究可能很重要的变量再将其他逻辑关系概念化，就形成了理论模型的基础。理论框架阐明了变量间的关系，同时解释了在此关系下的基本理论，并描述变量关系的性质与方向。文献综述为良好的理论框架打好基础，而良好理论框架也提供了建立可验证假设所需的逻辑思考基础。

理论框架的组成要素

一个好的理论框架，可辨析并归类出与问题相关的重要情境变量，它同时逻辑性地解释变量间的相互关系，包括自变量与因变量间的关系。若中介变量与调节变量存在，也可说明其关系。若有调节变量存在，则重要的是解释调节变量调节何种变量关系，以及如何调节该变量关系，并应解释它为何是调节变量。若有中介变量存在，则需讨论这些变量为何以及如何被视为中介变量。此外，自变量之间或因变量之间，若有相互关系存在，也应该清楚地加以说明和解释，值得一提的是，一个好的理论框架并不一定是一个复杂的理论框架。

总的来说，任何理论框架都需具备下列三个基本特点：

（1）被视为与研究有关的变量均需在讨论中清楚地加以界定与归类。

（2）应给出描述理论框架的概念模型图，有助于读者形象地看到变量之间的关系。

（3）对于我们为什么期望这些关系存在，应有详细的解释。

一般而言，对相关变量提出大家都能认同的含义界定并不是一件容易的事情。我们在文献综述中往往看到很多含义界定（例如在营销文献综述中，"品牌形象""消费者满意度"和"服务质量"存在很多含义）。所以，我们需要慎重选择概念的界定，因为这有助于解释模型中变量之间的关系。不仅如此，选择好一个指导性的概念，在数据收集阶段也为概念的操作或测度打下基础。因此，在文献综述中，研究者必须选择一个实用的概念（不要使用字典的定义，这些定义太宽泛了）。同时，对于为什么选择这个定义作为你的指导性定义，应给出解释。

概念模型可以使文献综述中的介绍结构化，并且描述模型中概念（变量）间的关系。概念模型的简图能帮助读者把理论模型中变量间的关系可视化，能迅速了解你关于管理问题的解决方法。因此，概念模型经常用图展示。尽管如此，变量之间的关系也应使用文字充分地表述。有关变量关系的概念模型图和文字解释都应该给出，以便读者简单充分地理解理论化的关系。这也有助于讨论模型中的变量关系。因此，一个好的模型应建立在坚实的理论基础之上。

理论框架的最后一部分是描述变量关系的理论或清晰的阐释。试图解释模型中变量关系的理论必须阐释理论中存在的所有重要的变量关系。如果在前人研究或研究者自己看法的基础上，变量之间关系的特点和变化方向可以理论化，那么还应该指出变量之间的具体关系是正相关或负相关还是线性或非线性。理论框架的工作完成之后，下一步就要提出可验证的假设来确定理论正确与否。

值得注意的是，在每次做研究项目时，研究者没必要一定去"发明"一个新理论。在应用研究中，研究者可以把现有的理论用到实际研究中，即可以从前人的研究中得出结论，但是，在基础研究中，研究者需对现有理论和模型做出一定的贡献。在这种情况下，研究者不可能总是采用现有的理论和模型，而是要有自己的洞见和创新。

练习 6.10

虚拟人物阿凡达可以用来为使用网络做销售渠道的公司做代言。例如，我们可以用阿凡达做导购、网页浏览导游等。一家网络公司的经理认为，用阿凡达形象进行沟通不仅可以提升信息价值，还使消费者的购物体验更加愉快，所以它们与消费者满意度和购买意愿正相关。同时，她还指出，当消费者更多地参与其中时，消费者对公司的满意度更高，购买意愿更强烈。在界定研究问题后，请试着为上述情境建立理论框架。

6.5 提出假设

当辨析出情境中的重要变量，并在理论框架下通过逻辑推论建立变量间的关系后，我们就必须去验证这些理论化的关系是否真的成立。而通过适当的统计分析，或定性研究当中的否定性案例分析（我们将在本章后面提到），以科学的方式来检验这些变量关系，我们就能够获得可靠信息，了解在问题情境中，变量间真正存在的是何种关系。而所得结果将作为我们在情境中如何改变以解决问题的线索。形成这些可验证命题的过程，就称为提出假设。

6.5.1 假设的定义

所谓**假设**（hypotheses），是指将两个或更多变量之间合理推测的关系用可验证的命题表达出来。变量关系的推断，须以理论框架中所建立的相关网络为基础，通过验证假设，并确认原先所推测的变量关系，就可能找出研究问题的解答。

例 6.7

通过前面例子中所提供的理论框架，可以提出不少可验证的命题或假设，例如"员工的多样性对于组织的效率有积极的影响"。

以上命题是可验证的，通过测量不同飞行员所受的训练程度，及某段时间内其发生违反航空安全意外的次数，我们即可用统计方法来检验这两种变量间的关系以确认

> 两者之间是否显著地负相关。假如我们发现以上关系成立，说明假设被证实，即给予飞行员更多训练使其具有处理空中拥挤情况的能力，将可减少违反航空安全的意外发生。但如果显著的负相关并不成立，则表示假设未被证实。依照社会科学惯例，所谓"统计上的显著性"关系，是指有95%的概率可以观察到关系是成立的，只有5%的概率不能观察到这一关系。

6.5.2 假设的表达形式

"如果……那么……"的陈述式

我们先前所说的，假设是一种可以描述变量关系的可验证的命题，同时假设也可拿来检验从一个或多个变量来判断的两个群组间（或多群组间）是否有差异。为了验证原先所推测的变量关系或差异性的确存在，我们可以用陈述句或以"如果……那么……"的条件句来表达。分别举例说明如下：

> 年轻女性更容易对自己的体重表示不满，因为她们更容易在广告中看到苗条模特的照片。
> 如果年轻女性更频繁地在广告中看到瘦模特的照片，那么她们就更有可能对自己的体重表示不满。

6.5.3 方向性与非方向性假设

如果我们在叙述两个变量或比较两个群组的关系时，所用的词语包含正面的、负面的、多于、少于等类似的用语，那么这些假设就属于方向性假设（directional hypotheses），因为变量间的方向关系（正关系/负关系）被明示出来，如下面第一个例子所示。或者有时假设两种不同群组间在某一变量方面存在差异的性质（多于/少于），如第二个例子所示：

> 工作所需承受的压力越大，员工对工作的满意度就越低。
> 女人比男人更易被激励。

相反的，非方向性假设（nondirectional hypotheses）则是提出变量间的关系或差异性，但并未指出其方向关系。换句话说，即我们推测两种变量间具有显著关系，但无法说出其关系是正相关还是负相关，如下面第一个例子所示；即使我们推测两群组间在特定变量上存在差异，但我们无法说出哪一群组较多或较少，如下面第二个例子所示。

> 年龄大小与工作满意度具有相关性。
> 美裔员工与亚裔员工的职业道德观存在差异。

用非方向性假设的方式，是因为变量关系或差异尚未被发现，或因以前对变量关系的研究发现有分歧，因此，缺乏指出方向关系的基础。同样的变量，在有些研究中可能是正相关，而在其他研究中却可能是负相关。研究人员只能假设变量间可能有显著关系，但方向关系不明。在这样的情况下，我们只能用非方向性假设的方式来表达。如上述例子中，我们无法看出年龄大小与工作满意度是正相关还是负相关。而在又一例中，我们也无从得知美裔员工与亚裔员工谁的职业道德较高。如果以前的研究已清楚指出关系的方向，我们就可以宣称，年龄的大小与工作满意度正相关。只要关系的方向为已知，则最好能提出方向性假设。至于其原因，将在稍后章节当中进行讨论。

6.5.4　原假设与备择假设

我们刚才解释过，假设是一种代表你的预测（或推论）的陈述。它有时被写为 H_1，而它的对立面——原假设（null hypothesis）——被写为 H_0。例如，如果你预测广告对销售有影响（你的 H_1），那么你的 H_0 将是广告对销售没有影响。使用时，原假设（表示没有影响）被假定为真，直到以假设检验形式的统计证据表明情况并非如此。因此，原假设是为了支持标记为 H_1（你的预测）的备择（替代）假设（alternate hypothesis）而被拒绝的假设。

当矛盾的证据比证实的证据更有说服力时，最好使用原假设，例如，当你进行不受限制的概括时；大意是，每个、所有或任何的某种物体都具有特定属性的陈述（例如，所有天鹅都是白色的）或与某事物有某种关系的陈述（例如，所有猫都喜欢鱼）。最大的困难是，无论有多少有利的观察结果（10 只、100 只甚至 1000 只白天鹅），都不足以证明你的假设，即所有天鹅都是白色的。观察到一只黑天鹅就会推翻你的假设。因此，有些预测无法验证，它们只能被证伪。

让我们通过一些例子来说明原假设和备择假设的提出。在"女性比男性更有动力"的例子中，关于群体差异的原假设是：

$$H_0: \mu_M = \mu_W$$

或者

$$H_0: \mu_M - \mu_W = 0$$

其中，H_0 为原假设，μ_M 是男性的平均动机水平，而 μ_W 则代表女性的平均动机水平。

上例的备择假设可按统计方式写成：

$$H_A: \mu_M < \mu_W$$

也可以写成：

$$H_A: \mu_W > \mu_M$$

其中，H_A 为备择假设，而 μ_M 与 μ_W 分别代表男性与女性的平均动机水平。

从陈述职业道德观的群组差异（例如"美裔员工和亚裔员工的职业道德观存在差异"）的非方向性假设来看，原假设可写成：

$$H_0: \mu_{AM} = \mu_{AS}$$

或

$$H_0: \mu_{AM} - \mu_{AS} = 0$$

其中，H_0 为原假设，而 μ_{AM} 代表美裔员工的职业道德观，μ_{AS} 代表亚裔员工的职业道德观。

上例的备择假设可写成：

$$H_A: \mu_{AM} \neq \mu_{AS}$$

其中，H_A 为备择假设，而 μ_{AM} 与 μ_{AS} 分别代表美裔员工与亚裔员工的职业道德观。

陈述两种变量间关系的原假设可写成 H_0：工作压力与员工对工作的满意度不相关。
上例可按统计方式写成：

$$H_0: \rho=0$$

在这里，ρ 所代表的是压力与工作满意度间的关联性，而在本例中，其数值等于零（亦即没有关联）。

在该例中，备择假设可以被陈述为方向性假设的形式，按统计方式表示如下：

$$H_A: \rho < 0 \text{（代表是负相关）}$$

而非方向性的原假设，可按统计方式表示如下：

$$H_0: \rho=0$$

至于备择假设，则以下列形式表示：

$$H_A: \rho \neq 0$$

建立了原假设与备择假设后，即可利用合适的统计分析（t 检验、F 检验）来加以验证，以此来判断其是否支持备择假设——群组间是否具有显著差异，或假设的变量关系是否具有显著性。

检验假设的步骤如下：

（1）建立原假设与备择假设。

（2）依据所搜集的资料是参数或非参数（将在稍后章节做进一步的探讨），来选择合适的统计检验方法。

（3）决定期望的显著水平（$p=0.05$，或更高或更低）。

（4）确认计算机分析结果，是否显示符合预期的显著水平。若使用 Excel 软件做 Pearson 相关系数分析，打印资料中未显示显著水平，则可在适当的表中查看关键变量（t，F，χ^2）——详见本书后附表的决定接受域的临界值（此临界值将原假设的拒绝域与接受域区分开）。当结果值大于临界值，则拒绝原假设，备择假设成立；若结果值小于临界值，则接受原假设，而拒绝备择假设。

请做练习 6.11、练习 6.12 和练习 6.13。

练习 6.11

请根据练习 6.9 汉斯公司的理论框架，提出五种不同的假设。

练习 6.12

一名生产部经理正担心员工产能降低的情形，他读到的一些有关工作绩效的文章指出，有四项影响员工工作绩效的重要变量：工作所需技能、奖金、激励及工作满意度。部分文章谈到，只有总奖金对员工有价值（有吸引力）时，员工才能真正被激励，并提升工作满意度与工作绩效；反之则不然。

请根据以上状况，完成以下步骤：

（1）界定问题。

（2）形成理论框架。

（3）提出至少六个假设。

练习 6.13

最近的一项研究调查了企业社会责任（CSR）对企业市场价值的影响。本研究开发并测试了一个概念框架，该框架假设：（1）顾客满意度影响企业社会责任与企业市场价值的关系；（2）两个企业因素（"创新能力"和"产品质量"）调节企业社会责任与顾客满意度的关系。对于这种情况，定义问题，绘制示意图，并提出假设。

假设检验与设计实验和定量数据的收集密切相关。但是，如框 6.4 所示，假设也可以用定性数据进行检验。

框 6.4 定性研究的假设检验——否定性案例分析法

我们也可利用定性资料来验证假设。举例来说，某位研究人员在经过大规模访谈后，建立了一套理论框架，说明员工不道德行为是因其缺乏分辨是非的能力，或因经济上的压力，抑或是组织漠视类似行为。要检验这三项要素是否就是导致不道德行为的主因，研究人员会尝试找出能驳斥这一个假设的资料，即使只有一个例证不支持该项假设，理论也必须做修改。例如，研究人员发现，某位员工之所以收受回扣（尽管这名员工有足够的知识分辨对错，不缺钱，也知道组织不会坐视该行为），只是想借此从公司"获得一些好处"，因为公司不听取他的建议。这种足以证明原先假设有误的新发现，即称为否定性案例分析。这使得研究人员在理论完全建构周详之前，能够适当地修正理论或假设。

到目前为止，我们已经看过如何做文献综述、形成理论框架，以及如何提出假设等，现在让我们通过下面这个例子，来说明整个步骤的逻辑顺序。研究人员希望能找出组织内部影响女性职员升迁至高层管理职位的因素，由于我们的目的只是想说明如何通过文献综述建立理论框架，如何在此理论框架基础上提出假设，因此，我们刻意简化了文献综述，只涉及较少数量的变量。

例 6.8 文献综述、理论框架以及提出假设的例子

简介

尽管过去 10 年来，女性管理者的数量有大幅增加，但担任高层主管的女性仍仅限于少数且无增长的趋势，这显示现在的职业女性正面临玻璃天花板效应（A glass ceiling effect）的问题（Morrison, White & Vura, 1999; Hopkins and Bilimoria, 2008; Van Velsor, 2000）。根据有关劳动力统计资料估计，未来每六到七位女性进入职场时，就会有三位白人男性投入劳动市场，因此，找出组织内部促使女性员工更快升迁到高层主管的因素就显得格外重要。此研究目的是确定目前在组织中阻碍女性员工升迁到高层主管的因素。

简要的文献综述

常有人宣称，由于女性投入职场及担任管理职位是近年来才开始的趋势，因此，她们需要更多的时间才能晋升至高层主管职位。然而许多担任中高层主管的女性普遍认为，阻碍她们升迁的主要因素至少有两个：性别角色的刻板印象，以及无足够渠道获取组织内的重要信息（Crosby, 1985; Daniel, 1998; Welch, 2001）。

所谓性别角色的刻板印象，是指社会上一般相信男性较适合担任领导角色或从事威权工作而女性则较适合扮演培育或协助的角色（Eagly, 1989; Kahn & Crosby, 1998; Smith, 1999）。这种刻板印象影响组织职位的分派，因此，有能力的男性被指派直线职位（line positions）并培养其担负重大责任或担任主管，但同样具有能力的女性则被指派幕僚职位（staff positions）和无升迁机会的职位。由于较少有机会接触预算管理及参与重大决策，因此，女性员工很少被推荐担任高层主管。

另外，女性也常因性别关系，被排除在中上层男性主管的人际网络之外，因此女性无法进行信息交换、缺乏职业发展策略、无法获得获取资源的线索，而这些都是足以影响升迁的重要信息（The Chronicle, 2000）。在众多阻碍女性员工升迁的因素中，性别角色的刻板印象及组织重要信息获取渠道这两项变量，对女性升迁至高层职位尤其不利。

理论框架

女性晋升至高层职位的因变量，受到两项自变量的影响：性别角色的刻板印象及获取组织内部重要信息的渠道。而这两项自变量之间同时也相互影响，我们会在稍后做进一步的解释。

性别角色的刻板印象，对女性在职场的升迁会有不利影响，因为女性通常被视为是优秀的培育者，而非优秀的领导者。在她们早期的职场生涯中，通常易被指派幕僚职位，而非直线职位。但是只有担任直线职位的经理人才有机会制定重大决策、控制预算或与未来对其升迁有重要影响的高层主管相互沟通，而这些在工作中获得学习、成长与发展，以及增加其在组织中的曝光度的机会，都有助于经理人升迁至高层职位。然而，由于担任幕僚职位的女性员工无法获得这些经验，且缺乏在组织中的曝光率，因此不易被认为具有成功担任高层主管的潜力，以至于组织不会考虑将她们晋升至高层职位，并总是忽略她们。

性别角色的刻板印象也阻碍了信息的获取。如果女性不被认为是决策者和领导人，而仅被认为是支助工作人员，她们就不会被告知组织发展所必需的关键信息，因为这对她们来说是无关紧要的。被排除在男性非正式互动的网络之外（高尔夫球场、酒吧等）阻止女性获得对她们的发展至关重要的信息和资源。例如，许多重大的组织变革和时事都是在工作环境之外的男性中进行非正式讨论的。女性通常不知道最近的发展，因为她们不是在工作场所以外的非正式群体中的一员。这绝对是一个障碍。例如，对即将出现的行政职位空缺的了解使一个人能够制定战略来占据该职位。一个人可以通过获取与该职位相关的关键信息，准备好在合适的时间向合适的人提交合适的证书，从而为成功铺平道路，从而成为关键的竞争者。因此，获得关键信息对包括女性在内的所有人的进步都是重要的。如果女性没有在非正式网络中分享的关键信息，她们晋升到高层职位的机会也会受到严重限制。上述关系如图6.8所示。

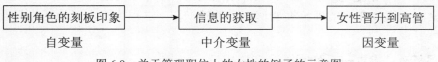

图6.8 关于管理职位上的女性的例子的示意图

假设
（1）组织中对性别角色的观念越刻板，女性高层主管的人数就会越来越少。
（2）性别角色刻板印象对女性晋升至高层的影响在一定程度上受到信息获取的影响。

6.6 管理启示

了解如何以及为什么要建立理论框架、提出假设，有助于管理者有效判断咨询顾问提出的研究报告。在这个时候，我们清楚地知道，一旦研究问题被界定，熟练掌握"自变量"和"因变量"的概念，有助于扩宽管理者关于多种因素（模型中的自变量）如何提供解决问题（模型中的因变量）的方案的理解。对"调节变量"的理解可以使管理者知道一些解决方案不能解决所有问题或者在任何情景下都有效。同样地，对显著性的理解，以及为何接受或拒绝假设，将有助于管理者得以坚持或打消遵循不可行的直觉决策的念头。假使对上述知识缺乏了解，许多研究发现对管理者而言，不但毫无意义，而且令其在决策时更加困惑。

总结

学习目标1：讨论在演绎研究中理论框架的必要性。

一个理论框架代表了研究者对于某些现象（或变量或概念）如何相互关联（一个模型）的理念，并解释了为什么他或她相信这些变量是相互关联的（一个理论）。基于理论框架，可以提出可验证的假设从而检验一个理论是否有效。整个演绎研究项目建立在理论框架的基础上。

学习目标2：描述四种主要的变量类型，识别并归类与任何给定情况相关的变量。

由于一个理论框架涉及识别在研究任何给定的问题情况时被认为重要的变量之间的关系网，所以理解变量的含义和不同类型的变量是很重要的。变量是可以取不同值的任何东西。本章讨论的四种主要变量类型是：（1）因变量；（2）自变量；（3）调节变量；（4）中介变量。

学习目标3：建立一个包含所有相关部分的理论框架。

任何理论框架都应该包含三个基本特征：

- 应明确界定与研究有关的变量。
- 应该有一个描述变量之间关系的概念模型。
- 应该有一个清楚地解释为什么我们期望这些关系存在的说明。

正如文献综述为良好的理论框架奠定了基础一样,这也为提出可验证的假设提供了逻辑基础。

学习目标 4:建立一系列需要验证的假设。

假设是从概念模型所依据的理论中衍生出来的。它们在本质上常常是相互关联的。沿着这些思路,假设可以定义为以可测试语句形式表达的两个或多个变量之间的逻辑推测关系。通过检验假设和确认猜想的关系,可以期望找到解决问题的方法。

学习目标 5:在理论框架的建立中证实管理者的角色意识。

关于理论框架是如何形成的以及出于何种目的而产生的知识和假设,使管理者能够明智地判断研究人员提交的研究报告。

在下一章中,我们将考查一些基础研究设计问题。

讨论题

1. 请讨论以下论述:"由于文献综述相当耗时,因此一个好的、有深度的访谈,足以让我们建立理论框架。"
2. 请解释以下说法:好的模型是复杂的。而且,一个好的模型应该包括中介变量和调节变量。
3. 请讨论以下论述:从事基础研究的人做出的模型比从事应用研究的人复杂。
4. 请解释下面的说法:在进行应用研究时,研究人员不需要解释概念模型中变量之间的关系。
5. 在陈述假设时,同时使用原假设与备择假设的优点在于可让我们更清楚地思考需要验证的是什么。请解释上述陈述。
6. 当我们明确知道所预测的方向时,使用方向性假设较好。请问你如何证实以上说法?
7. 近几十年来,服务市场不断放开,现有的服务公司面临更多竞争对手的挑战,因此必须解决客户转换的问题。假设你现在与一位服务公司的经理讨论客户转换产生的原因。该经理认为,产品质量、客户关系质量和客户转换成本是影响客户转换的主要决定因素。你认同产品质量和客户关系质量是主要因素。但是,你认为转换成本会调节产品质量、客户关系质量和客户转换之间的关系。请解释你的观点。
8. 根据以下(摘录自美国《商业周刊》)的案例进行练习:
1)界定问题
2)建立理论框架
3)提出至少四个假设

考虑到客户基础,经理安德森开始思考可能会影响一家审计公司吸引力的因素。当然,所提供的服务的质量和收费水平似乎是两个重要因素。接下来,她确定审计公司的声誉也应该作为一个自变量包含在框架中。正如近期的审计丑闻造成的巨大影响所显示的,声誉对于大型审计公司尤其重要。最后，安德森也想到将审计公司与客户的邻近作为另一个自变量。一般情况下，与客户的邻近很可能会影响客户与审计人员私下会面的可能性，而且她从自身与客户的接触中了解到他们非常看重这种人际间的互动。

9. 请就以下情境，建立概念模型。

经过几十年的下降之后，电影中吸烟的镜头又增加了。根据国家癌症协会的消息，在目前票房比较高的电影中，至少有75%的影片存在吸烟镜头。而且，在2008年生产的所有电影中，约1/3的电影中出现了香烟的品牌。电影中的吸烟镜头会影响青少年的吸烟决策。在看到影片中某个人物吸烟之后，青少年可能会开始尝试吸烟。最近的研究表明，对电影中人物的认同感越强，那么观看电影中人物吸烟与对吸烟态度之间的关系越强。上述结果与社会学习理论有关系，这种理论认为，观察了他人的行为之后，自己的态度和行为会发生变化。

10. 就以下例子，建立理论框架。

一旦给予，取消额外福利就很难不影响员工士气，而且所带来的负面效果比预期节省的金额还要大。但是研究结果显示，当公司向员工充分解释取消福利的原因之后，员工的士气就不会因此而降低。

11. 植入式广告是将公司的产品或名字及其有代表性的视觉符号策略性地融入电影、电视剧、广播内容之中。植入广告可以有很多种形式：对白植入、场景植入或形象植入（如车上或者宣传栏上出现的公司标识）。请提出理论框架，该框架应该包括：

（1）因变量的界定；
（2）描述因变量、自变量（至少一个）和中介变量或调节变量之间关系的概念模型；
（3）说明为什么存在这样关系的理论；
（4）几个可验证的假设。

练习

对你在第4章选择的研究课题，做以下练习：

1. 再看一次利用计算机查询所获得的参考书目。
2. 请界定出问题，并根据你的观点，提出一种最有利于研究人员进行调查的假设。
3. 利用5~7篇参考文献，写一篇文献综述，为建立一个好的理论框架提供最大的可能。
4. 请建立符合我们先前章节中所谈到具有三种基本特点的理论框架。
5. 请根据理论框架提出一组可验证的假设。

第 7 章

研究设计的要素

学习目标

在完成第 7 章的学习之后,你应该能够:
1. 解释研究设计是什么意思。
2. 为任何给定的研究提供一个适当的研究设计。
3. 解释为什么一个研究人员的"理想化"研究设计可能会受限。
4. 了解研究设计领域负责人的角色。

7.1 导言

到目前为止,你已经为以下这些事做出了很大的努力:
- 制订问题陈述;
- 制订研究计划;
- 对文献进行批判性评论;
- 撰写你的文献综述;
- (在演绎研究中)提出一个理论框架和假设。

下一步是研究设计,主要是指收集数据和分析数据的方法,从而可以解答你的研究问题,进而能够找到推进研究项目的问题解决方案。

7.2 研究设计

研究设计是为回答你的研究问题而创建的收集、测量和分析数据的蓝图或计划。

本章所讨论的研究设计中涉及的各种问题如图 7.1 所示。可以看到,与研究策略相关的决策问题(例如,实验、调查、案例研究)、研究被研究者操纵和控制的程度(研究人员干预的程度)、位置(例如,研究环境)、数据分析的层面(分析的单位)、时间方面(时间范围)都是研究中不可或缺的一部分。本章将讨论这些问题。

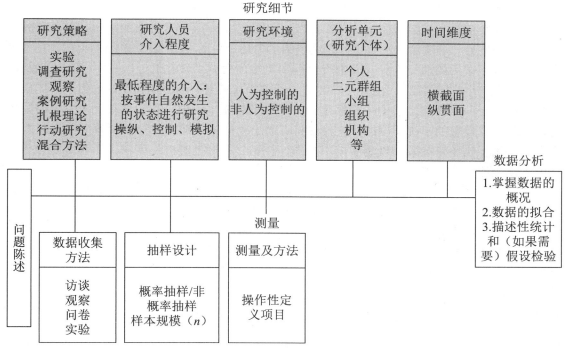

图 7.1　研究设计

如图 7.1 所示，研究设计的每个组成部分都存在一些关键的选择重点，很显然，没有一个设计可以在所有情况下都是优秀的。相反，你必须做出选择，创造出最适合当前研究的设计。研究设计的质量取决于您如何仔细地选择适当的设计备选替代方案，同时也要考虑到具体的项目，研究问题，和关于项目的限制，例如对数据、时间和／或资金的使用。

除了以上关于研究设计的一些决策外，还需要选择使用的数据收集方法，样本的类型（抽样设计），如何测量变量（度量），以及如何分析变量来检验假设（数据分析）。这些问题将在后面几个章节中讨论。

7.3　研究设计要素

7.3.1　研究策略

战略是实现某一目标的计划。研究策略将帮助你实现你的研究目标，并回答你的研究问题。因此，对某一特定研究策略的选择将取决于你的研究目标和研究问题（的类型），也取决于你对于如何做好研究，以及诸如获取数据源和时间限制等实际问题的观点。

在本节中，我们将讨论以下研究策略：实验、调查研究、民族志、案例研究、扎根理论和行动研究。

7.3.1.1　实验

实验通常与假设演绎的研究方法相联系。实验的目的是研究变量之间的因果关系。实验设计在回答探索性和描述性研究问题方面用处不大或不太合适。

在实验中，研究者操纵自变量来研究这种操纵对因变量的影响。换句话说，研究人员刻意改变某个变量（或某些变量），例如"奖励系统"，以确定这种改变是否（以及在何种程度上）会使另一个变量产生变化，在这个例子中是"生产力"。最简单的实验设计是两组实验，只做测试后的随机实验，其中一组得到奖赏，例如"计件工资"。另一组（对照组，在本例中为"小时工资组"）没有得到奖赏。受试者（工人）被分配到不同的组，因此研究人员能够确定两组在奖赏后的生产率是否不同。稍后在本章中，我们将有更多关于研究者对研究和研究环境的干扰程度的讨论。这将有助于我们区分现场实验和实验室实验。第11章详细讨论了实验室实验和现场实验、操作、控制"不好控制的"变量、影响实验有效性的因素以及各种类型的实验。

在适当的情况下，一个实验设计是个非常有效的研究设计。然而，在研究者试图解决管理问题的应用研究中，实验设计并非总是可行的。例如，我们不希望（由于明显的原因）将客户分到服务质量较低的工作组，以研究服务质量对客户保留率的影响，或将员工分配到高压力的工作岗位，探讨工作压力对个人及职业关系的影响。在这种情况下，我们可能会选择另一种研究策略来回答研究问题。

7.3.1.2 调查研究

调查是一种收集人们信息的系统，用来描述、比较或解释他们的知识、态度和行为（芬克，2003）。调查策略在商业研究中非常流行，因为它允许研究者收集许多类型的研究问题的定量和定性数据。事实上，调查通常用于探索性和描述性研究，以收集关于人、事件或情况的数据。例如，在业务环境中，调查通常涉及消费者决策、客户满意度、工作满意度、卫生服务的使用、管理信息系统等。许多这样的调查都是一次性的。其他的调查是持续性的，研究人员可以随时间的变化进行观察。调查工具中的问题通常被安排成自测问卷，被调查者可以自己完成，可以在纸上完成，也可以通过电脑完成。其他的调查工具是访谈和结构化观察。接下来的章节将讨论访谈、观察和自测问卷。访谈在第8章讨论，第9章讨论结构化观察，第10章讨论自测问卷。

7.3.1.3 民族志

民族志是一种起源于人类学的研究策略。这是一种研究人员"密切观察、记录和参与另一种文化的日常生活的策略。然后记录下关于这种文化的描述，强调描述性的细节"（Markus & Fischer, 1986, 第18页）。民族志包括沉浸在被研究的社会群体的特定文化中（例如，伦敦的银行家）的观察行为，倾听谈话内容，提出问题。因此，它旨在从"局内人的观点"去理解一个社会群体的文化及行为。

参与观察与民族志密切相关。然而，不同的人对两者之间的确切关系有不同的看法。在文献中，民族志和参与观察有时意思一样。对一些人来说，民族志和参与观察的研究策略都是指长时间观察人们，跟人们交流他们在做什么、想什么、说什么，从而形成对研究的社会群体的理解（Delamont, 2004）。对于其他人来说，民族志是个更具包容性的术语，而参与观察则更具体，与特定的数据收集方法相关。从这个角度来看，参与的观察是民族志数据的基础来源。然而，这只是众多方法中的一种，不太可能是产生对文化或社会群体理解的唯一方法。沿着这些思路，在民族志研究领域的长期观察被认为是民族志研究的几种方法之一。其他方法，如访问和问卷调查，在民族志研究中也可以用来收集数据。我们将在第9章对这些不同的观察方法有更多的介绍。

7.3.1.4 案例研究

案例研究侧重于收集关于特定对象、事件或活动的信息，例如特定的业务单元或组织。在案例研究中，案例是研究人员感兴趣的个人、群体、组织、事件或状态。一个案例研究背后的思想是，为了获得关于一个问题的详细信息，一个人必须使用多种数据收集方法从不同的角度和视角来审视现实生活中的情况。根据这些思路，我们可以将案例研究定义为一种研究策略，它涉及使用多种数据收集方法对特定当代现象在其现实环境中的实证调查（Yin，2009）。应当指出的是，案例研究可以提供定性和定量的数据来进行分析和解释。和实验研究一样，案例研究中也可以建立假设。但是，如果一个特定的假设没有在任何一个单一案例中得到证实，那么它的备择假设也无法得到验证。

7.3.1.5 扎根理论

扎根理论是一套系统的程序，从数据中归纳出理论（Strauss & Corbin，1990）。扎根理论的重要工具是理论抽样、编码和持续比较。理论抽样是"为产生理论而进行的数据收集过程，分析人员联合收集、编码和分析数据，并决定接下来要收集什么数据以及在哪里找到它们，以便在其出现时发展他的理论"（Glaser & Strauss，1967，第 45 页）。在持续的比较中，你会将数据（例如，一次面试）与其他数据（例如，另一次面试）进行比较。在这个过程中产生理论以后，你就可以将新的数据与你的理论进行比较。如果数据（访谈）之间或数据与你的理论之间存在不匹配，那么必须修改类别和理论，直到你的类别和理论与数据匹配为止。在不断的比较中，差异化和否定案例在类别分析与扎根理论中起着重要的作用。

7.3.1.6 行动研究

行动研究有时由希望在组织中发起改变的顾问进行。换句话说，行动研究是一种旨在研究计划中的变化的策略。在这里，研究人员从一个已经确定的问题开始，收集相关数据以提供一个暂时的问题解决方案。然后，在知道可能有意外的情况下，实施这个解决方案。然后对产生的影响进行评估、定义和判断，并继续进行研究，直到问题完全解决。因此，行动研究是一个不断发展的项目，问题、解决方案、效果或后果以及新的解决方案相互作用。一个合理而现实的问题定义和收集数据的创造性方法是行动研究的关键。

7.3.2 研究人员对研究的干预程度

研究者的干预程度直接关系到所进行的研究是相关的还是因果的。相关研究（回想一下，相关研究本质上是描述性的，请参阅第 4 章）是在自然环境中进行的（例如，超市或工厂），研究者对事件的正常流程的干预最小。例如，如果一个研究人员想要研究影响培训效果的因素（相关研究），个人所要做的就是描述相关的变量，收集相关的数据，并分析它们以得出结果。虽然当研究人员在工作场所采访员工和分发问卷时，系统的正常工作流程会受到一些干预，但与因果研究和实验设计期间相比，研究人员对系统日常功能的干预很小。

在建立因果关系的研究中，研究者试图操纵某些变量，以研究这种操纵对相关因变量的影响。换句话说，研究者刻意改变环境中的某些变量，干预事件的正常发生。例如，研究人员可能想要研究照明对工作表现的影响，因此，他在不同强度的工作环境中操纵照明。

因此，研究人员有相当多对自然和正常环境的干预。在其他情况下，研究人员甚至可能想要创造一个新的人工环境，在那里，因果关系可以通过操纵某些变量和严格控制其他变量来研究，就像在实验室里一样。因此，无论是在自然环境中还是在人工实验室环境中，研究者对操纵或者控制研究变量都可能存在不同程度的干预。

让我们来看一些研究中存在不同程度干预的例子——轻微干预、中等干预和大幅干预。

例7.1

轻微干预

一位医院管理人员想要调查感知到的情感支持与护理人员所经历的制度和压力之间的关系。换句话说，他想做一个相关的研究，在这里，管理员/研究员将从护士处收集数据（也许通过问卷调查），从而得到有关他们得到了多少来自医院的情感支持和他们感受到多少压力的数据。（我们在后面的章节中，将学习如何测量这些变量）。通过关联这两个变量，答案是可以找到的。在这种情况下，越过管理部门给护士们做调查问卷，研究人员没有干预医院的正常活动。换句话说，研究人员的干预已经微乎其微。

中度干预

同一位研究员现在不再满足于找到联系。他想要建立一种因果关系。也就是说，研究者想要证明如果护士们有情感上的支持，这确实会减小他们的压力。如果可以建立这种因果关系，护士的压力肯定是可以通过提供情感支持而减少。为了测试这一因果关系，研究者将测试当前医院里三个病房中的护士正在承受的压力，然后人为改变给予这三个病房护士的情感支持程度，也许时间周期是1周，最后再测量他们在周期结束时的压力。对于第一组，研究人员将确保一定数量的实验室技术人员和医生帮助和安慰护士，尤其是当他们面对压力事件时，例如，当他们照顾在病房遭受极度痛苦和压力的病人时。在类似的设置下，对于另一病房的第二组护士，研究人员可能只安排适度的情感支持，只雇用实验室技术人员，不包括医生。第三个病房可能在没有任何情感支持的情况下进行手术。如果实验员的理论是正确的，那么第1个病房护士在1周前后的应激水平下降幅度最大，第2个病房护士的应激水平下降幅度适中，第3个病房护士的应激水平为零。这里我们发现研究者不仅从护士的经历中收集了在两个不同时间点的压力数据，同时也"调整了"或通过故意操纵改变了两个病房的护士受到的情感支持，而第三个病房保持不变。在这里，研究者干预程度已经超过了轻微干预。

大幅干预

上述研究人员在进行前期实验后，认为结果可能是，也可能不是有效的，因为其他外部因素也可能影响护士的应激水平。例如，在那个特殊的实验周中，可能病房内没有严重疾病或死亡，那么在一个或多个病房的护士可能没有经历高压力。因此护士所经历的压力程度可能与所接受的情感支持无关。研究人员现在可能想要确定这些可能影响因果关系的外部因素得到控制。所以，他也许可以采用三组医学生，把他们放在不同的房间，面对相同的压力任务。例如，他可能会要求他们描述最细微的细节：

在一个对化疗没有反应的病人身上做手术的过程，在他们反应的同时不断地向他们提出越来越多的问题。尽管所有医学生都面临着同样的问题，但其中一组医学生可能会得到医生的帮助，医生会在医学生犯错时主动提供阐释和帮助。在第二组中，医生可能就在附近，但只有在小组寻求帮助时，医生才可能提供阐释和帮助。在第三组，没有医生在场，也没有帮助。在这种情况下，不仅是人为改变了情感支持，甚至是这个实验所涉及的环境都是人为的，因为研究者把实验对象从他们正常的环境中带到了一个完全不同的环境中。在这里，研究人员最大限度地干预了正常环境、参与者及其职责。在第 11 章，我们将看到为什么在建立没有任何质疑的因果关系时，这样的干预是必要的。综上所述，研究者干预的程度与研究问题是否相关、本质上的因果关系，以及建立毋庸置疑的因果关系的重要性，是相关的。

7.3.3 研究环境：人为的和非人为的

正如我们刚才看到的，商业研究可以在事件正常进行的自然环境中进行（即在非人为设置环境中）或在人为设置的环境中进行。探索性和描述性研究（相关性研究）总是在非人为的环境中进行，而大多数因果研究是在人为的实验室环境中进行的。

在非人为环境中进行的研究叫作**实地研究**（field studies）。为了建立因果关系而使用与被研究对象所处的环境一样的研究环境（员工、消费者、经理和其他类似的）所进行的研究，一般被称为**实地实验**（field experiments）。在这里，正如我们之前所看到的那样，因为自变量是被操纵的，研究员也干预事件的自然发生。例如，一个经理想要知道薪酬对绩效的影响，就应该提高一个部门员工的工资，降低另一个部门员工的工资，不去改变第三个部门员工的工资。这是通过对薪酬体系的修改或操纵来建立薪酬与绩效之间的因果关系，但该研究仍在自然环境中进行，因此被称为实地实验。

为了建立一种因果关系而做的实验需要人为创造一种环境，在这种环境中，所有无关的因素都被严格控制。相似的实验对象被仔细挑选，以对特定的操纵刺激做出反应，这些研究被认为是**实验室实验**（lab experiments）。让我们再举些例子来理解实地研究（没有人为设置，研究者干预最小）、实地实验（没有人为设置，且研究者干预适度）和实验室实验（人为设置，研究者大幅干预）之间的区别。

例 7.2

实地研究

银行经理想分析利率与客户银行存款模式之间的关系。她试图通过观察随着利率的变化，不同种类的账户存款（如储蓄、定期存单、黄金存折和利息）的变化来确定两者的关系。这是银行经理进行的实地考察，只是考虑各种账户的余额并将它们与利率的变化联系起来。这里的研究是在一个没有人为干预正常工作流程的环境中进行的。

实地实验

银行经理现在想确定利率和银行提供给客户在银行存款的诱因的因果关系。她选择了四个在 60 英里范围内的支行。在接下来的一周，她为新存款凭证方式提供了新的年利率：第一个支行的利率为 9%；第二个是 8%；第三个是 10%；第四个利率保持在 5% 不变。在一周内，她将能够确定利率对存款流动的影响，如果有的话。

以上是一个现场实验，因为除了利率被操纵什么都没变，所有的活动都是发生在正常和自然的环境中。但愿所有四个被选中的支行在规模、存款人数量、存款方式等上都具有可比性，使利息储蓄关系不受第三个因素的影响。然而其他因素也有可能影响这些结果。例如，其中一个区域可能有更多的退休人员，可能没有多余的可支配资金要存入，尽管已经有足够具有吸引力的利率。银行家可能没有意识到这是建立实验时的事实。

实验室实验

上一个示例中的银行经理现在可能想建立利率和储蓄之间的确定的因果联系。正因为如此，她想要创造一个人为的环境并追踪真实的因果关系，她招募了 40 名学生，他们都是商科专业的大四学生，年龄相仿。她把他们分成四组，给每个人 1 000 美元的筹码，告诉他们可以用这些筹码买需要的东西，或者为将来储蓄，或者两者都要。作为激励，她给他们提供储蓄的利息，但她会操纵利率，第一组提供 6% 的储蓄利率，第二组提供 8% 的储蓄利率，第三组提供 9% 的储蓄利率，第四组保持 1% 的低利率。

在这里，经理创造了一个人工的实验室环境，并操纵了储蓄利率。她也选择了具有相似背景和接触金融事务机会的被试者（商学院学生）。如果银行经理发现这四组的储蓄逐步增加，与利率的上升保持一致，她就能够在利率与储蓄倾向之间建立起因果关系。

在这个设计好的实验环境中，研究人员的干预是最大的。尽管环境不同，但因变量已被操纵，年龄和经验等大多数外部因素已得到控制。

实验设计在第 11 章中有更详细的讨论。然而，上面的例子告诉我们，在进行研究之前决定各种设计细节是很重要的，因为一个决策标准可能会影响到其他。例如，如果一个人想进行探索性研究或描述性研究，那么研究人员干预事件正常发展的必要性将是最小的。然而，如果要建立因果关系，实验设计需要建立在事件通常发生的环境中（现场实验）或人工创建的实验室环境中（实验室实验）。

总之，我们迄今为止区别了（1）实地研究，即在保持自然环境中的各种因素进行正常的日常活动时，研究员进行轻微干预，（2）实地实验，即在因果关系下研究者进行了中度干预，但仍在事件的自然发生环境下继续实验，和（3）实验室实验，即研究者为探索因果关系，不仅要进行高度的控制，而且要在人为的和故意创造的环境中进行。在第 11 章中，我们将看到使用人为设置和非人为设置来建立因果关系的优点和缺点。

7.3.4 分析的单位——个人、二元、群体、组织、文化

分析单位（unit of analysis）是指在接下来的资料分析阶段所搜集到的资料的汇总层次。例如，假设命题强调的是如何提高整体员工的动机水平，那么我们所关注的是设法提升组

织内个别员工的工作动机,此时,分析的单位是个人(individual),我们需要从每个人身上搜集资料,并将每位员工的回答作为个人的资料来源。假设研究者想探讨两个人的相互交流,则几个两人一组的群体,或者叫二元体(dyads),就成了我们的分析单位。分析家庭中夫妻的交流、工作场所中上司与下属的互动,都是以二元体为分析单位的典型范例。不过,如果命题与群体效能有关,那么分析单位就属于群体层次。换言之,虽然我们可能会向六个群体中的所有成员搜集相关资料,但是我们会将个人资料整合成群体资料,以便探讨六个群体的差异。如果我们要比较组织内的不同部门,那我们将在部门的层次上进行资料分析,也就是说,同一部门中的所有成员会被视为一个单位,再将部门当作分析单位来进行比较。

研究问题决定了分析单位。举例来说,如果我们想研究群体的决策模式,我们就必须审视群体的大小、结构及凝聚力等因素,以便解释群体决策的方差。在此,我们主要想了解群体如何决策,而不是个人如何决策,因此,我们必须研究几个不同群体内的动态过程,以及影响群体决策的各种因素。在这一状况下,群体就成了我们的分析单位。

当我们的研究问题从个人转向二元体、群体、组织甚至国家时,分析单位也会随之改变。这些"分析层次"有个特点:较低的层次会被较高的层次涵盖。因此,如果我们研究购买行为,我们可能要搜集60个人的资料再加以分析。如果我们想研究群体动力学(group dynamics),我们或许必须研究六个或更多的群体,再将搜集到的资料予以分析,探讨每个群体内所呈现的动力模式。再假设,如果我们想研究各国的文化差异,我们就得从不同国家搜集资料,研究每个国家的基本文化风貌。后续几个章节将会谈到跨文化研究的一些重大议题。

群体中有些特征是个人所没有的(如结构与凝聚力),而个人也有些特征是群体所没有的(如智商与耐力)。生活在不同文化下的人,其感觉、态度及行为也会有所差异。因此,所搜集的资料性质,以及分析资料的层次都是分析单位决策的一部分。

事实上,我们在形成研究问题的过程中,有必要选择分析单位,因为资料的分析层次有时将决定或影响资料的搜集方法、样本规模,甚至理论框架内所包含的变量。

接下来,我们将要探讨需要运用不同分析单位的研究情境。

例 7.3

以个人为分析单位

某制造公司的财务总监想知道,有多少员工有兴趣参加一项为期3天的研讨会,该研讨会主题和如何做出适当的投资决策有关。要达成这个目的,必须向每个员工搜集资料,并以个人为分析单位。

以二元体为分析单位

一名人力资源主管在阅读过有关师徒制的优点后,想知道该组织的三个部门中有多少人具备师徒关系,以及他们对这种关系所带来的好处的感受(即同时包括师傅与徒弟的感受)。

在此,一旦找出各种具有师徒关系的组合,即可将每一对二元体视为一个单位,获取其共同感受。假设该主管想获得十对样本资料,就须有 20 个人,一次一对。从每一对身上所获得的资料,将成为后续的分析单位。所以,这里的分析单位是二元体。

以群体为分析单位

某位主管想了解生产、销售及营业人员对新安装的信息系统的使用情况。这里牵涉到三组员工,因此要搜集与分析这三组中的每位成员使用这套信息系统的次数及其他相关问题的资料。最后的结果将告诉我们每一组平均每天或每个月的使用次数。在此,分析的单位是群体。

以部门为分析单位

宝洁公司想知道今年各部门(如香皂、纸、油等)的获利率是否超过 12%。在此,我们考察的是各部门的获利情形,同一部门分布在各地区的单位资料也必须加以汇总。因此,分析单位是部门,这也是资料的汇总层次。

以产业为分析单位

一名就业调查专家想知道,医疗业、公用事业、运输业及制造业各雇用了多少劳动力。在这种情况下,研究者必须将上述每个产业中各单位的相关资料予以汇总,如此方能报告每个产业所雇用的劳动力比率。举例来说,医疗业包括医院、护理之家、机动医疗单位、大小诊所以及其他提供医疗服务的机构,这些单位的资料必须加总起来,才能得知整个医疗业雇用了多少员工。对其他产业也必须这么做。

以国家为分析单位

某跨国企业的财务总监想知道,该企业在英国、德国、法国及西班牙的每一家子公司 5 年来的获利情况如何。每个国家的子公司或许在许多地区都设有分公司,因此,在每一国各个地区的营运中心的利润都必须加总起来,如此才能得出每一国子公司 5 年来的获利情形。换言之,资料的汇总层次变成了国家。可以很容易地看到,在更高层次的分析单元中(行业、国家),数据收集和抽样过程变得比较低层次(个人、二元)更加烦琐。很明显,分析的单元必须被清楚地识别出来,这是由研究问题决定的。抽样方式也将由分析单位来决定。例如,如果我比较两个国家,印度和美国,分析单位是国家,样本也将只有两个,尽管在这过程中我需要从不同的组织、分部、群体中收集数以千计的个体数据,这会产生巨大的成本。然而,如果我的分析单位是个人(就像在研究联合工会南部地区的顾客购买彩票时一样), 我可能会把收集的数据限制在具有代表性的 100 个人的样本中,因此用较低的成本进行我的研究!

现在更容易理解为什么在制定研究问题和规划研究设计的同时,还要认真考虑分析单元了。

7.3.5 时间维度——横截面研究与纵贯研究

7.3.5.1 横截面研究

为了回答某个研究问题,资料的搜集可能一次完成,而时间上或许是几天、几周或几个月，这样的研究称为一次性研究或横截面研究（cross-sectional study）。例如：

例 7.4

> 1. 我们想了解股票经纪人对混乱的股市有何担忧，于是搜集去年 4 月到 6 月有关股票经纪人的资料。这些资料从前并未搜集过，以后也不会再搜集。
> 2. 某药厂打算投资研发一种新的减肥药，于是针对肥胖者进行了一项调查，以了解有多少人会有兴趣尝试这种新药。这属于横截面研究（一次性研究），目的是评估市场对这项新产品的可能需求。

上述两个例子中的研究，目的在于搜集有助于找出研究问题答案的相关资料。资料的搜集在一个时间点上进行即可，因此，都属于横截面设计（cross-sectional designs）。

7.3.5.2 纵贯研究

在某些情况下，研究者为了回答研究问题，可能必须在一个以上的时间点上对人或现象进行研究。例如，研究者想了解高层主管变动前后员工的行为变化。在此，资料的搜集是在两个不同的时间点上进行，因此，这样的研究不属于横截面式或一次性，而是跨越了一段时间进行的。当我们为了回答研究问题而在两个以上的时间点上搜集因变量资料时，这样的研究称为纵贯研究（longitudinal studies）。

例 7.5

> 1. 一名市场营销经理打算在接下来的 2 年里，以季为单位针对某项产品在国内四个地区的销售情况进行追踪。由于资料要搜集好几次（为回答同样的问题：销售情况如何？），因此属于纵贯研究。
> 2. 2002 年，斯特吉斯、盖斯特、康威和戴维发表了一项纵向研究，调查了前 10 年毕业生的职业管理与组织承诺之间的关系。数据收集时间间隔 12 个月，分布在两个时间点。研究表明，高组织承诺促进职业管理活动的实践，从而使他们在组织内的职业道路走得更远。
>
> 另一方面，低组织承诺与旨在发展组织外的职业发展活动相关。结果还表明，那些有自己职业管理的大学毕业生从他们的雇主那里得到更多的职业管理帮助。这表明，雇主有可能创造一个"良性循环"的职业生涯管理，其中个人和组织活动相辅相成。

相对横截面研究，纵贯研究更耗费时间、精力和成本。但设计良好的纵贯研究可帮助我们找出因果关系。举例来说，我们可以在一则广告推出前后记录某项产品的销售量，假设环境中的其他变化不会影响销售结果，则销售量一旦提高，即可归因为广告的功效。若是销售量并未提高，我们即可下结论说该则广告不是无效就是需要花更多时间才能发挥效果。

实验设计因为会在对变量进行操作的前后搜集资料，因此一定属于纵贯研究。而实地研究也可以是纵贯研究。例如，比较某公司的主管们现在与 10 年后对职业女性的态度，就是一份纵贯式的实地研究。不过，要跨越多个时间段落来搜集资料，在时间、精神及成本上的耗费实在太大，因此，大多数的实地研究在性质上都属于横截面研究。但是，一名主管如果想在一段期间内追踪某些因素（如销售量、广告效能等）以评估其进展，或者想找出可能的因果关系（如促销活动与实际销售数据的关系、药物测试频率与药物使用量减少的关系），就非进行纵贯研究不可。因此，纵贯研究虽然成本较高，但却可提供一些宝贵的观点。

7.4 混合方法

在前面（第 4 章）我们解释了定性研究通常是为了更好地理解问题的本质。可能需要与许多人进行广泛的面谈，以了解情况并了解这种现象。当数据揭示了研究现象的一些模式时，就形成了理论和假说。其他方法，例如，实验，将随后用来检验这些假设。沿这一思路，定性和定量的混合研究方法在许多研究中都被使用。

混合方法研究的目的是回答那些不能单独使用定性或定量方法来回答的研究问题。混合方法研究侧重于在单个研究或一系列研究中收集、分析和混合定量数据和定性数据。在商业研究中，越来越多地使用混合方法。这种方法的吸引力在于，它允许研究人员将归纳思维和演绎思维结合起来，使用一种以上的研究方法来解决研究问题，并使用不同类型的数据来解决这个问题。另一方面，混合方法使研究设计复杂化，因此需要清晰的表述，以便读者能够理清其不同的组成部分。

例 7.6

> 亨利·明茨伯格采访了管理人员，探讨了管理工作的性质。基于对访谈数据的分析，他建立了管理角色、管理活动本质和类型等的理论，这些理论通过访谈和问卷调查的方式在不同环境中进行了测试。

三角测量是一种经常使用的混合方法的技术。三角测量背后的思想是，如果使用不同的方法或资源导致相同的结果，则可以对结果更有信心。三角测量要求从多个角度进行研究。三角测量可能有如下几种：

- 方法三角化：采用多种数据采集和分析方法。
- 数据三角化：从多个来源和/或不同时期收集数据。
- 研究员三角测量：多个研究员收集和/或分析数据。
- 理论三角化：用多种理论和/或视角对数据进行解释。

7.5 权衡和妥协

这部分将在对研究策略、研究对象、研究背景、分析单元、时间范围等基本问题进行了探讨的基础上进行总结。研究人员根据调查者的研究视角、研究目的、研究问题、所要求的严谨程度和实际要求，决定在研究设计中应做出的适当决定，有时，由于要节约时间和成本，研究人员可能不得不迁就于不理想的研究设计。例如：研究人员不得不进行横截面研究而非纵贯研究，进行实地研究而非实验设计，选择一个更小的而不是更大的样本等，因此因为资源限制而局部最优化研究设计并且降低科学的严谨性。这种在严格和实际考虑之间的权衡将是管理者/研究人员经过深思熟虑做出的决定，并且必须在研究报告中明确说明。正如第2章所讨论的那样，这样的妥协也解释了为什么管理研究不是完全科学的研究。混合方法研究重点在于在一个单一研究或者系列研究中，收集、分析和混合定量和定性的数据。如上所述，混合方法研究的研究设计复杂，因此需要明确阐述，从而使读者理清其不同部分。尽管研究设计复杂，研究人员在收集数据之前总是要非常清楚这一章所讨论的每个部分。

请做练习7.1到练习7.4。

练习7.1

一名工头认为，机械操作员之所以效率低下，与工地冒出的浓烟有直接的关联，他想通过研究来向他的上司证明这一点。

（1）这是属于因果研究还是相关性研究？为什么？

（2）这是属于探索性研究、描述性研究还是假设检验（分析性或预测性）？为什么？

（3）这是属于实地研究、实验室实验还是实地实验？为什么？

（4）这份研究的分析单位是什么？为什么？

（5）这是属于横截面研究还是纵贯研究？为什么？

练习7.2

研究者想研究广告中模特的胖瘦对观看广告人自尊的影响。研究者认为，广告中的模特对观看者的影响，取决于模特瘦或胖的程度。以研究者的立场充分讨论你会在研究设计上做哪些决策，并说明理由。

练习7.3

研究人员想研究不同行业中，由于服务不善导致消费者具体行为变化产生的影响。以研究者的立场充分讨论你会在研究设计上做哪些决策，并说明理由。

练习7.4

你感兴趣的是在组织战略性变革的早期阶段，人与组织的契合如何影响员工的情感承诺和留在组织中的意愿。

7.6 管理的启示

了解研究设计的一些重要议题，可帮助管理者了解研究者的研究目的。此外，也可了解为何虽然耗费许多时间从数十人身上搜集资料（以群体、部门或分公司为分析单位的研究就是如此），但最终的研究报告有时却只能根据小样本来表现资料分析结果。

管理者在研究进行前要做的诸多重大决定之一是：该项研究要做得多严谨？一项研究设计得越严谨，其所耗费的资源就越多，因此，管理者必须衡量问题的严重性，再决定什么样的设计可以有效地产生可行的结果。例如，研究者如果认为了解某些变量与员工的绩效相关就足以提高绩效，无须再研究其缘由。这样的决定不仅可节省资源，也可将员工在工作上所受到的干扰降到最低，无须在多个时间点上搜集资料。因此，了解研究设计的各个环节之间的相关性，可帮助管理者决定最有效的研究方式。当然，他必须先考虑问题的性质与严重性，以及想获得的解决方案的类型。

若能彻底了解因果研究与相关性研究的区别，其最大的优点是使管理者不会轻易掉入下面这个陷阱：假设两个只有相关关系的变量之间存在着因果关系。他们会知道，A 可能是 B 的原因，或 B 可能是 A 的原因，抑或 A 与 B 也可能会随着第三方变量而同时变化。

另外，对于研究设计的细节一旦了解得更透彻，管理者就更懂得如何评估研究方案并给出适当的评价。

总结

学习目标 1：解释研究设计的含义。

研究设计是为回答你的研究问题而创建的收集、测量和分析数据的蓝图或计划。与研究策略（例如，实验、调查、案例研究）、研究人员干预的程度、位置（例如，研究环境）、数据分析的水平（分析单位）和时间方面（时间范围）有关的决策问题是研究设计的组成部分。

学习目标 2：为任何给定的研究制定一个合适的研究设计。

研究设计的每个组成部分都提供了几个关键的选择点。没有一种设计在任何情况下都是优越的。相反，调查员将不得不做出选择，并创建一个适合手头工作的设计。研究人员根据研究人员的研究视角、研究目标、研究问题的严谨性和实际考虑，决定研究设计中应做出的适当决定。

学习目标 3：解释为什么一个研究人员可能会被迫不能满足"理想的"研究设计。

有时，由于时间和成本的关系，研究人员可能会被迫满足于低于"理想"的研究设计。例如，研究人员可能需要进行实地研究而不是实验设计，或者选择较小的而不是较大的样本量，从而使研究设计决策处于次优状态，并由于资源限制而适应较低的科学严谨性。这种严谨性和实际考虑之间的权衡应该是研究者深思熟虑的决定。

学习目标 4：说明你对研究设计领域管理者角色的认识。

关于研究设计问题的知识可以帮助管理者了解研究人员试图做什么，并研究和明智地评论研究建议和研究报告。

讨论题

1. 研究设计有哪些基本要素？请予以详述。

2. 为什么在进行研究之前，甚至在制定研究问题的时候就考虑基本的设计问题是很重要的？

3. 如果一个人试图建立因果关系，那么实地研究是完全不可能的吗？

4. "实地研究通常比实验室实验更有用。"讨论这个陈述。

5. 为什么分析单位是研究设计的一个组成部分？

6. 探讨研究问题（探索性、描述性、因果性）、研究设置（非人为或人为）、研究者干预、研究策略和研究时间范围之间的相互关系。

7. 下面是三个场景。指出研究人员应如何处理每个案例；也就是说，做出以下决策，并给出理由：

  a. 研究问题的类型（探索性、描述性或因果性）
  b. 研究人员干预的程度
  c. 研究设置
  d. 研究策略
  e. 研究的时间范围
  f. 分析单位

场景1

> 组织中特定部门的人员流动率很高，这个部门的员工比公司其他部门的员工平均任期短，熟练工人正在离开，新工人的比例越来越高。黎恩夫人完全不知道这是为什么，希望知道为什么会这样的更多细节。

场景2

> 在东海岸拥有几家餐厅的普尔霍奇，对这些餐厅利润率的巨大差异感到担忧。他想尝试一些激励计划来提高那些落后餐厅的效率水平。但在他真正这么做之前，他想要确信这个想法是否会奏效。他请了一位研究员在这个问题上帮助他。

场景3

> 一位经理很好奇为什么有些人可以从工作中获得快乐，并因此而充满活力，而另一些人则觉得工作既麻烦又令人沮丧。

第 8 章

访 谈

学习目标

在完成第 8 章的学习之后,你应该能够:
1. 区分一手和二手资料的收集方法。
2. 计划、设计并进行一场个人访谈。
3. 计划、设计并进行一场小组访谈。
4. 讨论访谈的利弊。

8.1 导言

在第 7 章讨论了研究设计中的一些基本问题后,我们将接着学习一手资料收集方法(primary data collection methods),或者从原始数据中收集数据以达到该研究的特定目的的方法。数据收集方法是研究设计的重要组成部分,如图 8.1 阴影部分所示。

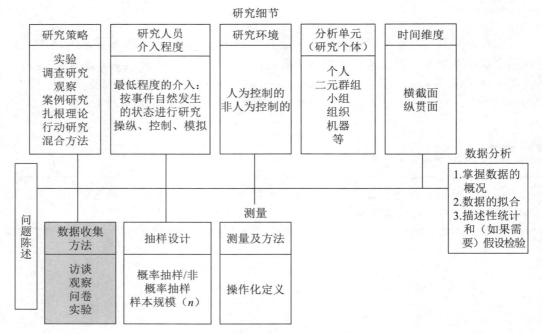

图 8.1 研究设计和与之相适应的资料收集方法

本章的目的是介绍一种常用的一手资料收集方法：访谈。我们将会讨论不同类型的访谈并阐述构建和开展访谈的方法。本章以介绍一手资料收集方法开始。

 ## 8.2 一手资料收集方法

由于商业在很大程度上是一种社会现象，在工作环境中做出决定所需要的信息必须来自于人，比如员工、消费者、经理、投资者和主要供应商。因此，访谈、观察和问卷调查在企业研究中非常流行；这些方法使得研究人员从以人为对象的被调查者处收集各种不同的数据。我们在第8章、第9章和第10章讨论这些方法。在讨论收集一手资料的非实验方法之后，我们将在第11章讨论实验设计（experimental designs）。也就是说，我们对一手资料收集方法的讨论围绕一手数据收集的四种主要方法展开。

对最重要方法的全面了解将帮助你评估一手资料收集的其他方法（框8.1作为进一步的示例）。正如你了解的那样，一手资料的收集决策涉及收集所需信息的方法的选择，并与研究过程中的其他步骤相关联。这就是为什么你选择的方法取决于研究目标、研究问题和研究策略。现有的设施、精确度、所需的数据类型、研究的时间跨度、研究者的专业知识以及其他与数据收集有关的成本和资源也将影响方法的选择。用适当的方法研究问题会大大提高研究价值。

框8.1 非介入性方法

> **非介入性方法**（unobtrusive methods）不需要研究人员和他正在研究的人交流。研究人员有时会使用非介入性方法来理解人们实际上在做什么而不是他们所说的在做的事（比如在访谈或问卷调查中）。对互联网点击量数据（Internet clicksteam data）的处理可以简化非介入性数据。如今，几乎所有的商业网站都在监控和收集访问数据。根据观察到的这些访问者的行为，可以对网站的客户群有一个全面的了解。这有助于经理们预测未来可能的行为，同时也能预测顾客对（未来）营销活动的反应。正如你所见，点击量数据为管理者提供了一个有价值的工具来优化他们在营销上所做的努力（ck. Park and Fader，2004）。扫描仪数据（通过扫描零售网点的产品条形码获得的消费品销售数据）也为管理者提供了市场活动（如价格上涨运动）对销售影响的详细信息（cf. Van Heerde，Cupta and Wittink，2003）。其他非介入性方法的例子是调查图书馆中书籍的磨损情况，这能很好地说明它们的流行程度、使用频率，或者两者兼而有之；在垃圾袋中发现的不同品牌的饮料罐的数量提供了测量他们消费水平的数据；在暴露于紫外线下的支票上签名，可能意味着伪造和欺诈；精算记录，是收集社区出生、婚姻和死亡数据的好来源。这些非介入性的数据来源及其使用对旨在理解行为的研究中非常重要。

8.3 访谈

资料搜集的方法之一就是访谈受试者以获得我们感兴趣的议题的信息。**访谈**（interview）是两个及两个以上的人之间有引导、有目的的谈话。访谈有很多不同的类型。个人或小组的访谈可以是非结构性的也可以是结构性的，而且可通过面对面、电话或在线方式进行。

我们首先会讨论非结构性与结构性访谈，在此我们必须将一些重要因素牢记于心才能深入探讨访谈的细节。然后将列举面对面访谈和电话访谈的优缺点，还会涉及计算机辅助访谈。本章以小组访谈结束。在我们详细探讨了访谈、观察和管理问卷之后，第 10 章将讨论访谈和其他类型调查研究中的管理影响和道德因素。

8.3.1 非结构性访谈和结构性访谈

8.3.1.1 非结构性访谈

非结构性访谈（unstructured interviews）之所以如此命名，是因为访谈员在进入访谈环境时没有计划好要向受访者提出的一系列问题。在大多数情况下，研究人员使用主题列表或访谈指南，其中包含了与被访谈者交谈时一定要问的问题清单。受访者可以用自己的语言自由回答研究人员在谈话中提出的话题以及他们想在谈话中提到的话题。非正式访谈是许多研究的重要组成部分，研究人员抓住机会与利益相关者就与项目相关的问题进行简短交谈。

8.3.1.2 半结构性访谈

当一开始即得知需要某种信息时，就可采用**半结构性访谈**（semi-structured interviews）。访谈的内容可以提前准备，通常包括以下内容：

（1）介绍：访谈员介绍自己，访谈的目的，保证保密并且得到记录访谈的许可。

（2）一组合乎逻辑的话题（通常是问题）：首先是"热身"问题（容易回答且不具威胁性），然后是涵盖访谈目的的主要问题。

（3）对试探性问题的建议（框 8.2）：当第一个答案不清晰或不完整，访谈员没有完全理解答案，或者其他情况下访谈员需要更具体或更深入的信息时，可以使用后续的问题。

框 8.2　探究策略

- 沉默。
- 重复答案。
- 所以我听到你说的是……
- 我不太确定我是否理解……你能……
- 你能告诉我更多关于……
- 你能举个例子吗？
- 你能再说一遍吗？
- 还有别的吗？

当受访者表达意见时，研究者会加以记录，而同样的问题也会以相同的方法询问每一个人。然而有时基于情况的迫切需要，有经验的访谈员可能会指导受访者作答，并且询问不在访谈计划中的其他相关题项。通过这个程序可能会因为更深入地了解而确认出新的因素。然而，为了了解可能的回答，访谈员一定要完全理解每一个问题的目的和目标。当一个受过训练的访谈小组进行调查时，这点尤其重要。

视觉辅助工具如图片、线条描绘、卡片及其他器材有时也会应用于访谈中。在对受访者展示适当的视觉辅助工具后，即可对提出的问题做出答复。例如可利用该技术了解消费者对不同包装类型、广告形式的喜恶等。而当市场营销研究的焦点为小孩时，包括画与描绘的视觉辅助工具通常也都是有用的。不仅如此，当我们表达一些难以书面表达或说明的思想或看法时，辅助视觉工具也能派上用场。

当我们进行了足够数量的结构性访谈得到足够信息并得以了解并描述在情境中运作的重要因素时，研究者就会停止访谈，并将信息用列表显示，进行资料分析。这可以帮助研究者完成预计要进行的任务，如描述现象或测量现象，或是确认特定的问题并提出某个影响问题的因素的理论，或是发现研究问题的答案。许多定性研究都用这种方法。

8.3.2 训练访谈员

如果要进行多个长时间的访谈，通常不适合由单一访谈员进行所有的访谈，因此需要一个受过训练的访谈小组。然而在这之前必须先向访谈员介绍有关研究的所有内容，并且训练他们如何开始进行访谈、如何继续询问、如何鼓励受访者回答、在答案中要寻找什么，以及如何结束一个访谈。同时也必须教导他们如何记笔记并将访谈回答予以编码。而稍后所谈到关于访谈的小秘诀也应是他们访谈的技能之一。

良好的规划、适当的训练、提供访谈人员清楚的准则并监督他们工作都有利于将访谈技术当作一个可行的资料收集机制。当受访者自动提供信息时，人员访谈可以提供丰富的资料，而答案并不会像问卷般落在一个受限的回答范围之内。然而，人员访谈从时间、训练成本及资源的消耗方面来看都是比较昂贵的。

8.3.3 访谈中的小秘诀

在访谈时，信息的获得应尽可能地无偏差。偏差可能来自访谈员、受访者或是情境本身。假如访谈员与受访者彼此未建立适当的信任及和谐关系，或者对问题有误解或曲解，或是当访谈员通过手势或表情无意地鼓励或不鼓励某种回答时，都可能会使访谈员获得偏差资料。专心聆听，对受访者的谈话要表达强烈的兴趣，要机智地、反复地阐明所提出的问题，对一些回答做解释以确保他们完全了解，在整个访谈中要不断地保持受访者的兴趣等，都是访谈中的一些小秘诀。此外，正确地记录回答也一样重要。

当受访者并未表示其真正意见，而是提供他们认为是访谈员希望得到或是想要听到的信息时，受访者即会得到偏差资料。若他们不了解问题，他们可能会感到缺乏自信、吞吞吐吐而寻求确认。然后他们可能会回答问题但却不知问题的原意，因此也会产生偏差。

部分受访者可能会因为个人喜恶，或访谈员的服装、问题方式而岔开话题。因此他们可能不会提供真实的答案，反而会故意提供不正确的回答。有些受访者也可能会以社会可接受的方式来回答问题，而不是表达他们的真实感受。

偏差也可能来自于情境本身，包括：(1) 未参与者因素；(2) 信赖与和谐关系的建立；(3) 访谈的物理环境。在未参与者因素方面，因为没有意愿或是因为受访者在研究中无能为力，使得参与者的回答与非参与者有差异（这意味着可能产生偏差而非具有代表性的回答），使获得的数据有偏差。当不同的访谈员对其受访者建立不同的信赖与和谐关系时，得到的各种坦诚程度的答案也会造成偏差。进行访谈所处的物理环境本身有时也会造成偏差。例如，在工作场所进行访谈时，有些人会觉得相当不自在，因此不会坦诚地回答。

利用到受访者家里或电话访谈时，若受访者时间不方便而无法进行访谈应再致电并持续接触，这样样本才不会有偏差（在第14章抽样中会谈到）。访谈员可通过以下方式来降低偏差：对每一位采访对象采用一致的问题模式；不扭曲或误解接收到的信息；在各种方式下不影响受访者的回答。

以下策略可使上述偏差降到最低。

8.3.3.1　建立相互信任与和谐的关系，并激励受访者回答

对于访谈员而言，表现出专业技能、热忱以及信心是重要的。例如，当一个管理者要雇用外部研究人员研究组织内部问题时，他注意其能力和人格倾向。当研究者在组织中开始工作前，他们必须建立和谐的关系，获得当事人的认可和信任。为了与所服务的组织及其成员建立信任关系，知识、技能、能力、信心、口才以及热忱都是研究者不可或缺的。

要从受访者处获得真实的信息，研究者和访谈员应该与其建立起和谐信任的关系。换言之，研究者应该能使受访者轻松自在，他们才会给予有价值且可信的答案。因此，研究者应陈述访谈目的，并确保回答来源的隐秘性。但是要与受访者建立和谐关系可能不是那么容易，特别是要与较基层的员工访谈时，他们对研究者的意图会比较多疑，可能认为研究者和管理者是统一阵线的，因而可能会建议组织做出人力缩减、增加工作负担等决策。因此，更重要的是要确保每个有疑虑的人都知道研究者的目的只是要了解组织事务的真实状态。而且要在不得罪人的情况下让受访者知道他们的立场——其主要目的并非要伤害员工或是公开每个人的意见，而只是提供整合的研究结果给组织，这可以使受访者安心回答问题。

研究者可通过愉快的、诚恳的、敏感的，以及非评估性的态度来建立和谐关系。对受访者的回答表达真正的兴趣，消除受访者的焦虑、不安、猜疑以及在情境中所察觉到的紧张，这有助于受访者对研究者建立信任关系。如果可以告知受访者研究目的以及他（她）是如何被选为访谈对象的，双方将会有较好的沟通基础。研究者可通过向受访者解释他们对研究的贡献以激励他们提供诚实且可信的答案，或者让他们了解通过研究会使大多数人在工作生活中的质量大幅提升，其本人也会因研究而受惠。

此外，还有一些提问技巧也能使受访者提供较少偏差的回答，这将在下面进行讨论。

8.3.3.2　询问技术

汇集

在非结构性访谈一开始，就询问开放式问题以得到一个广泛的看法，这种方法是明智的，可以对情境形成一些整体印象。例如，问题可能会是：为这个组织工作，你有哪些感觉？从这个宽泛的问题的回答中，研究者可能注意到一些可能与情境相关的关键议题，或许能借此进一步地询问更深入的问题。从广泛到狭窄主题的转换，即称为**汇集技术**（funneling technique）。

无偏差问题

以一个能够确保回答偏差最小的方式来询问问题是很重要的，一个"别有用心"的问题可能会影响受访者的答案。例如，"请告诉我你的工作体验如何！"这个问题比起"小子，你做的工作应该非常无聊吧，让我听听你是什么感受！"要好。后者"加入"了访谈员自己对工作的感觉。通过强调一些字、口气、音调，或通过不适当的建议，都会产生偏差。

阐明议题

要确保受访者在表达意见时已充分了解主题，重申或重述受访者所给予的重要信息是必要的。例如，假设受访者说："在这个组织中的升迁制度并不公平，它根本不考虑工作年限，新人总会得到升迁。"此时研究者可以插话："所以你是说新人总是得到升迁，甚至成为资深者的上司？"用这种方式重述以确认受访者是否觉得能力对升迁很重要。若有些事情没有说清楚，则研究者应加以澄清。例如，若有受访者说："这里的设施真的很差，即使快渴死了，我们还是得继续工作。"此时，研究者可以询问，在这栋建筑里是不是没有饮水机或饮料售卖机，受访者可能指出在另一栋大楼有饮水机，但其意思就是想要在他工作的地方也有饮水机。

帮助受访者全面思考议题

如果受访者无法用言辞表达他的感觉，或是回答"我不知道"，则研究者应以更简单的方式来询问或是重述一遍。例如，若受访者无法具体地说明他不喜欢工作的哪一方面，研究者可能就要以一个更简单的方式来询问。如受访者可能被问到他比较喜欢何种工作：客户服务或是一些文件归档的工作。假如受访者回答"客户服务"，那么研究者可用受访者的另一个工作再次询问配对选择的问题。利用这种方式，研究者即可整理出受访者比较喜欢哪一方面的工作。

录音和/或做笔记

如果受访者没有异议，可以将访谈录音。然而，录音可能会使受访者的答案产生偏差，因为他们知道自己的回答被录音了，而且他们的匿名性没有完全保留。因此，即使受访者不反对被录音，他们的回答也可能存在一些偏差。在访谈录音之前，应该合理地确定这种获取数据的方法不太可能使所收到的信息产生偏差。任何录音或录像都应该在获得受访者许可后进行。如果无法录音，那么研究人员在访谈进行时或访谈结束后进行书面记录是很重要的。访谈者不应该依赖记忆，因为从记忆中回忆的信息是不精确的，而且往往是不正确的。此外，如果一天安排了多个访谈，所收到的信息量会增加，从记忆中回忆谁说了什么可能会出现错误。仅基于回忆的信息会给研究带来偏差。

8.3.3.3 访谈秘诀回顾

尽研究者所能与客户系统及组织成员建立信任关系对于一个研究项目的成功是很重要的。研究者必须以诚恳的、愉快的以及非评估性的态度来与受访者建立和谐关系，并消除受访者对研究与其后果的任何猜疑、不安、焦虑和担心，这会使他们提供的答案偏差最小。在访谈时，研究者必须先询问宽泛的问题然后再缩小到特定议题，以无偏差的方式进行询问，在必要时对答案进行确认，并且帮助受访者思考和回答困难的问题。对于受访者的回答应立即进行记录，不要相信记忆中与事后回想的答案。

学完非结构性访谈和半结构性访谈，以及访谈中需要注意的问题之后，现在我们来看看面对面访谈和电话访谈。

8.3.4　面对面访谈与电话访谈

访谈可通过面对面或是电话来进行，目前它们也能借助计算机进行。虽然在组织研究中，大部分的非结构性访谈是以面对面的方式进行的，但半结构性访谈可以是面对面的或以电话为媒介的，这取决于相关议题的复杂程度、可能的访谈期间、双方的方便性、调查的地理区域。电话访谈最适用于当研究者想要快速地从分散在广大地理区域中的大量受访者处获得信息，而且访谈时间只有十分钟或更短时。例如，有许多市场营销研究即通过半结构性**电话访谈**（telephone interviews）来进行。此外**计算机辅助电话访谈**（computer-assisted telephone interviews，CATI）也是可行的，而且容易管理。

面对面访谈（face-to-face interviews）与电话访谈还有其他优缺点，我们将进行简要的讨论。

8.3.4.1　面对面访谈：优点和缺点

面对面或直接访谈的主要优点是研究者可根据需要来调整问题、澄清疑惑，并通过重述问题以确保受访者能确实理解问题，还可以从受访者身上搜集到非语言信息。例如，从受访者皱眉、情绪不安地轻敲桌子以及其他不经意的身体语言中，都可以发现他的不适感、经受的压力或遇到的问题，而这些在电话访谈中是不可能发现的。

面对面访谈的主要缺点是在调查中会受到地理限制，假设要进行全国性或国际性的调查，则其所需资源将十分巨大。为了使由访谈员造成的偏差最小化，训练成本（如不同的询问方法、答案的释意）也非常高。另外，当受访者与访谈员进行面对面交流时，他们可能会对其回答的隐秘性感到不安。

8.3.4.2　电话访谈：优点和缺点

电话访谈的主要优点，从研究者方面来看，即可在一个相对较短的时间内对许多人进行访谈（如需要，可以是全国性的甚至是国际性的）。从受访者的立场来看，这或许能消除他们在面对面访谈中可能会感到的不舒服，至少这样的感受可能会比面对面访谈来得少。

电话访谈的主要缺点是受访者可能会不经提醒或解释就挂断电话，单方面终止访谈。然而这是可以理解的，因为没人愿意每天受到数通电话营销的轰炸。为了减少这种受访者不响应的情况，最好能在进行电话访问之前先请求受访者参与研究调查，告诉他们访谈大概会进行多久，并且提出一个双方都方便的时间（最好不要将访谈延后到原本设定的时间之后）。受访者通常倾向于体谅研究者这种礼貌的态度，因而更愿意合作。此外，电话访谈的另一个缺点是不能看到受访者，以至于无法进行非语言的沟通。

8.3.5　访谈资料偏差的其他来源

在资料搜集中，我们已经讨论了几种产生偏差的原因。在受访者非常忙碌或是心情不好的情况下进行访谈将会收集到有偏差的数据，如关于罢工、裁员或是相似议题的回答。而受访者的人格、引导的句子、声音的抑扬顿挫等也可能会产生额外的影响。因此，了解众多偏差的来源可使访谈员获得相对有效的信息。

抽样偏差包含了因更换电话号码而无法联络的某些人，这也可能影响研究资料的质量。同样，因未列出电话号码而无法接触到的人也会使样本（将在第13章讨论）以及所获得资料产生偏差。

8.3.6 计算机辅助访谈

当计算机辅助访谈（computer-assisted interviews，CAI）问题在计算机屏幕出现时，访谈员即可直接在计算机上输入受访者的答案。而且通过软件的程序指令可标示出"离谱的"或"超出范围"的答案，因此增加了资料收集的正确性。因为CAI软件会将问题自动地依照顺序显示给受访者，也可避免访谈员询问错误的问题或是以错误的顺序来询问。这在某种程度上会消除访谈员本身所造成的偏差。

8.3.6.1 CATI与CAPI

目前有两种计算机辅助访谈程序：计算机辅助访谈（computer-assisted telephone interviewing，CATI）和计算机辅助人员访谈（computer-assisted personal interviewing，CAPI）。

在组织研究中CATI是相当有用的，因为只需将个人计算机连接到电话系统（以个人计算机的显示器与软件来提示问题）即可获得全世界对于调查的回答。在调查进行中，计算机会自动选择电话号码拨号并将回答放在一个档案中加以分析。不仅如此，计算机化、语音化的电话访谈可用于短期调查，而在实地调查，也可以利用笔记本电脑来记录及分析回答。

CAPI会牵涉到在软、硬件上的大笔投资。CAPI有一个优点就是它可以让受试者在收到软件后，在自己的计算机回答问题，从而降低记录上的误差。然而，并不是每一个人都会使用个人计算机，有些人甚至没有个人计算机。

另外，录音系统（voice recording system）可通过记录受访者的回答来辅助CATI。基于礼貌、伦理与法律的要求，在激活声音记录系统（voice capture system，VCS）之前需要得到受访者的同意。VSC是通过数字模式来记录回答，并将其存储在一个资料文件中。这样，他们可于事后倒带播放，以倾听区域、产业或是任何其他不同因素组合的消费者的答案。

总而言之，计算机辅助访谈的优点，简单说就是可更迅速且正确地收集信息，而且分析资料更为快速容易，场地成本低廉，而且可将结果自动制表。只要一开始进行一笔较大投资，它在成本与时间方面是更有效率的。然而，要真正具有成本效益应该经常进行大型调查，才足以证明重大的初期投资是值得的。

8.3.6.2 软件包

访谈员在收集资料时通常要将现场所记录的笔记加以抄写、手动编码、手动制表等，这些都是烦人又耗时的。现在，有很多软件可以帮助访谈员轻松工作。

8.3.7 小组访谈

面试可以单独进行也可以分组进行，访谈员向一群参与者提出开放式问题。"焦点小组"一词指的是一种特定类型的小组面试，在这种面试中，有明确的主题并重点促进参与者之间的讨论。

8.3.7.1 焦点小组

焦点小组（focus group）通常由 8～10 名成员组成，由一名主持人主持关于特定主题、概念或产品的讨论。成员的选择一般是根据他们对所收集资料的主题的熟悉程度。例如，有孩子的女性可以组成一个焦点小组，以确定如何组织起来帮助全职妈妈。可口可乐、联合利华和耐克等研究机构定期召集来自世界各地的年轻人，向他们征求新产品的创意。

焦点会议的目的是在成员讨论事件、概念、产品或服务时获得受访者的印象、解释或意见。主持人在引导讨论过程中发挥了重要作用，通过提示所需要收集的信息来使访谈在正轨上进行。

在特定地点和特定事件就特定主题进行的焦点小组讨论为成员提供了灵活自由的形式。无组织的、自发的回答应反映成员对讨论主题的真实意见、想法和感受。焦点小组的成本相对低廉，可以在一个较短的时间框架下提供相当可靠的资料。

主持人的作用

主持人的选择及其作用都至关重要。主持人介绍主题、观察和记录讨论情况。主持人不是讨论的组成部分，而是有力地引导小组成员获取所有相关信息，并帮助小组成员克服可能出现的僵局的角色。主持人还要确保所有成员都参与讨论，不让任何成员在小组中占主导地位。研究小组的一些人也可能通过一面单向镜子观察整个过程，听他们的语言陈述，注意他们的非语言暗示。

通过焦点小组获得的原始资料

应该注意的是，尽管从这些同质群体得到的资料比其他收集方法的成本更低，并且能快速分析这些定性但不是定量的资料。但是，由于成员选择的不科学，不能反映大多数人的意见（详见第 14 章抽样），他们的意见不能被认为是最具有代表性的。然而，当探索性信息作为进一步科学研究的基础时，焦点小组具有重要的作用。例如，请考虑焦点小组在探讨"知识产权"概念时的价值。当讨论活跃时，小组成员在讨论每个思维过程的细小差别时会有意外的新想法的流动。因此，研究者可以从滚雪球效应中获得有价值的见解。

视频会议

如果预期反应有区域差异，可以在不同的地点成立若干焦点小组和招募训练有素的主持人。这个过程通过视频会议可以很容易地实现。在需要的时候可以放大一个特定的成员，他的非语言线索和手势可以被捕捉。观察者也就不用通过单向镜子来观察。

综上所述，焦点小组用于：

（1）探索性研究

（2）根据他们产生的信息进行归纳

（3）进行抽样调查

焦点小组对调查人员有启发作用，比如为什么某些产品不起作用，为什么某些广告策略是有效的，为什么特定的管理技术不起作用等。

8.3.7.2 专家小组

"焦点小组研究"是研究人们如何讨论一个明确定义的问题的任何研究的通称。专家小组（expert panel）是由研究人员专门召集的一群人，他们的目的是获取关于某一问题的知识和意见。专家资格的标准是多种多样的，专家小组通常由独立的专家构成，这些专家至少在小组会议讨论的一个领域得到承认。因此，专家小组可以汇集各类专家，包括科学家、决策者和社区利益相关者。

8.4 访谈的优缺点

访谈是获得数据的一种方法，可以是非结构化的也可以是半结构化的，可以是面对面、电话或通过计算机辅助的。访谈可以单独进行也可小组进行。非结构化访谈通常是为了获得关于什么是重要的，什么是不重要的以及特定问题情况相关的明确想法进行的。半结构化访谈提供了对感兴趣的变量的更深入信息。为了减少回答中的偏见，访谈员必须与被调查者建立融洽的关系，问一些没有偏见的问题。面对面访谈和电话访谈都各有千秋，各尽其用。计算机辅助访谈需要大量的初始投资，并且它是访谈和定性、自发反应分析的工具。近年来，计算机交互访谈已成为日益重要的数据收集方式。

个人或面对面和电话访谈的优缺点见表 8.1。

表 8.1　访谈的优缺点

资料搜集模式	优 点	缺 点
面对面访谈	• 可建立和谐关系，激励受访者 • 可阐明问题，解答受访者的疑惑并增加新问题 • 可获取非语言线索 • 可搜集到丰富的资料 • 可使用 CAPI，将答案输入笔记本电脑	• 占用个人时间 • 当研究跨越广阔的地理区域时会花费更多成本 • 受访者可能关心信息的保密性 • 需要训练访谈员 • 会产生访谈员偏差
电话访谈	• 比人员访谈成本少且较快速 • 可在广阔的地理区域内进行 • 比起人员访谈有较高的匿名性 • 可用 CATI 进行	• 无法获取非语言线索 • 访谈必须简短 • 可能遇到已经变更的电话号码，而且会在样本中忽略未列出的号码 • 受访者可随时终止面试

总结

学习目标 1：区分一手和二手资料收集方法。

资料收集方法是研究设计的重要组成部分。一手资料收集方法包括从有具体目的的研究的原始来源收集资料。关于一手资料收集方法的讨论围绕四种主要的收集方法展开：访谈法、观察法、问卷法和实验法。一手资料收集的决策与研究过程中的其他步骤是相关联的。

学习目标 2：策划、设计并进行个人访谈。

在企业研究中，一种常用的收集资料的方法是通过采访受访者获得感兴趣的资料。访谈是两个或两个以上的人之间有指导意义的、有目的的谈话。访谈的形式各种各样。个人访谈可以是非结构化的，也可以是半结构化的，面对面地或者通过电话和网络进行。

学习目标3：策划、设计并进行小组访谈。

访谈可以是个人的，也可以是以小组进行的。在小组访谈中，访谈员会向一组参与者提出开放式问题。"焦点小组"是指在访谈中主题清晰，而且重点在促进参与者之间的讨论的特殊小组访谈。专家小组是由研究人员专门召集的对某一问题了解的人。

学习目标4：讨论访谈的优缺点。

用适当的方法研究问题，大大提高了研究的价值。因此，研究方法的选择将取决于研究目标、研究问题和研究策略。其他因素，如可用的设备、所需的精度、所需的数据类型、研究的时间跨度，访谈员的专业性以及成本，都会影响方法的选择。我们将在本章末探究访谈的利弊。

在下一章中，我们将讨论收集资料的另一种方法——观察。

讨论题

1. 请描述不同的资料来源，并说明其优缺点。
2. 身为一个管理者，当你邀请一个研究小组来进行研究，并对如何改善你的员工工作绩效提出建议时，你会采取哪些步骤以减轻他们的疑虑？甚至是在研究小组到达你的部门前，你会怎么做？
3. 什么叫偏差？应如何降低访谈中的偏差？
4. 讨论面对面访谈和电话访谈的优缺点。
5. 什么叫投射技术？应如何有效地使用它们？
6. 科技发展对资料收集有何帮助？

练习8.1

先做一个非结构性访谈，然后再进行半结构性访谈，了解人们在购买家具、衣服、家用电器做品牌选择时，如何利用和处理信息。例如，选择一种产品，然后询问人们产品特点以及这些特点在他们选择购买时的重要性。请写下你得到的结果，包括使用两种方法的步骤。

练习8.2

设计一个访谈流程，以评估组织员工对"智力资本"的认识，评估前应先开发这一概念的维度和元素。

第 9 章

观 察

学习目标

在完成第 9 章的学习之后，你应该能够：
1. 定义观察并讨论观察如何有助于解决商业问题。
2. 展现出在特定研究中，选择适当观察方法的能力。
3. 解释与参与者观察和结构化观察相关的问题。
4. 讨论观察的优点和缺点。

9.1 导言

员工、消费者、投资者的行动和行为可能在企业研究中扮演重要的角色。研究人员和管理人员可能对工人的工作方式，新制造技术对员工活动的影响，消费者如何观看广告、如何使用产品、在等候区或在商业银行中如何交易和操作感兴趣。观察是收集行动和行为数据的一种有用而且自然的技术。观察包括进入"实地"——工厂、超市、候车室、办公室或交易室——观察工人、消费者或当日交易员的行为，并描述、分析和解释他们所看到的现象。

框 9.1

互联网扩大了观测的概念，从而包括了在线数据收集。对于研究在线现象的研究人员来说，脸书、推特和 Instagram 等社交媒体已经成为他们自己的实地观察点。例如，Scaraboto、Rossi 和 Da Costa（2012）使用在线观察来调查消费者如何在在线社区中相互说服。

观察方法最适合于需要非自我报告的描述性数据的研究；也就是说，在不直接询问受访者本人的情况下，对他们的行为进行检查。在这种情况下，观测的数据是丰富并且不受自我报告偏差影响的。然而，正如你将在本章中学到的，观察方法在许多其他方面也很耗时并且具有挑战性。事实上,对于未受过专业训练的人来说,它们是十分困难的。

本章从观察的定义开始,接着概述由四个基本方面区分的观察方法:控制、群体成员、结构和隐藏。随后,我们将详细介绍两种重要的观察方法:参与者观察和结构化观察。最后,我们将讨论观察的优点和缺点。

> **例 9.1** 本章后续将详细讨论的观察的例子
>
> - 跟踪一位华尔街经纪人的日常生活。
> - 通过摄像机观察消费者在商场的购物行为。
> - 坐在办公室的角落观察银行交易员的操作。
> - 在工厂工作来研究工厂生活。
> - 伪装成顾客研究销售人员的顾客接近技巧。

9.2 观察的定义和目的

观察涉及对行为、行动或事件的有计划的观察、记录、分析和解释。商业研究中使用了各种各样的观察方法。这些可以通过描述观测方式区分成四个关键方面:(1)控制(这些观察是在人工环境下进行的还是在自然环境下进行的);(2)观察者是否属于被观察的群体(参与者观察与非参与者观察);(3)结构(观察集中到什么程度,预先确定的,系统的,或者本质上定量的);(4)观察的隐蔽性(被研究的社会群体是否被告知他们正在被研究)。下面将讨论区分这些特殊观测方法的关键方面。

9.3 观察类型的四个关键方面

9.3.1 对照观察研究和非对照观察研究

在对照(或人工)环境下进行的观察和非对照(或自然)环境下进行的观察是有区别的。观察通常是在自然环境中进行的。然而,在实验、受控的研究传统中,观察也是数据收集的一种潜在方法。

当情境或环境被研究人员操控或设计时,观察性研究被认为是高度可控的;研究对象(例如,消费者、雇员或投资者)暴露于特定的情境或条件(例如,特定的商店布局、特定的劳动条件或一定的时间压力),使研究人员能够观察个体对该情境的行为反应之间的差异。控制观察可以在实验室(例如,模拟的商店环境或交易室)或现场(例如商店)进行。

对照观察(controlled observation)是指在精心安排的条件下进行的观察研究。**非对照观察**(uncontrolled observation)是一种不试图控制、操纵或影响情境的观察技术。这些事件都是自然发生的,研究人员在不干扰现实生活环境的情况下观察这些事件。非对照观察的优点是人们可以在自然的购物或工作环境中被观察到。然而,非对照观察的一个主要缺点是,由于我们不能控制这方面的任何因素,因此通常很难理清复杂的情况。因此,很难区分事件、行动和行为的原因。

9.3.2 参与者观察与非参与者观察

研究人员在收集观察数据时可以扮演两种角色——非参与观察者或参与观察者。在**非参与者观察**（non-participant observation）的情况下，研究人员从不直接参与到参与者的行动中，而是从参与者的视野之外进行观察，例如通过一面单向镜子或摄像机。

参与者观察（participant observation）是案例研究、人类学研究，以及基础理论研究中经常使用的一种方法（参看第 7 章关于参与者观察与人类学之间的关系讨论）。在参与者观察中，研究者通过参与被研究群体或组织的日常生活来收集数据。

Spradley（1980）发展了一种类型学来描述研究者参与程度的连续性。参与者观察的最低水平是被动参与。被动参与允许研究人员收集所需的数据，而不必成为系统（组织）的一个组成部分。例如，研究人员可能会坐在办公室的角落里，观察并记录一位商业银行交易员如何打发时间。适度参与是指研究人员不积极参与，只是偶尔与被研究的社会群体进行互动。在新的研究环境中，由于研究者不熟悉团队的活动、习惯或术语，许多研究人员从适度参与开始，直到能够发挥更积极的作用。积极参与是指研究者实际上参与了被研究小组正在做的几乎所有事情，作为一种试图了解他们行为的手段。研究者也可以扮演完全参与观察者的角色。在完全的参与者观察中，研究者成为被研究的社会群体的一员。完全的参与者观察包括"陷入"被研究的社会群体中。例如，如果研究人员想要研究工作组织中的群体动态，那么她可以以员工的身份加入组织，在成为工作组织和工作小组中的一部分的同时观察团队动态。像这样，完全的参与者观察旨在从"局内人的观点"（Hume & Mulcock，1994）来理解一个社会群体。

例 9.2

在商业环境中，完全参与观察的一个著名例子是 Beynon（1975）的研究。在 1967 年的大部分时间里，Beynon 都在福特的哈利伍德工厂中，研究工厂生活和在那里工作的工人的经验。Beynon 进入福特汽车公司，并成为被研究的社会团体（汽车装配厂工人）的一员，以调查"生产线上的生活"。

9.3.3 结构化观察研究和非结构化观察研究

正如我们所见，观察性研究可以是非参与观察者也可以是参与观察者进行的。这两种都可以是结构化的，也可以是非结构化的。如果观察者预先确定了一组要研究的活动或现象，它就是结构化观察研究。记录观察结果的格式可以为每一项研究专门设计和调整，以适应该研究的目标。**结构化观察**（structured observation）通常是定量的。

通常情况下，与兴趣特征有关的事情，比如事件的持续时间和频率（例如，在快餐店吃顿饭需要多长时间），以及在此之前和之后的某些活动，都会被记录下来。环境条件（例如，劳动条件）和环境的任何变化，如果被认为是相关的，也会被注明。与任务相关的参与者的行为，他们感知到的情绪，语言和非语言交流，以及类似的，也可能被记录下来。然后系统分析记录在工作表或现场笔记中的观察结果。

在研究开始时，观察者也可能对需要关注的特定方面没有明确的想法。观察正在发生的事件也可能是计划的一部分，就像许多其他形式的探索性和定性研究一样。在这种情况下，观察者实际上会记录所观察到的一切。这样的研究就是非结构化观察研究。非结构化观察研究被认为是定性研究的标志。定性数据分析（第 17 章）是用来分析和解释研究人员所看到的。

非结构化观察（unstructured observation）可能最终会导致一系列的假设，这些假设将在随后的研究中得到验证，本质上是演绎的。因此，通过观察归纳发现可以为后续的理论构建和假设检验铺平道路。

9.3.4 隐蔽观察和非隐蔽观察

观察的隐蔽性与被研究的社会群体成员是否被告知他们正在接受调查有关。**隐蔽观察**（concealed observation）的一个主要优点是，研究对象不受被观察意识的影响。的确，反应性或观察者对所观察情况的影响程度可能对观察研究结果的有效性构成重大威胁。**非隐蔽观察**（unconcealed observation）更引人注目，可能会破坏所研究行为的真实性。

例 9.3

> **霍桑研究**
>
> 一个著名的例子是"霍桑效应"。在一个继电器生产线上，进行了很多实验，来增加照明，基于最初的假设，这将会导致生产率的提高。然而，事实证明，人们被选为研究对象给了他们一种重要的感觉，这提高了他们的工作效率，无论照明、加热或其他效果是否得到改善。由此产生了霍桑效应这一术语。
>
> **隐蔽观察**
>
> 为了避免反应性，MeClung Groe&Hluglies（1989）作为研究人员伪装成购物者来收集关于销售人员的方法技巧。他们决定采用隐蔽观察，因为非隐蔽观察可能会对他们观察的有效性产生影响。

隐蔽观察有一些严重的伦理缺陷。虽然反应不那么强烈，但是隐蔽观察引起了伦理上的关注，因为它可能违反知情同意、隐私和保密原则（Burgess 1989；Lauder 2003）。由于这个原因，隐蔽观察可能会在几个方面对受试者造成伤害。然而，在某些情况下，例如当（销售）研究人员观察公共汽车司机和乘客的服务冲突时，研究人员应受的罪责相比其他情况可能要小一些，比如，当研究者将自己沉浸在某个社会群体中，比如某个组织中的某个特定部门时（参看 Grove 和 Fisk, 1992）。请注意，没有严格的规则来评估隐蔽观察研究的伦理性。相反，应该由研究人员对隐蔽观察研究的潜在有害后果进行仔细、准确的评估。Frederichs 和 Ludtke（1975，第 12 页）为这种评估提供了一个指南：研究计划"应该能够向科学界的成员以及参与研究的人员证明自己的合理性"。

9.4 两种重要的观察方法

我们已经简要地讨论了区分各种观察方法的关键方面。两种重要而独特的观察方法是参与者观察和结构化观察。本章的剩余部分将更详细地讨论这两种方法。

9.4.1 参与者观察：介绍

在本章的前面，我们已经解释了研究者在收集数据时可以扮演两种角色之一：非参与观察者或参与观察者。参与者观察的一个关键特征是研究者通过参与被研究小组或组织的日常生活来收集数据。这使得研究者可以从一个局内人的角度，通过观察和参与这些活动，在自然环境中了解被研究群体的活动。当马林诺夫斯基在他颇具影响力的著作《西太平洋的阿尔戈纳特人》中介绍这种方法时，他认为这种方法可以让研究人员"掌握当地人的观点，了解他们与生活的关系，实现他们对世界的看法"（Malinowksi，1992，第 25 页）。今天，这仍然被认为是参与者观察的关键目标和主要优势之一。自马林诺夫斯基时代以来，参与者观察的方法得到了彻底的发展和完善。现在，区分这种方法的两种基本构思方式是很普遍的（Zahle，2012）。它可以被狭义地定义为参与正在研究的社会群体的生活方式，同时观察正在发生的事情。或者，它可能被标记得更广泛，不仅包括参与和观察，还包括使用其他方法，如面谈。在这一章中，我们对参与者观察采取了更狭隘的观点；我们将参与者观察看作旨在了解现象本质的几种定性研究方法之一。

9.4.2 参与者观察的参与性方面

参与者观察是参与和观察相结合的过程。尽管如此，参与者观察应该区别于纯粹的观察和纯粹的参与（Bernard，1994）。纯粹的观察试图将研究者从观察到的行动和行为中剔除；研究人员从不直接参与被研究群体的行动和行为。纯粹的参与被描述为"本土化"；研究人员与被研究对象的关系变得如此密切，以至于最终失去了所有的客观性和研究兴趣（Jorgensen，1989；DeWalt & DeWalt，2002）。在这两个极端之间，许多从事商业研究的研究者成功地采用了参与者观察。

参与者观察的一个显著特征是研究者参与到被研究的社会群体中。正如我们在本章前面已经解释过的，研究者可能在不同程度上这样做。最大限度的参与是完全参与。在这种情况下，研究人员参与被研究对象生活或工作，并倾向于扮演预先设定的角色（例如，同事的角色）。在完全参与的情况下，研究者可能会隐瞒自己是一个观察者，表现得尽可能自然，并试图成为社会群体中的一员。这种技术保证了与受试者的亲密接触；研究者与被试者互动，并进行他们的活动。这种方法的缺点是，完全参与可能会限制角色的行动自由：随着研究的深入，很难放弃完全参与者的角色。更重要的是，"本土化"的方法论问题可能会导致研究视角的淡化，研究结果偏颇的可能性增加。最后，隐藏的完全参与存在着重要伦理问题。成为社会团体的一员，并故意欺骗这个团体的成员被很多人认为是不道德的。由于这些原因，完全参与变得越来越少。

在许多情况下，观察性研究是建立在适度参与的基础上的。在适度参与的情况下，研究人员在完全内部人员（完全参与者）和完全外部人员（非参与观察研究）之间处于中间位置。在适度参与中，研究者观察被研究的场景，与之保持一定的距离，从不干预。事实上，研究者的角色通常是一个被动的目击者或旁观者。另一种经常使用的技术是"跟踪"。跟踪意味着研究人员密切关注一个日常生活中的对象（例如，经理或华尔街经纪人）。

例 9.4

> 被动参与的典型例子是在服务消费环境中进行的观察，例如在演讲室、剧院、候诊室或主题公园中。

在积极参与的情况下，研究者并不满足于旁观者的角色。在这种情况下，研究者并不隐瞒自己是一个观察者，而是从一开始就解释了自己是被研究的社会群体的观察者这一事实。这使得研究人员不仅可以观察到实验对象（工人、经理、消费者、经纪人）的日常活动，而且还可以参与到这些活动中，从而将其付诸实践。积极参与的目标不是成为主体，沉浸在主体的活动中，而是要进行某些活动，从而更好地了解他们的实践。

例 9.5　我应该在多大程度上参与？

> 研究者参与的程度取决于一定的因素。例如，它可能由研究问题、伦理考虑、方法考虑或是一些更实际的因素，比如研究人员参与的快乐程度，环境因素或研究小组的成员是否愿意来参与决定的。

9.4.3　参与者观察的观察方面

在参与过程中，研究者应该观察和记录，并在后期分析行为、行动、互动、事件等。从参与观察开始，成为社会群体的一员并非没有困难。有几个问题必须解决。这包括选择一个"地点"（特定部门、业务单位、厂房、超市等），获得许可，选择关键线人，熟悉研究环境（Bernard, 1994）。

在大多数观察性研究中，获得访问权限首先要获得组织内的高层人员的许可，最好是来自最高管理层。为了获得进行这项研究的许可，仔细解释这项研究的目的是很重要的。如果研究的目的被理解（并被接受），你最终会得到执行研究项目的许可。你也可以从介绍信中受益（例如，来自研究发起人的介绍信），这将有助于你的申请。

获得许可只是进行参与者观察的第一步。下一个目标是成为被接受的社会群体的一员。许多人类学学者都注意到，在研究的社会群体中，一些成员比其他人更开放，更有可能在早期的实地调查中接近研究人员（DeWalt & DeWalt, 2002）。

例 9.6　关于"异常者"和"专业陌生人处理者"

> Agar 建议，研究者要小心接受她遇到的第一个关键线人，因为他们通常不是"异常者"就是"专业陌生人处理者"。"异常者"指的是"处于某个低身份位置的群体边界上的成员"（Agar，1996，第 136 页）。与异常者交往可能使研究人员与小组其他成员疏远，并使研究人员对所研究的社会群体有一个错误的看法。专业陌生人处理者是那些自告奋勇去检查新人以及这个人在追求什么的人。"他们可以……迅速随机应变一些信息，使自己满意，而不使其伤害自己的群体"（Agar，1996，第 135 页）。

像 Agar 这样的专家建议，研究人员应该找一个深受喜爱和尊敬的人作为担保人。这个"担保人"是一个小组的成员，他愿意将你介绍给小组的组员，为你担保，并向其他组员解释你的存在。

参与者观察的一个重要方面是建立"融洽的关系"。建立融洽关系包括和研究对象建立信任关系，通过表现出尊重、诚实，以及对团体或团体成员的良好的承诺，使他们在与研究者分享（敏感）信息时感到安全。Jorgensen（1989）认为，建立融洽关系的程度会影响参与者观察中收集信息的准确性和可靠性。同样，融洽关系被称为"获得真正可靠信息的唯一基础"（Villa Rojas，1979，第 59 页）。

例 9.7　我如何建立融洽的关系？

> 关系是随着时间的推移而建立起来的。与研究对象一起闲逛——也就是说，和他们见面聊天，在很长一段时间内发展关系——是研究者获得信任并与参与者建立融洽关系的过程（DeMunck & Sobo，1998）。建立融洽的关系包括积极的倾听、互惠互利（对研究对象有所回馈）和保密；必须确保受试者可以分享个人和敏感信息，而不会将其身份暴露给他人。

9.4.4　观察什么

观察性研究的一个潜在问题是，大量不连贯的数据正让它不堪重负。因此，在观察过程的各个阶段，研究者都应该尽量保持一定的注意力。一般来说，决定观察什么最重要的因素是研究的目标或目的。然而，"在哪里开始寻找取决于研究问题，但在哪里集中或者停止行动则不能提前确定"（Merriam，1988，第 97 页）。Werner 和 Schoepfle（1987）在观察中发现了三个连续的过程，这可能会对正在研究的环境提供日益深入的理解：（1）描述性观察，（2）聚焦观察，（3）选择性观察。

在描述性观察中，研究者对正在发生的一切都持开放态度，收集描述环境、主题和正在发生的事件的数据。

> **例 9.8 在描述性观察阶段要观察什么**
>
> Suradley（1980）对所研究的事物的相关细节进行了区分：
> - 物理环境的空间布局，如厂房布局；
> - 物体物理元件，如办公设备、机器和电动工具；
> - 相关人员的详细信息；
> - 参与者的感觉、情绪、活动、行动和目标；
> - 事件，例如会议；
> - 时间或事件的时间顺序、感觉、行动等。

描述性观察过程中收集的数据提供了一个初始故事或叙述说明，它可以作为一组概念、一种理论甚至一个概念框架发展的基础。概念、理论和概念框架的发展是通过更集中和选择性的观察来促进的。集中观察强调观察（通常由访谈支持），研究者将专注于特定类型的感觉、情绪、行动、活动或事件，并寻找新的主题。最后，在选择性观察中，研究者关注不同类型的行为、活动或事件，并在其中寻找规律，同时对新型模式的变化持开放态度（Emerson，Fretz & Shaw，1995）。

> **例 9.9 在重点和选择性的观察阶段观察什么**
>
> 为了帮助研究人员决定在重点和选择性观察阶段观察什么，Dewalt & Dewalt（2002）建议：
> - 观察事件、行动和行为，寻找故事主线；
> - 从不规则活动中梳理出规律；
> - 寻找故事情节的变化；
> - 寻找消极的情况或例外；
> - 如果观察是有组织的，就制订一个计划用于系统观测，包括预估观察对象的合理数量。

在参与者观察中，最重要的获取数据的方法是写现场笔记。为获取数据而做的笔记包括观察到的记录，与被研究对象的非正式谈话的记录，以及每天记录的日志。大多数研究人员在一天或活动期间写下单词、短语甚至整句话，在安静的时间里写下更详细笔记。现场笔记的质量在很大程度上依赖于细节的水平和描述的准确性（Schensul，Schensul & LeCompte，1999）。因此，观测记录应尽可能准确、完整、详细和客观。一天或一件事到底有多少内容被记录下来，这取决于研究人员的记忆质量和研究人员工作的环境（DeWalt & DeWalt，2002）。Schensul，Schensul 和 Lecompte（1999）提供了一系列优秀的现场笔记特征。这些摘要在框 9.2 内。

框 9.2 优秀的现场笔记的特点

优秀的现场笔记：
- 尽可能准确地引用；
- 使用姓名来保护机密性；
- 描述活动发生的顺序；
- 提供没有引申含义的描述；
- 包括相关背景信息，以定位事件；
- 将自己的想法和假设与实际观察分开；
- 在每组笔记上记录研究人员的日期、时间、地点和姓名。

资料来源：Schensul，Schensul & LeCompte，1999.

人们应该意识到，现场笔记是研究者记录的，研究人员将决定哪些内容写入现场笔记，要包含的细节级别，要包含的上下文内容，等等。因此，字段注释通常被认为是与数据和数据分析同时进行，或者是数据分析过程中的第一步（例如，DeWalt & DeWalt，2002）。

总之，参与者观察需要很多技巧，比如承诺、适应能力、圆滑、与社会群体中不同成员进行交流的能力、耐心、观察能力、将参与者与观察者的角色区别开来的能力等。因此，在参与者观察之前，你需要确定你有足够的时间、资源和技能来进行和完成这类极具挑战性的研究。

我们总结了对参与者观察的讨论，并根据 DeWalt 和 DeWalt（2002）、Merriam（1998）和 Wolcott（2001）的观点提出了一些进行参与者观察的建议。这些建议在框 9.3 中指出。

框 9.3 参与者观察的建议

1. 你的行动不要引人注目。
2. 在收集其他类型的数据之前，熟悉环境。
3. 容忍歧义：这包括适应性和灵活性。
4. 要集中注意力，在宽视角（对全局的看法）和窄视角（关注单个人、活动或互动）之间交替。
5. 看看环境中的互动：谁与谁交谈，谁受到尊重，以及如何做出决定。
6. 仔细听对话，在对话中寻找关键词，并把它们写下来，促使后来回忆起那次谈话。
7. 把注意力集中在谈话的开头和最后几句话上，因为这些最容易记住。
8. 长期专心致志是困难的，所以时不时集中注意力，利用注意力集中的时刻。
9. 实地工作往往不仅是观察，它也可能包括（非正式的）面试和结构化的访谈，如问卷调查。
10. 下定决心，对自己有信心。

摘自 DeWalt and DeWalt（2002），Merriam（1998），and Wolcott（2001）.

9.4.5 结构化观察：介绍

结构化观察在本质上是集中的，因为它选择性地观察预定的现象。结构化观察的焦点被分解成小而可管理的信息片段（例如关于行为、动作、交互或事件的信息）。

结构化观察中有不同层次的结构。例如，研究人员可能已经提前以一种相当精确且独特的方式（高度结构化观察）决定了观察类别，或者一开始有一个关于观察什么和如何观察的详细的计划，但却是以一种不太系统或预先确定的方式（半结构化观察）收集数据。

在市场营销中使用（非实验性的）结构化观察的一个例子是雇用神秘购物者——经过充分训练的研究人员，他们使用清单和代码精确记录员工的行为来收集关于服务绩效的具体信息。像服务供应商（如快餐连锁店），使用这样特殊的观察方式来监控他们的服务质量。

结构化观察还可以用来生成数值数据来检验假设，如下面的例子所示。

例 9.10

> 托马斯·珀克斯是蒂尔堡大学的一名硕士生，目前正在从事一项项目研究，旨在研究如何有效地控制 GDA 标签对糖果消费的影响。[GDA 标签显示每一份食物所含的卡路里和糖、脂肪、饱和脂肪酸（饱和脂肪）、盐的数量，并将这些量表示为每日摄入量的百分比]。
>
> 为了能够观察到 GDA 标签对棒棒糖消费的影响，托马斯在汽车经销商那里等他的车，事实上，他正在观察那些坐在一张大桌子前等车的人。为了验证他的研究中的一个假设——GDA 标签对巧克力棒的消费有负面影响，他在这张桌子上放了两个装满巧克力棒的碗，在实验条件下，碗中的巧克力棒含有 GDA 标签，在控制条件下，它们不包含这样的标签。
>
> 为了尽量减少可能的观察者效应，托马斯保持低调，他避免目光接触，当人们试图开始交谈时，他会礼貌地微笑。尽管如此，他还是不时就天气、电脑、油价等问题发表意见。当托马斯在等他的车的时候（观察被研究对象的行为），他正在用他的笔记本电脑工作，详细地记录被研究对象的行为。
>
> 托马斯使用的编码方案允许他以结构化的方式收集数据，他的编码方案包含预先确定的类别，这些类别使他能够系统地生成有关主题、事件和主题行为特征的信息。这些类别与托马斯的概念因果模型中的变量（包含一系列混淆变量）密切相关。

9.4.6 在结构化观察中编码方案的使用

编码方案（coding schemes）的开发是结构化观察的一个重要方面。编码方案包括预先确定的类别，用于记录观察到的内容。这样的计划有多种形式。有些形式很简单，它们只允许研究者记录某一特定事件是否发生。其他方案则更为复杂，它们包括多个类别、时间尺度等。请注意，开发一个适当的编码方案从来不是一项简单的任务。

你将使用的编码方案的类型取决于你想要收集的信息。从研究的问题出发开发一个编码方案。基于研究问题,有时通过试点研究来改进,定义研究中的重要概念(变量),并建立一个编码方案,以便你收集关于这些概念的信息。

在编制编码方案时,应考虑以下因素:

- 重点。从编码方案可以清楚地看出要观察什么。例如,托马斯(Thomas)的编码方案应该帮助他确立环境的哪些方面(例如,有多少人在等待他们的车),哪些类型的行为(例如,主题是穿过汽车经销商的展厅,主题是吃一块糖果)需要被观察和记录。
- 目标。编码方案和分类应该很少需要研究者的推理和解释。清晰的指南和分类的详细定义应该帮助观察者客观地编码事件、动作和行为。
- 易于使用。好的编码方案易于使用。
- 互斥和整体详尽。编码方案中的类别应该是互斥的,并且是全面的。如果没有类别之间相互重叠,则类别是互斥的。一个整体详尽的编码方案涵盖了所有的可能性(例如,所有相关的事件、操作和行为),以便总是能够编码。

标准编码方案可以帮助你开发自己的编码方案,从而为你的研究问题提供答案。在某些情况下,频率测量足以提供研究问题的答案。例如,一个研究人员如果仅仅对经理出席预定或非预定的会议、接听电话或写电子邮件的频率感兴趣,那么他可能只是在等待这些活动的发生,并将这些事件记录在一个简单的清单上。然而,许多研究者不仅对某些事件发生的频率感兴趣,而且对这些事件发生的环境感兴趣。在某些情况下,研究者不仅对某些特定行为的频率感兴趣,而且对特定行为的时机感兴趣。

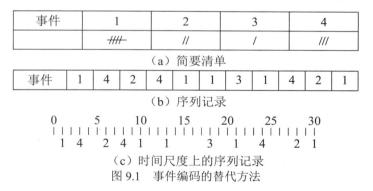

图 9.1 事件编码的替代方法

图 9.1 展示了研究人员编码事件的各种方式:(a)一个简要的清单提供了关于某一事件发生频率的信息;(b)序列记录使研究人员能够收集关于事件发生的频率和事件发生的顺序的信息;最后,(c)时间尺度上的序列记录进一步增加了细节,显示了事件之间的时间间隔。

简要的清单和序列记录,通常对进行结构化观察的研究者非常有用。然而,有时研究人员可能需要关于特定事件持续时间的信息,在这种情况下,研究人员还会对某个活动或事件的开始和结束进行编码。

到目前为止,你可能已经注意到,结构化观察在本质上基本是定量的。事实上,结构化观察可以让你收集定量的信息,这些信息可以用来检验你的研究假设,收集必要数据的具体工具是你的编码方案。因此,你的编码方案是否良好是很重要的。换句话说,它应该是有效和可靠的。有效性指的是观察结果准确记录你感兴趣的行为的程度。可靠性是指观察的一致性，通常是两个（或更多）观察者，或者是同一观察者在不同的场合，观察相同的事件并获得相同的结果。

9.5 观察的优点和缺点

我们刚刚讨论了两种重要的观察方法。当然，关于参与者观察和结构化观察还有很多要说的。如果你对这些方法感兴趣，你可以从一系列优秀的书籍和研究文章中受益，例如，DeWalt & DeWalt（2002）的《参与者观察：实地工作者指南》(*Participant Observation: a Guide for Fieldworkers*)。现在我们将通过讨论观察的优点和缺点来结束这一章。

观察的主要优点之一是它的直接性。虽然访谈和问卷能从受试者那里得到关于行动和行为的口头回应（这仅仅允许从这些口头反应中推断出行为）。但是观察可以允许研究者收集的行为数据无须提问。人们可以在自然的工作环境或实验室环境中被观察到，他们的活动和行为或其他感兴趣的项目可以被记录、分析和解释。

除了研究对象所进行的活动，他们的动作、工作习惯，他们所做的陈述和所主持的会议之外，还有其他的环境因素，如布局、工作流程、座位安排的紧密程度等，也可以被注意到。在观察性研究中，也相对容易辨别情境因素，如天气（炎热、寒冷、多雨），一周的一天（周中与周一或周五），和其他可能产生影响的因素，比如生产率、产品的销售、交通模式、旷工等。这些因素可以被记录下来，并且从这类数据中可能会出现有意义的模式。然而，要确定情境因素对被研究对象的行为的具体影响通常是非常困难的。正如我们在本章前面所解释的，通常很难理清复杂的情况。因此，有时很难在情境因素与事件、行动和行为之间建立因果关系。

观察的另一个好处是有可能观察到某些群体的个人——比如非常年幼的儿童和极其忙碌的管理人员——从他们那里可能很难通过其他方式获得信息。对于年幼的儿童，可以通过各种刺激观察到他们的兴趣和注意力持续时间，比如他们对不同玩具的参与。这种观察将有助于玩具制造商、儿童教育工作者、日托管理员以及其他深度参与或负责儿童发展的人，根据儿童的兴趣来设计和塑造想法，这些兴趣比其他任何方式更容易观察到。通过观察通常发生的事件而获得的数据更可靠，没有应答偏差。

观察并非没有挑战和困难。必须注意观察性研究的下列缺点：反应性（观察者对研究情境的影响程度）可能是对观察性研究结果有效性的主要威胁，因为被观察到的人在研究期间的行为可能不同。如果观察局限在短时间内，观察研究可能特别容易受到反应性的影响。在较长时间的研究中，研究对象会随着研究的进展而变得更加放松，表现也会趋于正常，如 Malinowski 在 Omarkana Trobriand 群岛进行人类学实地工作所提供的如下文章所示：

> 必须记住，当地人每天不断看到我，他们不再对我有兴趣或警告，或者让自己有意识认识到我的存在，我在部落生活不再是一个令人不安的元素，我用学习改变了我自己。作为新人总是出现在每一个野蛮的社区。事实上，因为他们知道我会把自己的鼻子伸到任何事情上，即使是一个彬彬有礼的本地人不愿打扰的地方，所以他们最后把我看作他们生活中不可或缺的一部分，一个必要的邪恶或麻

烦,他们通过抽烟来舒缓。

Malinowski, 1992, 第 7-8 页。

从事观察性研究的研究人员往往不会相信最初几天记录的数据, 尤其是当这些数据看起来与后来观察到的数据(非常)不同时。

从研究人员的观点观察到的数据很可能有观察者的偏见。例如, 在参与者观察中, 可能存在的一个问题是, 研究视角会逐渐消失, 甚至完全消失, 因为研究人员在团队中扮演的角色已经被取代: 研究人员已经"本土化"。这可能导致有缺陷和有偏见的记录, 在解释活动、行为和非语言暗示时可能会有记录错误。

对每天发生的事的观察, 在很长一段时间内, 也会使观察者感到厌烦, 并在记录观察时引入偏见。

为了最小化观察者的偏见, 观察者通常会接受关于如何观察和记录的训练。好的观察性研究将建立观察者间的互相信任。当录像刺激可以用来确定观察者之间的可靠性时, 这种观察者间的信任感也可以在观察人员的培训中建立。为了达到这个目的, 可以使用一个简单的公式——将学员之间的协议数量除以协议和分歧的总数量——从而建立可靠性系数。

观察是研究行为的一种明显而恰当的技术。虽然情绪、感觉和态度可以通过观察面部表情和其他非语言行为来猜测, 但个体的认知思维过程却无法被捕捉。换句话说, 很难找出被研究对象行为背后的原因。因此, 观察常常被用来作为一种收集数据的技术, 以补充通过访谈等其他技术获得的数据。

观察的一个实际问题是它很耗时。许多形式的观察都要求观测者在场, 通常是长时间的。例如, 参与者观察需要研究者沉浸在研究了数月甚至数年的社会群体中。由于这个原因, 这种收集数据的方法不仅缓慢而且烦琐、昂贵。

在下一章中, 我们转向另一种收集数据的方法: 问卷调查。

总结

学习目标 1: 定义观察并讨论观察如何有助于解决商业问题。

人们的行为可能在商业研究中扮演重要的角色, 观察是收集行动和行为数据的一种有用而自然的技术手段。观察主要考虑有计划的观看、记录、分析以及对行为、行动和事件的解释。

学习目标 2: 展现出为具体研究选择合适的观察方法类型的能力。

不同的观察方式可以通过四个关键方面来区分: (1) 控制; (2) 观察者是否属于被观察的群体; (3) 观察的结构; (4) 观察的隐蔽性。

学习目标 3: 解释与参与者观察和结构化观察相关的问题。

观察的两种重要而独特的方法是参与者观察和结构化观察。参与者观察的一个关键特征是研究者通过参与被研究小组或组织的日常生活来收集数据。参与者观察需要很多技巧, 比如信守承诺、融入、圆滑性以及与社会群体不同成员在他们的水平上的沟通能力、耐心、观察能力、将参与者与观察者的角色区分开来的能力等。结构化观察在本质上是集中的, 因为它选择性地观察预先确定的现象。结构化观察的焦点被分割成小而可管理的信息片段,编码方案的开发是结构化观察的一个重要方面,编码方案包含预先确定的类别,用于记录观察到的内容。

学习目标4:讨论观察的优点和缺点。

观察的主要优点之一是它的直接性,观察的另一个好处是可以观察到某些特定的个人群体,否则他们可能很难获得信息。观察性研究的缺点是观察者的反应性有偏差,而且耗时、繁琐且昂贵。

讨论题

1. 描述观察的主要目的。
2. 讨论区分不同观察方法的四个方面。
3. 在何种情况下,你更愿意使用观察作为收集数据的方法,而不是使用其他数据收集方法,如访谈和问卷调查。
4. 参与者观察与结构化观察有何不同?
5. 讨论人类学与参与者观察的关系。
6. 适度参与和完全参与有何不同?
7. 虽然参与者观察结合了参与和观察的过程,但它应该区别于纯粹的观察和纯粹的参与,请解释一下。
8. 什么是融洽关系?在参与者观察中融洽关系是如何建立的?
9. 现场笔记通常被认为是数据和数据分析的结合。为什么?
10. 有可能用结构化的观察来检验假设吗?为什么(不)?
11. 简要清单与时间尺度上的序列记录有何不同?
12. 讨论"观察的主要优点之一是它的直接性"。
13. 反应性是什么?
14. 观察的一个缺点是观察者的偏见。讨论至少两种最小化观察者偏差的方法。
15. 讨论隐蔽观察的伦理问题。

现在做练习9.1、练习9.2和练习9.3。

练习9.1

你正在调查餐厅的服务质量。你通过采访收集主要数据和观察。你的任务是去餐馆,收集以下变量的描述性观察数据:空间(物理设置的布局),对象(物理元素如设备、桌子、椅子等),参与人员(员工和客户)以及员工和客户之间的互动。

练习9.2

征求教授的同意,参加他或她的两个课程,并做一个非结构化的非参与者观察研究。给出你对数据的结论,并在简短的报告中包括你的观察列表和表格。

练习 9.3

阅读有关托马斯·珀克斯研究的所有相关信息。根据这些信息，开发一个编码方案，来测试 GDA[①]标签对棒棒糖（巧克力棒）消费的影响。不要忘记包含允许你收集相关协变量数据的类别。

---

① GDA 标签显示每一份食物中的卡路里、糖、脂肪、饱和脂肪和盐的量，并将这些量表示为"每日指导量"的百分比。

第 10 章

问卷调查

学习目标

在完成第 10 章的学习之后,你应该能够:
1. 比较和对比不同类型的问卷。
2. 设计问卷以挖掘不同的变量。
3. 讨论与跨文化研究相关的问题。
4. 讨论调查研究中各种数据收集方法的优缺点。
5. 讨论多源和多方法数据收集的优点。
6. 认识管理人员在原始数据收集中的角色。
7. 认识道德在原始数据收集中的作用。

10.1 导言

在第 7 章中,我们已经解释了在商业研究中,三种重要的数据收集方法是访谈、观察和问卷。我们在第 8 章讨论了访谈,在第 9 章讨论了观察。在这一章中,我们将讨论问卷和问卷设计。**问卷**(questionnaire)是一种预先制定的书面问题,受访者记录他们的答案,通常有多个定义相近的选项。

10.2 问卷调查的类型

问卷的设计一般是为了收集大量的定量数据。它们可以由人工分发、电子分发或邮寄给受访者。问卷调查通常比访谈和观察花费更少、耗时更少,但也会带来更大的无回应和回应错误的可能性。本章后面将概述问卷(以及其他数据收集方法)的优点和缺点,以及何时使用这些方法。

10.2.1 人工发放问卷

当调查仅限于所在地时,人工分发问卷是收集数据的好方法。这样做的主要好处是研究人员或研究团队的成员可以在短时间内收集所有完整的数据。被调查者对任何问题的任何疑问都可以当场澄清。研究人员也有机会介绍研究主题，并鼓励受访者坦率地提供他们的答案。与面谈相比，同时向大量个人发放调查问卷的费用更低，花费的时间也更少；同样，分发问卷不像进行访谈那样需要很多技巧。由于这些优点，在可能的情况下，问卷调查最好由个人来管理。人工分发问卷的一个缺点是，研究者可能会对不同的人有不同的解释而引入偏见；事实上，与收到邮寄问卷的人相比，参与者可能会回答不同的问题。更重要的是，人工分发问卷需要耗费大量的时间和努力。基于这个原因，电子问卷现在使用的更为广泛。

10.2.2 邮寄问卷

邮寄问卷是一种自填式的（纸和笔）问卷，通过邮寄方式发送给受访者。这种方法长期以来一直是商业研究的支柱，但随着互联网、手机和社交网络的出现，邮件问卷变得多余甚至过时。取而代之的在线调查问卷是通过互联网或电子邮件发送的。

10.2.3 电子及在线问卷

电子或在线问卷的发放简单快捷。你所要做的就是发电子邮件邀请他们完成一项调查，在网站或个人博客上发布链接，或者使用社交网络。在线问卷通常以"网络表格"的形式创建，数据库存储答案，统计软件提供统计分析。直到最近，进行在线调查还是一项费时而乏味的工作，需要熟悉 Web 创作程序、HTML 代码和 / 或脚本程序。如今，调查开发软件包和在线调查服务使得在线调查研究更容易和更可获得。

在线问卷调查往往是为了更深入地了解消费者的意见和喜好。在线调查研究的一大优势在于，它充分利用了互联网的能力，为那些很难（如果不是不可能的话）通过其他渠道接触到的群体和个人提供了访问渠道。虚拟社区在网上蓬勃发展，成千上万的人定期参与讨论几乎每一个可以想到的问题和兴趣点（Wright，2005）。在线调查问卷的第二个优点是服务覆盖的地理区域十分广阔。问卷的链接被发送给受访者后，他们可以在自己方便的时候，在家里，以自己的节奏完成问卷。统计结果的自动处理进一步节省了成本、时间和精力。

然而，在线问卷也有一些重要的缺点。在进行在线研究时，研究人员经常遇到抽样方面的问题。例如，自我选择和极低的响应率使得样本的代表性难以建立，也难以推广研究结果，因为那些对调查作出响应的人可能根本不能代表他们应该代表的人群（见框 10.1）。事实上，这类问卷的回收率通常很低。30% 的响应率被认为是可以接受的，在许多情况下甚至是超常的。

框 10.1　如何提升响应率？

一些有效的方法可以用来提高回应速度。发送跟踪邮件和保持问卷简短通常会有所帮助。当被调查者事先被告知即将进行的调查时，电子问卷也可能获得更好的回复率，著名的研究机构会附上自己的介绍信，为问卷做说明。小额的金钱激励也是提高响应率的有效方法。

在社交网络、讨论组和聊天室发布调查邀请通常被认为是粗鲁或无礼的。这是在线问卷的另一个缺点。许多人认为是"垃圾邮件",研究人员可能被来自虚拟社区愤怒成员的电子邮件淹没。发送电子邮件邀请参加研究的研究人员可能会面临类似的问题。不需要的电子邮件通常被认为是对隐私的侵犯,调查邀请可能会被删除,或者研究人员可能会收到参与者抱怨的电子邮件(Wright, 2005)。在线问卷的其他缺点是,无法澄清受访者可能存在的任何疑问,缺乏合适的人口清单从而几乎不可能使用概率抽样,以及许多因素可能影响在线问卷的生成。表 10.1 列出了人工发放问卷、邮寄问卷和在线问卷的优缺点。

表 10.1 不同问卷调查方式的优缺点

数据收集方式	优点	缺点
人工发放问卷	能与被调查者融洽交涉并激励。 可以澄清被调查者的疑问。 对多名受访者进行数据收集时,成本更低。 响应率几乎高达 100%。 受访者的匿名性较高。	对受访者的解释导致偏差。 花费大量的时间和精力。
邮寄问卷	匿名性高。 调查覆盖面广。 小礼物可以激励回复。 被访者可以自由安排时间回答,如必要可以电子化管理问卷。	回应率低,30% 就可以接受了。 无法澄清问题。 对未回复者的跟进是必要的。
电子及在线问卷	便于管理。 可以在全球调查。 非常便宜。 受访者可以像邮寄问卷一样回复。 自动处理调查结果。	对电子设备有要求。 抽样存在问题。 无回复率高。 并不是总能归纳出结论。 被调查者必须愿意完成调查。 人们觉得电子邮件发出的邀请粗鲁无礼;电子邮件被删除或遭到抱怨。

对于大多数商业研究来说,问卷调查是一种方便的数据收集机制。调查研究、案例研究和实验设计通常使用问卷来收集感兴趣变量的数据。由于调查问卷被广泛使用,因此有必要知道如何有效地设计问卷。以下是一套构建问卷的指南。

10.3 问卷设计指南

完善问卷设计的原则集中在三个方面。第一个原则与问题的措辞相关。第二个是关于如何在收到问卷后对变量进行分类、度量和编码的问题的规划。第三个方面是调查问卷的常规范例(一般的制作流程)。这三个方面都是问卷设计中的重点,妥善完成有助于减少系统性误差。后文将讨论这些问题。相关重点的流程图如图 10.1 所示。

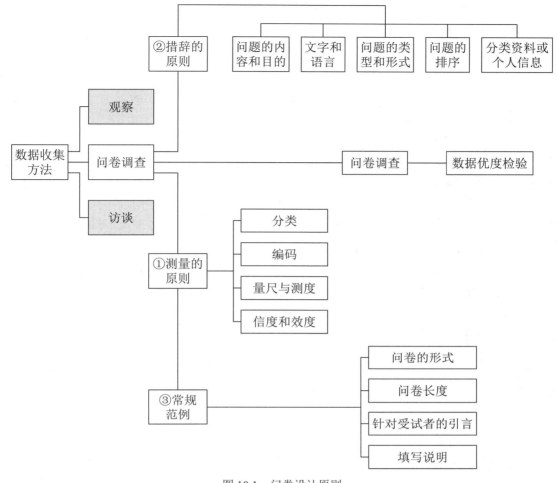

图 10.1 问卷设计原则

10.3.1 测量的原则

测量的原则是要确保收集的数据与研究问题相关,以推进实证研究。请记住,收集关于你感兴趣现象的良好(有效)信息是很重要的。这就是为什么下列问题很重要:(1)指定和定义你感兴趣的现象;(2)想出准确测量这些现象的工具;(3)思考问题的分析用途;(4)指定受访者的任务;(5)评估测量工具的质量(可靠性和有效性)。

有效性是指一种技术、工具或过程对特定概念的测量程度,而可靠性是指工具测量变量的稳定性和一致性。在第 12 章和第 13 章中,我们将继续讨论这个非常重要的问题。

10.3.2 措辞的原则

任何问卷的核心部分都是你提出的问题。你的受访者应该能够以你想要的方式理解你的问题,愿意回答你的问题,并以问题要求的方式提供答案。作为一名研究人员,你的一项重要而艰巨的任务是制定一份问卷,让受访者了解你想要从他们那里得到什么,并乐于为你提供这些信息。这就是为什么问题的措辞很重要。措辞的原则是指以下因素:

（1）问题内容的适当性。
（2）问题的措辞和语言的复杂程度。
（3）提问的类型和形式。
（4）问题的顺序。
（5）从受访者得到的个人资料。

下面分别进行讨论。

10.3.2.1 问题的内容与目的

变量的性质——客观的感觉还是具体的事实决定了要问何种问题。假如变量是主观的，在测量受访者的信念、感觉、态度（如满意度、投入程度）时，问题应该要对应到概念的维度与要素。如受访者的年龄与教育水平等客观变量，单一的直接问题——最好是有类别的定序量表——较为合适。因此，应仔细考虑每一个问题的目的才能充分地测量变量，避免询问不必要的问题。

10.3.2.2 问卷的语言与遣词造句

问卷所使用的语言应接近受试者所能了解的水平。用语的选择须按他们的教育水平、文化上习惯的语句和用词方法或方言而定。即使都是以英文为母语或官方语言，有些语言在不同文化下的意义也是不同的。例如，"在这里工作是一件令人生厌的事"，"他是一个受强迫的工人"等语句在不同的文化下可能会有不同的解读。又如，蓝领工人可能不了解"组织框架"这样的专业术语。因此以一个受试者能了解的方式来表达问题是必要的。如果有些问题是受试者不了解或是难以解释的，研究者将会得到偏差或错误的回答。因此询问的问题、使用的语言及用字遣词应适合受试者的态度、感受及感觉。

10.3.2.3 问题的种类与形式

问题的种类是指问题是开放式的还是封闭式的，形式则是指正面地或负面地表达问题。

1. 开放式与封闭式问题

开放式问题（open-ended questions）可让受试者按他们所选择的任何方式来回答。例如，请受试者举出五项在工作中最感兴趣且具有挑战性的事情，这就是一个开放式问题。另外，可询问受试者希望的管理者或是工作环境是怎样的，或是请他们评论公司的投资组合。

相对的，一个**封闭式问题**（closed questions）会请受试者在研究者所给予的选项中做出选择。例如，若要请受试者提出他所发现的五项在工作中令人感兴趣且具有挑战性的事项，研究者或许会先列出 10~15 个项目，然后再请受试者按自己的偏好从中选出前五项。问卷中所有的题项都是封闭式的，不管是使用定类量表、定序量表或是李克特量表、定比量表。

封闭式问题有助于受试者在几个选项中快速决定他们的选择，并使研究者在后续的分析中易于编码。另外，必须小心确保选项是互斥而完备的。若有重叠的类别或是未给予所有可能的选项，受试者可能会感到困惑，而受试者可以快速选择的优点也会因此消失。

一些受试者可能会发现在有限定的封闭式问题中，除了明确定义的字段外尚有一个额外的建议部分。为了请受试者对可能未完全或充分涵盖的主题提出建议，许多问卷的最后都会附上一个开放式问题。这种开放式问题的回答必须加以整理并分类到后续的资料分析中。

2. 正面地与负面地表达问题

与其用正面的方式来表达所有问题，用一些负面的方式来表达问题也不错，这使受试者从头到尾都机械化地圈选同一分数的倾向能降到最小。例如，若我们想利用六个题项和五点量表的方式测量"感觉到的成功"，在量表中，可用 1 代表"非常低"，5 代表"非常高"。当问卷中交错着正、负面表达的问题时，一个不是非常有兴趣去完成问卷的受试者会更有可能保持注意力。举例来说，若受访者对一个正面的问题，如"我觉得我能够在工作中完成许多不同事情"，其所圈选的答案为 5，那么他就不能在"我不觉得我在工作中是非常有效率的"这个负面问题中再圈选 5。这样就可避免受试者在问卷中从头到尾都机械化填答。倘若这种情况持续发生，研究者就有机会发现这种偏差。因此一份好的问卷应包含正、负面的问题表达。此外在负面问题表达中，应避免双重否定的使用以及过度用语，因为它们会困扰受试者。例如，询问"来工作不是很有趣的"，会比"不来工作比来工作较有趣"更好。同样地，询问"有钱人不需要帮助"，会比"只有有钱人不需要帮助"更好。

3. 双关问题

会导致不同反应的问题称为**双关问题**（double-barrelled question）。这种问题应加以避免或分成两个或更多问题来询问。例如，"你认为这项产品有不错的市场，而且将会有不错的销售成绩吗？"受访者可能会针对第一部分回答"是"（意指该产品会有不错的市场），却对后面的部分回答"否"（可能因为很多原因而销售不佳）。在这种情况下最好是分成两个问题来询问：①"你认为这项产品有不错的市场吗？"②"你认为这项产品将会卖得不错吗？"答案可能会是两者都为"是"或两者都为"否"，第一题为"是"第二题为"否"，或是第二题为"是"第一题为"否"。假如我们合并了这两个问题，不仅会使受试者感到困扰，也会因此得到模糊的回答，所以必须去除双关问题。

4. 模糊问题

即使不是双关问题，也可能会因使用模糊用词而使受试者不确定问题的真正意思。例如"你有多高兴呢？"受试者可能会难以确定这个问题是要问他们在工作场所的感受还是在家里的感受，或是指一般的感受。或许因为这是个组织调查，他可能会假定该问题是关于工作场所的，而研究者或许是想知道一般的、每个人在每天生活中所感受到的整体满意度，即一个总体的感觉而非单指在工作场所的感觉。由于不同的受试者可能会对问卷中的问题有不同的诠释，因此**模糊问题**（ambiguous questions）的回答会有内置偏差，其结果会造成一个模糊响应的混合袋，对于问题无法准确地提供正确的答案。

5. 依赖回忆的问题

有些问题会要求受试者从他们过去的模糊记忆中来回忆经历。这种问题的答案可能会有偏差。例如，若请一位在组织中有 30 年工作经历的员工说说他何时开始在某一部门工作以及工作了多久，他可能无法给予正确的答案，而且在其回答中也可能不一致。要获得这种信息，人事记录会是比较好的资料来源。

6. 引导式问题

问题不应以引导的方式来描述，它们将可能引导受试者填写研究者喜欢的或是希望获得的回答。例如，"你不认为在这些生活开销日益增加的环境里应给予员工更高的薪酬吗？"提出**引导式问题**（leading questions），相当于暗示并迫使受试者回答"是"。将该问题同与日俱增的生活开销结合使它很难让大部分的受试者（除非是负责预算与财务的大老板）回答"不，除非他们的生产力也增加"。为了减少偏差，询问有关提高薪酬问题的另一种方式为："对于应给予员工较高的薪酬，你在多大程度上会同意？"如果受试者认为根本不应付给员工更多的薪酬，他们的回答会是"非常不同意"，若受试者认为确实应给予员工更多的薪酬，他们会回答"非常同意"，而在这两点中间，可根据他们同意或不同意的强度来做选择。在这种情况下，该问题不像前一个问题以建议式的方式来提问。

7. 别有用意的问题

描述问题掺入情绪因素时会产生另一种偏差。这种**别有用意的问题**（loaded question），例如询问员工："假如工会决定罢工，你认为管理层可能会怀恨在心的程度如何？"其中，"罢工"与"怀恨在心"都是情绪性用词，使管理层与工会对立。因此以这种方式来询问上述问题会产生强烈的带有情绪性、偏差较大的回答。如果该问题的目的有两个，即要找出：①员工赞成罢工的程度；②假如他们罢工，他们害怕不利后果的程度是怎样的。那么，在问卷中询问这两个特定问题就可以了。这或许会证明员工并非强烈支持罢工，而且他们也不相信假如他们罢工，管理层会进行报复。

8. 社会意愿

问题的描述方式不能出现符合**社会意愿**（social desirability）的答案。例如，"你认为年纪较大的人应该被解雇吗？"这可能会导致出现"否"这个答案，主要是因为社会不喜欢一个会说"年长的人应该被解雇，即使他们能够在工作上表现得令人满意"的人。因此，受试者可能会不顾自己的感觉而提供一个符合社会意愿的答案。如果问题的目的是要检测组织认为有义务留任65岁以上员工的程度，那么避免出现社会意愿答案的问题叙述方式是："在工作场所中雇用年长员工有其优缺点，请问你认为公司应该要持续雇用年长员工的程度是怎样的？"

在问卷中，有时某些含有社会意愿的题项会故意用在问卷中，由此可以计算出每一个人的社会意愿倾向指标。然后该指标就会被应用到每一位受试者在其他题项的回答上，为的是修正社会意愿的偏差（Crowne & Marlowe, 1980; Edwards, 1957）。

9. 问题长度

最后，短的问题比长的问题好。根据经验法则，在问卷中，一个问题或是一个句子不宜超过20个字，或是超过打印版面一行（Horst, 1968; Oppenheim, 1986）。

10.3.3 问卷的一般样式

在问卷设计中不只是要强调语句和测量的重要，也必须注意问卷的样式。适当的引言、填答说明，以及良好排列的问题与回答选项，这样一份有吸引力且整齐的问卷会使受试者更乐于回答问题。我们会用例子来说明这些因素的重要性。

10.3.3.1 好的引言

一个适当的引言能够清楚地揭示研究者身份，传达调查目的，这是绝对必要的。它也必须能建立与受试者的和谐关系，并且能激励他们全心全意、热情地回答问卷中的问题。对他们所提供的资料保证其隐秘性，有利于得到较少偏差的答案。引言部分的最后要以一个客气的表示作结尾，以感谢受试者花费时间填答问卷。以下就是一个适当的引言例子。

例 10.1

> 日期
>
> 亲爱的参与者：
> 　　这份问卷的设计是为了研究工作生活。你所提供的信息将有助于我们了解我们的工作生活质量。因为只有你可以将你如何体验工作生活的正确情况提供给我们，请你坦白且诚实地回答问题。
> 　　你的回答将被绝对地保持机密，只有研究小组成员可以使用你所提供的信息。为了确保最高机密，我们会给予每位参与者一个识别编号。我们将只会在后续研究程序中使用这个编号。除了研究小组，任何人都无法取得编号、姓名或是完整的问卷。在资料分析之后，将会邮寄结果的摘要给你。
> 　　非常感谢你不辞辛劳地合作，也非常感激贵组织与你对本研究的帮助。
>
> Anita Sigler 博士敬上

10.3.3.2　安排问题、给予填答说明与引导，以及良好的排列

在适当的位置有逻辑地整齐地安排问题，并在每一部分提供如何答题的说明，会使受访者更容易回答问题。问题要整齐排列，使受访者能花费最少的时间与精力，在不耗眼力的情况下完成整份问卷的阅读及作答。

以下是一个包含上述要点的问卷的一部分。

例 10.2

> **第二部分：关于工作生活**
>
> 下列问题是在询问你的工作生活体验。请你思考你在每天工作中的体验与成就，并且利用下列量表，针对每一题项写下你认为最适合的数字。
>
> | 非常同意 | 同意 | 有点同意 | 普通 | 有点不同意 | 不同意 | 非常不同意 |
> |---|---|---|---|---|---|---|
> | 1 | 2 | 3 | 4 | 5 | 6 | 7 |
>
> 1. 当我的工作任务很困难时，我会尽全力去做。
> 2. 如果可以选择的话，我会试着在团队中工作而不是独自一人。
> 3. 在完成工作任务时，我会试着对自己负责。
> 4. 在团队中，我会主动寻求担任领导者的角色。
> 5. 我会试着努力改善我过去的工作绩效。
> 6. 我非常注意在工作中其他人的感受。
> 7. 我会依照自己的方式工作，不顾他人的意见。
> 8. 我会避免试着去影响我周围的人以我的方式来看待事情。
> 9. 我接受适度的风险，且愿意为了在工作上的领先而冒险。
> 10. 我喜欢做我自己的工作，让其他人做他们自己的工作。
> 11. 我不理会妨碍我个人自由的规定和准则。

10.3.3.3 个人资料

人口统计或个人资料可以下列方式安排。要注意，年龄变量是定序量表。

例 10.3

> 你的性别？
> 　　男性
> 　　女性
> 你的年龄？
> _____岁
> 你获得的最高学位或学历水平？
> □ 没有获得过学校教育
> □ 幼儿园到八年级
> □ 高中教育，没有毕业文凭
> □ 高中毕业，有毕业文凭或同等学力
> □ 修读大学学分，没有学位
> □ 获得技术或职业培训
> □ 副学士学位
> □ 学士学位
> □ 硕士学位
> □ 专业学位
> □ 博士学位
> 你在现有组织中已经工作了几年？
> _____岁
> 你在现在岗位上已经干了几年？
> _____岁

10.3.3.4 收入与其他敏感的个人信息

虽然人口统计信息可在问卷一开始或是最后被询问，但是假如各种私人与个人性质的信息，如收入、健康状况等在研究中都是必需的，则应于问卷的最后询问，这样会比在一开始就询问好。而且应该要解释这样的信息对研究有何贡献，如此一来，受试者就不会认为这类问题有侵犯或是窥探的性质（见例10.4）。若受访者对问题的个人性质感到困惑，将这类问题置于问卷最后会有助于降低受访者偏差。

例 10.4

> 因为许多人相信，收入是解释个人职业决策的重要因素，因此下列两个问题对本研究非常重要。同问卷中其他所有的题项一样，这两个问题的回答将被保密。请依据你的状况圈选出最适合的数字。

大致上来说，我的年收入总额在扣除税收及其他应扣项之前是：
① 低于 36 000 美元
② 36 001 ~ 50 000 美元
③ 50 001 ~ 70 000 美元
④ 70 001 ~ 90 000 美元
⑤ 超过 90 000 美元

大致上来说，目前我的家庭年收入总额在扣除税收及其他应扣项之前，包括我自己的工作收入、其他来源所得，以及配偶的收入是：
① 低于 36 000 美元
② 36 000 ~ 50 000 美元
③ 50 001 ~ 70 000 美元
④ 70 001 ~ 90 000 美元
⑤ 90 000 ~ 120 000 美元
⑥ 120 001 ~ 150 000 美元
⑦ 超过 150 000 美元

10.3.3.5 最后的开放式问题

在问卷的最后可以包含一个开放式问题，让受访者对他们所选的任何方面进行评论，并表达对受访者最诚挚的感谢。举例如例 10.5 所示。

例 10.5

此调查中的问题可能并非包罗万象非常全面，因此无法让你说明一些有关你的工作、组织或是你自己的事情。请你在下列空白处写下任何有必要的其他建议。

对于完成这份问卷，你有何感觉？请在下列图案中选择一个可以代表你感觉的图标。

10.3.3.6 结束问卷

问卷的结尾应该以礼貌性的语气提醒受访者确认是否完成所有题项，如例 10.6 所示。

例 10.6

真的非常感谢你抽出宝贵时间与我们合作。请你再次确认是否有遗漏填答的题项，然后将问卷投放到位于贵部门的入口，标明为本研究设置的箱子里。

非常感谢！

10.3.3.7 问题的顺序

在问卷中的问题顺序应将一般性质的问题放在前面,越是特殊的问题放在越后面,而且相对简单的问题放前面,较难回答的问题放后面。这种漏斗式方法(funnel approach)可使受访者在逐项填答问卷时能简单且顺利地进行。从一般到特殊问题的排序,可能意味着先询问受试者关于组织全面性质的问题,然后再对特定工作、部门等询问更尖锐的问题。简单的问题可能是不需太多思考的问题,而较难的问题可能需要更多思考、判断及决策,才能提供答案。

问题排序的方法可能也会产生某些偏差,通常称为排序效应。虽然在问卷中随机地安排问题可减少回答的系统性偏差,但这种方式却很少被采用,因为在对答案进行分类、编码以及分析时,问题顺序会造成混乱。

总而言之,问卷的语言与遣词造句着重于问题询问的类型与形式(即开放式问题与封闭式问题,以及以问题的正反面来表达),还要避免双关问题、模糊问题、引导式问题、别有用意问题、可能会出现社会意愿答案的问题,以及需要回忆的问题,问题也不应过长。而使用漏斗式方法将有助于受试者能简单、方便地进行问卷填答。

10.3.3.8 管理与分类问题

管理问题旨在确定受访者,以及在某些情况下确定访谈者、访谈地点和访谈条件。这些问题很少问受访者。它们用于研究数据中的模式和可能的错误来源。**分类问题**(classification questions),也称为个人信息或人口统计问题,可以获取年龄、教育水平等信息,使受访者的答案可以分组。这使研究人员能够对数据中的研究模式进行分组,检查组间差异等。

询问个人信息的问题应该放在问卷的前面还是后面由研究者决定即可。一些研究者认为个人资料放在问卷的最后会比放在前面更好,其理由是当受试者填写到问卷最后,他(她)会认识到问题框架安排的合理性,感受到研究者的真诚,因此会更愿意分享个人信息。而宁愿将大部分的个人信息放在前面的研究者则认为,一旦受试者分享了一些他们的个人履历,他们在心理上或许会支持这份问卷,而且可能会对回答有一份责任感。因此,不管是将这种信息放在问卷的开端或是最后都由研究者个人来决定。然而,要询问详细收入或是其他高敏感性的信息时(假如真的需要),最好是放在问卷的最后面。比起询问精确的数字,提供一个有范围的回答选项来询问这种信息会比较好。例如,这个变量可以如下表所示。

年收入(美元)	
低于 20 000	20 000 ~ 30 000
30 001 ~ 40 000	40 001 ~ 50 000
50 001 ~ 70 000	70 001 ~ 90 000
超过 90 000	

在问卷调查中,搜集某些人口统计资料,如年龄、性别、教育水平、工作层级、部门,以及在组织中的工作年数是比较适合的做法,即使理论框架不需要或是不包含这些变量。这类资料有助于我们在资料分析后撰写报告时描述样本的特性。然而,当一个部门中只有少数受试者时,这样可能会暴露他们的身份,使问题变得无效、令人反感,并且对员工造成威胁。举例来说,假如在一个部门中只有一位女性,她会拒绝回答性别这个问题,因为

该回答会显示出资料的来源；而这种担心是可以被理解的。

总而言之，在设计问卷时必须遵守一些原则，所提出的问题应适合测量其所对应的变量，所使用的语言与遣词造句对员工而言应该是有意义的，问题的类型与形式应能降低资料偏差，问题的顺序应让整个从头到尾的回答过程都能顺利进行，个人资料的搜集应注意受试者的敏感性，并尊重个人隐私。

10.3.4 问卷设计回顾

因为问卷是最普遍的资料搜集方法，因此我们讨论了许多问卷设计的注意事项。问卷设计的原则是说明有关问题如何遣词造句与测量以及整份问卷如何安排。为了使受访者偏差与测量误差最小化，所有讨论到的原则都必须小心遵循。

问卷是最有用的资料搜集方式，尤其是当研究对象很多且分布在不同地理区域时。同样地，它也是相当普遍的资料搜集方法，因为研究者可以相当容易地获得信息，而且问卷的回答也易于编码。当使用非常有效的工具来进行研究时，因为结果可以重复试验，可以增强理论基础，所以研究的发现会有益于学术界。

以下列举几种发放问卷的方法：问卷可由人员亲自对受试者发放，刊登在杂志、期刊或是报纸上，或是通过电子邮件分发（通过互联网与企业内部网络）。此外，也可以通过软件针对研究对象先前的回答来架构后续问题。公司的网站也可以用来搜集调查答案，例如对顾客系统、产品效能等的反应。由于计算机系统的日益便利，全球化的研究现在已经非常方便了。

10.3.5 结构性问题的前测

无论是以事先决定顺序的方式对受访者提出问题的结构性访谈还是在调查中使用问卷，对工具做前测是重要的，这可以确保受访者了解问题（也就是没有模棱两可的问题），而且在用语与测量上没有问题。前测是用少数的受访者去检验问题的适当性以及他们的理解力。在进行访谈或是分发问卷给受访者之前，前测有助于及时调整问卷缺陷，降低偏差。

最好能听取前测的结果报告，并获得来自参与者（焦点组的角色）的额外信息，包括对问卷的一般性反应以及填写问卷的感觉。

10.3.6 电子问卷和调查设计

我们在本章前面已经解释过，在线调查易于设计和管理。电子调查设计系统（例如，InstantSurvey，Infopoll，SurveyGold，Statpac，SurveyMonkey，SurveyPro，The Survey System）便于问卷的编制和管理，对在线研究有很大的帮助。这类系统通常包括一系列程序，使用户能够设计复杂的问卷，将数据收集过程电脑化，检查编码中的语法或逻辑错误，并分析收集的数据。这使得更有效的数据可能会产生，因为填写者可以自由切换问卷位置，便于修正答案。同时电子化问卷可以提供各种的激励项目，以维持受访者的兴趣。

即使在问卷调查进行中，我们也可以在屏幕上或以印刷形式获得累积数据的描述性总结。数据收集完成后，数据编辑程序会识别缺失或超出范围的数据（例如，在五分制量表上回答"6"）。研究人员可以设置参数，删除过多缺失的回答，或者计算其他回答的平均值，并用此数字替换缺失的回答。此类系统还包括数据分析程序，如方差分析、多元回归等（本书稍后讨论）。对问题进行随机化和对受访者进行加权，以确保更具代表性的结果（在样本过多或过少的情况下——在关于抽样的第14章中讨论），是问卷调查设计系统具有吸引力的特征。

电子问卷目前非常流行，这也是因为电子问卷的无回复率可能不会低于邮寄问卷。随着计算机知识水平的提高，我们可以期待电子问卷管理在未来继续发展。

10.4 问卷调查的国际维度

到目前为止，我们已经讨论了从一个国家中的受试者取得答案的工具。伴随着企业经营全球化，管理者时常需要比较他们在不同国家子公司的经营效能。从事跨文化研究的研究者也需要努力去研究在不同国家中各层级员工在行为与态度上的反应。在这种情况下，通过问卷或访谈来搜集资料时，研究者不仅应注意测量工具和资料搜集的方法，还要注意各国文化在某些语句上的使用差异。调查也应该随着以下所讨论的不同文化进行调整。

10.4.1 跨文化研究工具的特殊问题

当我们在设计从不同国家搜集资料的工具时，需要强调某些特殊问题。因为不同的国家有不同的语言，确保当地语言的翻译精确地符合原语言是非常重要的。为此，研究工具应先由当地专家来翻译。假设要在日本与美国进行一个比较性调查，而研究者是美国人，则研究工具首先要从英文翻译成日文，然后由另一个精通两国语言的人再把它翻译成英文。这种方法称为倒译法（back translation），用来确保词汇等效（也就是说，所使用的词汇有相同的意义）。有些惯用语只存在于一种语言中，无法翻译成另一种语言，所以此时也要注意惯用语的等效。在不同文化下，某些词会有不同的意义，概念上的等效是另一个值得注意的问题。如同前面曾提到的，"爱"这个概念的意义在不同文化中可能有不同的含义。由擅长相关语言，且通晓相关文化习俗及惯例的人来进行高质量的倒译可帮助研究者注意到上述所有问题。

下列是从《商业周刊》中挑选出来的例子，由这些例子可看出在设计跨文化广告时，为了达到惯用语与概念等效，信息需要进行倒译。如果逐字地将英文翻译成本地语言，不仅使广告信息中的一些含义被遗漏，而且在某些情况下，它们甚至会出现冒犯当地人的意思。举例如下：

例10.7

1. 当百事的"Come Alive With the Pepsi Generation"翻译成中文时，是指"百事从坟墓中带来了你的祖先"。

2. Frank Perdue 的鸡肉广告词，"强壮的男人才能做出滑嫩的鸡肉"，翻译成西班牙文则变成"受刺激的男人会对鸡示爱"。

3. 当美国航空公司想要在墨西哥做广告宣传新的皮革头等舱座椅时，推出了"在皮革上翱翔"的广告，但将其逐字翻译成西班牙文却变成了"光着身子的飞翔"。

10.4.2 数据搜集的问题

对跨文化的数据搜集至少有三个问题是重要的：回答等效、搜集数据的时机、个人搜集数据的状况。在不同的国家中，通过采用相同的数据搜集程序就可确保回答等效。在人工发放问卷时，用统一的方法介绍研究、研究者、填答说明及结语，即可产生等效的激励、目标导向和回答态度。搜集跨文化资料的时机也是相当重要的。在不同国家中，数据搜集应在可接受的时间范围中完成（如在 3～4 个月之内）。如果花费太多时间在不同国家搜集资料，在这段时间中某些或所有国家的情况可能会有所变化。

如同 Mitchell 在 1969 年所提出的，在访谈调查中，平等主义导向的访谈形式可能不适合用在西方有明确清晰的地位与职权结构的社会中。而且当一个外国人来搜集资料时，由于害怕外国人站在一个不利的角度来看待这个国家，受访者回答时可能会有偏差（Sekaran，1983）。在从事跨文化研究时，研究者必须要注意到这些文化上的细微差异。当我们在开发与实施研究工具时，与一个当地的研究者合作是不错的选择，特别是当受访者的语言与习俗不同于研究者时。

10.5 不同资料搜集方法的优缺点及适用时机的回顾

我们已讨论了各种资料搜集方法，现在简短地重述三种最广为使用的资料搜集方法——访谈、观察、问卷调查等的优缺点，并阐述每一种方法的最佳使用时机。

面对面访谈（face-to-face interviews）可提供丰富的资料，有机会与受访者建立和谐关系，并且有助于探究并了解复杂的议题。许多通常难以清楚表达的构想也可经过这样的访谈将其表面化并予以讨论。从负面来看，面对面访谈可能会产生访谈员偏差，而且若是包含大量研究对象时，成本将会十分高昂。若需要多位访谈员来进行，充分的训练将是进行访谈时必要的第一步。当研究者试着要了解一个概念或是一个情境因素时，面对面访谈将是最适合用于研究探索阶段的方式。

电话访谈（telephone interviews）有助于对散布在各个地理区域的受访者进行访谈，并马上获得资料。在询问需要快速响应的结构式问题，而且样本散布在广泛的地区时，这是最有效的资料搜集方法。从负面来看，其缺点是访谈员无法观察到受访者的非语言反应，而且受访者可以随时挂掉电话。

观察研究（observational studies）有助于通过观察（由一个参与或非参与式观察人员进行）理解复杂的议题，如果可能的话，询问问题以澄清某些议题。其搜集到的资料很丰富，而且不受自评偏差的影响。从负面来看，这种方法代价很大，因为需要长时间的观察（通常包含几周甚至数月），而且观察人员的偏差可能会出现在资料中。出于成本考虑，在企业中很少采用观察研究。在管理学著作中，亨利·明兹伯格的研究是最广为人知、使用观察研究方法搜集资料的著作之一。观察研究适用于需要非自评的叙述性资料，也就是说，当无法通过直接询问受访者来了解他们的行为时。观察研究也可以捕捉到所谓"店内购买行为"等市场信息。

向群体人工发放问卷（personally administering questionnaires）有助于：（1）在调查时与受访者建立和谐关系；（2）对受访者的疑问可立即澄清；（3）在受访者完成问卷后马上收回问卷。从这个意义上说，它有百分之百的回卷率。从负面来看，人工发放问卷的成本是高昂的，尤其是当样本分布在各地时。人工发放问卷适用于从地址相邻的组织搜集资料，而且受访者群体可以方便地在公司的会议室（或其他地方）集合。

电子问卷（electronic questionnaire）是在样本地理区域分散，或是没有足够经费进行电话采访或个人分发时的有效选择。缺点是，这类问卷的回复率通常较低，人们不能确定所获得的数据是否有偏，因为未回答者可能与有回答者特点不同，存在逆向选择问题。电子问卷调查是最适合（也许是对研究人员开放的唯一备选办法）通过结构问题以合理的费用从地理上广泛分散的一个样本大规模获得信息的方法。

10.6 多种数据收集方法

由于几乎所有的数据收集方法都存在一定的偏差，因此采用多方法、多来源的数据收集方法有助于研究的准确性。例如，如果通过访谈、问卷调查和观察收集到的回答彼此之间有很强的相关性，那么我们就会对收集到的数据有更多的信心。如果同一个问题在问卷调查和访谈中得到的答案不一致，那么就会有不确定性，我们会倾向于抛弃这两个数据，认为它们是有偏的。

同样，如果从多个来源获得的数据具有很大程度的相似性，我们就会对数据的好坏有更强的认识。例如，如果一名员工给自己的表现打分为 4 分（满分 5 分），而他的上司给他的打分与之类似，我们可能会倾向于认为他比一般员工表现更好。相反，如果他给自己的评分是 5 分，而他的主管给他的评分是 2 分，那么我们就不知道有多大程度的偏见，从何而来。因此，同一变量不同来源、不同数据收集方法得到的数据之间的高度相关性，使得研究工具和通过这些工具获得的数据更加可信。好的研究需要从多个来源和通过多个数据收集方法收集数据。然而，这样的研究成本更高，耗时更长。

例 10.8 德尔菲法

德尔菲法（Delphi technique）基于使用专家小组的思想（在第 8 章中讨论过），但它试图将专家小组讨论与其他研究方法如（电子邮件）问卷相结合。专家小组通常回答两轮或两轮以上的问卷。在第一轮中，他们被要求回答一系列关于未来场景的可能性的问题，或者任何其他不确定或不完全了解的问题。然后以第二轮问卷收集、总结并反馈所有专家的意见。在评审第一轮结果后，专家们在考虑其他专家意见的基础上，再次对同一问题进行评估。这个过程一直持续到研究人员停止为止。这种迭代过程背后的基本原理是，最终它可能使得专家在问题上达成共识。

参与者的身份通常不会被透露，即使在完成最后报告之后也是如此。这可以防止一些专家干预其他专家，让专家得以毫无保留地表达他们的意见，并鼓励他们承认错误，修正他们早先的判断。德尔菲法在长期商务预测中得到了广泛的应用。

10.7 管理启示

作为一名管理者，你可能会聘请顾问进行研究，而不是通过访谈、问卷调查或观察来收集数据。然而，对原始数据收集方法的特点和优缺点的一些基本知识将帮助您评估原始数据收集的各种方法，并理解为什么顾问选择了某种方法或方法的组合。作为研究的发起者，您将能够根据情况的复杂性和严重性，决定需要收集的数据的复杂程度。您的输入将帮助研究人员/顾问考虑他们的主题列表（在访谈法中），他们的编码方案（在观察法中），或他们的问题内容（在问卷调查中）。

作为一个持续（参与）观察工作场所周围发生的一切的人，你将能够理解在这种情况下发生的动态。此外，作为一名管理者，你将能够区分调查中使用的好问题和坏问题，并对文化差异保持敏感性，不仅在测量上，而且在开发整个调查工具和收集数据时，正如本章所讨论的。

10.8 数据收集中的道德问题

在收集原始数据时，应该解决几个道德问题。如前所述，这些问题关乎赞助研究的人、收集数据的人以及提供数据的人。赞助单位应要求研究的目的是更好地达到组织的目的，而不是出于任何其他自我服务的原因。他们应该尊重研究人员获得的数据的机密性，不要求向他们透露个人或群体的反应，或要求查看问卷。他们应该以开放的心态接受研究人员报告中的结果和建议。

10.8.1 研究者道德

（1）将被调查者提供的信息严格保密并保护其隐私是研究者的主要职责之一。如果副总裁或其他高管希望查看填妥的调查问卷，则应指出有必要为文件保密。应该提醒他们，在开始调查之前，他们已经对这一点有了事先的了解。

此外，对于一组数据，例如，少于10个人的数据，应该巧妙地处理，以保持小组成员的机密性。数据可以与其他数据结合，或者以另一种无法识别的方式处理。为了保护消息来源而对报告进行净化，同时又要保持研究细节的丰富性，这是很困难的。必须找到一个可接受的替代方案，因为保持机密性是基本目标。

（2）不应索取个人信息或具有侵入性的信息，如果该信息是项目必要的，应以对被调查者高度安全的方式进行处理，并告知提供者使用的具体原因和用途。

（3）无论数据收集方法的性质如何，被调查者的自尊都不应被侵犯。

（4）任何人都不应该被强制参与调查，如果有人不想参与调查，其个人的愿望应该得到尊重。保护被调查者的知情同意权应是研究者的目标。即使是通过记录访谈、录像等机械手段收集数据，情况也是如此。

（5）非参与观察者应该尽可能具干扰性。在定性研究中，个人价值观很容易对数据产生偏差。研究人员有必要明确他或她的假设、期望和偏见，以便管理者能够就数据的质量做出明智的决定。

（6）在社交网络、讨论组和聊天室中发布参与调查的邀请通常被认为是垃圾邮件。确保你熟悉反滥发电邮的法规和指南，并遵照这些法规和指南行事。

（7）在报告研究期间收集的数据时，绝对不应存在任何虚假陈述或扭曲。

10.8.2 受访者道德

（1）受访者一旦选择参与研究，就应与采访人合作，及时有效地做出回应。
（2）受访者在回答问题时也有义务保持诚实，不应虚假陈述或故意提供不实的资料。

 总结

学习目标1：比较和对比不同类型的问卷。

问卷的设计通常是为了收集大量（定量）数据。它们可以由人工分发，邮寄给受访者，或者以电子方式分发。当调查仅限于当地时，收集数据的好方法是人工分发问卷。邮寄问卷是一种自我管理的（纸和铅笔）问卷，通过邮件发送给受访者。这种方法长期以来一直是商业研究的支柱，但随着互联网时代的到来，邮寄问卷已经变得多余或过时。取而代之的在线调查问卷是通过互联网或电子邮件发送的。

学习目标2：设计问卷，挖掘不同的变量。

完善的问卷设计原则应注重三个方面。第一个方面涉及问题的措辞；第二个是关于如何在收到响应后对变量进行分类、度量和编码；第三个方面与调查问卷的总体外观相关。这三个方面都很重要，因为它们可以减少研究中的偏见。

学习目标3：讨论与跨文化研究相关的问题。

随着企业的全球化，管理者往往对不同文化背景下人们（员工、消费者、投资者）的行为和态度反应的异同感兴趣。调查应适应不同文化的具体需要和特点。至少有三个问题对于跨文化数据收集是重要的，包括响应等效性、数据收集的时机和收集数据的个人的状态。

学习目标4：讨论调查研究中各种数据收集方法的优缺点。

本章讨论了调查研究中主要的数据收集方法（访谈法、观察法和问卷调查法），叙述了这些方法的优点和缺点，并检验了每种方法在什么情况下最有效。

学习目标5：讨论多源、多方法数据收集的优点。

由于几乎所有的数据收集方法都有一些与之相关的偏差，因此通过多方法和多来源收集数据有助于研究的准确性。如果从多个来源获得的数据具有很大程度的相似性，我们就会更确信数据的优良性。

学习目标6：展示对管理者在初始数据收集中的角色的认识。

管理人员通常聘请顾问进行研究，而不是通过访谈、问卷调查或观察来收集数据。然而，对于主要数据收集方法的特点和优缺点的一些基本知识将有助于他们评价数据收集的各种替代方法和/或了解顾问为什么选择某一种方法或选择几种方法的组合。

学习目标7：展示对伦理在原始数据收集中的作用的认识。

在收集原始数据时，应该解决几个道德问题。这些问题涉及研究的发起人，收集数据的人，以及提供数据的人。

讨论题

1. 比较人工分发问卷、邮寄问卷和电子问卷的优缺点。
2. 请解释遣词造句原则，并陈述其在问卷设计中的重要性，请举出一个本书中未提过的例子加以说明。
3. 多种资料搜集来源与多元搜集资料方法，与测量的信度及效度有何关系？
4. "每一个资料搜集方法都有其固有的偏差。因此，依靠多元方法来搜集资料只是将偏差集合在一起而已。"请评论这一说法。
5. "当我们从多种来源搜集的资料中发现其有差异时，有一个处理这个差异的办法就是将其分数平均，再将此平均值当作变量的数值。"请评论这一说法。
6. 科技发展对资料搜集有何帮助？

现在请做练习 10.1、练习 10.2 和练习 10.3。

练习 10.1

David Shen Liang 是一名商科学生，参与了 Ocg Business Services（OBS）的一个管理项目。OBS 是一家面向大量（国际）客户的办公设备供应商。OBS 在 B2B（企业对企业）市场运营。David 想检验以下假设：

（1）服务质量对顾客满意度有正向影响。

（2）价格感知对顾客满意度有负面影响。

为此，他编制了以下调查问卷：

··

亲爱的 ×× 先生，我的名字叫 David Shen Liang，是一名商科学生，目前正参与 Ocg Business Services（OBS）的一个管理项目。我想要了解您作为 OBS 的客户对与 OBS 的合作满意程度如何。为此，我想请您填写这个简短的问卷，五分钟即可完成。非常感谢您的宝贵时间。

谨致问候
David Shen Liang

OBS 公司的地址很容易到达
强烈反对 - 1 - - - 2 - - - 3 - - - 4 - - - 5 - - - 6 - - - 7 - 十分赞同
OBS 公司开放时间便利
强烈反对 - 1 - - - 2 - - - 3 - - - 4 - - - 5 - - - 6 - - - 7 - 十分赞同
OBS 公司服务快速高效
强烈反对 - 1 - - - 2 - - - 3 - - - 4 - - - 5 - - - 6 - - - 7 - 十分赞同
OBS 公司通知及时准确
强烈反对 - 1 - - - 2 - - - 3 - - - 4 - - - 5 - - - 6 - - - 7 - 十分赞同
OBS 公司服务守约到位
强烈反对 - 1 - - - 2 - - - 3 - - - 4 - - - 5 - - - 6 - - - 7 - 十分赞同

OBS 公司产品和服务切合需求

强烈反对 -1- - -2- - -3- - -4- - -5- - -6- - -7- 十分赞同

OBS 公司的成品品质可靠

强烈反对 -1- - -2- - -3- - -4- - -5- - -6- - -7- 十分赞同

OBS 公司的设备保养良好

强烈反对 -1- - -2- - -3- - -4- - -5- - -6- - -7- 十分赞同

OBS 公司的员工助人友善

强烈反对 -1- - -2- - -3- - -4- - -5- - -6- - -7- 十分赞同

OBS 公司员工的建议有用

强烈反对 -1- - -2- - -3- - -4- - -5- - -6- - -7- 十分赞同

OBS 公司的员工回应要求及时

强烈反对 -1- - -2- - -3- - -4- - -5- - -6- - -7- 十分赞同

OBS 公司值得信赖

强烈反对 -1- - -2- - -3- - -4- - -5- - -6- - -7- 十分赞同

OBS 公司在您遇到困难时会尽力援助

强烈反对 -1- - -2- - -3- - -4- - -5- - -6- - -7- 十分赞同

OBS 公司富有创新精神

强烈反对 -1- - -2- - -3- - -4- - -5- - -6- - -7- 十分赞同

OBS 公司重视顾客利益

强烈反对 -1- - -2- - -3- - -4- - -5- - -6- - -7- 十分赞同

OBS 公司充分告知您它在您的组织内提供的产品和服务，以及您可能希望从 OBS 公司或其员工那里了解的其他一切

强烈反对 -1- - -2- - -3- - -4- - -5- - -6- - -7- 十分赞同

OBS 公司的产品价格

非常低 -1- - -2- - -3- - -4- - -5- - -6- - -7- 非常高

通常，您对所接受的服务的满意程度如何？

非常满意 -1- - -2- - -3- - -4- - -5- - -6- - -7- 非常不满

您希望 OBS 公司推出什么服务？

[   ]

您第一次接触 OBS 公司是什么时候？ _____

OBS 公司的服务是否为您的组织增进了价值？

  [_] 是的

  [_] 一般，产品没有比同行有特别优势

  [_] 没有，我倾向于更换供应商

基本信息

年龄：

性别：男 / 女

职位：□秘书 □管理 □行政 □后勤 □市场/销售 □项目 □工程师 □采购 □其他

这是问卷的最后一个问题。
非常感谢您的合作!

••

对上述问卷进行评论。注意:
- 措辞原则;
- 分类资料(个人资料);
- 问卷的一般构成或"流程"。

练习 10.2

一位生产经理想要评估他部门的蓝领工人(包括领班)对引进计算机集成制造(CIM)系统的反应。他特别感兴趣的是,他们如何看待 CIM 对以下方面的影响。

1. 他们未来的工作。
2. 他们必须接受额外的培训。
3. 未来的工作发展。

请为生产经理设计一份调查问卷。

练习 10.3

设计一份调查问卷,你可以用来评估你的校园餐饮设施的质量。请确保你可以检验以下假设:

H1:校园餐饮设施的服务质量与顾客忠诚度之间存在正相关关系。
H2:顾客满意度是服务质量与顾客忠诚度之间关系的中介变量。

第 11 章

实验设计

 学习目标

在完成第 11 章的学习之后,你应该能够:
1. 描述实验室实验,讨论其内部效度和外部效度。
2. 描述实地实验,讨论其内部效度和外部效度。
3. 描述、讨论和识别对内部效度和外部效度的威胁,并在两者之间进行权衡。
4. 描述不同类型的实验设计。
5. 讨论什么时候和为什么仿真可能是实验室和实地实验的好的替代性选择。
6. 讨论管理者在实验设计中的角色。
7. 讨论在实验设计中的伦理问题。

11.1 导言

在第 7 章,我们学习了基本的研究设计,了解实验方法与非实验方法的差别,并解释了实验研究主要应用于研究者试图建立因果关系的研究。在前面三章,我们讨论了原始数据收集的非实验方法。本章,我们考查实验设计。

先看看以下三种情境。

例 11.1　随机化后的因果关系

> **情境 A**
> 一家生产豪华轿车的公司打算在全球范围内加强对其品牌汽车的宣传。该项宣传工作为期 18 个月,在全世界的电视、平面媒体和电子媒体上全面展开。在"Bravura"的主题下,广告公司为这家汽车公司设计了三种宣传思路。为了确定哪一个宣传思路最有效,汽车公司想验证这几种宣传方式对公司品牌形象的影响。但是,汽车公司如何验证这些宣传思路的效果呢?

情境 B

一份调查旷工率与旷工预防措施的研究报告显示，各公司用来降低旷工率的激励措施有下列几种：

带薪假期（14%）；
现金奖励（39%）；
全勤奖（39%）；
奖品（4%）；
其他策略（4%）。

当被问到这些做法的有效性时，
22%的公司表示非常有效；
66%的公司表示相当有效；
12%的公司表示完全没效。

这些信息告诉我们什么？我们如何才能知道什么样的激励措施会使员工不旷工？那些表示自己的策略非常有效的公司，到底采取了哪种激励措施？有没有哪些特定的激励措施与旷工率有直接的因果关系？

情境 C

裁员会产生所谓的"匕首效应"（dagger effect），它是指那些没有遭到解雇的员工，即使很清楚裁员的原因，工作热诚也会锐减。

裁员真的会降低其他员工的热诚吗？还是受到其他因素影响呢？

上述三种情境中的问题，或许可以通过实验设计进行研究来获得解答。

第 7 章已经谈到了实验设计，本章将详细讨论实验室实验与实地实验。我们知道，进行实验设计的目的是要检验变量间可能的因果关系。相对地，相关性研究只是检验变量间的关系，能否确立因果关系并非绝对必要。

我们已经解释过，为了证明自变量的变化会导致因变量的变化：(1) 自变量和因变量会协变；(2) 自变量应在因变量之前；(3) 研究者应该控制"无关"变量的影响。

第三个条件意味着，为了在组织环境中建立两个变量之间的因果关系，必须控制可能与因变量相关的几个变量。这样我们就可以说变量 X（并且只有变量 X）导致了因变量 Y。然而在组织环境中，各个事件都是依循自然与正常的情形发生的，并不总是能够控制所有的协变量，同时操纵因果的"因"（导致因变量的自变量）。然而，有可能先在严格控制的人工环境（实验室环境）中将某个变量的效应独立出来，再在这些严格控制的条件下测试并建立因果关系后，看看这种关系能否推广到实际的环境。

我们用下面这个例子来说明。

例 11.2

假设有一位主管相信，会计部门的员工若都拥有会计硕士的学位，将会提高该部门的生产力。但是要将没有会计硕士学位的人全部调到别的部门，再另行招募会计硕

> 士来接替他们的职位可能性很低。不仅整个组织的工作会被打乱，还要训练新员工，工作效率会降低，原有的员工也会感到不安。不过，上述所谓会计硕士可以提高生产力的假设可以在人为环境下（即非日常的工作场所）予以检验，例如，我们可以将会计工作交由三组人员来做：第一组全都是会计硕士，第二组全都不是会计硕士，第三组则既有会计硕士也有非会计硕士（如同目前的工作环境）。假设第一组的绩效极佳，第二组绩效很差，第三组的表现则落于两者之间，便可证明，拥有会计硕士的学位确实有可能提高生产力。如果能得到这样的证明，公司就可有计划地慢慢将会计部门中非会计硕士的员工调到其他部门，并招募有硕士学位的人进入该部门。接下来我们就可以看到，当会计部的员工全都拥有会计硕士学位时，该部门的生产力究竟提高了多少。

我们先前已经看到，实验设计可以分成两种，一种是在人为控制环境或人为设计的环境下进行的，称为**实验室实验**（lab experiments）；一种是在各种活动如常发生的自然环境下进行的，称为**实地实验**（field experiments）。

11.2 实验室实验

前面提到过，当我们要确立自变量与因变量的因果关系时，其他所有可能对这种关系造成干扰或混淆的变量都必须受到严密的控制。换言之，必须解释其他变量对因变量可能产生的影响，如此才能确定我们所要研究的自变量对因变量所造成的实际因果效应究竟怎样。此外，对自变量也必须加以操作，才能了解其因果效应的程度。控制与操作最好在人为的环境下（实验室）进行，因为只有这样才能够检验因果效应。当我们利用控制与操作的手法在人为环境下确立因果关系时，称为实验室实验。

既然我们要使用控制与操作这两个名词，先让我们来了解一下这两个概念的含义。

11.2.1 控制

当我们假设 X 与 Y 两个变量间有因果关系存在时，可能会有第三方变量出现，例如，A 也会对因变量 Y 造成影响。在这种情况下，我们不可能找出 X 对 Y 的单独影响，因为我们不知道另一个因素 A 对于 Y 的总方差量的影响有多大。举例来说，人力资源开发部的经理想对一群新招募的秘书进行网页设计特训，目的是向副总裁证明，这样的训练可以提高其工作效率。不过，有些新秘书可能因为先前曾接触过网络（无论这是主要原因还是次要原因），因此工作效率比其他秘书高。这样这位经理就无法证明这项特训本身是否真的可以提高工作效率，因为某些秘书先前的网络经验成了一个干扰变量。要评估训练对于学习的真正效果，学习者先前的经验必须获得控制。其中一种做法是把已经接触过网络的人排除在实验之外。这就是所谓的控制干扰变量，后续章节将介绍如何具体进行控制活动。

11.2.2 操作

要明确自变量对因变量所产生的因果效应，进行某些操作是必要的。**操作**（manipulation）的意思很简单，就是在自变量上设定不同的水平，以评估其对因变量的影响。例如，我们可能想验证"在四个礼拜内对员工进行轮调,让他们接触到生产线与设计部门的所有工作,可以加深员工对各种制造技术的了解"。接下来,我们可以操作"轮调员工"这个自变量,让一组生产部门的员工在四个礼拜内接触到所有系统,另一组员工只接受部分轮调(让他们只接触到一半的制造技术),第三组员工则持续做目前的工作,不接受任何特别的调动。若各种干扰变量都获得了控制,则我们可以在操作(又称为"处理")的前后分别测试这三组员工对制造技术的了解程度,如此便能评估出该处理对结果的影响程度。假使工作的轮调与接触确实能加深一个人的知识,则研究结果就会显示:第三组的知识增加得不多,第二组增加了不少,第一组则收获最多。

让我们再举一例,看看如何通过对自变量的操作来确立因果关系。

例 11.3

> 假设我们想检验照明对于切割机操作员的生产量的影响。为了确立因果关系,我们必须先测量所有操作员于 15 日内在正常工作照明下(如 60 瓦的灯光)的生产水平。接下来,我们可将整组 60 名的操作员分成三组,每组 20 名,再让其中一组在同样的状况下工作(60 瓦的灯光),另外两组的照明强度则予以操作:一组的灯光 75 瓦,另一组的灯光 100 瓦。当这三组操作员在几种不同强度的灯光下工作 15 天后,我们可以分析每一组在这段时间的总生产量,看看各组在实验前后的差异是否与照明强度有直接关系。如果假设正确(较佳的照明可以提高生产水平),则照明强度没有任何变化的那一组(称为控制组),生产量应该不会提高,而其余两组的生产量不仅会提高,而且灯光最强的那一组(100 瓦)的提高量应该比灯光为 75 瓦的那一组更多。

在上例中,照明这个自变量受到了操作,不同的小组自变量的变化不同。这种操作自变量的行为又称为**处理**(treatment),处理的结果则称为处理效果。

接下来的这个例子将告诉我们,如何在实验室的环境下对 X 变量进行控制与操作。

例 11.4

> 假设有一位玩具工厂老板对员工生产的"忍者龟"仿制品(市场需求很大)的生产量很不满意。于是他想将员工薪酬由原先的时薪制改为按件计酬制,以期能提高生产量。但在改用新制度以前,他想先确定这样做是否真的可以达到目的。
>
> 在上述情况下,研究者或许想先在实验室中检验其因果关系,结果如果乐观,再在实地环境下进行这项实验。在设计实验室实验时,研究者应先识别各种可能影响员工生产量的因素,再试图加以控制。除了每件成品的报酬以外,先前的工作经验或许也会对生产力造成影响,因为对工作的熟悉度可以让人更容易提高其生产量。如果有时工作十分费力而需要很大的体力,性别差异也可能对生产力造成影响。就上例提到的工作而言,假设年龄、性别及先前的工作经验都是影响员工生产力的因素,对这三个变量,研究者都必须加以控制。下面让我们看看应该怎么做。

> 假设研究者想在实验室实验中设定四个组别，每组15人，一组作为控制组，另外三组接受三种不同的报酬。接下来，我们有两种方式可以控制各个变量对因果关系的影响：一种是组别配对（matching the groups），另一种是随机分配（randomization）。让我们先解释这两种概念之后再继续讨论。

11.2.3　控制外部混淆变量或干扰变量

11.2.3.1　组别配对

控制混淆变量或干扰变量的一种办法是找出会造成混淆的特征，再将这些特征刻意分散在各组当中。例如，假设这60名成员中有20名是女性，我们可以每一组分派五名女性，让性别的影响平均分散到四组当中。同样地，我们也可以针对年龄与先前的经验将各组予以配对，让各组在年龄、性别及经验三个因素上的组合都相差不多。由于我们所怀疑的干扰变量已经被分配到各组当中，因此，我们或许可以放心地说，X变量是影响Y变量的唯一因素（如果研究结果也这样显示的话）。

11.2.3.2　随机分配

控制干扰变量的另一种方法是在未事先计划的情况下，将60名成员随机分配到这四组，也就是每一名成员被分配到其中任何一组的概率都是已知且相同的。例如，我们可将这60名成员以抽签的方式分配，前15名被抽出来的人分配到第一组，接下来15名分配到第二组，依此类推；或者我们可以把抽出来的第一人分配到第一组，第二人分配到第二组，然后依此类推。因此，在**随机分配**（randomization）中，选取的过程（每个人被抽到的机会都是已知且相同的）与分配到任何一组的过程（每个人都可能被分配到其中任何一组）都是随机的。通过这种方式，各个混淆变量也就被平均地分配到各个组别当中。

随机分配的过程可以确保每一组都可以相互比较，而包括年龄、性别及过去经验在内的各个变量也都得到了控制。换句话说，每一组都会有经验较多、经验较少及完全没有经验的人，每一组的成员也都涵盖了不同的年龄及性别。因此，随机分配可以确保：这些变量即使真的会造成混淆效应，这些效应（还有其他未知的效应）也因为被分配到各组当中而受到了控制。这是因为，当我们操作"按件计酬"这个自变量时（其中一组不实行按件计酬制，这是控制组；另外三组施以不同的按件计酬，这是实验组），我们就可判定按件计酬对于生产水平的因果效应。任何可能因为年龄、性别及过去经验所造成的偏差已经被平均地分散到四组当中，因此，若是发现任何因果效应，应该都不是这些干扰变量造成的。

为了清楚起见，让我们用表11.1的一些资料来加以解释。从表中可以注意到，由于年龄、性别及经验在这四组中的影响都已通过随机分配而受到了控制，而控制组的生产量并未提高，所以研究中的因果关系并未受到其他干扰变量的混淆，因此，我们可以肯定地说，生产量的增加比率是按件计酬所造成的结果（即处理效果），换言之，按件计酬是玩具生产量增加的原因。在此，研究的内部效度很高，或者说，我们对这项因果关系的存在很有信心。

随机分配的优点

组别配对与随机分配的差异在于，前者是有意识且刻意地将个人予以配对，以控制各组成员间的差异；后者则是根据正态分布法则，将受试者的差异平均分配到各组，如此一来，我们就无须特别担心任何已知或未知的混淆因素。

表 11.1 经随机分配后的因果关系

组别	处理	处理效果（在按件计酬制后生产量提高的百分比 %）
实验组 1	每件 1 元	10
实验组 2	每件 1.5 元	15
实验组 3	每件 2 元	20
控制组（未作处理）	原有时薪	0

总之，相较于随机分配，组别配对可能不是那么有效，因为我们可能无法得知在任何特定情况下，所有可能会干扰因果关系的因素，以至于未能在实验进行中将某些重要的因素分配到各组。然而，随机分配可以注意到这一点。再者，即使我们已经知道有哪些混淆变量，也不见得能够为所有变量找出配对的方法。例如，假设性别是混淆变量，在一个四个组别的实验设计中只有两名女性，我们就无法在性别因素上进行配对，而随机分配则能解决这样的难题。因此，在实验室实验的设计中，研究者除了必须通过组别配对或随机分配的方式控制干扰变量外，还要对自变量进行"处理"。

11.2.4 实验室实验的内部效度

内部效度（internal validity）是指我们对因果关系的信心程度。换句话说，它关系到下面这个问题："我们的研究设计让我们有多大的把握说'自变量 A 引起了因变量 B 的变化'？"如 Kidder 与 Judd（1986）所说，如果一项研究的内部效度很高，我们就可以比较肯定地说这就是因果关系；反之，我们无法得出因果关系。在实验室实验中，内部效度可以说是相当高的。

我们到目前为止一直在讨论如何在实验室也就是人为创造与控制的环境下确立因果关系。你自己或许也曾在心理系或其他系所进行的实验室实验中担任受试者，实验者可能不会告诉你他到底在寻找什么因果关系，而只是用很概略的说法告诉你研究的目的以及你在其中所扮演的角色，却不会告诉你真正的目的。但实验结束后，他们会为该实验提出充分的解释，你所提出的任何问题都将获得解答。实验室实验的进行过程大致是这样的：通过配对或随机的方式选取与分配受试者，将受试者带到实验室，告诉受试者某些研究细节与他们所要完成的任务。在该任务完成前后，施以某种问卷或其他测验。研究的结果将告诉我们，我们所研究的变量之间究竟存在着什么样的因果关系。

11.2.5 实验室实验的外部效度或共性

在实验室中发现的结果在多大程度上可以转换或应用到实际的组织或实地环境中呢？换言之，当我们在实验室实验中发现一个因果关系后，我们能够很有把握地说，同样的因果关系在组织环境中也成立吗？

思考一下这个状况：在一个实验室实验设计中，受试的各组被分配了一个简单的任务，就是把螺丝钉与螺丝帽拴在一个塑料框上。结果显示，采用按件计酬制的组别，生产力比以时薪计酬的组别更高，那么我们有多大的把握说，这样的关系在组织内的复杂工作中同样成立呢？我们要知道，组织内的工作较为复杂，而且可能有好几个无法控制的混淆变量，例如人的经验。在这种情况下，我们无法确定在实验室实验中发现的因果关系一定也会在实地环境中成立。要检验组织环境下的因果关系，我们就要做实地实验。以下将做简单的讨论。

11.3 实地实验

所谓**实地实验**（field experiment），顾名思义，就是在自然环境下进行的实验，此时工作照常进行，并有一组或多组接受实验处理。在实地实验中，我们虽无法将受试者予以配对或随机地分配到各组，因而不能控制所有干扰变量，但实验处理还是可以操作的。此时我们同样可以设定控制组。实地实验中的实验组与控制组可以是方圆多少里内不同工厂的员工，可以是同一工厂内不同班的员工，也可以是其他情况。假设一家制造工厂内有三个不同的班次，若要研究按件计酬制的影响，我们可以挑其中一班作为控制组，另外两班施以不同或同样的处理（也就是不同或同样的按件计酬）。如此一来，虽然其他某些混淆变量无法控制而使得我们无法确定按件计酬这个变量在多大程度上是生产力提高的原因，但是在这些情况下发现到的任何因果关系，应该都能扩展到其他相近的制造环境中。

11.4 实验的内部效度与外部效度

上述讨论的是外部效度与内部效度的问题。**外部效度**（external validity）是指一份因果研究的结果可以被拓展应用到其他环境、人或事件上的程度；**内部效度**（internal validity）则是指我们对研究中的因果效应（即 X 变量引发 Y 变量的效应）有多大信心。实地实验的外部效度较高、内部效度较低，亦即实地实验的结论比较能扩展到其他类似的组织环境中，但 X 变量对于 Y 变量的单独影响力有多高，就不是那么确定了。在实验室实验中，情况刚好相反，它的内部效度很高，外部效度则相当低。换言之，在实验室实验中，由于其他会造成混淆的外部变量已获得控制，因此，我们可以确定 X 变量是 Y 变量的因，但也由于为了确立因果关系而严密控制了其他变量，所以我们不知道研究结果在多大程度上可被拓展到其他实地环境中。也就是说，由于实验室环境无法反映现实世界的环境，因此我们不知道实验室中的研究发现，在多大程度上可以有效代表外在世界的现实。

11.4.1 内部效度与外部效度间的取舍

内部效度与外部效度必须加以取舍。若内部效度高，我们就必须乐于接受较低的外部效度，反之亦然。许多时候，研究者为了确保两种效度都有不错的水平，会先在控制严密的人为环境或实验室中检验因果关系，因果关系一旦确立，再在实地实验中重新检验。在管理学领域，有人用实验室实验设计来评估领导风格与管理趋向上的性别差异等。然而，在实验室中发现的性别差异或其他因素，到了实地研究中却经常消失得无影无踪（Osborn & Vicars, 1976）。由于存在外部效度问题，管理学领域较少应用实验室实验。至于实地实验，因为会造成一些非预期的后果，例如，员工变得疑神疑鬼、部门之间出现对立或嫉妒等，所以使用的机会也不多。

11.4.2 影响实验效度的各种因素

有些因素可能会影响实验室实验的内部效度，即便是设计绝佳的实验室研究都难以避免。换言之，研究中可能还是存在着一些混淆变量，这些变量都可能造成因变量的变化，干扰自变量的解释作用。于是这些可能的混淆变量成了内部效度的威胁，这些威胁主要有七种，即：历程效应、成熟程度效应、测试效应、测试工具效应、选择效应、统计回归效应及淘汰效应（mortality）。以下将逐一举例说明。

11.4.2.1 历程效应

在实验过程中，有时可能会意外出现某些事件或因素影响到自变量与因变量的关系，这样的历史事件会对两变量间的因果关系造成混淆，进而影响其内部效度。举例来说，假设某乳制品部门的主管出于好奇，想用"买一送一"的方式来为该公司的袋装乳酪进行为期一周的促销活动，观察其效果如何。为了评估促销活动的效果，这位主管在促销前两周就很仔细地记录这种袋装乳酪的销售情形。但就在促销活动展开的同一天，乳农协会也推出了一个多媒体广告，目的在于宣传食用乳制品（尤其是乳酪）的好处。结果，包括进行实验的那家商店在内，所有店家的各种乳制品（包括乳酪在内）都增加了不少销量。因为这个突如其来的广告，以致我们无法确定这种袋装乳酪销售量的增加，有多少比例是由于促销活动的关系，又有多少比例是由乳农协会的广告造成的。因此，历程效应降低了实验内部效度，或者说，降低了我们对于下列结论的信心：促销活动造成了销售量的增加。图 11.1 画出了这个例子中的**历程效应**（history effects）。

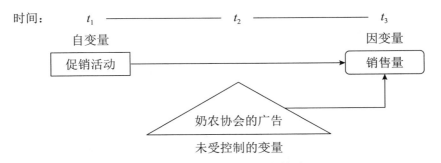

图 11.1　实验设计中历程效应的说明

又例如，有位面包师傅想知道，将某种据说可以提供更多营养的新成分添加到面包中会产生何种影响？他打算以 14 岁以下的儿童为对象，让他们在 30 天内每天吃一定数量的这种面包。实验一开始，面包师傅先用某种医学标准来测量 30 名儿童的健康情形，然后再让他们每天吃一定数量的面包。遗憾的是，当实验进行到第 20 天，某种流行性感冒病毒开始在城里蔓延，研究中的儿童大半受到了感染。结果，流行性感冒这个无法预见及控制的历程效应就这样干扰了该项研究中的因果关系。

11.4.2.2 成熟程度效应

另外，时间的推移是另一个无法控制的变量，它也可能对得出因果关系的结论造成干扰，这样的干扰称为**成熟程度效应**（maturation effects）。成熟程度效应是生理历程与心理历程的结果，会随着时间的推移而作用在受试者身上。例如，长大、变得疲倦、觉得饿、觉得无聊等。换言之，仅是时间的推移就可能对因变量产生成熟程度效应。举例来说，有一位研发部主管认为，在工作环境中引进先进技术可以在3个月内提升员工效率。但是即使我们在3个月后真的发现效率提升了，也很难因此就宣称，先进的技术（而且只有这个因素）提升了员工效率，因为随着时间的推进，员工的技术也会越加纯熟，工作绩效与效率自然会提升。由于我们很难确定这当中有多少仅是起因于先进技术的引进，因此我们说，成熟程度效应降低了研究的内部效度，如图11.2所示。

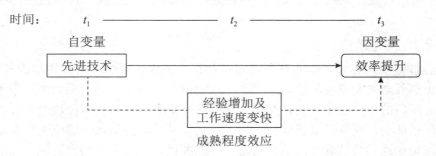

图 11.2　因果关系中成熟效应的说明

11.4.2.3 测试效应

为检验实验处理的影响，我们通常会对受试者施行**前测**（pre-test），如一份询问其情绪与态度的简短问卷。换言之，我们先测量因变量（前测），再施以实验处理，之后再进行第二次测试，称为**后测**（post-test）。前测与后测的分数差距，便被归因于处理所造成的影响。然而，受试者曾经接受前测的这项事实，或许会影响他们在后测时的回答，以致对内部效度和外部效度都造成不利影响。前面所述的过程可能导致两种类型的**测试效应**（testing effects）。

测试主效应是指前面的观察（前测）影响后面观察（后测）的情况。假设我们利用前测和后测来测试电视广告（处理）对品牌态度的影响。假设研究人员没有发现人们对品牌的态度发生明显变化。这个结果可能会导致这样一个结论，即电视广告没有效果。然而，另一种解释可能是我们的受试者想保持态度一致，在前测和后测中对问题做同样的回答。因此，前测可能影响后测的结果。那么，主效应则成了影响内部效度的又一因素。

当前测影响受试者对自变量处理的反应时，则会出现交互效应。我们仍然利用电视广告的例子，即利用前测和后测测试电视广告对品牌态度的影响。受试者参加过前测，所以与没有参加测试的电视观众相比，他们对广告更加熟悉。因此，实验得到的结果未必适合推广到人群中。所以，被试选择和实验处理的交互作用，会降低实验的外部效度。

总而言之，测试效应可能影响结果的内部效度和外部效度。主测试效应威胁内部效度，而交叉测试效应会威胁到外部效度。

11.4.2.4 选择偏误效应

内部效度和外部效度的另一威胁来自于实验组与控制组的受试者选择不当或配对不当。

我们先来看看受试者选择如何影响外部效度。然后再分析受试者选择对内部效度的影响。

在实验室实验中，受试者类型的选择可能与单位的员工不同。例如，我们把某高校的大学生分配去完成一项任务，然后分析影响他们工作表现的因素。然而，这个实验得出的结果并不能推广到实际生活中，因为实验中的情况与现实中的员工和工作性质差异很大。因此，受试者选择会对外部效度造成威胁。

对内部效度的威胁来自对实验组和控制组成员的不当或非匹配选择。假设有一项实验室实验要评估工作环境对员工工作态度的影响，而其中一个实验条件是让某一组受试者在一间微臭的房间内工作两个小时。然而，一名研究者因为很有道德感而将这个状况透露给可能来参加实验的人，结果这些人可能会因此拒绝参加。但也有些人可能会受到诱因的吸引而自愿参加（例如，参加实验2个小时可以拿到70元）。这样选出来的自愿者可能与其他人有相当大的不同，而他们对实验处理的反应或许也大相径庭。这种在选择受试者上的偏差，可能会干扰因果关系并对内部效度造成威胁。因此，新加入者、自愿者或其他无法与控制组配对的人，或许会对某些实验的内部效度产生威胁。基于此，我们更推荐使用组别配对和随机配对的方式。

11.4.2.5 淘汰效应

当实验组或控制组的成员在实验过程中死亡或退出时，会对因果关系造成另一种混淆。当各组成员因为时间的推移而产生变化时，组与组之间的比较就变得很难进行，因为中途退出的人很可能会对结果造成混淆。此时我们无法下结论说，我们所观察到的效应有多少是实验处理所造成的，又有多少是退出者所造成的。因为继续留下来做实验的人与中途退出者可能有不同的反应。举例说明如下。

例 11.5

> 有位业务经理多次听说"关于利用有效的销售策略来培训业务员的三种计划"的报道，这三种计划都为期6周。这位经理好奇地想知道哪种计划对他的公司最有利。第一种计划让受训者每天置身于实地环境，并通过实务经验来验证销售策略是否有效。第二种计划虽然用同样的策略来进行训练，但地点是在教室里，方式包括授课、角色扮演、回答学生问题等。至于第三种计划，是以数学模型与仿真来提升销售效果。于是，这位经理为这三种计划各挑了8个人来受训。然而，当第四周快结束时，第一组的三名成员、第二组的一名成员以及第三组的两名成员，却各自因为生病、家庭紧急事故、交通问题及车祸等种种原因而中途退出。如此一来，这几种计划的效果就无法进行比较。由此可见，淘汰效应也可能会降低实验的内部效度。

11.4.2.6 统计回归效应

当实验组的成员一开始就在因变量上出现极端分数时，**统计回归效应**（statistical regression effects）就会发生。假设一名主管想要检验卡内基训练之类的计划能否提高业务人员的销售能力，他就不该挑选能力太高或太低的人来参加实验。因为概率法则告诉我们，在某个变量上（在本例中是目前的销售能力）分数很低的人，在接受过实验处理后比较有可能有所改善，并且在后测的成绩上更接近平均数。这种得分低者的成绩往平均数靠近的现象称为"向平均数回归",也就是统计回归。同样地,能力很强的人也比一般人更有可能向平均数回归,亦即其后测成绩会比前测成绩低。因此,在某变量上表现极端的人是无法真正反映出因果关系的。这样的统计回归现象因此成了内部效度的另一威胁。

11.4.2.7 测试工具效应

测试工具效应(instrumentation effects)是内部效度的另一威胁。之所以会发生测试工具效应,是因为前测与后测所使用的测量工具产生了变化,而不是因为实验的不同处理所造成的影响(Cook & Campbell, 1979a)。例如,一名观察者在受试者接受实验处理前,可能是观察某一组特定行为,但却在实验处理后开始观察另一组不同的行为。至此,行为的测量架构(即测量工具)已经改变,因此,不能反映可归因于实验处理的行为改变。这种情况也会发生在物理性的测量工具上,例如,弹簧秤或其他精确校正的仪器,可能会因为长期使用造成弹性疲乏而失去其准确性,以致最后的测量结果出现误差。

在组织环境里,实验设计中也可能会发生测试工具效应,例如,实验者先进行前测,再对实验组施以各种处理,但后测的工作(如绩效的评估)却交由不同的主管来进行。结果,一位主管可能用最终的产出量来评估,另一位主管还考虑到被退回的件数,第三位主管则考虑到完成工作所花费的资源。若将每位主管视为一种绩效测量工具,那这里就有三种不同的测量工具。

因此,测试工具效应也可能对实验设计中的内部效度造成威胁。

11.4.3 找出效度所受威胁

接下来,让我们利用例 11.6 这个情境来检验七种可能威胁到效度的情况。

例 11.6

> 某组织顾问想通过实验设计来向该公司的董事长证明,民主式的领导风格最能够提升员工士气。为此,她设计了三个实验组与一个控制组,并以随机的方式将受试者分配到各组。三个实验组的领导者分别属于独裁式、民主式及放任式。
>
> 三个实验组的成员都接受了前测。由于控制组没有接受任何实验处理,因此并未进行前测。在实验进行过程中,民主式处理的组别中有两名成员忽然变得很兴奋,到处向同组的其他成员表示,这种参与的气氛"很棒","我们的绩效一定会很高"等。另外,当实验进行了 1 小时后,独裁组与放任组各有两名成员表示他们因故必须离开,而无法再参加实验。经过 2 个小时的活动后,包括控制组在内的所有成员都接受了一次与前测类似的后测。

1. 历程效应

某一组有两名成员出人意料地表现得兴高采烈,并表示"该组的领导风格很棒""该组的绩效一定会很高"等,这样的行为可能会提升该组所有成员的士气。因此,我们很难分辨该组士气的提升有多少仅是起因于实验情境,又有多少是来自于这两名成员突如其来的热诚。

2. 成熟程度效应

在这种情况下，成熟程度效应应该不会对士气产生任何影响，因为时间的推移本身似乎与士气的增减没有多大关系。

3. 测试效应

经过前测，受试者可能会对后测产生预期心理，故可能会出现主效应和交互效应。不过，如果所有的组别都接受了前测与后测，那么各组间的测试主效应（不是交互效应）应该会被抵消掉，那么各实验组的后测成绩就能够与控制组的成绩相互比较，以检验实验处理的效果。遗憾的是，研究中的控制组并未接受前测，因此，该组的后测成绩并未受到前测的影响——然而，这样的现象却可能发生在实验组中。因此，将实验组与控制组的成绩相互比较是不正确的做法。交互效应威胁到实验结果的外部效度。

4. 选择效应

由于受试者是以随机方式分配到各组，因此，选择效应本不应该影响实验结果的内部效度，也不应该影响实验结果的外部效度，因为我们没有理由假设，实验中选择的受试者与组织中的其他员工不同。

5. 淘汰效应

由于有两个实验组中有人退出，因此，内部效度会受到淘汰效应的影响。

6. 统计回归效应

前文虽未指明，但我们可以假设，本实验的所有参与者都是从一个正态分布的总体中随机抽取出来的，如此一来，会干扰实验的统计回归效应就不会发生。

7. 测试工具效应

由于是用同一份问卷来测量所有成员在处理前后的士气，因此，应该不会产生工具使用上的偏差。

在内部效度所面临的七种威胁中，有三种适用于本例，即历程效应、测试主效应及淘汰效应，因此，本研究的内部效度并不高。交互效应威胁实验结果的外部效度。

例 11.7　案例研究的内部效度

既然连控制严密的实验室实验都会面临数种内部效度威胁，所以我们应该清楚认识到为何无法从案例研究中导出有关因果关系的结论。所谓案例研究，是就特定时间内发生的一些事件进行描述。一份研究除非有良好的实验设计，并以随机的方式将受试者分配到实验组与控制组，实验处理操作得很成功，而且显示了可能的因果关系，否则我们根本无法判定哪一个因素引发了另一个因素。举例来说，百事可乐公司曾经推出一种名为 Slice 的汽水，它在刚推出时虽然销售成绩不错，但之后并未获得成功，几个可能的原因有：（1）广告预算被削减；（2）假设前提错误，以为 Slice 的果汁成分会吸引到有健康概念的消费者；（3）百事可乐公司急于从中获取利润；（4）该公司在策略上犯了几项错误；（5）低估了品牌建立所需要的时间。以上种种理由虽然有助于我们建立起某个理论框架，以解释一项产品在销售上的变化，但光靠一些片段的事件无法确立因果关系。

11.4.4 回顾各种可能影响内、外部效度的因素

内部效度关系到研究中的效应是实验处理单独造成的，还是其他外部因素造成的。外部效度则关系到研究结果能否拓展到其他环境中。

交互检验和**选择效应**（selection effects）可能会限制研究结果的外部效度。为了对抗外部效度所受到的威胁，我们可以让实验条件与实验结果所要应用的情境尽量接近。

总结来说，实验设计的内部效度至少可能会受到七种混淆因素的影响，包括历程效应、成熟程度效应、测试效应、测试工具效应、选择效应、统计回归效应及淘汰效应。我们可以提高实验设计的复杂度来降低这些偏差，这样虽然有助于提高实验结果的内部效度，但却可能耗费许多成本与时间。

以下我们将会讨论几种不同的实验设计及其可达到的内部效度。

11.5 实验设计类型及效度

让我们来看看几种常用的实验设计，以及他们预防这七种可能干扰实验结果的内部效度的因素发生的能力。实验的存续时间越短，就越不可能遭遇历程效应、成熟程度效应及淘汰效应，因此，为时一两个小时的实验往往不会碰到这些问题。只有当实验跨越了相当长时间（如历时数月），碰到这些混淆因素的概率才会提高。

11.5.1 准实验设计

有些研究只对一个实验组进行处理并测量其效应。这样的**实验设计**（experimental design）是所有设计中内部效度最弱的，不能测量出真正的因果关系，因为这种设计并未比较不同的组别，也没有记录因变量在接受实验处理前后的情况与变化。由于缺乏这种控制，这样的研究就探索因果关系而言，并无科学价值，故我们称此设计为准实验设计（quasi-experimental design）。

11.5.1.1 只有一个实验组，但前后测都做的实验设计

这种设计只有一个实验组而没有控制组，我们先对实验组进行前测，再施以实验处理，最后用后测来检验处理的效果，如表 11.2 所示。表中 O 代表某种观察或测量的过程，X 代表该组接受了实验处理，同一行的 X 与 O 则代表同一组的情况。在此，算出前测与后测的差距（O_2-O_1）即可求得处理效果。不过，要注意测试效应可能会影响内部效度（测试主效应）和外部效度（交互效应），而实验进行的时间如果很长，历程效应与成熟程度效应也可能会混淆研究结果。

表 11.2 有前测与后测的实验组设计

组别	前测成绩	处理	后测成绩
实验组	O_1	X	O_2

注：处理效果 =（O_2-O_1）。

11.5.1.2 一个实验组与一个控制组，但只做后测的实验设计

有些实验设计会有一个实验组与一个控制组，但只对前者施以实验处理，然后再评估

结果的差异，即以两组的后测成绩来了解处理的效果，如表 11.3 所示。由于这种设计只有后测没有前测，因此可以避免测试效应。但必须注意的是，两组在所有可能造成影响的干扰变量上必须配对妥当，否则，光从两组在后测成绩上的差异是看不出实验处理的真正效果的。随机化分配可以解决这个问题。

表 11.3 有实验组也有控制组，但只做后测的实验设计

组别	处理	结果
实验组	X	O_1
控制组		O_2

注：处理效果 = (O_1-O_2)。

淘汰效应（受试者中途退出）也可能会混淆研究结果，进而威胁到内部效度。

11.5.1.3 时间序列设计

时间序列设计（也称为断续时间序列设计）与前述实验设计的不同之处在于，在相同时间间隔内搜集同一变量的数据（例如，周、月或年）。使用时间序列设计，研究人员可以在一段时间内评估实验处理产生的影响。图 11.3 形象地描述了时间序列设计。通过图形，我们看到在实施实验处理前后，因变量的变化趋势。

$$O_1 \quad O_2 \quad O_3 \quad O_4 \quad O_5 \quad O_6 \quad O_7 \quad O_8 \quad O_9 \quad O_{10}$$

图 11.3 时间序列设计

图 11.4 给出了实验（时间序列设计验证降价在 4 周内对销售量影响的实验）结果。x 轴表示划分为周的时间，y 轴（因变量）表示销售量随时间的变化情况。假设其他因素（如市场营销组合变量和竞争对手的市场营销组合）保持不变，降价产生的影响就是变化前后销量的差异。通过图 11.4 不难看出，产品降价之后，销售量提高。但问题是销售量的提高是否显著。在时间序列设计实验中，贝叶斯移动平均模型（如 Box and Jenkins，1970）常被用来验证实验处理对因变量的影响。

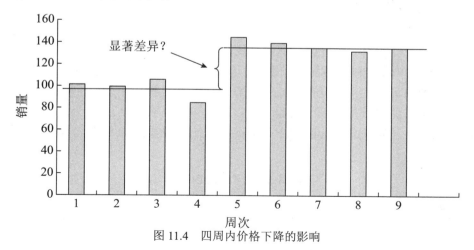

图 11.4 四周内价格下降的影响

时间序列设计的主要问题是"历程"问题：在实验进行过程中，影响自变量和因变量之间关系的其他事件或因素会意外出现。当然还有其他问题，如主效应和交互效应，淘汰

效应和成熟程度效应。

11.5.2 真实验设计

真实验设计既有处理组也有控制组，并且会在实验组接受实验处理的前后记录相关信息，因此，又称为**回溯性实验设计**（ex post facto experimental designs）。具体讨论如下。

11.5.2.1 一个实验组与一个控制组，但前后测都做的实验设计

这样的设计可参见表 11.4。在此，包括实验组与控制组在内的两个组别都接受了前测与后测。两组唯一的差别是，实验组进行实验处理，但控制组没有。由于两组都接受过前测与后测，而且经过了随机分配，因此，历程效应、成熟程度效应、测试效应与测试工具效应都应该可以获得控制。因为实验组内无论发生什么事（即历程效应、成熟程度效应、测试效应及测试工具效应），控制组内也会发生，所以我们在测量净效果（即前测与后测成绩的差异）时，就控制了这些干扰因素。通过随机化分配的过程，我们也控制了选择效应及统计回归效应的影响。

表 11.4 既做前测也做后测的实验组与控制组设计

组别	前测	处理	后测
实验组	O_1	X	O_2
控制组	O_3		O_4

注：处理效果 =（O_2-O_1）-（O_4-O_3）。

不过，淘汰效应却可能造成问题。在为期数周的实验中，如评估培训对技能发展的影响，或测量技术进步对效率的影响等实验，实验组的某些受试者可能会在实验结束前中途退出。但是中途退出的人与待到最后接受后测的人在某些地方可能是不同的，这样淘汰效应或许可以为 O_2 与 O_1 的差异提出另一种合理的解释。交互测试效应也可能会造成一定的问题。实验组中的受试者被要求去做前测这一事实可能会使得他们对于操作更敏感。

11.5.2.2 所罗门四组设计

为了对实验设计的内部效度更有把握，我们可在实验中设置两个实验组与两个控制组，其中一个实验组与一个控制组都施以前测及后测，如表 11.5 所示；另外两组则只施以后测；在此，处理的效果可以几种不同的方式来计算。如果每一种计算方式所获得的结果都相差不多，我们即可将这些效果归因于实验设计。这种可提高实验结果的内部效度的做法，称为**所罗门四组设计**（Solomon four-group design），它或许是最全面且在内部效度上问题最少的一种设计。

表 11.5 所罗门四组设计

组别	前测	处理	后测
1. 实验组	O_1	X	O_2
2. 控制组	O_3		O_4
3. 实验组		X	O_5
4. 控制组			O_6

所罗门四组设计及其效度所面临的威胁

所罗门四组实验设计是一种设计精密的实验设计。这种实验设计几乎控制了所有（除了淘汰效应和交互测试效应以外）威胁内部效度的因素；淘汰效应是所有实验设计都会遇到的问题。因此，当存在交互测试效应时，所罗门四组实验设计非常有用。

处理效果（E）可以用下列几种方式计算：

$$E=(O_2-O_1)$$
$$E=(O_2-O_4)$$
$$E=(O_5-O_6)$$
$$E=(O_5-O_3)$$
$$E=[(O_2-O_1)-(O_4-O_3)]$$

所有的处理效果如果相差不大，则表明因果关系的效度很高。

为了计算实验处理的效应，需要对第三组和第四组前期测量进行估计。该估计的最优值，是两个前测值的平均，即$(O_1+O_3)/2$。根据6个前测和后测观察值，对前期测量的估计可用以计算实验处理（E）、交互检验效应（I）和非控制变量效应（U）影响的估计。对这些影响的估计，可以通过比较四组实验的前后测量进行计算。

对每一组，下面的方程提供了估算实验处理（E）、交互检验效应（I）和非控制变量效应（U）潜在影响的方法：

第一组：$(O_2-O_1)=E+I+U$
第二组：$(O_4-O_3)=U$
第三组：$[O_5-1/2(O_1+O_3)]=E+U$
第四组：$[O_6-1/2(O_1+O_3)]=U$

通过比较各组的前测和后测，我们可以用上述方程估计E、I和U的影响。例如，要估算实验处理（E）的影响，利用第三组和第四组的结果：

$$O_5-1/2(O_1+O_3)-O_6-1/2(O_1+O_3)=[E+U]-U=E$$

要估算I（交互检验效应）的影响，利用第一组和第三组的结果：

$$(O_2-O_1)-O_5-1/2(O_1+O_3)=(E+I+U)-(E+U)=I$$

所以，我们能够控制对外部效度有威胁的交互检验效应。下面让我们看一下，在所罗门四组设计中，如何处理对内部效度的威胁。

需要注意的是，实验对象需要随机选择，并随机分配给各组。这有助于剔除统计回归误差和选择误差。第二组是控制组，既有前测也有后测，可以帮助我们了解历程效应、成熟程度效应、测试效应、测试工具效应、统计回归效应是否会影响内部效度。对所有实验设计，即便是我们这一种，退出率（实验过程中参与者会退出）都是可能存在的问题。

由此可见，所罗门四组设计可以确保最高的内部和外部效度，将其他许多可能的影响排除在外。当因果关系的确立对企业的存续与否有决定性影响时，这样的设计将非常有用。例如，药厂的产品有问题，往往无法避免官司诉讼。不过，由于这种设计需要为数众多的受试者，严谨度较高，实验进行时间较长，再加上其他种种因素，以致实验成本往往很高。因此，这种设计很少被使用。

表11.6摘要列出了各种实验设计在效度上所面临的主要威胁，只要受试者的分配方式

是随机的，各种设计都可避免选择效应与统计回归效应的干扰。

表 11.6 当受试者以随机方式选取与分配时，各种实验设计在效度上所面临的主要威胁

实验设计类型	效度所面临的主要威胁
1. 只有一个实验组，但前后测都做的实验设计	历程效应、成熟程度效应、主测试效应、交互测试效应和淘汰效应
2. 一个实验组和一个控制组，但只做后测的实验设计	交互测试效应和淘汰效应
3. 一个实验组和一个控制组，前后测都做的实验设计	淘汰效应
4. 所罗门四组设计	淘汰效应

11.5.2.3 双盲研究

一项实验设计如果需要极高的严谨度，可以进行盲性研究来防止任何偏差乘虚而入。举例来说，制药厂在针对新开发的药物进行功效测试时，实验组与控制组的受试者并不知各自服用的是药物还是安慰剂，这样的研究称为盲性研究。

例如，当初 Aviron 制药公司在测试 Flu-mist 疫苗时，受试者与打疫苗的研究者都不知道谁接受"真正"实验处理，谁服用的是"安慰剂"。整个过程是由一个外部测试机构来进行的，只有他们知道谁接受了什么样的处理。在这类研究中，因为实验者与受试者都受到了蒙蔽，因此被称为**双盲研究**（double-blind studies）。由于实验处理并未受到任何外力干扰，因此这种实验研究的偏差是最小的。

前面提过，管理者在组织内部利用实验设计进行因果关系的研究，这是因为研究会给组织带来不便和打扰。

11.5.2.4 事后回溯研究设计

有时因果关系会通过所谓事后回溯研究设计来加以确立。这种设计不会在实验室或实地环境中操作自变量，而是针对一群曾经接受某种或不曾接受该种刺激的受试者进行研究。举例来说，某组织曾在 2 年前引进一套培训计划，有些人接受过该计划的培训，有些人则没有。要研究这套培训计划对工作绩效的影响，我们可以搜集这两组的工作绩效资料。由于这份研究距离当初的培训已经有一段时间，故称为**事后回溯研究设计**（ex post facto design）。

另外，本章附录还介绍了一些较高级的实验设计，如完全随机设计、随机模块设计、拉丁方格设计及因子设计等，有兴趣的读者可自行参阅。

11.6 仿真

除了实验室实验与实地实验，目前的企业研究还会使用一种名为仿真的方法，它是利用建模技术来研究各种变化所产生的影响，例如，目前在企业研究中日益风行的计算机仿真。仿真研究是指一种在特别创造的环境下进行的实验，这个环境中的活动如常进行，其与自然环境非常近似。

尽管一些操作一个或几个变量的实验有时被视为模拟，但更普遍的用法是捕捉"更大的图景"（现实世界），这可能涉及许多变量。这就是为什么系统思考者经常使用模拟。系

统思考是一种整体分析方法，侧重于系统的组成部分相互关系的方式以及系统（如组织系统）随时间变化的工作方式。系统是相互关联和相互依存的元素或组件的内聚集合体，可以是自然的（例如生态系统）或人造的（例如组织或行业）。对复杂现实世界系统的模拟是一个模仿系统的过程，以了解其工作方式。这样，它可以帮助研究人员和管理人员研究特定干预措施对整个系统的影响（而不是对一个特定变量的影响），从而评估其对现实世界的影响。

仿真也经常用于会计和金融领域。例如，有人用仿真技术来检验各种分析检查程序在审计账目金额错误上的有效性（Knechel, 1986）。财务界则用仿真技术来研究风险管理。另外，还有人利用这种技术来研究退休金计划的融资方式与重大投资决策中的各种复杂关系（Perrier & Kalwarski, 1989）。在这类模型中，我们可以将劳动力的人口统计特性与通货膨胀率等多个变量单独或同时予以改变。

机械原型或仪器原型常常是仿真的成果，许多公司会利用这种技术来测试各种产品的强度与效能。另外，我们也时常听到飞行仿真器、驾驶仿真器甚至核子反应炉仿真器，这些机器所呈现的画面会随着个人（如飞行员、汽车驾驶员、紧急事故处理者）对某一个刺激所做出的反应而不断地改变，并无一定的次序。整个企业从办公室配置到获利水平也可以根据各种未来情境进行仿真。

11.7　实验研究的伦理问题

谈到这里，我们可以简单讨论一下研究中会碰到的一些与实验室实验有关的伦理问题。以下是一些被认为不道德的做法：

（1）通过恐吓或社会压力来逼迫他人参加实验。
（2）要受试者做卑微的工作或向他们提出屈辱性的问题来打击他们的自尊。
（3）为了欺瞒受试者而刻意让他们误解研究的真正目的。
（4）让受试者遭受身体或心理上的压力。
（5）不准受试者中途退出研究。
（6）利用研究结果做出对受试者不利的事，或将研究用在他们不喜欢的用途上。
（7）未事先说明实验程序。
（8）让受试者置身于危险、不安全的环境下。
（9）实验结束后，未向受试者作出充分且正确的解释。
（10）受试者透露的信息未能加以保密。
（11）不让控制组的受试者获益。

不过，最后一项是否构成伦理问题还颇有争议，在组织研究中更是如此。假设研究者为三个实验组提供了不同的诱因，而控制组则没有，那么控制组在这项实验中确实未得到任何好处。同样地，如果有四个实验组分别接受了四种不同程度的培训，控制组却未获得任何培训，则这四组确实可以学到一些控制组所接触不到的专业知识。但是这样的状况是否应该被视为不道德而不该在组织研究中使用有控制组的实验设计呢？或许不应该这样看待，原因至少有三个。第一，组织内还有其他人没有参加这项实验，也未从中获益。第二，即使在实验组中，某些人的收获还是比其他人多（这取决于因变量受操作的程度）。第三，最后若是真的发现因果关系，整个组织迟早都会运用这项新知识，并可从中获益。因此，所谓控制组无法从实验中获益的这项假设，或许并不是让我们不要使用实验室实验或实地实验的充分理由。

为保障个人在参与研究时的权利不会受到侵犯，许多大学都设有"人类受试者委员会"（Human Subjects Committee）。这类委员会的基本功能是：对研究计划中所提出的研究程序进行考察与审核，以确保校方履行其伦理责任。若有必要，委员会会要求研究者修改其研究程序或告知受试者充分的信息。

11.8 管理启示

在使用实验设计进行研究以前，必须先思考一个重要问题：有必要使用实验设计吗？如果有，要复杂到什么程度？这是因为实验设计特别费工夫，日常活动也会受到某种程度的干扰。在做这些决定以前，我们必须先想想以下这些问题：

（1）真的有必要找出因果关系吗？还是只要知道有哪些相关变量会影响因变量的变异就够了？

（2）如果真有必要找出因果关系，则内部效度与外部效度哪个更为重要呢？还是两者都很重要？如果只有内部效度重要，那我们需要的是设计严谨的实验室实验；如果共性比较重要，那我们需要进行实地实验；如果两者同等重要，则我们需要先做实验室研究，有必要的话再做实地实验。

（3）成本因素是研究中的重要考虑事项吗？如果是，采用复杂度较低的实验设计可行吗？

图 11.5 画出了这些决策点。

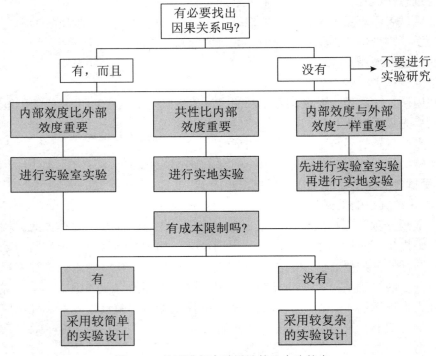

图 11.5　是否进行实验设计的几个决策点

虽然管理者不见得会对因果关系感兴趣，但是了解实验设计或许可以帮助我们设计出一些高质量的实验研究来研究红利制度、按件计酬、休息时间长短等因素是否会促成一些比较正面的结果，如动机提高、工作绩效提高或其他在工作场所中较有利的工作状况等。营销经理也可以通过实验设计来研究诸如广告、促销活动及定价等因素对销售的影响。另外，了解到"仿真"的优点，或许也可以设计出极具创意的研究。目前，这项研究工具在许多产业的制造部门都发挥了相当大的功效。

总结

学习目标1：描述实验室实验，讨论这类实验的内外部效度。

我们通过引入控制和操作来在人工环境中建立因果关系，并进行实验室实验。研究者的目标是使除自变量外的所有变量保持恒定。操作意味着我们需要创建不同水平的自变量来评估对因变量的影响。控制干扰变量的一种方法是在实验中按照组别分配。另一种控制干扰变量的方法是将参与者随机分配到组中。在实验室实验中，内部效度是很高，而外部效度通常很低。

学习目标2：描述实地实验，并讨论其内外部效度。

实地实验是在自然环境中进行的实验。在实地实验中，并不能控制所有的干扰变量。然而，处理仍然可以被操作。在实地实验中也可以建立控制组。在这些条件下发现的因果关系将更广泛地适用于其他类似情况（外部效度通常很高，实地实验的内部效度较低）。

学习目标3：描述、讨论、识别对内部效度和外部效度的威胁，权衡内外部效度。

外部效度是指因果研究结果在多大程度上可以应用到其他情况。内部效度是指我们对因果效应的信心程度。实地实验的外部效度较高，但内部效度较低。在实验室实验中，内部效度较高，外部效度较低。因此，内部效度和外部效度之间存在一种权衡。即使是设计最好的实验室研究也可能受到影响内部效度的因素的影响。对内部效度的七个主要威胁是历程效应、成熟程度效应、（主要）测试效应、选择效应、淘汰效应、统计回归效应和测试工具效应。对外部效度的两个威胁是（交互的）测试效应和选择效应。

学习目标4：描述不同类型的实验设计。

准实验设计是所有设计中最弱的一种，它不能测量真正的因果关系。只有一个实验组，但前后测都做的实验设计，一个实验组与一个控制组，但只做后测的实验设计，和时间序列设计是准实验设计的例子。真实验设计既有处理组也有控制组，并且会在实验组接受实验处理的前后记录信息，因此又称为回溯性实验设计。既做前测也做后测的实验组与控制组设计、所罗门四组设计和双盲研究都是真实验设计的例子。在回溯性实验设计中，不会在实验室或实地环境中操作自变量，研究对象是一群曾经受过某种刺激或不曾受过该种刺激的受试者。

学习目标 5：讨论什么时候以及为什么仿真可作为实验室和实地实验的替代方法。

仿真是实验室实验和实地实验的一种替代方法，它使用建模技术来研究各种变化所产生的影响。

学习目标 6：讨论实验设计中的管理者作用。

实验设计的知识可以帮助经理（聘请顾问）建立因果关系。通过对因果关系的分析，有可能找到问题的答案或者解决方案。实验可以帮助经理们检验奖金制度是否会带来更多的工作动力，计件工资是否会带来更高的生产率，或者降价是否会带来更多的销售量。

学习目标 7：讨论伦理在实验设计中的作用。

实验伦理学是指在进行实验研究的必要过程中正确的行为准则。研究人员有义务尊重研究参与者的权利和尊严。这意味着他们应该考虑到相关行为规则。

讨论题

1. 因果研究与相关性研究有何不同？
2. 实验室实验与实地实验有何不同？
3. 请给出"控制"与"操作"的定义。试举出一种实验室实验，其中有一个变量你必须控制，还有一个变量你无法控制但是会影响实验结果。
4. 请说明几种可以控制"干扰"变量的方式。
5. 什么是内部效度？它面临哪些威胁？
6. "内部效度与外部效度需要进行权衡。"试评论之。
7. 请说明受试者的选择可能会影响实验的内部效度和外部效度。
8. 请说明主测试效应与交互测试效应的差别。为什么这种差别很重要？
9. 历程效应是时间序列设计中存在的主要问题。其他问题还有主测试效应和交互测试效应，淘汰效应和成熟程度效应。请给出解释。
10. 请解释为什么采用所罗门四组实验设计，却仍然存在淘汰效应。
11. "一项实验设计如果包含了控制组，其他外部变量的控制问题就不必担心。"试评论之。
12. "所有关于因果关系的研究问题，都可通过所罗门四组设计来找到解答，因为这种设计可防止各种威胁内部效度的效应发生。"试评论之。
13. 以下这段文字取材自《商业周刊》，阅读后请运用你在本章所学，先描绘出大概的理论框架，再进行研究设计。

自尊的重要功能

为何有些人钱赚得比别人多？根据经济学家的研究，教育、基本技能及工作经验这些他们称为人力资本的东西对于生产力的提高有相当的重要性，也反映了较佳的赚钱能力。研究者还发现，自尊有助于累积人力资本。

---

14. 设计一项研究来考察以下情况。

> 某一组织想从两种新的制造过程中引进其中一种来提高员工的生产力,但是两种制造过程都必须投入大量成本购买昂贵的技术。因此,该公司想要在它的一家小工厂内测试这两种制造过程的效率。

附录

其他实验设计

本章我们谈到几种不同的实验设计,都是让几个不同的组别接受一种或多种实验处理再测量操作的效果。不过,有时我们会想评估两个或更多的变量同时会对自变量造成什么影响,这时就需要更复杂的设计。现有的高级实验设计包括完全随机设计(completely randomized design)、随机模块设计(randomized block design)、拉丁方格设计(Latin square design)和因子设计(factorial design)。

在介绍这些设计之前,先让我们来了解一些专有名词。因素(factor)是指自变量,如价格。水平(level)是指一项因素的各种程度,如高价、中价及低价。这些程度所代表的意义必须明确地加以表示,如高价是一件 2 元以上,中价是一件 1～2 元,低价则是一件不到 1 元。实验处理是指各项因素的不同水平。模块因素(blocking factor)是指在给定的某种情况下已经存在的变量,它可能会在实验处理之外对因变量产生影响,而对其影响又必须加以评估。实际上,模块因素就是影响因变量的自变量,只不过它在给定的环境下已经预先存在了,例如,组织内的男女性人数、一家商店中各年龄层的顾客都是模块因素。

1. 完全随机设计

假设某客运公司经理想知道,若将公车票价下调 5 分钱、7 分钱及 10 分钱,对该公司公车的每日乘客增加量会产生何种影响?他可以挑选 27 条公车经常行驶的路线,再以随机方式为以上三种票价分配 9 条路线,并实行两周,实验设计大概如表 11.7 所示,左栏中的 O 代表实验处理前两周内搭乘该公司公车的乘客数,X_1、X_2 及 X_3 代表三种不同的实验处理(即每英里的票价分别下调 5 分钱、7 分钱和 10 分钱),右栏中的 O 则代表票价下调的两周内搭乘该公司公车的乘客数。如此一来,这位经理只要用右栏中的 O 减去左栏中相对应的 O,即可评估出这三种处理的影响。

表 11.7 完全随机设计示意图

公车路线	处理前的乘客数	实验处理	处理后的乘客数
第一组(9 条路线)	O_1	x_1	O_2
第二组(9 条路线)	O_3	x_2	O_4
第三组(9 条路线)	O_5	x_3	O_6

2. 随机模块设计

在上例中，这位客运公司经理只是想获得一个概略性的了解，即不同的降价水平对于每日载客增加量的影响。不过，他更感兴趣的可能是，如何锁定正确的路线或乘客群进行降价。举例来说，老年人或居住在都市中交通拥挤、开车不便地区的居民或许会比较喜欢下调票价；相对地，住在郊区的车主可能就没那么关注或欢迎票价的下调。因此，对象如果锁定正确（即锁定正确的模块因素——住宅区），下调票价或许可以吸引到更多的乘客。于是这位经理必须先找出符合这三个模块——郊区、市内交通拥挤区、退休者住宅区——的公车路线，再将27条路线分配到这三个模块，然后以随机方式将各模块内的公车路线分配给三个实验组。这份实验设计大致如表11.8所示。

表 11.8　随机模块设计

减价方案	模块因素：住宅区		
	郊区	市区	退休者住宅区
5 分	X_1	X_1	X_1
7 分	X_2	X_2	X_2
10 分	X_3	X_3	X_3

注：上面的几个 X 只表示了模块因素的不同水平，表中虽没有显示 O（即各种水平在处理前后的乘客数），但这些数字实际上已经被测量了。

通过上述的随机模块设计，我们不仅可以评估各种实验处理的直接效果（即各种减价方案的效果），也可衡量价格与住宅区路线的联合效果（交互作用）。例如，欲知5分钱的减价方案对所有路线的整体影响如何，只要看看三个住宅区的乘客增加量即可；要知道该方案对郊区路线的整体影响如何，只要看看表中的第一格就知道了。假设每日平均乘客增加量的第一名是采取7分钱减价方案的市内交通拥挤区（平均增加75人），第二名是采取10分钱减价方案的退休者住宅区（平均增加30人），第三名是采取5分钱减价方案的郊区（平均增加5人），该客运经理可进行成本—效益分析，再决定要采取何种方案。由此可见，随机模块设计是一种更有效的技术，可以提供更多信息帮助我们做决定，但成本也相对更高。

3. 拉丁方格设计

随机模块设计虽然可以帮助实验者在评估处理效果时，将一个干扰变量（即图中各行内的方差）的影响降到最低，但如果要控制的模块内干扰因素有两个时（各行与各列内的方差），拉丁方格设计就能派上用场。在这样的设计中，每种实验处理在各行的出现次数是相同的，而且会依序出现。举例来说，上述提到有关公车票价下调对乘客人数影响的研究，干扰因素可能有两个，一是时间：（1）周中（周二到周四），（2）周末，（3）周一和周五；二是上述三种不同乘客的住宅区。因此，我们可以设计一个三乘三的拉丁方格设计，再将三种实验处理（即减价5分钱、7分钱及10分钱）予以随机化分配，让每一种处理在各行与各列都只出现一次，如表11.9所示。实验后再计算每一种处理所带来的乘客增加量，便可评估出每种实验处理的平均效果，并得知何种降价方案可以带来最大的利益。

表 11.9　拉丁方格设计

住宅区	时间		
	周中	周末	周一和周五
郊区	X_1	X_2	X_3
市区	X_2	X_3	X_1
退休者住宅区	X_3	X_1	X_2

不过，拉丁方格设计有个问题：它假设实验处理与模块因素不会产生交互作用，实际情况却不见得如此。而且实验处理有多少，图中的方格就应该有多少，与某些设计比较起来是相当没有经济效益的。

4. 因子设计

因子设计可让我们检验两个或更多操作对因变量所同时产生的效果，即我们可以同时操作两种实验处理，再评估这些处理的单独效果与联合效果（又称为主要效果与交互作用）。例如，公交公司的经理或许想知道三种不同的公车（豪华快车、普通快车及一般公车）会对乘客增加量造成何种影响，于是决定同时操作票价的下调幅度及公车的类型，如表 11.10 所示。

表 11.10　3×3 因子设计

公车类型	票价调降幅度		
	5 分钱	7 分钱	10 分钱
豪华快车	$X_1 Y_1$	$X_2 Y_1$	$X_3 Y_1$
普通快车	$X_2 Y_2$	$X_1 Y_2$	$X_3 Y_2$
一般公车	$X_3 Y_3$	$X_2 Y_3$	$X_1 Y_3$

此时我们有两个因子，每一个因子都有三种水平。我们将三种不同的票价随机分配到九种实验处理的组合中。举例来说，这位经理可从中得知每一种下调方案、每一种公车及两者的组合如何对乘客的增加量造成影响。这样就可以评估出这两个自变量的主要效果与交互作用。因此，因子设计会比数个单一因子的随机设计更有效率。

另外，统计上也可以通过共变分析（covariance analysis）来控制一个或多个变量。例如，你可能会怀疑，受试者虽已通过随机方式分配到不同的实验处理，但可能还有其他"干扰"因素存在，此时我们可以利用统计技术将这些因素排除在外，以利于我们进行资料分析。

除了以上的介绍，还有一些复杂的实验设计可供使用，有兴趣的读者可自行参阅相关书籍。

第 12 章

变量的测度：操作化定义

学习目标

在完成第 12 章的学习之后，你应该能够：
1. 解释变量是如何测度的。
2. 解释何时有必要把变量操作化。
3. 操作化定义抽象和主观变量。

12.1 导言

变量的测度是研究不可或缺的一部分，也是研究设计的一个重要方面（见图 12.1 阴影部分）。除非以某种方式测度变量，否则我们将无法找到研究问题的答案。Kaplan（1964）提出了三种可以测度的东西。首先，直接观察是指可以直接观察到的某种物理现象或特征，例如在特定地点或事件中出现的人数。其次，人们对有关组织中工作人员人数的问卷项目的反应是间接观察，即特征或对象的间接表示。最后，基于观察的概念和创造，但既不能直接观察也不能间接观察。概念的例子有客户满意度、工作投入和价格意识。虽然人们可能可以观察到客户满意度的后果（例如积极的口碑传播和客户忠诚度）以及满意度的前因（例如员工反应），但人们无法观察到客户满意度本身。将抽象和主观的概念转化为具体措施的过程称为操作化。在这个过程中，需要对如何将抽象和主观的概念转化为测度值做出许多重要决定。这些决定将在接下来的两章中详细讨论。在本章中，将重点从概念上和操作上来定义构念。第 13 章将重点介绍量表、可靠性和有效性。

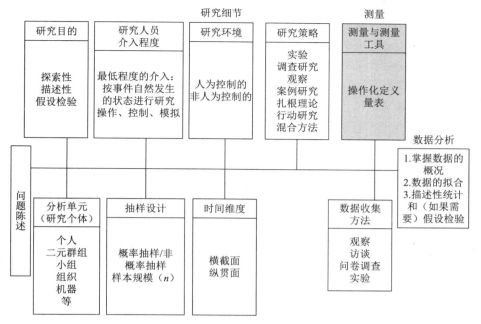

图 12.1　研究设计和本章内容

12.2　如何测度变量

为了评估消费者对我们服务的满意度，了解风险规避的日内交易者的情况，或者检验劳动力多样性影响组织效率的假设，我们必须进行测度。测度是按照某种规律，用数字或其他符号来描述对象的特点，即对事物做量化描述。测度的对象可能是人、战略业务单元、公司、国家、自行车、大象、厨房用具、饭店洗发水、酸奶等等。测度对象的特点，如寻求激励的倾向、成就动力、组织效能、购物乐趣、长度、重量、种族多样化、服务质量、条件效应、口味等。你要知道的是，你不能测度一个物体（如企业），你要测度的是对象的特点（如企业的组织效能）。你可以测度人的身高，大象的重量，股票经纪人寻求激励的倾向（arousal-seeking tendency），女性的购物乐趣，饭店的服务质量，洗发水的护发效果和某品牌酸奶的口味等。为了能够测量，你需要一个对象而且还要知道这个对象的属性，但是你也需要一个裁判。这个裁判需要有必要的知识和技能去评估一些事情，比如酸奶的口味，股票经纪人寻求激励的倾向，或者是学生的交流技能。很多情况下这个对象和这个裁判是同一个人。例如，如果你想知道你的员工（对象）的性别属性，或者女性（对象）的购物乐趣（属性），你可以很简单地通过一个人工分发的调查问卷要求对象们（员工和女性）向你提供必要的细节。然而，当你想测量酸奶的味道，餐厅的服务质量，学生的沟通技巧，甚至管理者的管理经验时，这个对象不太可能像一个裁判一样有必要的知识和技能。在这种情况下，选择合适的裁判可能相当棘手。

现在，请完成练习 12.1。

练习 12.1

识别对象和属性，就谁是合适的裁判给出你有根据的意见。

1. 汽车购买者的价格意识
2. 有阅读障碍的儿童的自尊
3. 学校教师的组织承诺
4. 公司营销定位
5. 手机的产品质量

在日常生活中，我们常利用一些标准化工具来进行物理上的测度（直接和间接观察），而这些工具基本上并没有测度问题。例如，可用标尺来测度长方形办公桌的长度和宽度。同样地，也可测度办公室地板的面积和大象的重量（至少在一定程度上）。公司人事资料中的人口统计变量，也可通过几个简单且直接的问题而获得，例如，"你在这家公司服务多久？"或"你已婚还是未婚？"

但是对于主观性和抽象性的特点，测度起来比较困难。例如，办公室员工的成就动机，女性的购物乐趣或学生的认知需求等。同样，我们也很难验证劳动力多样化、管理专业技能与组织效能之间关系的假设。由于涉及变量具有抽象性的特点，所以对这类问题我们不能简单地提几个问题，如"你们单位员工多样化（种族等）的程度如何？"或"你们单位的组织效能如何？"然而，尽管后者缺少客观的测度工具，但还是有办法对主观感觉与个人感觉给予明确的定义。

基本上，某些事物的测度因为有适合的量度工具，所以会比较容易。例如，人类的某些生理指标——血压、脉搏快慢、体温，以及身高、体重等。但是当我们想知道有关人们的主观感受、态度以及感觉等时，测度则变得较为困难。

12.3 操作化定义

对于含糊不清的变量，尽管缺乏具体的测度工具，但是我们还是有办法测度。一种方法是降低它的抽象性，转变成可观察的行为或特点。例如，口渴是抽象的概念，我们无法"看到"别人的口渴程度，然而，我们却可以预期一个口渴的人会喝大量的流质液体来补充。也就是说一个口渴的人，他的反应会是喝许多的液体。因此，我们可通过测度口渴的人喝多少液体来得知他的口渴程度。所以即使口渴本身是个抽象且含糊的概念，我们仍能测度口渴的程度。降低概念的抽象程度并且用客观的方法加以测度，便是所谓使概念操作化。

研究人员要在概念上和操作上定义抽象和主观的变量。概念定义会告诉你概念意味着什么，操作定义会告诉你如何衡量它。例如，口渴的概念定义是"口腔和喉咙的干燥感，通常与对液体的渴望有关"，而操作定义可能与"一个人喝的液体量"有关。操作或操作定义一个变量涉及一系列步骤。

1. 提供变量的概念定义。
2. 开发一个似乎与变量相关或重要的项目库。这可以通过阅读文献、专家访谈、头脑风暴和试点研究来实现。
3. 确定答复格式。通常使用五点李克特量表，两端标记为"强烈不同意"和"强烈同意"。
4. 从人口中收集代表性样本的数据。

5. 使用"项目分析"为您的量表选择项目。进行项目分析是为了查看量表中的项目是否属于该量表。检查每个项目在区分总分较高和较低的受试者方面的能力。对每个项目进行区分能力测试，即区分受试者中上四分位数（25%）的回答和下四分位数的回答的能力。然后将具有高区分能力的项目纳入量表。

6. 测试量表的可靠性和有效性。

例 12.1 对认知需求进行概念化操作

通过测度口渴的人的饮水量，我们已经把"口渴"这个抽象概念转化成可观察的行为。同样，其他抽象概念，如认知需求［参与并享受思考的倾向（Cacioppo and Petty1982）］也可以转化成可观察的行为或特点。例如，我们预计具有较高认知需求的人偏向于思考较为复杂的问题，他们能够在数小时的冥思苦想中找到乐趣，最后为找到了问题新的解决方法而欢欣不已。因此，我们根据个人偏好难题的程度，在思考中找到的满足感和发现新的解决方法的乐趣，来区分个体认知需求的差异。

1982 年，Cacioppo 和 Petty 发表了四篇文章，提出了认知需求量表。在第一份研究中，他们提出了与认知需求相关的 45 个题目（根据之前的研究），组成认知需求量表。结果，这 45 个题目表现出高度相关性，因而表明认知需求是一个一维的概念（即没有一个以上的组成部分或维度；在本章后面部分还会深入讨论这个问题）。在第二份研究中，他们又复制了这个结果。但是，他们又进行了进一步的研究（第三次和第四次），以验证前面研究的结果。这一次他们确立了包含 34 个题目的认知需求量表，这个检验过程是有效而可靠的。其中提出的陈述，如"与简单的问题相比，我更喜欢难题"，"我在几小时的冥思苦想中找到了满足感"，"我很享受给问题找到新解决方法的感觉"。

请完成练习 12.2。

练习 12.2

a. 阅读 Cacioppo 和 Petty（1982）的论文，或阅读 Ridgway、Kukar-Kinney 和 Monroe（2008）的论文《强迫性购买的概念扩展和新测度》，并描述作者如何生成与他们正在操作的概念相关的量表项目库。

b. 为什么我们不能简单地问一个人在多大程度上有参与和享受思考的倾向，或者在多大程度上发现他或她是一个强迫性购物者？

c. 我们为什么需要多个项目来测度这些概念？

12.3.1 操作化：维度和要素

口渴和认知需求的例子说明抽象的概念可以进行操作化，变成可观察和可测度的要素，如饮水的量和个体偏好复杂问题的程度。你可能已经注意到，测度口渴只用了一个题项（"喝了多少水？"），而测度认知需求则用了 34 个题项。这是因为，如果少于 34 个题项，我们的量表可能不能完全覆盖测度认知需求的所有方面；也就是说，我们漏掉了一些充分的具有代表性的项目。结果，测度可能无效。尽管认知需求是一个一维概念，有效的测度仍需要 34 个题项。

尽管一些概念是一维的，但其他概念不是，它们具有多个维度。具有多个维度的概念的一个例子是侵犯。侵犯至少有两个维度：言语侵犯和身体侵犯。也就是说，侵犯可能包括诸如吼叫和咒骂（言语侵犯）的行为，也可能包括扔东西、撞墙和伤害他人（身体侵犯）。所以，测度侵犯的有效量表应该包括语言侵犯和身体侵犯两个方面。仅测度语言侵犯或身体侵犯，都是无效的。因此，一个有效的量表应该包括足以代表概念的所有内容的定量可测度的问题或题项；如果这个概念是多维的，必须确保问题或陈述能够充分地代表测度中包含的所有维度。

> 请完成练习 12.3。
>
> **练习 12.3**
> 请提出两个一维的抽象概念和两个多维的抽象概念。请解释这些概念为什么有一个或多个维度。

12.3.2　对成就动机进行（多维）概念操作化

假设我们想确定性别和成就动机之间的关系。要验证这个关系，我们必须测度性别和成就动机。现在，你可能理解了测度性别并不难，而测度成就动机这个抽象的概念则不是那么容易。因此，我们要在高成就动机的人身上找出可以测度的行为维度、角度和属性。实际上，若不测度这些维度、角度或特点，我们无法得到有关性别和成就动机的最终关系。

在定义概念之后，测度抽象概念的下一步是查找文献，看看能否找到现有的测度结果。科学方面的期刊和"测度手册"都是非常宝贵的资源。作为参考标准，学术期刊上发表的实证类文章，均详细描述了抽象概念的测度，包括测度方法、测度时间和过程，以及测度人等信息。测度手册也是查找现有测度方法的重要来源。例如，*Marketing Scales Handbook* 和 *Handbook of Organizational Measurement*，这两本书详尽地描述了学术文章中出现的量表。这些手册可以帮助你确定某个量表是否存在，如果不止一种量表，你可以从中做出选择。这么做的好处是，首先可以为你节约大量的时间和精力。其次，你可以证实其他人的研究结果并把自己的研究建立在他人的基础之上（这一点在科学研究中非常重要，但是如果你使用的量表和前人不同，那就不可能了）。因此，如果你想测度某个概念，先看一下这个概念是否被测度过，然后使用前人的测度方法（可以根据你的实际需要进行调整）。一定要恰当地记录你使用过的现有量表。

> **例 12.2　记录现有量表的使用**
>
> **测度**
> （1）自变量。为了考查受访者是否认为幽默诉求广告有趣，而震惊诉求广告令人震惊，根据 Soscia 等人（2012）改编了两个 7 分制量表（有趣/无趣和震惊/不震惊）。

（2）因变量：回忆。改编自 Unnava 和 Burnkrant（1991）的问题要求受试者写下他们记得看到过的所有社交广告（及其信息）。

（3）调节变量。为了评估调节变量对受访者反应的作用，对禁忌的看法进行了 7 分制评估（1= 强烈反对，7= 强烈同意），受访者被要求指出他们对改编自 Sabri 和 Obermiller（2012）的以下两个陈述的认同程度。

① 在我看来，这则广告中涉及的主题在社会上是可接受的。

② 我很难谈论这个广告中提到的主题。

我们从文献中可以找到一些有关测度成就动机的文章。但是，如果没有现成的量表怎么办呢？在这种情况下，我们必须自己提出一种测度方式；认知需求例子说明了在这种情况下我们的任务有多么困难。

框 12.1　实证主义的观点

记得我们在前一章曾经提及，管理研究是无法百分之百精确的，因为通常我们无法开发出一个"完美"的测度工具。这就是为什么，对于实证主义者来说，科学的目的是坚持我们可以观察到的（因此，我们可以测量）。除此之外的知识都是不可能的。由于我们不能直接观察成就动机、工作满意度和服务质量，所以这些都不适合科学研究。

框 12.1 提供了实证主义者对度量抽象和主观变量的（有点夸张的）观点。然而，对于实用主义者或批判现实主义者而言，对概念操作化仍是测度概念的最佳方式。尽管很难制定出一个适当的衡量标准，但他们至少会尝试一下。

12.3.3　哪些不是操作化定义

在了解什么叫操作化定义的同时，知道哪些不是操作化定义也是很重要的，操作化定义并非描述概念之间的关联性。例如，好的绩效表现不能作为成就动机的维度，即使大部分高成就动机的人可能都有好的绩效表现。或许成就动机与绩效表现或成功之间是高度相关的，但我们并不能用成功及绩效表现来作为测度个人成就动机的指标。因为绩效表现与成功很可能是成就动机的结果，而非成就动机本身，因此不可作为测度的维度。更详细地说，具有高成就动机的人可能因为某些无法控制的因素，导致工作无法顺利进行。

因此，如果我们用绩效来衡量成就动机，将会得到一个错误概念，即我们并非测度了我们感兴趣的变量——成就动机，而是测度了绩效。所以，操作化定义的概念并非描述概念背后的原因或前置因素，结果或相关性，而是描述其可观察的特征，以便能具体测量研究结果。牢记此点是很重要的，因为如果我们没有给予概念正确的操作化定义，或是与其他概念混淆，则所得结果将是无效的。这意味着我们没有"好的"数据，研究结果也不会精确。

12.3.4　操作化定义回顾

到目前为止，我们已经研究了如何操作化定义概念。操作化是测度抽象和主观概念

（如感觉和态度）所必需的。年龄或教育水平等更客观的变量可以通过简单明了的问题轻松测度，而不需要操作化。我们指出，操作化始于对概念的界定。下一步是找到或开发一个适当的（一组）封闭式问题，使您能够以可靠和有效的方式测度该概念。幸运的是，研究人员已经开发了许多与商业研究相关的概念测度工具。在阅读某一领域的文献时，你可能必须特别注意参考文献中是否有对测度概念的工具的讨论，并阅读它。文章会告诉你，测度工具是何时开发出来、由谁开发及被使用多久了。如果你找不到或无法使用现有的测度工具，就必须开发自己的测度工具。要做到这一点，你可以遵循一个包括6个步骤的过程：(1) 从概念上定义变量，(2) 开发对变量重要的项目库，(3) 决定响应格式，(4) 收集数据，(5) 使用"项目分析"为你的量表选择项目，(6) 测试测量的可靠性和有效性。

> 请完成本章练习 12.4、练习 12.5 与练习 12.6。
>
> **练习 12.4**
> 请把"服务质量"这个概念进行操作化定义，并提出可以测度服务质量的问题。
>
> **练习 12.5**
> 请把你对服务质量的测度与 Zeithaml，Berry 和 Parasuraman 1996 年发表在 *Journal of Retailing* 上的测度方式进行比较。
> a. 就维度和要素而言，你们的测度有何差异？
> b. 你倾向于使用自己的测度方式还是 Zeithaml，Berry 和 Parasuraman 的测度方式？为什么？
>
> **练习 12.6**
> 找到由 Marsha Richins 和 Scott Dawson 合著的论文《消费者价值取向的唯物主义及其测量：规模发展与验证》。
> a. 概述 Richins 和 Dawson 唯物主义量表的维度和要素。
> b. 使用 Bruner、Hensel 和 James 的《营销量表手册》或当地（电子）图书馆，找到至少两个其他的唯物主义量表。比较一下你找到的量表与 Richins 和 Dawson 的量表。

12.4 操作化定义的国际维度

在处理跨国研究时，必须注意到在不同文化下某些特定变量是有不同意义和内涵的。例如"爱"这个名词，在不同文化下有不同的解释，甚至在某些国家中有多达 20 种翻译。同样地，"知识"与一些东方文化中所谓的智能是等同的，其解释为"对神的领悟"。因此，从事跨文化研究时，来自不同国家语言的研究者可招募当地学者来帮助其对概念进行操作化。

总结

学习目标 1：解释如何测量变量

为了收集定量数据，研究者必须测量。度量是根据一组预先指定的规则将数字或其他符号分配给对象的特征（或属性）。有三种可以测量的变量：一是可直接观察的变量；二是间接观察的变量；三是基于观察的概念和创造，但不能被直接和间接观察。

学习目标2：解释何时有必要把变量操作化

尽管缺乏物理测量设备来测量更模糊的变量，但仍有方法可以利用这些类型的变量。一种技术是将这些抽象概念简化为可观察的行为或特征。这被称为概念的操作化。有效的测量尺度包括定量可测量的问题或项目（或元素），这些问题或项目（或元素）充分地代表了变量的领域或总体；如果变量有多个领域或维度，研究人员必须确保能够充分表示这些领域或维度的问题包含在度量中。操作化没有描述概念的相关关系。

学习目标3：操作化定义抽象变量和主观变量

在进行跨国研究时，要注意一定的变量在不同的文化中可能有不同的含义和内涵。

讨论题

1. 请定义测度。
2. 请说明为什么一个研究对象不可测度。
3. 请给出以下对象可测度的特点：
    a. 饭店
    b. 商人
    c. 消费者
    d. 汽车
    e. 网球拍
    f. 战略业务单元
4. 利用概念相关性来测度该概念的错误在哪里？
5. 什么叫操作定义？在研究中，什么时候采用它是必要的？为什么是必要的？
6. 概念定义和操作定义之间的区别是什么。
7. 请将下面概念进行操作化：
    a. 消费者忠诚度
    b. 价格
    c. 事业成功
8. 利用现有测度方式来测度抽象概念（如消费者忠诚度）实用吗？为什么（或为什么不）？
9. "由于我们不能直接观察成就动机、工作满意度和服务质量，这些都不是科学研究的合适话题。"讨论该陈述。

第13章

变量的测度：量表、信度和效度

学习目标

在完成第 13 章的学习之后，你应该能够：
1. 描述四种量表的特征和适用性——定类量表、定序量表、定距量表及定比量表。
2. 描述并了解如何以及何时使用不同形式的评定量表。
3. 描述并了解如何以及何时使用不同形式的等级量表。
4. 讨论量表的国际维度。
5. 描述效度和信度，以及它们是如何建立的，并评估量表的信度和效度。
6. 解释反应性量表和形成性量表的差异。

13.1 导言

在前一章中，我们已经从概念上和操作上讨论了如何定义变量。本章将集中讨论量表、信度和效度。我们已经解释了测量是根据预先指定的一组规则将数字或其他符号指派给研究对象的特征（或属性）。

接下来，我们将研究可用于为研究对象的特征指派数字的量表的类型，然后看看我们如何在实践中应用它们。首先我们将讨论四种不同类型的量表（定类量表、定序量表、定距量表及定比量表），并指出我们稍后在研究过程中可以进行的统计分析与我们使用的量表类型直接相关。我们还将讨论态度量表的两个主要类别（不要与本章首先讨论的四种不同类型的量表相混淆）——评定量表和等级量表。然后，我们将简要讨论量表的国际维度。最后，我们将解决与收集数据的质量相关的两个重要问题：量表的信度和效度。

13.2 四种量表

数字使我们能够对结果数据进行统计分析。为了能够给研究对象的属性指派数字，我们需要一个量表。**量表**（scale）是一种根据与研究相关的变量来区分不同个体的工具或机制。量表涉及创建一个连续统一体，我们的研究对象就在其中。

假设我们想衡量消费者对社交媒体的态度。在我们设置了一个或多个量表项目或问题之后，测量的下一步是确定一个量表，该量表允许我们为研究对象（消费者）的属性（对社交媒体的态度）指派数字。这样我们就可以根据研究对象（消费者）对社交媒体的喜好程度对其进行分类。可以用于对消费者进行分类的众多选项之一是**李克特量表**（Likert scale）。李克特量表是一个量表，旨在调查受访者对一个叙述（如"我喜欢使用社交媒体"）的认同程度，可用五分制表示他们的认同程度：1=非常不同意，2=不同意，3=既不同意也不反对，4=同意，5=非常同意（在这一章里，我们将进一步深入讨论各种各样的评定量表和等级量表，包括李克特量表）。因此，李克特量表使我们能够根据消费者对社交媒体的不同态度来区分他们，给每个被调查者指派一个数字，表示或多或少的反对、中立、或多或少的赞同。

最重要的问题是：数字1、2、3、4和5是什么意思？我们使用的量表是否允许我们对研究对象进行排序（2大于1）？它是否允许我们比较研究对象之间的差异（换句话说，1和2之间的差异是否与2和3之间的差异相同）？它是否允许我们计算某些统计数据，如平均数（或算术平均数）和标准差？答案是：视情况而定。这取决于我们使用的量表类型（即基本的量表类型）。

量表有四种基本类型：定类量表、定序量表、定距量表及定比量表。定类是指用于分类目的的响应格式（例如，男性/女性），定序是指允许我们以有意义的方式对对象进行排序的响应格式（例如，教育水平），定距是指具有量表上等距的响应格式（例如，摄氏度或华氏度），定比量表类似于定距量表，但具有真实或真正的零点。从定类量表到定比量表，测量的精确程度和细微调整能力逐渐增强。这就是为什么当我们使用定距或定比量表而不是其他两种量表来测量时，从变量中获得的信息会更加丰富和精确。然而，某些变量会比其他变量更适合采用较高等级的量表，我们将在下面加以解释。现在，让我们对这四种量表逐一进行详细阐释。

13.2.1 定类量表

定类量表（nominal scale）将个体或研究对象分成互斥且具有完备性的群组，并为研究变量提供基本类别的信息。例如性别，受试者可分为两个群体——男性或女性，并将这两个群体编码为0和1或者1和2。这种类别必须能够区分受试者，具备互斥不重叠的特性，而数字是用来做记号的，并无实际意义。此外还需注意的是这些类别的区分必须具有完备性，即受试者不会落入第三个类别中。因此，定类量表是一种能够将个体或对象分类到互斥且完备的类别中的工具。从定类量表中可以获得的信息相当有限，这里涉及的唯一统计数字是每个类别中个体的频率。出现频率最高的值称为模式（mode）。因此，定类量表提供了一些基本的分类信息。

例 13.1

> 接下来我们再练习一个同样采用定类量表的变量——国籍。我们可用以下这个互斥分类，将每个人加以分派。
>
> 美国人　　　　　　　　　日本人

> 澳大利亚人　　　波兰人
> 中国人　　　　　俄罗斯人
> 德国人　　　　　瑞士人
> 印度人　　　　　赞比亚人
> 其他
>
> 请注意，每个人都必须被归类到上述 11 个类别中的一种，而经过计算后，我们就能够知道各个国籍受试者的数目及比例。

请做练习 13.1。

练习 13.1

请指出两个适合采用定类量表的变量，把对象分类到互斥且完备的类别中。

13.2.2　定序量表

定序量表（ordinal scale）不仅将对象（如个人、公司、国家、产品等）分配到某些类别，还允许研究人员以某种有意义的方式对对象进行排序。因此，它与定类量表的区别在于排序的可能性。这可以在描述和显示频率时使用。示例中"教育程度"的衡量标准说明了响应格式如何在定序量表上区分个人，教育程度类别可以按层次排序。请注意，在统计软件中输入数据时，通常会为受试者的回答分配数字。这称为数据编码。例如，我们可以将"低于高中文凭"编码为 1，将"高中学历或同等学力"编码为 2，将"大学学历，没有学位"编码为 3，以此类推。当这些数据编码被视为实数时，就会出现问题。因为我们分配给类别的数字本质上是任意的，试图将它们视为实数会导致完全没有意义的任意结果。

例 13.2

> 你取得的最高学位或最高学历是什么？
> - 低于高中文凭
> - 高中学历或同等学力
> - 大学学历，没有学位
> - 副学士学位
> - 学士学位
> - 硕士学位
> - 博士学位

请做练习 13.2。

练习 13.2

指出两个适用于定序量表的变量,并为每个变量设置互斥和可穷尽的类别。

13.2.3 定距量表

在**定距量表**(internal scale)中,或称等距量表中,数值上相等的距离表示被测特征值相等。定类量表提供定性的信息,只能使我们将团体区分到互斥且具完备性的组别内;定序量表能够确定受试者的偏好排序;定距量表则使我们能够比较研究对象之间的差异。量表上任意两个相邻值之间的差相等。温度计便是定距量表最好的例子,它具有一个任意的原点,在华氏 98.6 度(正常体温下)到 99.6 度之间的差距,与华氏 104 度和 105 度之间的差距是相等的。但是应注意,如果一个人的体温从华氏 98.6 度上升到 99.6 度,可能不会引起关注,但是当我们的体温从华氏 104 度上升到 105 度时却会让人非常担心。

所以,定距量表让变量具有类别差异、顺序及等距的特性。它比定类量表及定序量表更具解释力,而且可计算集中趋势的重要指标——算术平均数;而离散指标则有区间、标准差及方差。

13.2.4 定比量表

定比量表可以克服定距量表中任意原点的缺点,它拥有绝对零点(相对于任意零点),是有意义的测量评分。**定比量表**(ratio scale)不仅可以测量量表中点与点之间的差距,也能评估差异之间的比重。因为它有绝对的零点(而不是一个任意的零点)以及前三种量表的特点,因此,它是四个量表中最具解释力的。体重计便是定比量表最好的例子,它有一个绝对零点的测量标准,使我们可以计算两人体重的比率。例如,一个体重 250 磅的人,是体重 125 磅的人的两倍重。这两个数据(250 和 125)可以同时乘以或同时除以一个数值,而同样能保持 2∶1 的比率。定比量表的集中趋势指标,有算术平均数和几何平均数,而离散指标则有标准差、方差或方差系数。大部分定比量表的例子,是比较客观的测量指标,如年龄、收入及曾经工作过的公司数目。

请做练习 13.3 和练习 13.4。

练习 13.3

用定类量表或定比量表测量任意三个变量。

练习 13.4

在市场调查的背景下,为每一种量表提出一个适合的变量并解释为什么该变量适合采用该量表。

从表 13.1 中我们可以发现，从定类量表（将对象或题项分门别类）到定序量表（将这些类别评定等级），再到定距量表（可以计算差距的强度），最后到定比量表（可以测量差距的比例），统计解释力越来越强。

表 13.1 四种量表的特性

量表	特性				集中趋势指标	离散程度指标	分析方法
	类别差异	顺序	等距	绝对零点			
定类	是	否	否	否	众数	—	χ_2
定序	是	是	否	否	中位数	半内四分位距	等级相关
定距	是	是	是	否	算术平均数	标准差、方差或方差系数	t, F
定比	是	是	是	是	算术或几何平均数	标准差、方差或方差系数	t, F

注：定距量表以 1 为任意起始点。定比量表具有自然原点 0，这是有意义的。

在选择量表时，你必须做出判断，例如有些变量，如性别，只能由定类量表测量。而温度，则能由定类量表（高/低）或定序量表（热/适中/低），或者通过温度计测量的定距量表来测量。所以，尽可能选择使用更具解释力的量表是明智的。

13.2.5 定序还是定距

李克特量表（在本章后面讨论）是一种衡量观点和态度的常用方法。他们衡量参与者对某一陈述的同意程度，通常从 1（强烈不同意）到 5（强烈同意），中间点为中立点（如既不同意也不反对）。李克特量表应归为定序量表还是定距量表一直备受争议。有些人认为李克特量表在本质上是定序量表。他们指出，人们不能假设所有的相邻水平的组合都是等距的（相同距离的）。尽管如此，李克特量表（和其他一些量表，即语义差异量表和数值量表——本章稍后讨论）通常被视为定距量表。因为它允许研究人员计算平均值和标准差并应用其他更先进的统计技术（例如，检验假设）。

下面展示了李克特量表的示例。你会如何看待李克特量表？

例 13.3

以下与你工作相关的陈述中，请选择下列所给数字以表示你的同意程度。				
非常不同意 1	不同意 2	一般 3	同意 4	非常同意 5
工作提供的机会，对我而言的重要程度				
1. 与他人交流 1	2	3	4	5
2. 使用不同的技术 1	2	3	4	5
3. 从头到尾完成任务 1	2	3	4	5
4. 服务他人 1	2	3	4	5
5. 工作独立性 1	2	3	4	5

商业研究中常用的具体度量技术可以分为评定量表和等级量表。在评定量表中，每个对象都是独立于其他研究对象进行评级的。等级量表则是在对象之间或对象之中进行比较，得出人们偏好的选择，并对这些选择进行排序。下面将讨论评定量表和等级量表。

13.3 评定量表

以下是商业研究中常用的评定量表：
- 二分量表（dichotomous scale）
- 类别量表（category scale）
- 语义差异量表（semantic differential scale）
- 数值量表（numerical scale）
- 列举式评定量表（itemized rating scale）
- 李克特量表（Likert scale）
- 固定或常数总和评定量表（fixed or constant sum rating scale）
- Stapel 量表（Stapel scale）
- 图形评定量表（graphic rating scale）
- 共识性量表（consensus scale）

还有一些不太常用的量表，如塞斯通定距量表与多元尺度量表。以下我们将简短说明以上每一种态度量表。

13.3.1 二分量表

二分量表通常是以"是"或"否"来做回答，如以下示例（它采用定类量表来标记受试者的回答）。

例 13.4

> 你有汽车吗？　　　　　　　　是　　否

13.3.2 类别量表

类别量表通常使用多重选项来标记单一答案，举例如下。

例 13.5

> 你住在伦敦什么地方？
> ＿＿＿伦敦东部　　＿＿＿伦敦南部　　＿＿＿伦敦西部
> ＿＿＿伦敦北部　　＿＿＿郊区

13.3.3 语义差异量表

几个具有两极性的属性，可通过所谓的语义空间加以测量，将相对应的属性放在量表两端当作极端值，而受试者则被要求在语义空间中指出他们对某些特定的个人、目标物或事件的态度。例如，常使用某些具有相对性的形容词，如"好—坏""强—弱""热—冷"等。语义差异量表不仅常被用来评估受试者对某个品牌、广告、目标物或个人的态度，还时常可通过受试者的回答来获得不错的观点。此外，该量表通常会被当作定距量表来处理，举例如下。

例 13.6

| 有反应的 ———————————— 没有反应的 |
| 美丽的 ———————————— 丑陋的 |
| 勇敢的 ———————————— 胆小的 |

13.3.4 数值量表

数值量表与语义差异量表很类似，也经常被当作定距量表来使用。不过其不同之处在于数值量表提供五点或七点量表，并且将极端的形容词放在两端，如下所示。

例 13.7

你对新的房地产代理有多满意？
非常满意　　7　6　5　4　3　2　1　　非常不满意

13.3.5 列举式评定量表

列举式评定量表根据研究需要为每个题项提供一个五点或七点量表，由每位受试者在每个题项旁填写适当的数字，或者圈出他认为适合的数字。然后将这些题项的答案加总。该量表也被当成定距量表来使用。

例 13.8

使用以下量表回答题项，并于题项右侧的底线上标示你的答案。

非常不可能	不可能	中等可能	可能	非常可能
1	2	3	4	5

（1）我将在 12 个月内换工作。　　　　　　　　　　_____
（2）我最近将承担新的任务。　　　　　　　　　　_____
（3）我将可能在 12 个月内离开公司。　　　　　　_____

注：以上为有中立点（neutral point）的平衡式评定量表（balanced rating scale）。

完全没兴趣	有一点兴趣	有中等程度兴趣	非常有兴趣
1	2	3	4
你如何评定自己对改变目前组织政策的兴趣？ 1	2	3	4

注：这是没有中立点的不平衡式评定量表（unbalanced rating scale）。

如果需要的话，列举式评定量表可以灵活地提供较多的定位点（四点、五点、七点、九点或任何数目），而且也能使用不同的定位方式（如从"非常不重要"到"非常重要"；从"极端低"到"极端高"）。当有中立点时，量表为平衡式评定量表，当没有中立点时，量表为不平衡式评定量表。

研究报告指出，五点量表就是一个很好的量表，而且评定量表从五点增加到七点或增加到九点其实并不会增加评定信度（Elmore& Beggs，1975）。

列举式评定量表常被应用到企业研究中，既然该量表本身可弹性地调整成想要采用的点数，那么每一个定位点的命名就必须仔细推敲以符合研究者欲测量变量的特性。

13.3.6 李克特量表

李克特量表被设计为五点量表，如下所示，定位点是用来代表受试者对叙述句的赞成或不赞成程度有多强烈。

非常不同意	不同意	一般	同意	非常同意
1	2	3	4	5

接着，可将每位受试者在题项上的答案加总，而这些题项通常用来测量某个概念或变量。这种加总的方式被广泛采用，所以李克特量表又称为累加量表。

在下面的例子中，在计算总分之前第二项（不利项）的分数是反过来的，因为这一项上的高分表达的是对工作的不满，而第一项和第三项的高分表达的是对工作的满意程度。根据受测者的各个项目的分数计算代数和，得到个人态度总得分，并依据总分多少将受测者划分为高分组和低分组。

例 13.9

使用上述的李克特量表，指出你赞成下列陈述的程度：					
（1）我的工作非常有趣。	1	2	3	4	5
（2）我并非整天都全神贯注于我的工作。	1	2	3	4	5
（3）生活中没有工作将是乏味的。	1	2	3	4	5

李克特量表属于定序量表还是定距量表仍存在争议。那些把李克特量表视为定序量表的人认为，不能假设所有两点之间的距离是相等的。但是，李克特量表通常被视为定距量表。

13.3.7 固定或常数总和评定量表

受试者必须在欲评定的变量之间分配分数,如下所示(该量表较偏向具有定序量表的特性)。

例 13.10

总分为 100 点,请以分配不同点数的方式指出你在选择香皂时,对下列五个特性的重视程度。

香味	―
颜色	―
形状	―
大小	―
泡沫的质地	―
总点数	100

13.3.8 Stapel 量表

Stapel 量表可同时测量受试者对研究主题的态度的方向与强度,其特色在于它设置了中心点以及数值量表的范围。例如,量表的两端是从 +3 到 -3。这提供了一个用来测量距离的方式,即表现受试者的答案与测量因素有多近或多远。但该量表并无绝对零点,所以属于定距量表。

例 13.11

请就以下几点,评价你上司的能力,并圈选出适合的数字。

+3	+3	+3
+2	+2	+2
+1	+1	+1
采用现代化的技术	产品创新	人际关系的技巧
-1	-1	-1
-2	-2	-2
-3	-3	-3

13.3.9 图形评定量表

利用图形可帮助受试者在量表中指出其答案所在的位置。通过在坐标上适当的点做记号帮助受试者在量表上表达他们对特定问题的回答。虽然以下范例看起来像是定距量表,但该量表却是定序量表。

例 13.12

在 1～10 的量表上，评价你上司的能力。	— 10	杰出的
	—	
	—	
	—	
	— 5	普通的
	—	
	—	
	—	
	— 1	很差的

图形评定量表的优点是容易作答，并可通过量表中标示点旁的简短叙述来导引评点的位置，所以这种做法比抽象的分类更好。表情量表也是一种图形评定量表，它将表情的差距以图案从微笑到悲伤加以呈现（见第 10 章），让受试者评定他们在一些事情上的感受，例如对工作的感觉。

13.3.10　共识性量表

共识性量表是由座谈小组依据与被测量概念的切题程度或相关程度来挑选特定的题项，并经信度与效度检验之后发展而成。其中，塞斯通等距量表就是一种共识性量表，在挑选出题项后使用大量叙述概念（命题）的卡片，让座谈小组评定该命题与被研究概念的接近程度。由于该量表需要的开发时间长，因此很少用来测量组织的概念。

13.3.11　其他量表

有些高级测量方法，如多维度量表可用视觉方式将目标物、人或这二者加以量化，然后再进行联合分析。该量表可提供构念中各维度间关系的想象空间。

在此需注意的是，许多有名的量表如李克特量表或其他数值量表是组织研究中最常用的测量态度与行为的工具。

13.4　等级量表

如上所述，**等级量表**（ranking scale）是用来测量个体在两个或两个以上目标物或项目间（其本质是定序量表）的偏好。然而，这样的排序也许不能为某些正在寻求答案的人提供决定性的线索。例如，假设目前经理正在搜集四条生产线的相关信息，以决定要将重心放在哪一条生产线上。假定有 35% 的受试者选第一条生产线，25% 的受试者选第二条生产线，20% 的受试者认为第三条与第四条对他们而言都一样重要。然而，管理者还是无法决定，是否该选最多人偏好的第一条生产线，因为有 65% 的受试者并未选该条生产线。在等级量表中可使用的方法包括：配对比较、强迫选择和比较量表，详细说明如下。

13.4.1 配对比较

配对比较(paired comparison)量表常用来评估数量较少的目标物,由受试者在两个目标物间做出选择以确定受试者的偏好。在先前的例子中,如果使用配对比较,则可计算受试者对某一产品的一致性偏好,例如喜欢第一条生产线多过喜欢第二条,也多过喜欢第三条或第四条。如此管理者终于可确定需将重心放在哪一条生产线。然而随着目标物数量的增加,配对比较的次数也会随之增加(假使目标物有 n 个,则配对比较的次数为 $[(n)(n-1)/2]$),这也使受试者容易感到疲倦。因此若目标物较少,配对比较是不错的方法。

13.4.2 强迫选择

强迫选择(forced choice)是要求受试者将目标物或群体做相对等级的排序。此方法对受试者而言比较容易,特别是对需要排序的选项,且目标物或群体数量有限的时候。

例 13.13

> 对下列手机以你想要购买的偏好顺序加以排序,1 表示最偏好的选择,5 表示最不偏好的选择。
>
> 苹果　　　——
> 三星　　　——
> 华为　　　——
> LG　　　——
> 谷歌　　　——

13.4.3 比较量表

比较量表(comparative scale)提供一个偏好的标杆或评分用以评估对研究目标物、事件或情况的态度,其应用如下所示。

例 13.14

> 在快速变化的金融环境中,与股票比起来,投资公债是明智的或有效益的吗?请圈选出合适的答案。
>
> | 效益高 | | 差不多一样 | | 没有效益 |
> |---|---|---|---|---|
> | 1 | 2 | 3 | 4 | 5 |

13.5 量表的国际维度

除了必须对不同文化下操作化定义的差异保持敏感外,量表也是另一个需要注意的问题。不同文化下对量表会有不同反应。

最近的研究表明，不同国家的人在使用量表（如采用五点量表或七点量表）和受试者回应方面（De Jong，2006）也不一样。这些研究结果说明，分析来自不同国家的数据，是一项极具挑战性的工作。

13.6 测量的质量

现在我们已经知道如何操作化地定义变量以及应用不同的测量工具。但更重要的是我们必须确定所开发出用来测量特定概念的量表确实能够精确地测量变量，而且也能够真正地测量出我们想要测量的概念，如此才能确保对这些感觉、态度型变量的操作化定义不会忽略重要的维度和因素，或者掺入不相关的维度和因素。此外，采用高质量量表不仅能确保获得较精确的结果，也能进一步提高科学研究的质量。但一般来说，开发的量表通常不够完整，而且在态度型变量的测量上也常发生误差。因此，我们需通过一套评估方法来确保这些已开发量表的质量。

评估测量工具有两个主要标准：信度和效度。简单地说，**信度**（reliability）是当测量工具在测量任一概念时检验其是否具有一致性。**效度**（validity）则是检验开发出的测量工具是否能真正测量出想要测量的特定概念。换句话说，效度是关于我们是否真正测量到"对的"概念，而信度则是与测量的稳定性与一致性有关。测量的效度与信度可以证明研究的科学严谨性。以下将针对这两种标准做深入讨论，并说明各种形式的信度与效度，如图13.1所示。

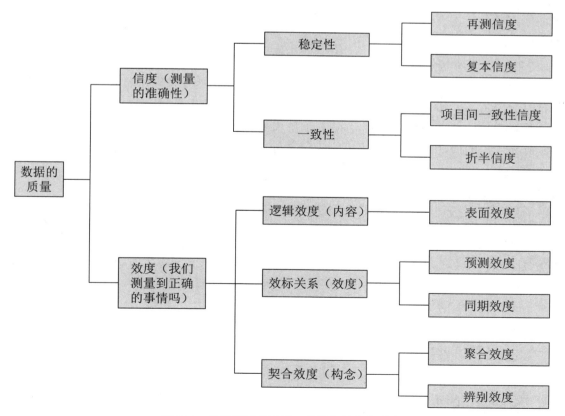

图 13.1　检验测量的质量：信度与效度的形式

13.6.1 效度

在本书第 11 章关于实验设计的部分，讨论了几个看起来有点关联的名词——内部效度与外部效度。这些概念代表的意思是因果关系的正确性（内部效度），以及该因果关系可类推到外部环境的共性（外部效度）。而我们现在要探讨的是测量工具本身的效度，即当我们询问受试者一组问题后（如开发出一个测量工具），其实是希望能通过问题测量某个概念。但是我们如何才能合理地确信确实测量出了想要测量的概念，而不是其他概念呢？这可以应用某些效度检验来决定。

有几种类型的效度都可用作检验测量质量的指标，而且人们常用不同的名称来表示它们。为了清楚地说明，我们将效度归类到三种宽泛的标题下：内容效度、效标关联效度和构念效度。

13.6.1.1 内容效度

内容效度（content validity）的建立是要确保量表中包含了能够测量该概念的适当的且有代表性的题项。量表内的项目越能代表该概念的主要领域或范围，则其内容效度越好。简单来说，内容效度代表了将概念拆解成维度与要素的过程是否完善的指标。

一般来说，可通过座谈小组来证实量表的内容效度。Kidder 和 Judd（1986）曾举例说明为了确定某个用来测量"语言障碍"的量表是否具有内容效度，可将其交给一群专家来评估（如专业的语言治疗师）。

表面效度一般被视为内容效度的基本且最低的要求。**表面效度**（face validity）是指当某些题项被设计来测量某个概念时，至少要看起来像在测量此概念。但有些研究者并不认为表面效度可作为内容效度的有效构成要素。

13.6.1.2 效标关联效度

效标关联效度（criterion related validity）是指测量能够像预期所希望的那样按照某一标准区分个体。效标关联效度一般可用同期效度或预测效度来代表。

同期效度（concurrent validity）适用于量表可区别出某些已知有差异的个体，即这些个体在该量表上的得分应该是有差异的，如下所示。

例 13.15

> 假设一个关于工作伦理的量表已被开发出来，并交由一群领取社会救济的人来填答。基本上，该量表应能区别出乐于接受工作且有机会不依靠社会救济的人，以及即使提供他工作也不想工作的人。因此，这两种人在该量表上应有不同的得分。很明显，那些具有高度工作伦理价值观的人不想依靠社会救济且渴望靠自己来获得被雇用的机会。另一方面，那些工作伦理价值观较低的人将尽可能地争取继续使用社会救济的机会，而且视工作为做苦工。如果这两种类型的人在工作伦理量表上的得分相同，则该份测验就测量不出工作伦理价值观。

预测效度（predictive validity）是指测量工具能在某个未来的效标上区分出个别差异的能力。

> **例 13.16**
>
> 在招募员工时，同时也让新进员工进行才能或能力测验，并将此成绩与其未来的工作绩效做比较。基本上，才能测验得分较低的人应该会有较差的工作绩效表现；反之，则有较好的工作绩效表现。由此即可得知，该测验具有较高的预测效度。

13.6.1.3 构念效度

构念效度（construct validity）是用来证明从量表所获得的结果与设计该量表时所依据的理论之间的契合程度。一般来说，构念效度可通过聚合效度与辨别效度来评估，其意义如下：

聚合效度（convergent validity）是指当采用两种不同的测量工具来测量同一概念时，所获得的分数是高度相关的。

辨别效度（discriminant validity）是指如果根据理论预测两个变量是不相关的，则两个变量的实际测量分数也应该是不相关的。其实，效度可以通过许多不同的方式来确立。在实践中，那些用来测量概念且已经发表的各种测量工具，通常会对测量工具所确立的各式效度指标加以描述，这样可让使用者或读者判断该量表的质量。表 13.2 概要说明了本章讨论过的各种效度。

表 13.2 效度的类型

效度	描述
内容效度	该量表充分测量出了想要测量的概念吗？
表面效度	是否有"专家"证实该量表确实能测量出想要测量的？
效标关联效度	该量表是否具有预测某一效标变量的能力？
同期效度	该量表是否具有预测某一现有效标变量的能力？
预测效度	该量表是否具有预测某一未来效标变量的能力？
构念效度	该量表是否能够预测出理论上所说的概念？
聚合效度	两种测量工具测量同一概念时，其结果是否高度相关？
辨别效度	该量表对理论上认为不相关的变量的测量结果是否相关程度很低？

以上讨论的各种效度可通过几种方式来确定：

（1）相关性分析，可应用于同期效度和预测效度，或聚合效度和辨别效度；

（2）因素分析，这是一种多变量分析技巧，用来确认概念的维度并标示出每个题项所适合归属的维度（建立构念效度）；

（3）使用不同的测量工具与形式来建立多元特性、多元方法的相关矩阵，这样可以进一步提高测量质量。

总而言之，测量的质量可通过不同形式的效度与信度来确立。任何研究要获得好的结果，都要求所测结果确实代表了欲测量的理论框架中的概念。

我们要使用具有高效度与高信度的测量工具以确保研究是符合科学标准的。幸运的是，在组织研究中，一直有研究者在努力开发许多重要概念的测量工具，而且这些研发者同时也建立了这些工具的心理测量学特性（如信度与效度）。因此，研究者通常可以利用已有的，且有良好声誉的量表工具来测量，这会比自己辛苦开发量表更划算。然而，在使用这些量表时研究者应清楚地注明其引用的资料来源（如作者及参考文献），让有需要的读者可以寻找更多信息。

一般而言，研究者很少会为相同的概念去开发两个或更多同样具有高质量的量表。例如，虽然可以找到一些关于工作满意度这个概念的测量工具，然而，其中最常使用的量表还是由 Smith、Kendall 及 Hulin（1969）所开发的"工作说明量表"（JDI）。也就是说，即使有许多测量同一变量的量表，研究者仍会偏好使用某一量表，因为它有较好的信度与效度，而且也最常被使用。

不同情况下我们也必须对某些量表进行适当的调整以便符合应用的情境。例如，在制造业中用来测量工作绩效、工作特性及工作满意度的量表必须稍做修正以符合公用事业组织或医疗机构的特性。基本上每一案例的工作环境都不同，而且每个量表的用语也必须适当地调整。然而这样做会破坏量表的完整性，因此，重新检验量表的效度与信度是必需的。

本章在附录中提供了一些在管理与市场营销相关性研究领域中经常碰到的概念及其测量的量表。

最后需要指出的是，效度是测量质量的必要非充分条件。测量不仅要正确还要可信，如果测量可以提供一致性的结果，那么我们说它是可信的。下面我们来学习信度。

13.6.2　信度

信度（reliability）是指测量无偏差的程度。没有偏差是指在不同时间点和以量表内不同题项去测量的结果应该是一致的。换言之，测量工具的信度是一项稳定性指标，且量表所使用的题项必须跟想要测量的概念是一致的，如此才能确定测量的质量。

13.6.2.1　测量的稳定性

测量的稳定性或低可变性是指在不同时间点的测量结果相同，即使在无法控制测量条件或受试者状态的情况下，测量结果仍然稳定不变。这种稳定性确保了测量的质量，因为不论何时概念都可以稳定地被测量。一般来说，有两种稳定性的检验方式——再测信度与复本信度。

1. 再测信度

将第二次与第一次的测量做比较，这种经重复测量所得到的信度系数，我们称为**再测信度**（test-retest reliability）。也就是说，将一份测量某概念且包含数个题项的问卷对同一组受试者进行测试，第一次与第二次测试可能间隔一段时间，例如，数星期到 6 个月之间。然后计算同一组受试者在两个不同时点作答所得的分数，并求两分数间的相关系数，这个相关系数被称为再测系数。系数越高，表示再测信度越高，也代表测量的稳定性。

2. 复本信度

针对同一概念，有两组同质且相当的测量工具，这两组工具测量出的结果高度相关时，即可认为具有**复本信度**（parallel-form reliability）。一般而言，这两种版本的量表会有相似的题项与填答格式，唯一不同的是叙述的语法与问题呈现的顺序。在此我们将尝试找出因为题项的语法与顺序所造成的误差。如果这两组复本所得出的分数之间高度相关（高于8以上），我们就可确定该份量表是相当可靠的，而且由语法、排序或其他因素所造成的误差是相当小的。

13.6.2.2 量表的内部一致性

量表的内部一致性（internal consistency）是指在测量某概念时题项间的一致性指标。换句话说，这些题项应该是"被当成具有同样性质的组合"，而且都能够独立测量相同概念。也就是说受试者对这些题项都有一个整体的且同样的看法。一致性可通过检查量表中题项与题项之间，或子题项之间是否高度相关来确定。一般来说，一致性指标包括项目间一致性信度与折半信度。

1. 项目间一致性信度

项目间一致性信度（interitem consistency reliability）是用来检验在同一个量表中受试者对所有题项答案的一致性。假使这些题项是对相同概念的独立测量单位，那么题与题之间应有一定的相关程度。而在项目间一致性信度指标中，最普遍使用的检验是 Cronbach's α 系数（Cronbach，1946），它适用于多重评分量表的题项（multipoint scaled items）。另外，库李法（Kudern Richardson formulas；Kuder & Richardson，1937）则适用于二分法的题项，上述系数越高，测量工具越好。

2. 折半信度

折半信度（split-half reliability）是指将单一量表拆成两半之后彼此的相关性。不过，该系数的估计值会受到将量表内的题项拆成两半的方式的影响。此外，折半信度只有在一种情况下会比 Cronbach's α 系数更适用，即只有当量表的题项要测量一个维度以上，而且其他限定条件都刚好符合时（完整说明请参考 Campbell，1976）才比较好。因此，大部分的案例中，Cronbach's α 系数可以被视为代表项目间一致性信度的合适指标。

13.7 反应性量表与形成性量表

现在，我们有必要来看这样一个观点，多项测度中的题项应该作为一个整体且能独立地测度同一个概念（现在讨论这个观点可能令你头疼，但如果以后你成了研究人员，如果没搞清楚这个概念，可能会令你更加头疼，所以请尽量努力理解本节内容）。其实，测度同一个概念的题项并不一定总要彼此相关：这仅适用于反应性量表，不一定适用于形成性量表。

13.7.1 什么是反应性量表？

在**反应性量表**（reflective scale）中，所有题项都是相关联的。与下面讨论的形成性量表不同，我们假设反应性量表中，每个题项都有一个共同的基础（相关的感兴趣的构念）。因此，构念的值增加，会使代表这一构念的所有题项的值上升。反应性量表的一个例子，是 Burton 和 Lichtenstein（1988）提出的出价态度量表。该表是一个包括 6 个题项，9 点评分加总的量表，测量了消费者对某产品价格的态度。量表由 5 个双极形容词（不受欢迎 – 受欢迎；坏 – 好；有害 – 有益；不吸引人 – 吸引人；差 – 优）和一个不同意 – 同意题项构成，在"我喜欢这个交易"项下，用9点图示量表进行测量。实际上我们知道，如果消费者对某价格感兴趣，往往意味着所有6个题项的评分都会上升。因此，这6个题项应该是彼此相关的。注意，"因果关系"的方向是从构念到题项。

13.7.2 什么是形成性量表，为什么形成性量表的题项不必密切相关？

如果一个构念被视为其指标的解释性的组合，会用到形成性量表（formative scale, Fornell 和 Bookstein，1982；Fornell，1987）。以工作说明量表（Smith，Kendall 和 Hulin, 1969）为例，它包含了测量工作满意度的指标。该测量包括5个维度：工作类别（18项），晋升机会（9项），管理满意度（18项），同事（18项）和薪酬（9项）。这5个维度可视为工作满意度的5个重要特征。

5个维度被进一步细化为72个可观察、可测量的元素，比如"很好的晋升机会""常规晋升""公平的晋升机会""收入足以覆盖正常支出""高薪酬""富有成就感"等。可以想象，前3个题项（"很好的晋升机会""常规晋升""公平的晋升机会"）是彼此相关的（毕竟它们都测量了工作满意度的同一个维度，即"晋升机会"）。但是，这些题项不一定和测量"薪酬"（另一个维度）的题项相关，比如"收入足以覆盖正常支出""高薪酬"，因为维度"晋升机会"不一定和维度"薪酬"相关。实际上，可能有的员工收入很高，但晋升机会渺茫，而有的员工则是晋升机会很好，但收入微薄，可能还有的员工既有很高的收入，又有很好的晋升机会。

同样可以想见，"收入足以覆盖正常支出"和"高薪酬"是相关的（因为他们都衡量了收入），但他们不一定和题项"富有成就感"相关（因为后者并没有衡量收入，而是衡量了工作满意度的其他维度）。

总之，工作说明量表包括5个维度、72个题项。这72个题项彼此间不一定相关，因为它们所反映的5个维度之间彼此不一定密切相关。

包含不一定彼此相关题项的量表，称为形成性量表。我们已经说过了，如果一个构念（比如工作满意度）被视为其指标（晋升、薪酬、管理满意度、同事等）的解释性的组合，会用到形成性量表；也就是说，任一指标（维度）的变化，无论其他指标（维度）如何，都会改变整个构念的值。工作说明量表从性质上说是形成性量表，因为它的一个指标，比如"晋升机会"上升，无论其他指标如何变化，都会提高工作满意度的分值。所以，对工作说明量表而言，72个工作满意度题项反映了工作满意度的维度，各题项分值加总，就得到了工作满意度的一个操作化的值。

一个好的（即有效的）形成性量表，能够代表构念的整个范围。这意味着一个有效的量表，应该涵盖感兴趣构念的所有相关方面，即便这些方面彼此间并不相关。

虽然我们有理由检验反应性量表中各题项的一致性，但检验形成性量表中各题项的一致性，就没有必要了。原因在于，在形成性量表中，我们并没有预计各题项是同质的；也就是说，它们不必彼此相关。因此，检验受试者对形成性量表回答的一致性，不能告诉我们有关测量工具质量的任何信息。注意，我们有其他评估形成性量表质量的方法（比如Jarvis，MacKenzie 和 Podsakoff，2003）。

总结

学习目标1：描述四种类型量表——定类量表、定序量表、定距量表和定比量表的特征和适用性。

为了能够给目标物的属性指派数字，我们需要使用量表。量表是一种工具或机制，通过它，可以区分出个体在与我们研究相关的变量上的不同之处。量表涉及创建一个统一连续体，我们的目标物就位于这个连续体上。量表有四种基本类型：定类量表、定序量表、定距量表和定比量表。从定类量表到定比量表，测量的精确程度和细微调整能力逐渐增强。

学习目标2：描述和了解如何以及何时使用不同形式的评定量表。

评定量表中的每个目标物与其他目标物之间被独立测量。下列是商业研究中常用的评定量表：二分量表、类别量表、语义差异量表、数值量表、列举式评定量表、李克特量表、固定或常数总和评定量表、Stapel量表、图形评定量表、共识性量表。李克特量表和其他某些数值量表最常在商业研究中被用于测量态度和行为。

学习目标3：描述和了解如何以及何时使用不同形式的等级量表。

等级量表用来测量个体在两个或两个以上目标物或项目间的偏好。配对比较量表在目标物数量较小时使用，受试者在两个物体间选择自己的偏好。强迫选择要求受试者将所提供的目标物或群体进行相对等级的排序。比较量表提供了一个基准或参照点，用来评估对当前研究对象、事件或情况的态度。

学习目标4：讨论量表的国际维度。

不同的文化对量表有不同反应。并且，最近的研究表明，不同国家的人在使用量表（如采用五点或七点量表）和受试者回应方面也不一样。这些研究结果表明，分析不同国家的数据，是一项极具挑战性的工作。

学习目标5：描述效度和信度及其是如何建立的，评估量表的信度和效度。

信度是当测量工具在测量任一概念时检验其是否具有一致性。效度则是检验开发出的测量工具是否能真正测量出想要测量的特定概念。以下几种类型的效度用来检测测量的质量。内容效度的建立是要确保量表中包含了能够测量该概念的适当且有代表性的题项。效标关联效度是指测量能够像其所希望的那样按照某一标准区分个体。构念效度用来证明从量表所获得的结果与设计该量表时所依据的理论之间的契合程度。稳定性的两种检测方式是再测信度和复本信度。量表的内部一致性是指在测量某一概念时题项间的一致性指标。

学习目标6：解释反应性量表与形成性量表的差异。

测量某个概念时，题项不必总是相关的。只有反应性量表的题项必须相关，但形成性量表不必。在反应性量表中，所有的题项都必须是具有相关性的。当一个构念被视为其指标的解释性组合时，则使用形成性量表。

讨论题

1. 描述四种类型的量表。
2. 为何定距量表比定类量表、定序量表更加精确？
3. 为何定比量表是四种量表中最具说明力的量表？
4. 请简述态度评定量表与等级量表的不同，并指出二者适用情况。
5. 为何确定测量质量是很重要的？如何确定？
6. 描述形成性量表与反应性量表的差异。
7. 为什么评估形成性量表的内部一致性毫无意义？
8. "本章附录部分对工作投入的测度本质上是反应性测度。"试评价这个陈述。
9. 请开发一个语义差异量表来评估某一品牌的咖啡或茶的特性。
10. "尽可能使用已经开发好且在已发表研究中被反复使用的测量工具，而尽量不要为自己的研究去开发新量表。"你同意这种观点吗？为什么？
11. "一个有效度的测量工具一定是有信度的，但一个有信度的测量工具不一定是有效度的。"试评论之。

> 请做练习 13.5 和练习 13.6。
>
> **练习 13.5**
>
> 请针对以下问题，指出你想要使用何种类型的测量工具来测量：
> （1）测量每种品牌的牙膏所拥有的消费者数量。
> （2）在测验题型中，选择题、论述题和二者相结合，学生最喜欢哪一种题型？
> （3）别人在多大程度上认同你所定义的会计原则？
> （4）人们有多喜欢现行的组织政策？
> （5）组织内员工的年龄分布。
> （6）公司内 20 个部门每个部门的员工数量。
>
> **练习 13.6**
>
> "附录部分 SERVQUAL 量表在本质上是形成性量表。"试评述这个陈述。解释为何评估形成性量表的项目间一致性毫无意义？

附录 量表范例

在商业研究中使用的一些方法可以在 Bruner，Hensel 和 James 的《营销量表手册》（*Marketing Scales*）中找到。目前只有最新的第 5、第 6 和 7 卷是可查阅的。该系列的早期版本不再发布，但其量表综述的修订版本在数据库中。第 5 卷包含 2002 年至 2005 年期间在营销学术文献中发表的量表综述。第 6 卷包括 2006 年至 2009 年文章中的综述。第 7 卷是最新的书，涵盖 2010 年和 2011 年。被收录的这些量表都建立了三个及三个以上的题项，有丰富的心理测量质量的证据，并被使用者更多地视为反应性量表，而非形成性量表。其他有用的（但有些已过时）信息来源有 Price 和 Mueller（1986）的《组织测量手册》（*Handbook of Organizational Measurement*），和密歇根安娜堡的调查研究机构（Institute of Survey Research）的《密歇根组织评估卷》（*Michigan Organizational Assessment Package*）。几种测量也可以在《心理测量年鉴》（*Psychological Measurement Yearbooks*）和其他一些出版书籍中找到。会计、金融、管理和营销领域的各一个测量的案例将在附录中提供。

1. 行为金融研究的测量

下面是一个用于测量行为金融研究相关变量的量表样例。

1.1 信息过载

信息过载测量（1～6分代表非常不同意到非常同意）

（1）有太多不同的选择需要考虑。
（2）做这个决定需要大量思考。
（3）这是个困难的决定。
（4）我认为这个决定让我难以承受。
（5）对我来说很难理解全部可获得的信息。
（6）这个任务让我感到压力很大。
（7）做出决定是一种解脱。

资料来源：Source: Agnew, J. R. & Szykman, L. R.（2010）Asset allocation and information overload: The influence of information display, asset choice, and investor experience. *Journal of Behavioral Finance*, 6（2）, 57–70. 经许可复制。

1.2 对金融的态度：对金融信息的兴趣

对金融信息的兴趣程度（1～5分代表非常不同意到非常同意）

（1）我从不阅读报纸上的金融版面。（编码相反）
（2）我努力紧跟一般经济趋势。
（3）我不会被生活中关于金融的部分吸引。（编码相反）
（4）我经常为我的财产寻找不错的投资机会。
（5）我对汇率的变化很感兴趣。

资料来源：Loix, E., Pepermans, R., Mentens, C., Goedee, M. & Jegers, M.（2005）Orientation toward finances: Development of a measurement scale. *Journal of Behavioral Finance*, 6（4）, 192–201. 经许可复制。

2. 管理会计研究的测量

以下量表范例用来测量与管理会计研究相关的变量。

表现的评价：

我的上司没有明确地以书面方式记录工作目标。	1 2 3 4 5	我的上司明确地以书面方式记录工作目标。
当评判我的表现时，我的上司使用他/她的个人判断。	1 2 3 4 5	当评判我的表现时，我的上司参考信息系统里的客观信息来评判。
我的薪酬很大程度取决于我的上司对我的表现的个人判断。	1 2 3 4 5	我的薪酬很大程度取决于信息系统里的客观信息。

资料来源：Hartmann, F. & Slapničar, S. (2012) The perceived fairness of performance evaluation: The role of uncertainty. *Management Accounting Research*, 23（1）, 17–33. 经许可复制。

组织评价（量表中数字从 1 到 5 代表非常不同意到非常同意）：

你公司在投资回报方面的表现比竞争对手强。	——
你公司在毛利率方面的表现比竞争对手强。	——
你公司在顾客满意度方面的表现比竞争对手强。	——
你公司在产品/服务质量方面的表现比竞争对手强。	——
你公司在员工生产率方面的表现比竞争对手强。	——

资料来源：Lee, C. & Yang, H. (2011). Organization structure, competition and performance measurement systems and their joint effects on performance. *Management Accounting Research*, 22（2）, 84–104. 经许可复制。

3. 管理研究的测量

下面是一个用于测量与管理研究相关变量的量表样例。

3.1 工作投入度

	非常不同意	不同意	既不赞同也不反对	同意	非常同意
1. 我的工作对我而言仅仅意味着挣钱。	1	2	3	4	5
2. 我生活中大部分的满足主要来自我的工作。	1	2	3	4	5
3. 我对自己的工作非常感兴趣。	1	2	3	4	5
4. 即使不需要钱，我也很可能继续工作。	1	2	3	4	5
5. 我最重要的事都跟自己的工作有关。	1	2	3	4	5
6. 为了完成工作，我愿意无偿加班。	1	2	3	4	5
7. 对我而言，工作最开始的几个小时过得很快。	1	2	3	4	5
8. 你很喜欢工作中有规律的日常活动。	1	2	3	4	5
9. 我期待每一天的工作。	1	2	3	4	5

资料来源：White, J. K., & Ruh, R. A. (1973) Effects of personal values on the relationship between participation and job attitudes. *Administrative Science Quarterly*, 18（4）, 509. 经许可复制。

3.2 做决策的参与度

	一点也不	很少	有一些	适度	很大程度
1. 一般来说，你或多或少能对你的工作方式发表意见或具有影响力。	1	2	3	4	5
2. 对你自己完成工作的方式，你有决定权。	1	2	3	4	5
3. 一般来说，你对你的工作团队有多大的发言权或影响力？	1	2	3	4	5
4. 一般来说，你或多或少能对你所在工作团队的工作方式发表意见或具有影响力。	1	2	3	4	5
5. 你的上司乐于接纳与听取部属的想法和建议。	1	2	3	4	5

资料来源：White, J. K., & Ruh, R. A.（1973）Effects of personal values on the relationship between participation and job attitudes. *Administrative Science Quarterly*, 18（4）, 509. 经许可复制。

3.3 职业生涯

非常不同意	不同意	轻微不同意	中立	轻微同意	同意	非常同意
1	2	3	4	5	6	7

1. 我的职业选择对我而言是一个不错的决定。 ____
2. 我的职业能让我做出对社会重要的贡献。 ____
3. 我很适合这个职业，它能反映出我的个性。 ____
4. 我无法在工作上学以致用。 ____
5. 我不打算换工作。 ____
6. 为从事这份职业所做的规划与所付出的心思是一种浪费。 ____
7. 我的职业是我生活中不可分割的一部分。 ____

资料来源：Sekaran, U.（1986）*Dual-Career Families: Contemporary Organizational and Counseling Issues*. San Francisco: Jossey-Bass. 经许可复制。

4. 市场营销研究的测量工具

下面是一些用于测量市场营销概念的量表范例。自1992年以来，Bruner和Hensel做了大量的工作，记录和详细描述了市场研究中的几十个量表。对于所考查的每一个量表，他们提供了下列资料：

（1）量表描述
（2）量表来源
（3）量表使用的范例

（4）量表的信度
（5）量表的效度
（6）量表的使用方法
（7）曾经使用该量表的研究的主要发现

有兴趣的读者可参考五卷本的《市场营销量表手册》（*Marketing Scales Handbook*）。第一卷包括 1980 年代发表的文章所使用的量表，第二卷包括 1990 年至 1993 年发表的文章所使用的量表。第三卷涉及 1994 年至 1997 年期间。第四卷包括 1998 年至 2001 年发表的文章中所使用的量表。第五卷涵盖 2001 年至 2005 年期间。

4.1 投诉成功的可能性

投诉成功的可能性（五点量表的两端点代表"非常不可能"和"非常可能"）：

在服务失败的时刻，服务提供者有多大可能……
如果你上报了问题，采取合适的措施处理你的问题？ ——
如果你上报了问题，解决问题并在将来提供更好的服务？ ——
如果你上报了问题，在将来会更小心地提供服务，使每个消费者受益？ ——

资料来源：Bougie, R., Pieters, R., & Zeelenberg, M.（2003）Angry customers don't come back, they get back: The experience and behavioral implications of anger and dissatisfaction in services. *Journal of the Academy of Marketing Science*, 31, 377–393. 经许可复制。

4.2 SERVQUAL：多维度量表，以收集消费者对服务质量的认知和期望

信度
（1）当 XYZ 公司在某个时间承诺做某事后，它一定会兑现承诺。
（2）当你遇到问题，XYZ 公司将以真诚的态度帮你解决。
（3）XYZ 公司在第一时间提供服务。
（4）XYZ 公司在其承诺的时间内提供服务。
（5）XYZ 公司在提供服务时，保证客户知悉。

响应度
（1）XYZ 公司的员工为你提供实时服务。
（2）XYZ 公司的员工总是乐意帮助你。
（3）XYZ 公司的员工总是随时响应你的要求。

信任度
（1）XYZ 公司员工的行为能取得你的信任。
（2）在与 XYZ 公司交易时你感到安全。
（3）XYZ 公司员工一直对你毕恭毕敬。
（4）XYZ 公司的员工能回应你的问题。

个性化
（1）XYZ 公司给予你个人关注。
（2）XYZ 公司的员工给予你个人关注。
（3）XYZ 公司把你的最大利益放在心上。

（4）XYZ 公司的员工理解你的具体需求。

有形的

（1）XYZ 公司有现代化设备。
（2）XYZ 公司的设备看起来很有吸引力。
（3）XYZ 公司的员工外表整洁。
（4）XYZ 公司有方便顾客的办公时间。

资料来源：Parasuraman, A., Zeithaml, V. A., & Berry, L. L.（1988）SERVQUAL: A multi-item scale for measuring consumer perceptionsof service quality. *Journal of Retailing* 64（1）（Spring）. 经许可复制。

4.3 角色模糊（销售人员）

非常错误						非常正确
1	2	3	4	5	6	7

1. 我对职位拥有多少权力非常确定。 ____
2. 我对自己的销售工作有非常清楚的目标和计划。 ____
3. 我确信自己在执行各项销售任务时能合理分配时间。 ____
4. 我知道该销售职位的责任。 ____
5. 我清晰地知道自己对这个职位的期待是什么。 ____
6. 我收到了关于我的销售工作应做什么的详细说明。 ____

资料来源：Modified from Rizzo, J. R., House, R. J., & Lirtzman, S. L.（1970）Role conflict and role ambiguity in complexorganizations. *Administrative Science Quarterly*, 15, 156.

第 14 章

抽 样

学习目标

在完成第 14 章的学习之后,你应该能够:
1. 理解抽样、样本、总体、元素、抽样单位、研究对象。
2. 讨论抽样中的统计术语。
3. 描述并讨论抽样的过程。
4. 比较和对比具体的概率抽样。
5. 比较和对比具体的非概率抽样。
6. 讨论精确性和可信度以及精确性和可信度之间的取舍。
7. 讨论如何用样本资料来检验假设。
8. 讨论确定样本规模时需要考虑的因素并确定任何给定研究项目的样本规模。
9. 讨论定性研究中的抽样。
10. 讨论管理者在抽样中的作用。

14.1 导言

实验设计和调查在通过数据收集和后续分析查找研究问题的答案方面非常有用和强大,但如果总体没有正确定位,它们可能弊大于利。也就是说,如果没有从可以提供正确答案的人员、事件或对象中收集数据解决问题,研究将徒劳无功。选择正确的个人、对象或事件作为总体的代表的活动被称为抽样,我们将在第 14 章中详细研究(见图 14.1 中的阴影部分)。

使用样本而不是从整个人口中收集数据的原因是不言而喻的。在涉及数百甚至数千个元素的调查研究中,几乎不可能从每个元素中收集数据,或测试/检查每个元素。即使有可能,在时间、成本和其他资源方面也是不可行的。研究样本而不是整个人口有时也可能产生更可靠的结果。这主要是因为疲劳减少了,因此收集数据时误差更小,特别是在涉及大量元素的情况下。在少数情况下,也不可能使用整个人口来获取知识或进行测试。例如,以检测电灯泡为例。在测试灯泡寿命时,如果我们烧掉每一个生产的灯泡,那就没有剩余的灯泡可卖了!这被称为破坏性抽样(destructive sampling)。

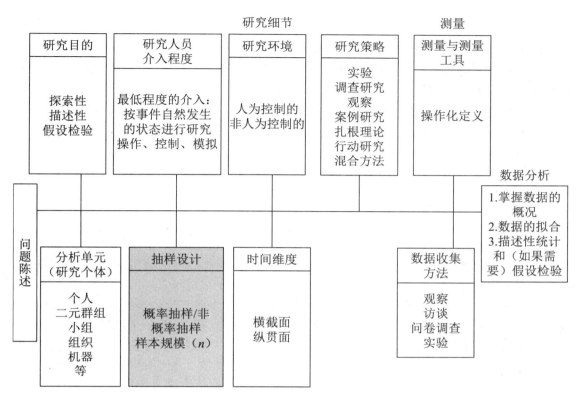

图 14.1 本章适合的研究过程

14.2 总体、元素、样本、抽样单位和研究对象

要学习如何搜集具有代表性的样本（即能反映全体），首先要了解以下几个名词。

14.2.1 总体

总体（population）是指研究者希望研究的人、事、物的全体。例如，如果一家计算机公司的总裁希望知道硅谷的计算机公司所采用的广告策略类型，则位于硅谷的所有计算机公司就是总体。如果某位咨询人员想调查一周工作四天对爱尔兰电话公司蓝领工人的影响，那么这家公司所有蓝领工人即构成总体。如果管理者想知道某家公司在法国的私人疗养院有多少病人，那么这家公司在法国所经营的所有疗养院里的病人就是总体。然而，如果管理者只对其中的一家分院有兴趣，那么只有这一家的病人构成总体。

14.2.2 元素

元素（element）是总体的单一成员。若研究者所调查的总体为 1 000 名蓝领工人，则每位蓝领工人就是一个元素。若是从 500 部机器中进行抽查，则意味着这个总体有 500 个元素。另外，人口普查就是调查人口总体中的所有元素。

14.2.3 样本

样本（sample）是总体的子集合，是来自总体的部分成员。如果从 1 000 名蓝领工人的总体中抽出 200 名成员，则这 200 名成员将构成研究的样本。换言之，从对 200 个样本的研究中，研究者可得到关于 1 000 名蓝领工人总体的结论。同样地，若医院中有 145 名住院病人，而医院管理者调查其中 40 人对于治疗的满意度，则这 40 人即是样本。

因此，样本为总体的子群体或子集合。通过研究样本，研究者应能将所获得的结论推广到所研究的总体上。

14.2.4 抽样单位

假设你对英国公众对英国脱欧的看法感兴趣。你正在考虑使用横断面设计，目的是通过采取人口的横截面来获得代表性样本。你计划使用多阶段抽样（本章稍后讨论）来获得样本。你的抽样方法包括三个阶段的随机抽样：(1) 英国邮政区的随机样本，(2) 每个地区内私人家庭的随机样本和 (3) 每个家庭中随机选择的一名成年人。

抽样单位（sampling unit）可以定义为被抽样的"谁"或"什么"。它是抽样过程某个阶段可供选择的元素或元素集。在上面的例子中，每个阶段都涉及一个抽样单位，在连续的阶段中，单位相互嵌套。邮政区被称为初级抽样单位，家庭是次级抽样单位，家庭中的成年人则是最终抽样单位。请注意，并非所有抽样方法都像上述多阶段抽样那样复杂；这就是为什么许多样本只包含一个抽样单位。例如，如果你使用股票经纪人样本进行研究，那么单个股票经纪人就是抽样单位。

观察单位（unit of observation），有时也称为测量单位，可以定义为测量或收集数据的层次。例如，如果从家庭中随机选择一个成年人，并要求该成年人提供他或她对英国脱欧的看法，那么观察单位就是成年人。因此，观察单位是指收集数据的层次。

分析单位（unit of analysis）是指分析和得出结论的层次。在上面的例子中，分析单位是成年人。总之，分析单位是指你得出结论的层次，而观察单位是指你收集数据的层次。分析单位和抽样单位可能是相同的（如上例），但也不一定相同。例如，在某个研究项目的背景下，如果对学生队列进行比较，抽样单位可以是学生和学生分析队列的单位。如果对学生进行比较，学生也可以既是抽样单位又是分析单位。

14.2.5 研究对象

研究对象（subject）是样本的单一成员，就如同元素是总体的单一成员一样。如果从 1 000 名蓝领工人总体中抽出 200 名成员作为研究样本，则样本中的每一名蓝领工人都是研究对象。又如，若从 500 部机器中抽出 50 部来检验，那么这 50 部机器中的每一部均为研究对象，正如 500 部机器的总体中，每部机器都是元素一样。

14.3 样本资料和总体值

当我们进行抽样时，抽样单位（员工、消费者等）向我们提供回应。例如，消费者对调查问题的回答可能是"3"。当我们考查从总体样本中获得的回应时，我们会用到统计学。在第 15 章中，我们将解释我们可以使用的各种各样的统计数据，如平均值、中值或众数。然而，我们抽样的原因是，我们对从中抽样的总体的特征感兴趣。如果我们研究整个总体并计算均值或标准差，那么我们就不把它当作统计量。相反，我们称它为总体的一个参数。

14.3.1 总体参数

总体的特征如 μ（总体平均值）、δ（总体标准差）以及 δ^2（总体方差）等，都是总体的参数（parameters）。样本的集中趋势、离散趋势以及其他统计量都是总体的集中趋势、离散趋势及其他参数的近似值。就其本身而论，从样本中所得到的全部结论都可推广到总体上。换句话说，样本统计量 X（样本平均值）、S（样本标准差）以及 S^2（样本方差）都是用来估计总体参数 μ、δ 及 δ^2 的数值。图 14.2 显示了样本与总体间的关系。

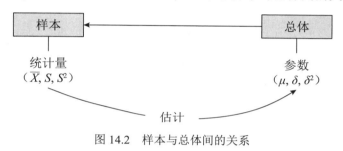

图 14.2　样本与总体间的关系

14.3.2 样本的代表性

要想将研究结论推广到总体，从总体中抽取的样本就必须要有代表性。一个具有代表性的样本需准确反映总体，换言之，代表性样本是总体的微型复制版。

14.3.3 正态分布

总体的属性或特征通常呈正态分布。例如，若考虑身高或体重等属性，大多数人会集中在平均值上，而仅有极少数人是非常高、非常矮、非常重或非常轻，如图 14.3 所示。若我们欲从样本估计总体特征，则样本的分配必须拥有与总体相同的形态，即正态分布。我们从中心极限定理可知，样本平均值的抽样分布是正态分布，当样本规模 n 增加，从任何总体抽出的随机样本平均值将会趋近于平均值 μ 与标准差 σ 的正态分布。总而言之，不管总体的属性是否为正态分布，如果我们小心地选取足够多的样本，则我们将使抽样样本正态分布。这涉及抽样的两大问题——样本规模（n）与抽样设计，这将在后文讨论。

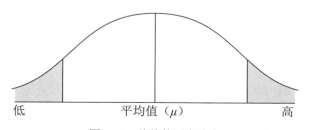

图 14.3　总体的正态分布

如果总体的属性在样本中未被过分代表（overrepresented）或代表不足（underrepresented），我们即认为样本具有代表性。当所研究的变量中，样本包含了总体中数值偏高的元素，则样本平均值 $\bar{X}$ 将会远高于总体平均值 μ。相对地，若研究的变量中，样本包含了总体中数值偏低的元素，那么样本平均值 $\bar{X}$ 将会远低于总体平均值 μ。然而，若抽样设计与抽样分布是正确的，样本平均值 $\bar{X}$ 将会落在相当接近总体平均值 μ 的范围中。因此，通过适当的抽样分布，我们可确保样本研究对象不会出现极端值，而对总体的属性有相当的代表性。样本越具总体代表性，研究发现的推广程度就越高。在本书第 2 章我们学过，共性是科学研究的特征之一。

虽然在大多数研究中，我们为了保证共性而特别留意选取具有代表性的样本，但有些研究却不需要如此关切共性。例如，在事实调查的探索阶段，我们只在意"情境的掌握"，因此，访谈只限于最易于接触到的人。在非常时期也是如此，此时获取信息的急迫性凌驾于高度的正确性。例如，电影公司可能想很快得知观众对电影首映的评价，此时访谈员可在电影散场后询问前 20 位走出电影院的人的意见。从这些人的回答中，访谈员可能得到电影是否成功的结论。又例如，一位餐厅经理可能想要了解顾客对新菜的反应，以确认新菜是否受欢迎而值得保留。为了该目的，可访谈前 15 位吃这道菜的顾客以了解他们的反应。在这些例子中，获得立即的信息比获得最具代表性的事实更有用。然而必须注意的是，这些简便样本是不可靠的，而且不能推广到总体上。

14.4 抽样过程

研究选择正确的人、事、物作为统计调查对象的过程就是所谓的抽样。然后研究样本并了解其特征或特点，最后看这些特点是否能应用到总体中。抽样的主要步骤如下：

1. 定义总体。
2. 确定抽样框。
3. 确定抽样设计类型。
4. 确定合适的样本容量。
5. 进行抽样。

14.4.1 定义总体

首先，我们要定义目标总体。定义总体时要包括元素、地理范围和时间。例如，一位银行家想研究美国采矿业蓝领工人的储蓄习惯，那么他的目标总体是美国采矿业所有的蓝领工人。又如，一家广告代理公司想了解老年读者的阅读习惯，目标总体可能是德国所有 50 岁以上的人。上述两个例子说明，研究目标和研究范围在定义总体时非常重要。

14.4.2 确定抽样框

抽样框是总体中所有元素的清单，样本也从中取得。若要调查组织的成员，那么发薪名单就是一个抽样框。理想情况下，抽样框是人口要素的完整和正确的列表。然而，实际情况往往使这样的列表不正确和不完整。例如，最近离开组织或退学的成员的姓名，以及最近加入组织或大学的成员的姓名，可能不会出现在组织的工资单或大学的登记册上。在你的抽样框中多大的不准确率能够被接受是一个判断问题。

当抽样框与总体不完全匹配时，就会出现覆盖误差。在某些情况下，研究人员可能会认识到这个问题，但不太关心这个问题，因为目标总体和抽样框之间的差异小到可以忽略不计。然而，在大多数情况下，研究人员应该通过以下方式处理这种误差：根据抽样框重新定义目标总体，根据重要特征筛选受访者，以确保他们符合目标总体的标准，或者通过加权方案调整收集的数据，以抵消覆盖误差。

14.4.3 确定抽样设计类型

抽样设计有两大类型：概率抽样与非概率抽样。在**概率抽样**（probability sampling）中，总体的元素被选取为样本的机会或概率是已知的。在**非概率抽样**（nonprobability sampling）中，并不知道元素被选取为样本的先决机会或概率。若要求研究具有较高的共性，这时样本代表性变得非常重要，可使用概率抽样设计。若时间或其他因素比共性重要，则通常会使用非概率抽样。这两种主要的设计有不同的抽样策略。要选择哪一种抽样方法取决于研究所需得到的共性程度、研究时间、其他因素的需求以及研究目的。

抽样程序的选择非常重要，因此本章我们会详细学习抽样设计的不同类型，特别注意的是，在做选择时要谨记下列要点：

（1）本研究的目标总体是什么？
（2）统计调查中，研究参数是什么？
（3）使用何种抽样框？
（4）抽样设计会产生多大成本？
（5）有多少时间可从样本中搜集资料？

14.4.4 确定样本容量

样本容量为40，足够大吗？或者说你需要的样本容量是75、180、384还是500？大样本比小样本好吗？或者说大样本更具代表性吗？确定样本容量的大小又是一个难题。我们把影响样本容量大小的因素总结如下：

（1）研究目的。
（2）研究希望的精确程度（置信区间）。
（3）预测精确程度时可接受的风险（置信水平）。
（4）目标总体本身存在大量差异。
（5）成本和时间限制。
（6）在有些情况下，总体本身的规模问题。

因此，样本大小应是上述六种因素的函数。本章后面我们还会详细探讨样本容量问题。

14.4.5 进行抽样

下面两个例子说明，在抽样的最后阶段，必须确定目标总体、抽样框、抽样方式和样本容量。

例 14.1

> 　　研究人员为一家新西兰的电脑零售商进行满意度调查。调查目的是提高内部运营效率和质量，以便留住更多的客户。该调查在本质上是交易型的；在接触服务之后（例如，访问一个零售商），测量服务满意度和其他几个相关变量。因此，能在第一时间获得客户反馈信息。为了获得有关电脑零售商（目标总体）客户的代表性样本，研究人员随机选择城市，随机选择地区，然后在随机选择的十家商店中，（在一周时间内）接触离开其中一家商店的每 10 人中的 1 人（抽样方式）。经过培训的采访人员携带标准化的问卷，接触 732 位离开商店的人（样本容量）。
>
> 　　一位年轻的研究员想研究销售人员表现的前因。为了验证他的假设，他利用电子邮件问卷从英国的首席销售总监（目标总体）那里获得数据。刚开始，样本从企业登记册（样本框）中获得，后利用判断抽样法做了补充。在分发问卷之前，这位研究员给每一家被选公司打电话获取首席销售总监的名字，然后再邀请他参与调研。问卷分发给 450 家公司的首席销售总监（样本容量）。为了提高回应率，研究人员在保证对方匿名的情况下，事先准备了印有地址和附有邮票的信封。为了收到更多的回复，研究人员还准备好给受访者打电话和再次邮寄等方式。

框 14.1　未响应和未响应误差

> 　　如果样本中的一部分对象没有回应，则会导致未响应误差。未响应误差的存在说明，就我们想研究的特征（某一方面）而言，那些回应的人与未回应的人存在不同。未响应误差主要有两种，不在家和拒绝采访。针对不在家的情况，研究人员可以换一个时间再打电话，最好在一天当中的不同时段打。拒绝率往往取决于调查长短、数据搜集方式和研究资助等。因此，应对被拒绝的问题，我们可以采取相应的应对方式，如降低调查长度，调整数据搜集方式（个人采访取代邮寄问卷），给研究提供赞助等。此外，人性化设计的信件，小的激励和事前通知，都可以帮助研究人员提高回复率。尽管这样，在调查中完全避免无响应是不可能的。在这样的情况下，你就要考虑如何处理未响应误差，例如，只推广到有响应群体或者统计学修正（用观察数据加权）。

14.5　概率抽样

　　当总体中的元素被选为样本的机会是已知时，我们便可使用概率抽样设计。关于概率抽样在本质上可以是不受限制的（简单随机抽样）或是受限制的（复杂概率抽样）。

14.5.1　非受限概率抽样或简单随机抽样

　　在**非受限概率抽样**（unrestricted probability sampling）设计，即广为人知的**简单随机抽**

样（simple random sampling）中，总体的每一个元素被选取为研究对象的机会是已知的和相等的。例如，总体中有 1 000 个元素，而所需的样本规模为 100 个。假设我们将总体做成纸片放在帽子中，并对每一个元素注明特别的名称，然后闭上眼睛从帽子中取出 100 张纸片。我们知道第一张纸片被抽出的概率是 1/1 000，第二张是 1/999，依此类推。换句话说，我们知道任何一张纸片被抽出的概率将是总体数目分之一，且帽子中每一个元素被抽出的概率是相等的。我们也可通过计算机产生随机数字，如此一来，我们就不必通过冗长乏味的过程，从帽子中抽出数字了。

若我们依此从总体中抽出元素，则总体中所研究的属性分布形态就与样本所呈现的分布形态相类似。这种抽样设计就是简单随机抽样，它偏差最小并具有最广泛的共性。然而，这种抽样过程麻烦又昂贵，而且研究者不一定能获得完整且已更新的总体架构。基于这些理由，通常会采用其他的概率抽样。

14.5.2 受限制的或复杂概率抽样

要替代简单随机抽样设计，可使用几种复杂概率抽样（complex probability sampling）（受限制概率抽样）设计。这些概率抽样方法是比刚才讨论的非受限概率抽样设计可行性好，有时更为有效的替代方案。在既定样本规模下，使用复杂概率抽样步骤会比简单随机抽样设计得到更多信息，因此抽样效率得到提高。五种常见的复杂概率抽样设计是系统抽样、分层随机抽样、聚类抽样、区域抽样以及双重抽样，下面分别进行讨论。

14.5.2.1 系统抽样

系统抽样（systematic sampling）设计从总体中抽取每第 n 个元素，抽样始点从 1 到 n 中的元素中随机选择。

要抽取系统样本，你可以按照以下步骤进行操作：
（1）确定总体中的元素数量。
（2）确定抽样率（$n=$ 总体规模/所需样本规模）。
（3）确定一个随机的抽样起点。
（4）通过选择每第 n 个元素来抽取样本。

系统抽样需要一份完整的总体清单。获得这样的清单通常很困难。系统抽样的示例如下。

例 14.2

> 若我们需要在某一地区的 260 间房子中抽出 35 间当样本，则我们可以抽取每第 7 间房子，并从随机数字 1～7 间选择一个数字作为抽样起点。假设随机数字为 7，那么第 7、14、21、28……号码的房子将会被抽取，直到抽满所需的 35 间为止。然而系统抽样可能会产生一个问题，即样本发生系统性偏差的概率。在以上的范例中，我们假设每第 7 间房子都位于楼房的角落里。若该份研究是建设公司实施的，目的在于通过使用适当的过滤建材来控制居民所感受到的噪声污染，则房间位于角落的居民可能

不会感受到房间位于中间部分的那么多噪声。因此从房间位于角落的居民搜集得来的噪声信息可能产生偏差，通过该信息归纳得出错误结论的可能性也很高。鉴于这种系统性偏差，研究者必须在使用前谨慎地考虑研究计划，并确定系统抽样设计是否适用于该研究。在市场调查、消费者态度调查等研究中经常会采用系统抽样设计，此时电话簿的目录常被当作参考的抽样框。

14.5.2.2 分层随机抽样

虽然抽样有助于估计总体参数，但总体中可能有可识别的元素子群体在所研究的变量上拥有不同的参数。例如，人力资源管理部门的经理想评估系统中员工所需的培训程度，显然整个组织将构成研究的总体。但中层经理、低层经理、一线领班、计算机分析师以及办事员等所需的培训程度、质量以及密集度都有所不同。因此，了解各个群体在需求上存在的差异将有助于经理为每个群体开发有针对性的培训课程。资料搜集也必须有助于评估总体中各个子群体的需要。此外，因为分析单位为群体，所以适于使用分层随机抽样。

顾名思义，**分层随机抽样**（stratified random sampling）包含一个分层或区隔的过程，然后从各层随机抽出研究对象。首先将总体分成互斥的群体，这种分组方式应适当，一般应与研究背景相关。例如，若公司的总裁关心员工的工作动机低落或高旷工率，则将总体（即全体员工）按工作层级分层是很合理的。当资料搜集和分析完成后，我们可能出乎意料地发现，中层经理是未被激励的。这个信息有助于总裁针对各个层级给予更好的激励办法。若要追踪总体中各子群体参数的差异，则必须采取分层随机抽样设计。若在此例中采取简单随机抽样或是系统抽样，则某些工作层级的高工作动机与其他层级的低工作动机将会彼此抵消，因而掩盖了存在于某一层级中的真正问题。

当研究问题如以下情况时，分层也将有所帮助：
（1）机械师是否比办事员有较高的发生意外的倾向？
（2）西班牙裔美国人是否比本地美国人对组织更为忠心？

将顾客按社会阶层、收入等分层以研究消费模式，按规模、产业、利润等分层以研究股市的反应，这些都是常见的分层抽样技巧。

分层是一项有效的抽样设计，在既定的样本规模下能够获得更多的信息，但应如何分层则需根据研究问题而定。若我们研究顾客对一项产品的偏好，则总体可按照地理区域、市场细分、顾客年龄、性别，或是这些因素的组合来分层。若组织打算削减预算，则预算减少对员工态度的影响可以按部门、按职能或按地区分层进行研究。分层的用意在于确保每一层内是同质的（即在每一层中变量具有极少量的方差或离散情形），但在层与层之间是异质的（具方差性）。换句话说，组间方差多于组内方差。

比例与非比例分层随机抽样　一旦总体以有意义的方式分层之后，便可利用简单随机抽样或系统抽样在各层中抽出样本。研究对象可按各层元素数目的比例或非比例抽出。例如，若某公司雇用了10位高层经理、30位中层经理、50位低层经理、100位领班、500位办事员及20位秘书，而有一份调查需要140个样本，则研究者可能决定从各层抽出20%

组成样本，即每一层样本抽取的比例是一样的。这表示样本中有 2 位高层经理、6 位中层经理、10 位低层经理、20 位领班、100 位办事员和 4 位秘书，如表 14.1 中的第三栏所示。这种抽样类型即为**比例分层随机抽样**（proportionate stratified random sampling）设计。

表 14.1 比例与非比例分层随机抽样

工作层级	元素数量	样本中研究对象的数目	
		比例抽样（元素的 20%）	非比例抽样
高层经理	10	2	7
中层经理	30	6	15
低层经理	50	10	20
领班	100	20	30
办事员	500	100	60
秘书	20	4	10
合计	710	142	142

在上述情形中，研究者可能觉得 2 位高层经理及 6 位中层经理所带来的信息不足以代表该层的情形。因此，研究者可能决定使用**非比例分层随机抽样**（disproportionate stratified random sampling）。从各层抽出的研究对象数量是可调整的，但整个样本规模则是不变的，调整后的抽样情况见表 14-1 的最右栏。在此我们认为 60 位办事员可能足以代表 500 位的总体，同样地，7 位高层经理与 15 位中层经理也可分别代表其总体。各层成员的再分配将比先前的比例抽样设计更适当且更具代表性。

非比例抽样设计适用于当某些层的规模特别大或特别小或是怀疑某一层具有较大的方差时。例如，领班的教育水平从小学到研究生都有，这可能会对其观念造成影响。此时便会在领班的层级抽取更多样本。有时考虑到使研究更容易、更简便，花费较少，也会采用非比例抽样来搜集资料。

总而言之，分层随机抽样先将元素分为有意义的层级，然后从各层中抽出比例或非比例样本。这种抽样设计比简单随机抽样更具效率，原因是在既定样本的规模下，对总体的各个区段具有较佳的代表性，也因此能获得较有价值且具有鉴别力的信息。

14.5.2.3 聚类抽样

所谓**聚类抽样**（cluster sampling）是指所抽样的群体中各成员具有异质性。这与从总体中选取一些元素的简单随机抽样、先分层而后从各层中选取的分层随机抽样，以及在总体中选取每第 n 个元素的系统抽样都有所不同。当找到一些具有组内异质性与组间同构性的群体时，就可对这些群体或聚类体进行随机抽样，并在这些集群的成员中搜集信息。

区域抽样（area sampling）设计构成了地理上的聚类体，即当研究总体分布于可辨别的地理区域中，如县市、城市街区或地区的特定区域内就可采用区域抽样。因此，区域抽样是针对地域的聚类抽样。例如，在小镇某一地区开设 24 小时商店前会先抽样调查顾客的需要，这就与区域抽样有关。又如，零售商店的设址计划、针对区域民众所做的广告，以及在特定地区播放的电视与广播节目等都需要利用区域抽样设计来搜集地区民众的兴趣、态度、倾向及行为等信息。

区域抽样的成本较其他大多数概率抽样设计低，而且并不需要总体架构。一份显示街区的城市地图即可提供适当的信息，使研究者对街区进行抽样，并从其中的居民那里获得资料。其实，聚类抽样的单位成本远比其他的概率抽样设计（如简单随机抽样、分层抽样或系统抽样）低。然而，聚类抽样在所有概率抽样设计中有着较大的偏差及较小的共性，这是因为组织中最自然形成的集群并不会包含异质元素。换言之，拥有组内异质性及组间同构性的情况并不普遍。

基于这些原因，聚类抽样在组织研究中并不普遍。此外，对于市场营销研究而言，自然形成的聚类体如居民、客户、学生或商店等，各元素间并不会有太多的异质性。如前所述，聚类体中必须拥有较多的组间同构性而非异质性。因此，虽然聚类抽样成本较低，但在结果的精确性或可信度上却不见得更为有效。然而，聚类抽样提供了便利性。举例来说，它在检验多样搭配的包装时较为容易，如在检验货物时可只开 4 箱（亦即所有元素都包含在这四个聚类体中）随机检验少数的单位，而不必打开 30 箱货物进行检验。

单阶段与多阶段聚类抽样 到目前为止，我们已讨论过单阶段聚类抽样，它以简便的方式将总体分为几个聚类体，随机选取所需的聚类体数量作为研究对象，并研究随机选出的聚类体中的所有元素。聚类抽样可以分几个阶段进行，叫作**多阶段聚类抽样**（multistage cluster sampling）。例如，我们进行月均银行存款的全国性调查，可先用聚类抽样来选择城市、郊区及乡村等地理区域，下一阶段在每个地理区域选出特定区域，在第三个阶段将选出的区域中所有银行作为调查对象。换句话说，多阶段聚类抽样包含了初级抽样单位的概率抽样，从每一个初级单位中选取第二级抽样单位的随机样本，再从每一个第二级单位中进行第三级概率抽样，直到我们得到样本单位的最后一阶段，这时我们将对这些单位中所有的成员进行研究。

14.5.2.4 双重抽样

这种抽样方法适用于已经对群体的子集搜集了某些信息之后却还需要额外信息的情况。在研究中若已对一份样本搜集了初步的信息，然后又从该样本中抽出子样本来检验更详细的信息，这种抽样设计就叫作**双重抽样**（double sampling）。例如，结构式访谈可能指出研究对象中的一个子群体对组织的问题有较多的看法，可能需要再次对这些研究对象进行访谈并询问额外的问题，该研究就采用了双重抽样方法。

14.5.3 概率抽样设计的回顾

有两种基本的概率抽样设计：非限制的或简单随机抽样，以及受限制的或称复杂概率抽样。在简单随机抽样设计中，总体中的每一个元素被选取为研究对象的机会是已知且相等的。复杂概率抽样包含五种不同的抽样设计。其中聚类抽样设计可能是最不花费成本也是最不可靠的方式，适合在没有总体元素清单时使用；分层随机抽样可能是最有效率的，这是因为在同样的样本数目下，它提供了更精确、更详细的信息；系统抽样设计具有存在系统性偏差的潜在危险；区域抽样是一种聚类抽样的常见形式；当已初步抽取了样本的情况下再抽取子样本以获得额外信息时，便可使用双重抽样。

14.6 非概率抽样

在**非概率抽样**（nonprobability sampling）中，总体中的元素是否被选取而成为样本并无任何概率存在。这意味着研究样本所得到的发现并不能推论到总体上。然而如前所述，研究者有时可能不太在意研究结果的推广问题，而只想快速且不耗费太多成本地获得初步信息，此时他们会使用非概率抽样。有时非概率抽样可能是获得资料的唯一方法。

有些非概率抽样方法比其他方法更为可靠。非概率抽样设计包含了简便抽样与计划抽样两大类型，现讨论如下。

14.6.1 简便抽样

顾名思义，**简便抽样**（convenience sampling）是从便于获得信息的总体成员那里搜集信息。研究人员知道样本中应包含多少受试者（消费者、员工、灯泡），并继续进行这一过程，直到达到所需的样本量。简便抽样既便宜又易于实施，但无法判断研究结果的代表性。它通常用于获取一些快速信息。在这个过程中，你有时可能会发现你的研究结果无可争议，以至于没有动力去收集进一步的信息。

14.6.2 计划抽样

除了从最方便取得的样本那里获得信息，有时可能必须从特定群体中搜集信息。这种抽样受限于只有某些人能够提供所需信息，或是只有他们符合研究者设定的标准，这种抽样设计即称为**计划抽样**（purposive sampling）。以下将解释计划抽样的两大类型，判断抽样与定额抽样。

14.6.2.1 判断抽样

判断抽样选择在最有利位置或担任最适当职位的研究对象来提供所需信息。例如，若研究者想研究女性经理需要什么条件才能获得登峰造极的成就，唯一能提供第一手资料的人就是在组织中位居高层的女性。由于经过许多历练，我们可以合理预期她们拥有专业知识，能提供适合的资料与信息。因此当只有少数或是某几类人拥有所寻找的信息时，便可使用**判断抽样**（judgment sampling）。在这些例子中，任何具有总体代表性的概率抽样都不能达到目的。

由于我们只使用易于取得的专家样本，故判断抽样可能削弱了发现的共性。然而，若所需的信息类型只由某些特定人持有，则这是唯一可行的抽样方法。在组织背景与市场研究中，博学广闻、有见地的人通常会纳入样本。而这些有见识的看法、观点与知识都将构成丰富的资料来源。

判断抽样需要花特别的精力去找出并接触那些拥有所需信息的个人。如前所述，这种抽样设计可能是回答某些研究问题的唯一方法。

14.6.2.2 定额抽样

第二种计划抽样为**定额抽样**（quota sampling），其通过定额的分派以确保研究可以适度地代表某些群体。一般来说，每个子群体的固定定额是根据每一群体在总体中的总数量而定。然而，因为这是一项非概率抽样计划，故结果无法推广至总体。

定额抽样可视为比例分层抽样的一种，它按事先决定的比例从不同的群体选取样本，但需在方便的基础上进行。例如，我们可能猜想蓝领工人与白领员工在工作态度上有相当程度的差异。若组织中有 60% 的蓝领工人与 40% 的白领员工，而且需访问 30 人以回答研究问题，则样本构成中，蓝领工人的定额为 18 位，白领员工的定额为 12 位，因为这些数量代表了样本规模的 60% 及 40%。前 18 位最方便取得信息的蓝领工人与前 12 位最方便获得信息的白领员工将依定额数量成为研究对象。显而易见，这个样本并不具有总体的代表性，因此，研究发现的共性也会受到限制。然而，定额抽样无须花费太多精力、成本和时间，这使它仍然吸引了一些研究者。当总体的子集低于适当比例时，定额抽样变得有其必要性。例如，少数群体、领班等。换句话说，定额抽样确保总体中所有的子群体都能在样本中有适当的代表，定额抽样就是通过非随机的方式确定研究对象的分层抽样。

由于人口结构的改变，工作场所（以及社会）变得越来越具有异质性，我们可以预期定额抽样在未来的使用将更为频繁。例如，定额抽样可用来了解各个种族的购买倾向以及不同国籍的员工如何感知组织文化等。

虽然定额抽样并不像分层随机抽样可以加以推广，但它也提供了一些信息，若有需要可据此进一步调查。所以，可以在研究的第一阶段使用定额抽样等非概率抽样设计，获得一些有用信息后再进行随机抽样。反过来也是可行的，如概率抽样设计可指引研究的新领域，非概率抽样设计则可用来探索其可行性。

14.6.3 非概率抽样的回顾

非概率抽样设计有两个主要类型：简便抽样与计划抽样。简便抽样在所有抽样设计中是最缺乏共性的，但是当需要快速且实时的信息，或为了探索性研究的目的时，它可能是唯一可行的选择。计划抽样分为两大类——判断抽样与定额抽样。虽然判断抽样受限于共性，但有时是最佳的抽样设计，特别是在只有少数人能提供所需信息时。出于成本、时间的考虑以及适当代表总体中少量元素的需要，研究者也常使用定额抽样。虽然所有非概率抽样设计的共性都受到限制，它们仍然具有某些优点，而且有时对研究者而言是唯一可行的方案。

表 14.2 总结了到目前为止所讨论的概率与非概率抽样设计以及它们的优缺点。图 14.4 则描绘了在特定研究目标下，选择适当的抽样设计的决策点。

表 14.2　概率与非概率抽样设计

抽样设计	描述	优点	缺点
概率抽样			
1. 简单随机抽样	考虑总体中的所有元素，而且每一个元素都有相对的机会被选取为研究对象	研究发现的共性较好	不如分层抽样有效
2. 系统抽样	在抽样框中从随机的某个点开始选取每第 n 个元素	如果可以取得抽样框，则使用该方法较为方便	可能有系统性偏差
3. 分层随机抽样 （1）比例分层随机抽样 （2）非比例分层随机抽样	首先有意识地将总体分为若干部分，然后从各部分（层）按其占总体数量的比例抽取研究对象 根据占总体数量比例以外的准则抽样	在所有概率抽样设计中最为有效 所有群体都能适当地抽样，而且可以对各群体进行比较	分层必须有目的性，比简单随机抽样和系统抽样花费更多时间 每一层的抽样框是不可或缺的
4. 聚类抽样	首先找出一些其成员具有异质性的聚类体，然后从这些聚类体中随机选取一部分聚类体，将被选取的聚类体中的每一个成员作为研究对象	对地理上的聚类体，搜集资料的成本很低	因为聚类体内的元素通常都具有同质性而非异质性，所以在所有概率抽样设计中是最不可靠、最没效率的
5. 区域抽样	在某一特定区域或地区中进行聚类抽样	具有成本效益，对特定地区的决策很有用	从各地区搜集资料需花费时间
6. 双重抽样	对相同的样本或子样本研究两次	在研究主题上提供更多细节信息	如果有原始偏差，该偏差将继续存在。研究对象会不满重复回答
非概率抽样			
7. 简便抽样	选择最容易取得的成员作为非概率抽样研究对象	快速、方便、成本低	无法推广
8. 判断抽样	基于在研究主题方面的才能选择研究对象	有时是唯一有效的调查方法	不具备共性，结论无法推广到总体
9. 定额抽样	根据事先决定的样本数量和定额，从目标群体中方便地选取研究对象	当研究中的少数族群很重要时，该方法很有效	不易推广

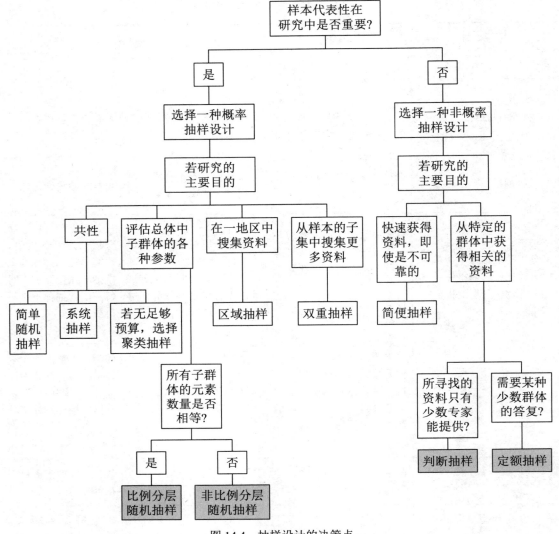

图 14.4 抽样设计的决策点

14.7 抽样设计使用时机的范例

14.7.1 简单随机抽样

当需要研究结果对整个总体都具有共性时,该抽样设计是最适当的。请看两个例子。

例 14.3

一位副总裁(全体员工 82 人)要求人力资源部门主管制定一套弹性工时政策。但看到每个人都乐于朝九晚五的工时,而且没有人抱怨,因此主管认为这项政策是没有必要的。根据主管的看法，现在制定该项政策可能会造成职员安置和日程安排等内部问题。然而，他希望能通过简单随机抽样来进行初步调查让副总裁相信弹性工时是没必要的，并劝他放弃这项政策。因为简单随机抽样为研究结果提供最强的共性，为了说服副总裁，使用这种抽样设计是很重要的。

一家中型公司在其四个营业地区各拥有 20 个零售商店，某一地区的主管想知道去年哪种销售策略对公司整体最为有效。这将有助于为整个公司制定一般性政策作为来年优先进行的销售推广策略。为了避免研究所有店家（共 80 家），可通过简单随机抽样方法选取少数商店进行研究，以获得可靠的（即具有代表性且可推广的）信息。这 80 家商店都有相同机会成为样本，而研究结果将具有最好的共性。由于政策是为整个公司制定的，所以在本例中推荐简单随机抽样。这意味着必须取得最具代表性的信息才能推广到整个公司，这最好是通过简单随机抽样设计来完成。

要注意的是，在部分案例中成本是最大的限制条件（即资源是有限的），而相当庞大或是分布在各地区的总体元素会使简单随机抽样方法可能不再是最令人满意的，因为它的成本会变得非常惊人。所以共性的重要性与成本都是决定抽样设计的考虑因素。

14.7.2 分层随机抽样

我们已知总体中各层都有不同的参数，当我们需要各层信息时，分层随机抽样是一项不错的选择。请看例 14.4。

例 14.4

有位制造公司的人力资源主管想为承受高压力的人员举办压力管理研讨会。他推测有三个群体是最有可能有压力的：经常接触危险化学物质的工人，负责生产分配的领班，还有每天倾听并了解员工问题、给予建议却从不知道对员工究竟有多大帮助的顾问。为了获得这三个群体与公司中其他人所承受的压力水平，主管将样本分成四个不同的类别：（1）接触危险化学物质的工人；（2）领班；（3）顾问；（4）其他所有的人。然后他选择采用非比例分层随机抽样[因为可以预见群体（3）非常小，而且群体（2）和群体（1）远小于群体（4）]。

在这种情况下，分层随机抽样是唯一的能够实现研究目的的一种抽样设计。

如果，在前面的例子中，地区主管想知道哪种促销策略对每一地区会有最好的销售结果，因此可开发不同的促销策略（根据地区偏好）。于是，首先将 80 家商店以区域来分层，然后通过简单随机抽样方法选出每一地区（层）中具有代表性的样本。在这种情况下，由于每一个区域有 20 家店，因此比例分层随机抽样（即每一地区选 5 家店）较为适用。然而，如果北区只有 3 家店，南区有 15 家，而东、西区各有 24

家与38家，则非比例分层随机抽样更加适合，因为北区元素太少，所以3家商店都要研究。如果需要20个样本，则北、南、东、西区将各自会抽3家、4家、5家、8家。有趣的是，有时分层随机抽样看起来或许合乎逻辑，但是它可能不是必要的。例如，当实验性的市场营销结果发现，古巴人、波多黎各人及墨西哥人以相同的方式感知并消费某项产品，就不需要区分市场，也不需用分层抽样来研究这三个群体中的每个群体。

14.7.3 系统抽样

如果抽样框很大，而且元素的清单在一个地方即可方便取得（如在电话册、公司工资名册、商会目录等），则使用系统抽样会具有简便、快速获取样本的优点，如例14.5所示。

例 14.5

某位主管想要评估员工对新改进的健康福利计划有何反应，而该计划要员工为他们的家人支付少量上涨的保险费。此时，管理者可利用系统抽样设计来评估员工对这项新计划的热衷程度。公司记录提供了抽样框，而且可以抽出每第 n 位员工。因为这项政策是针对整个公司，所以这里不需分层抽样。

框 14.2 注意

当我们预期到系统性偏差会出现时，系统抽样是不适合的。例如，若从公司的职员名册（尤其是每一个部门有相同数量的员工）进行系统抽样，名册中列出各部门员工的名字，如果是先列出部门的领导人，再列出他下面的职员，就会存在固有的系统偏差。因为挑选过程最后可能会挑到每一部门的领导人或部门的秘书来当研究对象。在这种情况下，使数据产生系统性偏差的可能性是无法排除的。尽管使用概率抽样程序，但从这种样本中得到的结果显然是有偏差且无法推广的。当我们知道可能存在系统性偏差时，就必须极力避免使用系统抽样。

14.7.4 聚类抽样

当我们一次要研究一个异质性群体时，最适合使用这种抽样设计。以下提供例子来说明。

例 14.6

一位人力资源主管想要知道为何员工会辞职。针对同一天离职的所有员工（聚类体）进行离职前的访谈。这种情况最适合使用聚类抽样设计。我们会依据在不同天辞职的各个聚类体的简单随机抽样来选择要访谈的聚类体。访谈有助于了解不同个体（即来自各个部门）组成的群体的离职原因，而且研究成本较低。

一位金融分析师希望研究荷兰银行的贷款生意。每一个城市中的所有银行都作为一个聚类体。通过随机抽样聚类体，分析家就能够获得关于贷款生意的结论。

14.7.5 区域抽样

当研究目标受限于总体的所在地点或区域时，最适合使用区域抽样，如以下这个范例。

例 14.7

一家电话公司想在一个犯罪猖獗的地点设置一个公共电话亭，让受害人可使用该电话向外求援。而研究犯罪统计与访谈特定地区的当地居民将有助于选择设置电话的正确地点。

14.7.6 双重抽样

这种设计在最小的外加成本下提供额外信息，举例说明如下。

例 14.8

在之前离职访谈的例子中，有些个体（亦即原聚类体样本的子集合）或许指出他们离职是因为想法与公司的政策不同。而研究者可能想要对这些个体进行深度访谈以获得进一步的信息，包括他们不喜欢的政策的性质，实际的观念差异，以及为何这些特殊问题会影响个体的价值观系统等。通过双重抽样设计，从目标群体所获得的这种额外信息可帮助公司找到留住员工的方法。

14.7.7 简便抽样

这种完全不具备共性的非概率设计用于取得一些"快速"信息以获得研究现象或研究变量的特性。

例 14.9

> 会计部门主管欲建立一个大量使用计算机技术的新会计系统。在进行改变之前，他想知道公司会计对新系统的反应如何，但又必须避免让他们感觉到是公司在质疑他们对新系统的接受程度。他可能会对前 5 位进入他办公室的会计职员"随意地"谈话，试探着观察他们的反应。

框 14.3　注意

> 使用简便抽样是为了方便，其结果完全无法推广到总体。

14.7.8　判断抽样：计划抽样的第一种类型

如果在研究中特殊来源的资料对研究很重要，则我们会使用判断抽样，而其他任何的抽样设计将无法获得某项特殊信息，如例 14.10 所示。

例 14.10

> 一家药品公司想追踪一种新药对有某些特殊健康问题（肌肉营养不良、镰刀型贫血症、类风湿性关节炎等）的病人的影响。然后，由公司对这些自愿的病人群体的个体进行药物测试。这是一个判断抽样，因为资料是从合适的特殊群体中收集到的。

14.7.9　定额抽样：计划抽样的第二种类型

这种抽样设计能包含研究系统中的所有群体，数量较少的群体是不会被忽略的，如例 14.11 所示。

例 14.11

> 一家公司想开办幼儿园。但在采取进一步的步骤之前，公司想知道四类群体对这个想法的反应：（1）家中有幼儿园适龄儿童，而且夫妻俩都外出工作的员工；（2）家中有幼儿园适龄儿童，但是夫妻中有一位没有外出工作的员工；（3）家中有幼儿园适龄儿童，且为单亲家庭的员工；（4）家中没有幼儿园适龄儿童的其他所有员工。如果公司有 420 位员工的总体，预期这四个群体分别占 60%、7%、23%、10%，那么将适合用定额抽样来代表这四个群体。

> **框 14.4　注意**
>
> 最后一个群体也应该被涵盖在样本中，虽然该群体有可能将设立幼儿园的想法当作只对有小孩父母的有利政策而予以抵制。可见，通过定额抽样而使公司不受极端意见误导是很重要的。

总之，使用何种设计决定于许多因素，其中包含：
（1）在研究领域中已具备的知识程度。
（2）对研究的主要要求——共性，效率，了解更多有关总体中的子群体的信息，快速获得信息（即使是不可信的）等。
（3）成本考虑：是否值得投入更多的资源——如时间、成本——来获取更好的准确性和共性？如果值得，应采取更精致的抽样设计。而如果受限于成本与时间，则可考虑采用次佳的设计（见图 14.4）。

不同的概率与非概率抽样设计的优缺点都列在表 14.2 中。

总而言之，选择一个合适的抽样计划是一个研究者必须做出的重要研究设计决策之一。特定设计的选择将根据研究目标、总体特性以及成本因素综合考虑而定。

14.8　决定样本规模时，精确性和可信度的问题

在讨论了各种概率与非概率抽样设计后，我们现在需要注意抽样设计的第二个问题：样本规模。假定我们要从 3 000 人的总体中通过简单随机抽样设计挑选出 30 人。我们能因为选择了一个最具共性的概率设计就能自信地将我们的发现推广到总体吗？要能有信心地进行精确的推广，需要多大的样本规模？精确性与可信度意味着什么？现在我们将说明这些问题。

一个可信赖且有效的样本，要确保我们能将研究发现从样本推广到研究总体。换言之，样本统计量应是可信的估计值，而且能够在一个有限的误差范围内尽可能地反映出总体参数。不管概率抽样设计多么精良，没有任何样本统计量（如 $\bar{X}$）与总体参数（μ）是绝对相同的。要记住，概率设计的目的就是要增加样本统计量接近总体参数的概率。虽然点估计值 $\bar{X}$ 可能无法准确反映出总体平均值 μ，但通过区间估计，再加入概率，也就是特定的置信水平，可表示出 μ 落入的区间范围。置信区间与置信水平的问题将会在下面讨论精确性及可信度时提到。

14.8.1　精确性

精确性（precision）是指我们的估计值与总体的真实特征的接近程度。通常基于样本估计值，我们会把总体参数估计到一个范围内。例如，在一个有 300 位员工的工作场中，以简单随机抽样抽出 50 人，我们发现每一个人的每日平均生产率为 50 件特定产品（=50）。对于工作场所中的员工总体，我们或许（通过一些计算，我们稍后会探讨）可以说其真实的平均每日生产量（μ）可能会落在 40 ~ 60 件之间。我们可提出一个区间估计以代表我们所预期的真实总体平均生产量（$\mu=50\pm10$）。这个区间越小，精确性越高。举例

来说，若我们能估计出总体平均值大概会落入 45～55 件的生产量（$\mu=50\pm5$）之间，而非 40～60 件（$\mu=50\pm10$），则说明我们的研究具有更高的精确性。也就是说，我们将平均值估计在一个较小的范围中即代表我们的估计有较高的正确性或精确性。

精确性是样本平均值的抽样分布变化范围的函数，若我们从一个总体中抽出了许多不同组的样本，并计算每一组样本的平均值，我们通常会发现这些平均值是不同的，呈现正态分布，并具有离散性。分散或变化越小，样本平均值接近总体平均的概率就越高。我们无须用多个不同的样本去估计这个变化，即使我们只从总体中抽出 30 位研究对象，我们仍可估计出样本平均值抽样分布的变化。这个变化就称为标准误差，可以用以下公式表示：

$$S_{\bar{x}} = \frac{S}{\sqrt{n}}$$

其中，S 代表样本的标准差（standard deviation），n 是样本规模，$S_{\bar{x}}$ 表示样本所呈现的标准误差或精确程度。

要注意的是，标准误差与样本规模的平方根成反比。因此，在已知样本标准差的情况下，若想降低标准误差就必须增加样本数。另外，总体中方差（variation）越小，标准差就越小，这隐含意味着样本规模不必太大。因此，在总体的方差较小时，需要的样本规模也较小。

总而言之，我们越是想要样本结果能反映总体特征，对所要达到的精确性的要求就越高。要有越高的精确性，就需要越大的样本数，尤其是当总体本身变化很大时。

14.8.2 可信度

精确性代表我们以样本统计量估计总体参数的接近程度，可信度则代表通过估计值对总体真实状况的确定程度。在先前的生产率例子中，我们估计真实的生产量（μ）大概在 45～55 件之间，比起估计其在 40～60 件之间更精确。然而，在后者的区间估计中可能会比前者有较高的可信度。毕竟，任何人都可以说 100% 地确定或相信平均生产量（μ）会落在 0 到无限大之间，其他因素不变，较小的范围则意味着较低的可信度。对于任何已知的样本规模，精确性与可信度之间呈现取舍关系，我们会在本章稍后谈到。

本质上，可信度反映了我们根据样本统计量估计总体参数的置信程度（置信水平可以从 0 到 100%）。对于大部分的企业研究，95% 的置信水平是传统上可接受的程度，这通常都表示为显著水平 $p \leq 0.05$。换言之，可以说我们的估计值在 100 次中至少有 95 次能反映真实的总体特征。

14.8.3 参数估计中的样本数据、精确性与可信度

在抽样中，精确性与可信度是重要的问题，因为当我们将样本数据推广到总体时，我们希望能完全"命中目标"，并且对可能的误差程度有一些了解。由于点估计没有提供可能误差的测量，所以我们采用区间估计，以确保总体参数的估计相对准确。在这个步骤中，我们使用与平均值的抽样分布具有相同分布的统计量，通常为 z 或 t 统计。

例如，我们想估计消费者在百货公司中购物时的平均购买金额。经过系统抽样设计程序，我们抽出了 64 位消费者，从他们身上我们发现样本平均值 =105，而且样本标准差

$S=10$。样本平均值 $\overline{X}$ 是总体平均值 μ 的点估计。我们可以在两侧建立一个置信区间,用来估计 μ 会落入的范围。标准误差 $S_{\overline{X}}$ 和我们要求的百分比或置信水平将会决定区间的宽度,以下列公式来表示,其中 K 是所需置信水平下的 t 统计值。

$$\mu = \overline{X} \pm KS_{\overline{X}}$$

我们已知:

$$S_{\overline{X}} = \frac{S}{\sqrt{n}}$$

此时,

$$S_{\overline{X}} = \frac{10}{\sqrt{64}} = 1.25$$

在任何一本统计书籍中(见本书最后的统计表 II 第 5、6、8 栏),我们可从 t 的临界值表中查得:

在 90% 的置信水平下,K 值为 1.645。
在 95% 的置信水平下,K 值为 1.96。
在 99% 的置信水平下,K 值为 2.576。

在上述情况下,若我们想要有 90% 的置信水平,则 $\mu=105\pm 1.645\times 1.25$(即 $\mu=105\pm 2.056$)。因此 μ 会落在 102.944～107.056。这些结果显示,样本规模为 64 时,我们可以说在 90% 的置信水平下,对所有消费者而言,实际的总体平均购买金额会落在 102.94～107.06 元。若我们现在想要具有 99% 的置信水平的结果而不增加样本数,我们只能牺牲研究的精确性,则 $\mu=105\pm 2.576\times 1.25$,所以 μ 值现在落入 101.78～108.22。此时区间估计的宽度增加,虽然我们的估计有更高的置信水平,但在估计总体平均值上精确性变小了。如果我们想要在增加可信度的同时维持原有的精确性,或是在增加精确性时维持置信水平,抑或是我们想要同时增加可信度与精确性,我们就需要更大的样本数量。

总而言之,样本规模 n 是下列四项的函数:

(1)总体的变化度。
(2)需要的精确性或准确性。
(3)想要的置信水平。
(4)使用的抽样计划类型,例如,简单随机抽样与分层随机抽样。

14.8.4 精确性与可信度之间的取舍

我们注意到,如果我们想要有更高的精确性或可信度,抑或是两者都要,都必须增加样本规模,除非总体本身是很少变化的。然而,若是出于某种原因我们无法负担增加样本的成本,以致无法增加样本规模(n),在同样的 n 之下,唯一能提高精确水平的方法就是降低我们估计总体的可信度。也就是说,我们只能降低置信水平或是估计的可信度。这种在精确性与可信度之间的取舍,如图 14.5(a)与图 14.5(b)所示。图 14.5(a)中指出,有 50% 的概率真实平均值将会落在图中所显示的范围中,每一个尾部的 0.25 则代表我们的估计在每一边都有 25% 概率是不可信赖的,或是产生错误的概率有 25%。图 14.5(b)指出我们预期的真实平均值 μ 有 99% 的概率会落在图中所显示出的较为宽广的范围内,而且在这个估计中，我们会出现错误的机会只有 0.005%。也就是说，在图 14.5（a）中我们的精确性更高，但是可信度较差（我们的置信水平只有 50%）；在图 14.5（b）中，我们有高可信度（99%），但是我们的精确性却大大降低，因为我们的估计值落在一个很大的区间范围内。

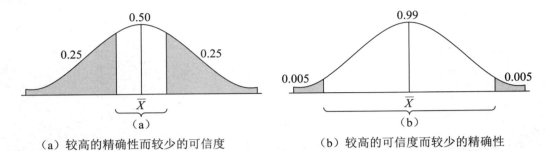

（a）较高的精确性而较少的可信度　　　　（b）较高的可信度而较少的精确性

图 14.5　精确性和可信度之间的取舍关系

因此在决定研究所需要的样本规模时，研究者至少需要考虑四个方面：

（1）在估计我们所感兴趣的总体特征时需要多高的精确性，也就是可允许的误差范围是多少？

（2）需要多少可信度，也就是在估计总体参数时，我们被允许发生差错的概率是多少？

（3）在我们要研究的总体特征上，有多大程度的变异性？

（4）对增加样本规模进行成本-效益分析。

14.9　样本资料与假设检验

到目前为止，我们已经讨论了样本资料当作估计总体参数的工具，但是样本资料也可用来检验有关总体数值的假设，而不只是估计总体数值。检验也需要进行区间估计，但是两种方法背后的目标有些不同。

例如，在前面提到的百货公司中顾客平均购买金额的例子，我们不去估计商店消费者的平均购买金额，现在我们想要找出在 A、B 两家百货公司的消费者是否具有相同的平均购买金额。在本书第 6 章中，我们知道须先建立原假设，即在两家不同的百货公司，消费者购物的支出金额没有不同。这表示为

$$H_0: \mu_A - \mu_B = 0$$

与之不同，备择假设以不直接的方式来陈述（因为我们不知道消费者在 A 店还是 B 店购物金额较多）为

$$H_A: \mu_A - \mu_B \neq 0$$

假如我们从每一家店中各抽出 20 位消费者当作样本，而且发现 A 店消费者的平均购买金额为 105，标准差为 10，B 店对应的分别为 100 与 15，我们可以得出

$$X_{\bar{A}} - X_{\bar{B}} = 105 - 100 = 5$$

鉴于我们的原假设假定没有差异（差异 =0）。我们是否可以下结论认为我们的备择假设是可接受的呢？当然不能！为了找出结论，我们一定要先找出在一个差异为 0 的原假设

中，两个群体平均值差异为 5 的概率或可能性。我们可以将样本平均值的差异换算成 t 统计量，并找出所属概率的 t 值。t 分布拥有对应的已知概率［参见本书最后统计表 Ⅱ（t 分布表）］，查 t 分布表，我们发现分别为 20 个人的两个样本［自由度为（n_A+n_B）-2=38］，其 t 值在 0.05 的置信水平下临界值大约为 2.021（见 t 分布表的第 6 栏中自由度为 40 的值）。因为我们不知道 A 店与 B 店的差异的正负关系，所以我们需要用双尾检验。即使是 90% 的概率，临界值应该至少为 1.684（见 2.021 左边的数字）。为了检验我们的假设，t 值可以按如下公式计算：

$$t = \frac{(\overline{X}_A - \overline{X}_B) - (\mu_A - \mu_B)}{S_{\overline{x}_A - \overline{x}_B}}$$

$$S_{\overline{x}_A - \overline{x}_B} = \sqrt{\frac{n_A s_A^2 + n_B s_B^2}{(n_A + n_B - 2)}\left(\frac{1}{n_A} + \frac{1}{n_B}\right)} = \sqrt{\frac{(20 \times 10^2) + (20 \times 15^2)}{20 + 20 - 2}\left(\frac{1}{20} + \frac{1}{20}\right)}$$

$$t = \frac{(\overline{X}_A - \overline{X}_B) - (\mu_A - \mu_B)}{4.136}$$

我们已知：$\overline{X}_A - \overline{X}_B = 5$（两店平均数的差）和 $\mu_A - \mu_B = 0$（根据原假设），所以

$$t = \frac{5 - 0}{4.136} = 1.209$$

t 值 1.209 远低于 95% 概率下所对应的 2.021（自由度 40，双尾 t 检验，它最接近实际的自由度 38［（20+20）-2］），甚至在 90% 的概率下所对应的 1.684。因此，我们可以说在两家店间所发现的差距 5 与 0 并无显著差异。结论是，顾客在 A、B 两家百货公司的购买金额并无显著差异。因此我们可以接受原假设并拒绝备择假设。

因此，样本资料不仅可用来估计总体参数，还可用来检验关于总体值、总体相关性等的假设。我们将在本书第 16 章详细介绍。

14.10 样本规模

抽样设计和样本规模对于确定样本的代表性以及可推广性都很重要。如果采用了不适当的抽样设计，大样本规模本身就不会使研究结果推广到总体中。同样，除非样本规模足以达到预期的精确性和可信度水平，否则任何抽样设计，无论多么复杂，都不能帮助研究人员达到研究的目标。因此，抽样决策既要考虑抽样设计，又要考虑样本规模。

14.10.1 确定样本规模

既然我们知道样本规模取决于研究所需的精确性与可信度，我们如何决定样本规模呢？举例说明如下。

例 14.12

> 假如某位经理想要有 95% 的可信度，使银行的每月预期提款的置信区间在 ±500 元之内。假设一份对顾客样本的研究指出，他们的平均提款的标准差为 3 500 元。在此案例中，需要多大的样本规模？
>
> 首先，总体平均值可用下列公式估计：
>
> $$\mu = \overline{X} \pm KS_{\overline{X}}$$
>
> 因为此处所需的置信水平为 95%，对应的 K 值为 1.96（见 t 分布表）。区间估计正负 500 元必须包括离差（1.96× 标准误差）。亦即
>
> $$500 = 1.96 \times S_{\overline{X}}$$
>
> 我们已知
>
> $$S_{\overline{X}} = \frac{S}{\sqrt{n}}$$
>
> $$255.10 = \frac{3\,500}{\sqrt{n}}$$
>
> $$n = 188$$

上例所需要的样本规模为 188。假设此银行共有 185 位顾客，这表明我们无法抽取 188 位顾客。此时，我们可以应用修正公式来看看在我们只拥有 185 位顾客的情况下，需要多少样本才能拥有相同的精确性与可信度。公式修正如下。

$$S_{\overline{X}} = \frac{S}{\sqrt{n}} \times \sqrt{\frac{N-n}{N-1}}$$

这里的 N 是总体中的元素总数，n 是估计的样本规模，$S_{\overline{X}}$ 是估计平均值的标准误差，而 S 是样本平均值的标准差。

应用这一修正公式，我们发现：

$$255.10 = \frac{3\,500}{\sqrt{n}} \times \sqrt{\frac{185-n}{184}}$$

$$n = 94$$

现在我们将从 185 位顾客中抽出 94 位作为样本。

为了了解精确性及（或）可信度对样本规模的影响，让我们试着改变上例中的置信水平，其原来的要求是样本规模 188 个，而置信水平是 95%。假定银行经理现在希望有 99% 的概率确定每月预期提款的置信区间在 ±500 元之内。现在需要多大的样本规模？

$S_{\bar{X}}$ 现在为

$$\frac{500}{2.576}=194.099$$

$$194.099=\frac{3\,500}{\sqrt{n}}$$

$$n=325$$

为了使置信水平从95%增加到99%，现在样本必须增加1.73倍（从188增加到325个）。

若要求更高的精确性，即置信区间从500元变成300元，可试着计算置信水平在95%及99%下的样本规模。你的答案将会显示样本规模分别需要523个和902个。这些结果充分表明提高精确性、可信度或两者都提高会增加研究成本。因此，最好先考虑到底需要多大的精确性与可信度，再来决定研究计划的样本规模。

到目前为止，我们已讨论了不同精确性与可信度下的样本规模，但这些都仅是针对单变量的情况。在研究中理论框架常常包含数个变量，在考虑所有因素下，应如何决定样本规模的问题又显现出来。学者Krejcie和Morgan（1970）对此提出了确保决策质量的样本规模表格，可以大幅简化样本规模的决策。表14.3为样本规模决策提供了一般性的科学指导原则。有兴趣的读者可参阅Krejcie和Morgan（1970），以及Cohen（1969）关于样本规模决策的著作。

表14.3 给定总体规模下的样本规模

N	S	N	S	N	S
10	10	220	140	1 200	291
15	14	230	144	1 300	297
20	19	240	148	1 400	302
25	24	250	152	1 500	306
30	28	260	155	1 600	310
35	32	270	159	1 700	313
40	36	280	162	1 800	317
45	40	290	165	1 900	320
50	44	300	169	2 000	322
55	48	320	175	2 200	327
60	52	340	180	2 400	331
65	56	360	186	2 600	335
70	59	380	191	2 800	338
75	63	400	196	3 000	341
80	66	420	201	3 500	346

续表

N	S	N	S	N	S
85	70	440	205	4 000	351
90	73	460	210	4 500	354
95	76	480	214	5 000	357
100	80	500	217	6 000	361
110	86	550	226	7 000	364
120	92	600	234	8 000	367
130	97	650	242	9 000	368
140	103	700	248	10 000	370
150	108	750	254	15 000	375
160	113	800	260	20 000	377
170	118	850	265	30 000	379
180	123	900	269	40 000	380
190	127	950	274	50 000	381
200	132	1 000	278	75 000	382
210	136	1 100	285	1 000 000	384

14.10.2 样本大小与第二类错误

样本规模太大（如超过500个）也会产生一个问题，因为我们容易犯第二类错误，虽然我们接受了研究结果，但事实上我们本应该拒绝它。换句话说，样本规模过大，即使是微弱的关系（例如两变量间的相关系数为0.10）也可能达到显著程度。我们很容易相信这些在样本中发现的显著关系也同样在总体中存在，但事实上却未必如此。因此，样本规模不宜过小也不宜过大才有助于研究计划的有效完成。

14.10.3 统计及实际意义

即使样本规模适当，另一个要考虑的问题是统计上的显著是否比实际上的显著可靠。例如，相关系数0.25可能在统计上是显著的，但由于它只解释了6%的方差（0.252），对实际应用又有何意义？

14.10.4 经验法则

学者 Roscoe（1975）为决定样本规模提出了下列的经验法则：
（1）大于30小于500的样本规模适用于大多数研究。
（2）若样本要分成子样本（如男性/女性，低年级/高年级等），则每类的样本规模至少要达到30个。
（3）在多变量研究中（包括多元回归分析），样本规模应数倍（最好是10倍以上）于研究变量的数目。

（4）对于进行严格实验控制（如配对等）的简单实验研究，即使是 10～20 的小样本规模也可能成功。

14.10.5 抽样效率

在既定的精确性（标准误差）下，减少样本规模，或是在既定的样本规模（n）下增加精确性，都意味着**抽样效率**（efficiency in sampling）的提高。简单随机抽样并不总是最有效率的抽样方法；一些其他的概率抽样设计通常更具效率性。分层随机抽样通常是最有效率的，而非比例分层随机抽样设计在许多案例中，较比例分层随机抽样设计更有效率。聚类抽样比简单随机抽样的效率还差，这是因为通常在聚类体中的同构性元素比总体元素中比例更高。当早期阶段发现较多异质性元素时，多阶段聚类抽样比单阶段聚类抽样更有效率。通常成本效率（在非概率抽样设计中实现）与精确效率（在许多概率抽样计划中实现）是取舍的关系。因此，抽样计划的选择取决于研究目标以及所需效率的程度与性质。

> **框 14.5　在线研究中的抽样问题**
>
> 在进行在线调查时，研究人员经常在抽样方面遇到问题（Wright，2005）。在研究在线社区时建立一个抽样框是一个真正的挑战。与会员制组织不同，许多在线社区，如社区公告栏和聊天室，通常不提供参与者的电子邮件地址。会员资格是基于共同的兴趣，使用这些社区时，如果需要注册的话，只需要很少的信息（Andrews，Nonnecke, and Preece, 2003；库珀, 2000）。由于缺乏足够的抽样框，许多在线调查邀请都是以链接的形式在网站或其他媒体上发布的，这导致了样本的非概率性，在很多情况下导致了样本选择的偏差。自我选择偏差是在线调查研究的一个主要局限。在任何一个特定的在线社区中，都有一些人比其他人更有可能完成在线调查。一些人倾向于对参加在线调查的邀请做出回应，而另一些人则忽视它，这可能会导致系统性的偏见。最后，在线调查的回复率普遍很低。在线研究中的抽样问题往往会影响研究人员对其研究结果进行归纳总结的能力。

14.11　定性研究的抽样

在定性研究中，抽样也很重要。定性研究一开始要准确定义目标总体，就抽样方法而言，定性研究一般采用非概率抽样（并不是为了推断统计）。计划抽样是定性研究中常用的抽样方法之一：对象的选择依据的是他们在某方面的才能。这种选择方式反映了总体的多样性。

计划抽样的一种形式是理论抽样，这种抽样方法是 Glaser 和 Strauss（1967）在有关扎根理论方面的文章中提到的。扎根理论是一种定性研究方式，它是从实际观察入手，包括抽样、搜集数据、分析数据，直到"理论饱和"为止。当关于研究对象没有新的信息出现时，我们称为理论饱和。理论抽样可能（也可能不是）和计划抽样同时进行，但是对额外对象进行抽样，需要新理论框架的指导。根据 Glaser 的观点，"为了形成自己的理论，研究者搜集资料，编码并分析数据，然后决定下一步该去哪里搜集何种资料"（1978，P.36），这种情况下就产生了理论抽样。

因为我们无法预测理论饱和到达的时间，所以在研究开始的时候不能确定抽样对象的数量。而定性研究总的指导原则是：继续抽样直到得不到新数据为止。因此，样本规模（至少在一定程度上）取决于总体的异质性。

框 14.6　跨文化研究中的抽样

正如在工具开发和数据收集方面，从事跨文化研究时，人们必须对在不同国家选择匹配样本的问题敏感。所研究的组织的性质和类型，无论是来自农村还是城市地区，以及所使用的抽样设计的类型，在不同的国家都应该是相似的，以便进行真正的比较。

14.12　管理启示

认识抽样设计与样本规模，有助于管理者了解为何研究者会采用特定的抽样方法。它也使我们更容易了解不同设计的成本，以及在成本考虑下，精确性与可信度之间的取舍。这使管理者了解根据研究结果来进行变革会遇到的风险。在期刊文章中得到的知识也有助于管理者评估研究发现的共性，并且分析在他们自己的系统中试行研究建议的意义。

总结

学习目标 1：理解抽样、样本、总体、元素、抽样单位和研究对象。

在学习如何收集具有代表性的数据时，必须理解几个术语。总体是指研究人员希望调查的整个人群、事件或感兴趣的事情。元素是总体中的单个成员。样本是总体的一个子集。抽样单位是在采样过程的某个阶段可供选择的元素或元素集。研究对象是样本中的单个成员，就像元素是总体中的单个成员一样。

学习目标 2：讨论抽样中的统计术语。

抽样单元为研究人员提供抽样反馈。当研究人员检查他们对整个样本的反应时，他们使用统计学。总体的特征称为参数。当总体的属性在样本中没有被过度表示或表示不足时，我们就得到了一个具有代表性的样本。

学习目标 3：描述并讨论抽样过程。

抽样是从总体中选择足够数量的合适元素的过程，通过对样本的研究和对其性质的理解，使研究者能够将这些性质推广到总体元素中。抽样的主要步骤包括：（1）确定总体；（2）确定样本框；（3）确定抽样设计；（4）确定合适的样本规模；（5）执行抽样过程。

学习目标 4：比较和对比具体的概率抽样设计。

在概率抽样中，总体中的元素被选为样本对象的概率已知且非零。概率抽样在本质上可以是不受限制的（简单随机抽样）或受限制的（复杂概率抽样）。

学习目标 5：比较和对比具体的非概率抽样设计。

在非概率抽样设计中，总体中的元素被选择为抽样对象时没有附加任何概率。这意味着样本研究的结果不能自信地推广到人群中。非概率抽样设计主要有两种类型：简便抽样和计划抽样。

学习目标 6：讨论精确性和可信度，以及精确性和可信度之间的取舍。

一个可靠有效的样本使研究者能够将研究结果从样本推广到被研究人群。这就是为什么样本统计数据应该是可靠的估计，并尽可能反映人口参数。精确性和可信度是抽样中的重要问题，因为样本数据是用来推断总体的；一个人希望自己"切中目标"。精确性和可信度与样本规模有关：如果想在增加可信度的同时保持原有的精确性，或者想在增加精确性的同时保持可信度的水平，或者想同时增加可信度和精确性，就需要更大的样本规模。

学习目标 7：讨论如何用样本数据检验假设。

样本资料不仅可以用来估计总体参数，而且可以用来检验假设。我们将在第 16 章对此有更多的讨论。

学习目标 8：讨论确定样本规模时需要考虑的因素并确定任何给定研究项目的样本规模。

在确定研究项目的样本规模之前，最好先考虑总体特征真正需要的精确性和可信度。太大的样本规模可能成为一个问题，因为我们很容易犯第二类错误。在给定的精确性（标准误差）下，减少样本规模，或者在既定的样本规模（n）下，可以提高精确性，从而达到抽样效率。

学习目标 9：讨论定性研究中的抽样。

定性抽样从精确定义目标总体开始。定性研究一般采用非概率抽样，因为它不以得出统计推断为目的。计划抽样是定性研究中常用的一种方法。重要的是，这些主题的选择要反映出总体的多样性。计划抽样的一种形式是理论抽样。因为不可能预测什么时候达到理论饱和，所以不可能确定在研究开始时需要多少样本量。

学习目标 10：讨论管理者在抽样中的作用。

对抽样设计和样本规模的认识有助于管理人员理解为什么研究人员使用特定的抽样方法。在接下来的两章中，我们将看到如何分析从总体的被调查者样本中收集的数据，以检验产生的假设，并找到研究问题的答案。它有助于理解不同设计隐含的成本，以及与成本相关的精确性和可信度之间的取舍。它使管理人员能够根据研究结果了解他们在实施变革时所承担的风险。最后，它可以帮助管理者评估研究结果的推广性。

讨论题

1. 确认下列几项研究中的总体，建议合适的抽样设计以调查这些问题并解释原因，无论是否需要，请确定样本框。

（1）有一家饮料公司想知道常喝软饮料的人对一种新的"全天然"饮品的第一反应。

（2）一位医院管理者想找出在医院中，单亲工作者是否比非单亲工作者有较高的缺席率。

（3）一位研究者想评估在一家制造公司的仓库内储存物料的失窃率。

（4）一位人力资源部门的主管想要调查在特定厂房中，滥用药物与蓝领工人的不良行为之间的关系。

（5）一位营销人员想了解，男人和女人在获取汽车知识方面的不同。

2．（1）解释聚类抽样为何是概率抽样设计。

（2）聚类抽样的优缺点是什么？

（3）描述一个你会考虑采用聚类抽样的研究情况。

3．（1）什么叫精确性和可信度？它们如何影响样本规模？

（2）讨论这句话的意义："在某些情况下，精确性与可信度之间是相互取舍的关系。"

4．"因为所有的成员分享相同的组织激励，而且他们在组织生活中有几乎相同的经验，所以在组织研究中使用简便抽样是正确的。"试评论这句话。

5．"使用5 000个样本未必比500个样本好。"试评论这句话。

6．在某些情况下，非概率抽样设计应该优于概率抽样设计。请举例说明。

7．在任何已知的样本规模下，因为精确性和可信度似乎是相互取舍的关系，故可信度应总是比精确性更重要。你同意吗？为什么？

8．对于想要重复研究发现的研究者而言，过度推广结论会带来更多的困惑和其他问题。请解释这一观点。

9．在组织研究中，双重抽样是所有抽样设计中最不常使用的。你同意吗？为什么？

10．你是否认为在一个研究计划中，抽样设计应该扮演重要的角色？为什么？

请完成练习14.1、14.2、14.3、14.4、14.5和14.6。

对于练习14.1到练习14.6，请指出其适当的总体以及最适合的抽样设计，并说明原因。

练习14.1

一位医疗管理人员想要估计在80家医院（均匀地分布在纽约西北部、东南部、中部及南部的近郊）中，癌症病房月均使用率。

练习14.2

某篇杂志文章认为，"35～44岁的消费者将成为国内最大的高消费群，因此广告人员必须学习如何吸引这些有钱无处花的民众"。若该项建议吸引了一家服装制造商的注意，应用哪种抽样设计来估计这一群体的品位？

练习14.3

McArthur公司生产特殊的真空吸尘器，可用来方便地清理汽车内部。这项产品每个月大概生产1 000个，并贴上序号按照序号存放在仓库中。每个月都有一位检验人员会对其中50个产品进行质量控制检查。当他检验这些产品的质量后，产品就会从仓库中移出以供销售。然而，生产与销售经理并不满意这样的质量控制检验，许多出售的产品常会因为各种瑕疵而被消费者退回。那什么是检验这50个产品最有效的抽样设计呢？

练习 14.4

一位顾问利用简单随机抽样程序对 285 位员工发放问卷。当她看到这些收回的问卷后,她怀疑有两个问题对研究对象而言可能不是很清楚。她想知道她的怀疑是否有根据。

练习 14.5

欧洲一大学(规模不大)的董事会想了解学生对学校各方面的态度。该大学成立于 1928 年,由政府全额投资,目前在校学生 11 000 人。学校的主要优势是社会人文学科,目前有 5 个学院,6 个服务部门,8 个研究中心和 2 个研究生院。董事会想请你给设计一个抽样方案。请提出一个抽样方案并注意以下几方面:目标总体、抽样框、抽样方法和样本规模。

练习 14.6

T-Mobile 是一家移动网络运营商,总部位于德国波恩。该公司现在请你做顾问,来建立并验证一个关于德国移动电话市场客户流失原因的模型。请提出一个抽样方案并注意以下几个方面。

定义目标总体。尽可能详细地讨论抽样框和你采用的抽样设计。给出你所选择抽样方案的理由。

第 15 章

定量数据分析

学习目标

在完成第 15 章的学习之后，你应该能够：
1. 掌握进行定量分析之前获取数据的能力。
2. 描述可以在研究中找到数据的多种过程。
3. 描述评估措施的信度和效度的方法。

15.1 导言

从总体的代表性样本中收集数据之后，下一步就是分析数据，从而检验研究假设。然而，在我们分析数据、检验假设之前，需要做一些准备工作。这些工作将确保数据的准确性、完整性，从而适合进一步分析。在这一章里我们将详细说明这些准备工作的步骤，然后介绍有关计算和展示基本描述性统计变量的概要。

最简单的方法是通过一个案例来说明数据分析，因此我们首先介绍案例 Excelsior Enterprises。

例 15.1

Excelsior Enterprises 是一家中型的保健产品企业，制造并销售相关的设备和配套产品，包括血压仪器、外科手术仪器以及牙科仪器配件等。这家公司拥有 360 名三班制员工，尽管它经营良好，但由于公司的各层级、各部门员工均存在离职现象，它远远没有发挥自己原有的潜力。公司总裁召集了一支信息小组去研究这个问题，就员工离职问题提供有关的建议。

由于离职员工的资料不好搜集，信息小组向总裁建议，他们找在职员工谈话，并根据在职员工的意见和文献调查，尝试得出影响他们想留职或离职的因素。鉴于之前的研究表明，离职意愿（ITI）可以很好地预测实际的离职率，所以总裁同意了他们的提议。信息小组首先对 50 个来自不同级别不同部门的员工进行了非结构性约谈。他们的说法是:"我们想从这里了解到您的工作状态,请告诉我们所有您认为与您工作相关的一切或者对于您的工作最重要的东西,如果我们能够得到一个好的解决方案,我们或许可以给出适当的管理措施的提议去改善你们的工作条件。我们希望现在与您沟通,之后再填写一份问卷。"

谈话的时间控制在45分钟左右,答复由小组成员记录下来。当受访者各种形式的答复做成表格形式后,很清楚地发现问题主要有三点:工作方面(员工说工作太枯燥、复杂,或是因为工作缺少他们想要的自由等),感受到不公平(如某员工所说:我工作的付出远大于所得的回报),还有职业倦怠(如员工提到"我们的工作太多以致每天下班后都会感到身心疲惫","我们经常觉得需要请假,因为太疲惫了")。

文献调查证实,这些变量可以很好地预测出员工的离职意愿以及之后的人员流动率。此外,还发现了工作满意度也是影响离职意愿的一个重要因素。根据面谈的结果以及文献调查,小组总结出一个理论分析框架,并提出了四个假设(之后会介绍)。

接下来,他们设计了一份很有效而且具有可行性的关于工作丰富化、公平的感受、职业倦怠、工作满意度以及离职意愿的调查问卷。公平的感受设置了5个选项:(1)"我在工作中的投入比我的回报要多";(2)"考虑到我得到的回报,我付出得太多了";(3)"相对于我在工作中的努力程度,我得到了足够的回报"(相反);(4)"考虑到我的贡献,公司应该给予我更多的培训机会";(5)"一般情况下,我从公司获得的回报超过了我的努力"(相反)。工作丰富化被设计成李克特四分量表:(1)"我的工作简单且重复";(2)"我的工作比较复杂且要求我使用高级技能";(3)"我的工作常常需要我与别人合作";(4)"总体而言,我的工作本身并不非常显眼或重要"(相反)。参与者基于五分量表来回答这些问题,从(1)"完全不同意"到(5)"完全同意"来标记程度。职业倦怠由简式倦怠量表(BMS)衡量。BMS包括了十项衡量个人身体状况、情绪以及精神疲惫感的指标。他们要求受访者在调查问卷中(如感到疲惫或者无助)用1(从不)到5(总是)标出他们出现这些情况的频率。工作满意度由单独的一项"满意当前的工作"并用"非常不满意——非常满意"五分量来衡量。离职意愿由两项调查选项来检测:"你对于在明年内离开公司的意向程度是多少?"(第一项)"如果离开了你会从事一份类似的工作吗?"(第二项)参与者用四分量来标明他们的确定程度。人口普查类信息如年龄、学历、性别、终身职位、部门以及工作班次也被包括在问卷调查中。调查问卷发放给174名由随机分层抽样确定的员工。最终的反馈结果被输入到了电脑中,然后数据用于分析检验以下假设,这些假设由研究人员设定:

H1:工作丰富化对员工的离职意愿有负面影响。
H2:公平的感受对员工的离职意愿有负面影响。
H3:职业倦怠对员工离职意愿有正面影响。
H4:工作满意度调节了工作丰富化、公平感受、离职意愿之间的关系。

可以肯定地讲,通过这四个根据理论框架所提出的假说,我们能够找到离职问题的答案。检验假设的结果可以清楚地表明,在离职意愿的方差中,有多少可以由自变量加以解释，以及公司需要什么纠正措施。

15.2 整理数据用以分析

尽管如今许多研究人员使用在线工具来创建和管理调查以及管理和分析数据，但传统的纸笔技术仍然是收集定量数据最常用的方法之一。在通过问卷获得数据后，无论如何，都需要对数据进行编码、键入和编辑。也就是说，在数据输入之前，必须建立一个分类或编目方案。然后，如果有异常值、不一致值和空白回答，必须以某种方式进行处理。下面将讨论数据准备的每个阶段。

15.2.1 编码和数据输入

数据准备阶段的第一步是数据编码。**数据编码**（data coding）包括对参与者的回馈进行编号，使它们可以输入到数据库中。在第 10 章，我们讨论了使用电子化调查的方式来方便地收集问卷数据；这使录入数据变得方便，由电脑录入而不需要人工键入。然而，无论出于什么原因，如果以上方式难以实现，那么先使用一个编码表录入再转录也是一个好方法。这样的方法，特别是当问题和选项很多的时候，相对于按照调查问卷挨个问题寻找每个项目，可以在很大程度上避免混乱。

15.2.1.1 将答复编码

在 Excelsior Enterprises 的调查问卷中，我们有 22 个选项衡量了公平的感受、工作丰富化、职业倦怠、工作满意度以及离职意愿，以及 6 个人口统计学变量，问卷样本如表 15.1 所示。

这个参与者（在数据库中的 1 号参与者）对 22 个问题的回答，可以用实际数字来表示（如 1，2，3，1，4，5，1，3，3 等）。编码人口变量不是很明显，比如说，工作类型是个特殊值，因为它有两个取值，我们可以用 1 来表示兼职，2 来表示全职。然而，用 0 表示兼职、1 表示全职（即哑变量编码）更普遍，因为它使我们分析数据更容易。因此，我们可以为 1 号参与者编码工作类型（全职）为 1，班次（三班制）为 3，部门（生产部）为 2，以及年龄 54，性别可以标为 0（男），学历（低于高中）编为 1。

表 15.1 调查问卷范例

圈出在特殊时刻最能表示你感觉的数字，没有正确和错误答案，请回答以下所有问题。

	完全不同意				完全同意
1. 我在工作中的投入比我的回报要多	①	2	3	4	5
2. 考虑到我得到的回报，我付出得太多了	1	②	3	4	5
3. 相对于我在工作中的努力程度，我得到了足够的回报	1	2	③	4	5
4. 考虑到我的贡献，公司应该给予我更多的培训机会	①	2	3	4	5
5. 一般情况下，我从公司获得的回报超过了我的努力	1	2	3	④	5
6. 我的工作简单且重复	1	2	3	4	⑤
7. 我的工作比较复杂且要求我使用高级技能	①	2	3	4	5

8. 我的工作常常需要我与别人合作	1	2	③	4	5
9. 总体而言，我的工作本身并不非常显眼或重要	1	2	③	4	5

当你思考你的工作时，你常常感到：

	从不				总是
10. 累	1	2	③	4	5
11. 让人失望	1	②	3	4	5
12. 绝望	①	2	3	4	5
13. 在困境中	1	②	3	4	5
14. 无助	①	2	3	4	5
15. 沮丧	1	②	3	4	5
16. 无能为力	1	②	3	4	5
17. 不保险	1	②	3	4	5
18. 难以入眠	①	2	3	4	5
19. "我受够了"	1	2	③	4	5

	非常不满意				非常满意
20. 对你目前的工作满意程度是？	1	2	3	4	⑤

你有多大的可能在下一年离开公司

	非常不确定				非常确定
21. 做一份其他类型的工作	①	2	3	4	5
22. 做一份相同类型的工作	1	②	3	4	5

最后我们希望你能提供一些背景信息：

23. 在 Excelsior Enterprises 你是否有一份全职或者兼职工作？○兼职　⊗全职

24. 当前你工作的班次是？○第一班 [1] ○第二班 [2] ⊗第三班 [3]

25. 你在什么部门工作？○市场部门 [1] ⊗产品部门 [2] ○销售部门 [3] ○维修部门 [4] ○服务部门 [5] ○公共关系部门 [6] ○财务部门 [7] ○人事部门 [8] ○会计部门 [9]

26. 你的年龄？ <u>54</u>

27. 你的性别　⊗男性○女性

28. 你的最高学历是什么？⊗高中没毕业 [1] ○高中毕业/GED 同等学力 [2] ○学士学位 [3] ○硕士学位 [4] ○博士学位 [5]

这是调查问卷的最后一个问题，非常感谢你的合作！

在这个阶段你同样需要考虑为无答复选项编码。对没有答复的选项，一些调研者会留下空格，其他一些调研者则会设置"9""99""."诸如此类的选项。无论什么方式都是可以的。只要你将所有的无答复选项按照同样的方式编码。

编码时也会发生人为错误。为了准确，至少应该检查 10% 的编码。对抽查编码的选择，可以按照系统抽样程序进行。就是说，为了准确起见，每个部分的第 n 个编码都应该抽查。如果在检测过程中发现了样本错误，那么所有的选项都要被检查。

15.2.1.2 输入数据

在所有回复都被编码后，它们就可以录入数据库了。原始数据可以通过任意一个软件程序输入。例如，SPSS 数据编辑器，它看起来就像一个电子表格，如图 15.1 所示，可以输入、编辑和查看数据文件的内容。

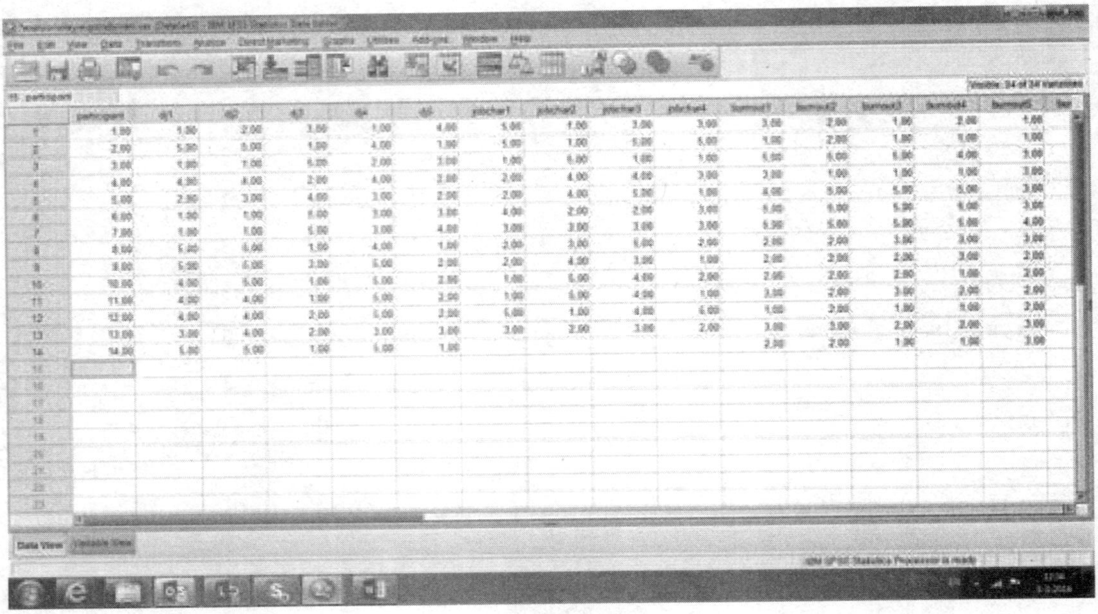

图 15.1　SPSS 数据编辑器

每一行原始数据都代表一个案例或者一个观测值（在这个案例中代表我们的 174 个来自 Excelsior Enterprises 的参与者），每一列代表一个变量（这里的变量，是你在案例中搜集的不同项目的信息；因此，在 Excelsior Enterprises 调查问卷中，共有 28 个变量）。

很重要的是，我们通常都会用第一列来进行标识；给每一份调查问卷赋予一个数字，将它写在每一份问卷的首页，并在数据文件的第一列输入这个数字。这样，即使你重新对数据文件进行了处理，你依然可以对参与者的回答进行比对。

然后，就可以开始将参与者的回答输入到数据文件中了。

15.2.2　编辑数据

输入数据后，还需要对它们进行编辑。比如，如果有空白项，我们需要用适当的处理方式来处理，不一致数据需要进行检查、修正。所谓编辑数据，是根据研究中参与者反馈的信息，检查并纠正其不合逻辑、不一致或错误、遗漏的地方。

回答不合逻辑的一个例子是异常值。异常值表现为与其他观察值有较大的差异。尽管数据错误（输入错误）极有可能导致异常值，但异常值并不总是错的。因为异常值对研究结果有很大的影响，所以应该进行认真的调查以确保它们的准确性。你可以通过观察数据的最大值和最小值，以及数据的频数表，来检验定类或定序变量的离散程度。这会让你很快发现最明显的异常值。对于定距和定比数据，视图工具（例如散点图和盒形图）是很好的检查方法。

不一致回答是指与问卷中其他反馈的信息相矛盾。例如，在我们的研究中，如表 15.2 所示，一个参与者关于公平感受的答案，他的所有回答都认为，从公司获得的利益是与自己的付出相符的，但第三条陈述例外。从其他四条答案中我们可以推断相对于这个参与者在公司的付出，他获得的已足够多，但是他可能在回答这个问题时做了错误的选择。这条回复可以被研究人员进行编辑处理。

表 15.2 答案可能前后不一致的例子

	完全不同意				完全同意
1. 我在工作中的投入比我的回报要多	①	2	3	4	5
2. 考虑到我得到的回报，我付出得太多了	1	②	3	4	5
3. 相对于我在工作中的努力程度，我得到了足够的回报	①	2	3	4	5
4. 考虑到我的贡献，公司应该给予我更多的培训机会	①	2	3	4	5
5. 一般情况下，我从公司获得的回报超过了我的努力	1	2	3	4	⑤

但是也存在一种可能，即受访者有意暗示，相对于她的付出，她并没有获得足够的回报。如果是这样的情况，我们可以通过编辑数据来引入一个偏误。因此，在处理诸如此类的不一致情况时，我们需要极为细心。只要条件允许，即使需要付出很高的成本，我们都应该继续跟踪受访者，以获得准确的数据。

非法代码是编码的数值不在设计的范围内。例如，针对问题 1（我在工作中的投入比我的回报要多），如果代码为"6"，就是一个非法代码。检测非法代码最好的方法是利用电脑产生频率分布然后进行检测。

受访者不一定会回答问卷上的所有问题，或许因为受访者没读懂问题，或者不知道答案，或者不想回答这个问题，由此就会有遗漏。

如果问卷中相当数量的问题——比如 25% 是没有答案的，那么最好的建议就是把它扔掉，不将它纳入统计中。这种情况下，向问卷发起人提及有部分数据在最终报告里缺失是很有必要的。然而，如果在 30 多项中仅仅有 2、3 项空白，那么数据是可以用的。

如果分析已经完成了，处理空白答案的一个方式是忽略它。在所有统计软件中，这都是一种备选的方法，并在大部分情况下是默认选项。这种方法的缺点是会减少样本的规模，甚至会减小到不合适的程度，不管特定变量有没有包括其中。此外，如果丢失的数据不完全是随机丢失的，那么最终研究结果可能会受到影响。因此，这种方法适用于研究数据很大，丢失的数据相对很少，变量之间的关系又很强，丢失的数据对结果影响不大的情况（Hair 等，1995）。

另一种解决办法是根据参与者的其他答案，来推测出缺失的问题的一个符合逻辑的答案。还有一种方法是分配给该选项一个平均值（所有受访者回答的平均）。实际上，还有许多方法处理空白项（Hair 等，1995），但每一种方法都会有其优缺点。

需要注意的是，如果针对某个选项，许多参与者都回答了"不知道"，那么对于这个选项进行深入的研究是值得的。这个问题可能是不够明确或者参与者不想回答、不能回答的。

15.2.3 数据转换

数据转换（data transformation）是数据编码的一种，指将原始的定量数据内容转换为其他数值的过程。通常情况下，为了避免下一阶段数据分析中可能出现的问题，我们需要对数据进行调整。举个例子，经济学家经常使用对数转换使得数据更均匀分布。例如通常不呈均匀分布的收入数据，换算为它们的对数值，使得高收入在量级上更接近低收入，其分布也更接近于正态分布。

另一种类型的数据转换是反向计分。例如，在 Excelsior Enterprises 案例中，有关不公平感受的测度。我们通过下列五个问题来衡量感受到的不公平：（1）我在工作中的投入比我的回报要多；（2）考虑到我得到的回报，我付出得太多了；（3）相对于我在工作中的努力程度，我得到了足够的回报；（4）考虑到我的贡献，公司应该给予我更多的培训机会；（5）一般情况下，我从公司获得的回报超过了我的努力。以上第一、第二和第四项，较高的得分意味着较为负面的影响，但对于第三和第五项，较高的得分意味着较为正面的影响。为了保持受访者回答的一致性，我们需要对第一、第二和第四项中的回答进行反向计分（请注意，我们测量的是公平，而不是不公平）。这样的情况下，5 分（表示我完全同意）应该被转换为 1 分（表示我完全不同意），4 分转换为 2 分，等等。

如果同时有几个问题测度同一个概念，也需要进行数据转换。这样的情况下，原本问题的分数必须结合成一个单一的分数（但必须满足一致性的条件，本章随后有关检验数据质量的部分会进行讨论）。例如，我们已经用五个项目来衡量"公平的感受"，根据这五个项目的回答，我们要计算一个新的"公平感受"的分数（注意，第一、第二和第四项需要首先进行反向计分）。其方法是计算总分（每项或每个参与者），然后除以项目的数量（此时是 5）。例如，针对五个问题，我们的员工＃1 已经分别选择了 1、2、3、1 和 4；对第一、第二和第四个问题的回答进行反向计分，得到 5、4、3、5 和 4。有关公平感受的合并分数为 [（5+4+3+5+4）/5=4.2]。这个综合得分包含在 SPSS 的一个新列中。这是很容易计算的新的变量，可以利用 Compute 对话框，它在选择 Transform 时就会自动打开（图 15.2）。

图 15.2 用 SPSS 转换数据

值得一提的是，建立一个有关回答分类的表很有用，这可以确保测度同一个概念的几个项目都进行了分组。如果测度同一个概念的问题并不是连在一起，而是分散在问卷的不同部分的，我们就必须要小心仔细，确保分类时的完整性，没有遗漏或错配。

15.3 了解数据

我们可以通过可视化工具，或者通过检查变量的集中趋势和离散度，来获得对数据的初步了解。我们也可以通过考察两个变量之间的关系，来进一步了解我们的数据。在第13章，我们解释了根据变量测度水平的不同，可以用不同的统计方法进行处理。表15.3总结了量表类型、数据分析和获得变量直观总结的方法。

表 15.3 量表类型、数据分析和获得变量直观总结的方法

量表	例子	对单变量测度集中趋势	对单变量测度离散度	对单变量的直观总结	测度变量间关系	对变量间关系的直观总结
定类	社会保障号码、性别	众数	—	条形图，饼图	相依表（交叉表）	分段条形图，分层条形图
定序	一个五点量表的满意度评级	中位数	半内四分距	条形图，饼图	相依表（交叉表）	分段条形图，分层条形图
定距		算术平均值	最小值，最大值，标准差，方差，变异系数	直方图，散点图，盒须图	相关性	散点图
定比	年龄、销售额	算术平均值或几何平均值	最小值，最大值，标准差，方差，变异系数	直方图，散点图，盒须图	相关性	散点图

表15.3表明，根据我们测度的量表类型，利用众数、中位数、平均数、半内四分距、标准差、方差等统计方法，可以让我们很好地了解参与者在有关问题上的回答。这些统计指标可以很容易地获得，并能显示参与者的回答是否在一定范围内合理分布。如果针对某个问题参与者的回答分布不正常，并且波动很小，那么研究者就应该怀疑，这个特定的问题可能措辞不当。如果参与者倾向于对所有问题给出类似的回答，也就是说，他们会选择问卷回答中特定的点，用上述方法也可以检查出此时的误差。记住，如果数据没有变化，那么也就没有可以解释的方差！所以，在所有的数据分析中，首先对数据有一个初步了解是很有必要的。在此基础上，可以进行详细的分析，检验数据的质量。

对每个测度自变量和因变量的问题，研究人员都会竭尽全力获得它的集中趋势、范围、离散度及其他统计变量，如果关于某概念的测度是新提出来的，就更是如此了。

频数、集中趋势和离散趋势的测度，就是关于一个变量的描述性统计。下面我们一一介绍。

15.3.1 频数

频数（frequencies）指某一现象的不同子类发生的次数，从中可计算发生的百分比或累计百分比。

Excelsior Enterprises——频数

在 Excelsior Enterprises 案例中,"输出 15.1 频数"给出了来自不同部门的雇员数量(频数)。可以看出,样本中来自生产部门的人最多(28.1%),其次是销售部门(25.3%)。只有 3 个人(1.7%)来自公共关系部门,金融、维护和会计等部门各 5 个人(每个部门 2.9%)。案例中一些部门的低数值是这些部门总体(数量很少)的函数。

输出 15.1

频数

从菜单中选择:

分析

　　描述性统计

　　　频数

　　　[选择相关变量]

选择所需要的:

　　统计值……

　　图表……

　　格式(按显示结果的顺序)

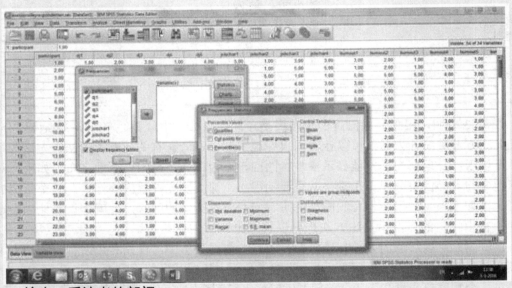

输出:受访者的部门

	频数	百分比 /%	有效百分比 /%	累计百分比 /%
市场部	13	7.5	7.5	7.5
生产部	49	28.1	28.1	35.6
销售部	44	25.3	25.3	60.9
财务部	5	2.9	2.9	63.8
服务部	34	19.5	19.5	83.3

续表

	频数	百分比 /%	有效百分比 /%	累计百分比 /%
维护部	5	2.9	2.9	86.2
人事部	16	9.2	9.2	95.4
公共关系部	3	1.7	1.7	97.1
会计部	5	2.9	2.9	100.00
合计	174	100.00	100.00	100.00

对其他变量，从频率我们知道，79.9%的受访者是男性，20.1%的受访者是女性，大约62%是在第一个班次工作，20%和18%是在第二个班次和第三个班次工作。大约16%的受访者兼职，84%的全职。大约8%的人不到高中学历，39%有高中学历，32%的有大学学历，20%有硕士学位，1%有博士学位。

这样，我们就有了该企业中雇员的基本情况，在撰写报告的方法环节（见第19章），这对描述样本是非常有用的。在下列情况下，频数分布也有其作用：（1）一个营销经理想知道，在特定区域、特定时段，每种品牌的咖啡的销售量（以及百分比），（2）一个税务顾问希望了解国税局审计不同规模公司（小、中、大）的次数，以及（3）金融分析师希望跟踪，在6个月时间里制造业、工业和公用事业公司的股指上涨或下跌超过10个点的次数。

15.3.1.1　条形图和饼图

频数也可以直观地显示为条形图、柱状图或饼图。条形图、柱状图、饼图可以帮助我们了解我们的数据。

Excelsior Enterprises——条形图

图15.3显示了输出15.1中的结果。

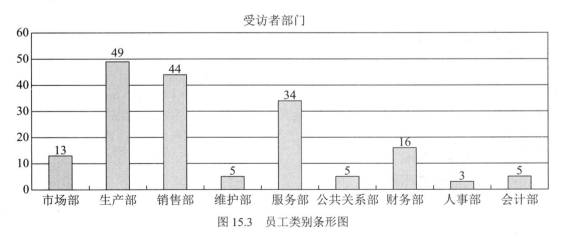

图15.3　员工类别条形图

频数分布、条形图、柱状图、饼图提供了有关数据的大量的基本信息。有关集中趋势和离散度的测度则帮助我们进一步了解我们的数据。这些接下来会继续讨论。

15.3.2 集中趋势和离散的测度

测度集中趋势，我们有三个指标：平均数、中位数、众数。测度离散的指标有：范围、标准差和方差（对应的集中趋势测度是平均数），以及四分位距（对应的集中趋势测度是中位数）。

15.3.2.1 集中趋势的测度

1. 平均数

平均数（mean）也叫均值，是一个测度集中趋势的指标，它在无须顾及数据集中每个观察位详细情况的条件下，给出了数据的整体情况。例如，生产部门会详细记录某产品每天的产量。然而，为了估算原材料存货，经理想知道的仅是，过去6个月来，生产部门平均每个月的产量是多少。对集中趋势的这一测度——即平均数——能够告诉经理储存多少原材料合适。

10个观察数据的平均数就是这10个观察数据加总以后除以10的值。

2. 中位数

中位数（median）是指，当我们将一组观察值按照升序或降序排列时，位于中间的值。让我们举一个例子，说明为什么中位数可以测度集中趋势。

例 15.2

> 假设某部门9名员工的年收入如下：65 000美元，30 000美元，25 000美元，64 000美元，35 000美元，63 000美元，32 000美元，60 000美元和61 000美元。这里收入的平均水平为48 333美元，但中位数则是60 000美元。也就是说，如果按照升序排列，工资收入将是：25 000美元，30 000美元，32 000美元，35 000美元，60 000美元，61 000美元，63 000美元，64 000美元，65 000美元，位于中间的数是60 000美元。如果员工的数量为偶数，那么中位数就是中间两个收入值的平均值。

3. 众数

在有些情况下，通过平均数或中位数，我们无法确定一组观察值的有效含义，但可以用出现次数最多的变量来实现这一目的。比如，某部门雇员中有10名白人女性，24名白人男性，3名非洲女性和2名亚洲女性，出现次数最多的组——即**众数**（mode）——是白人男性。在这个例子中，我们无法计算平均数或中位数。同样，我们也无法给出离散的测度。

根据数据类型的不同，我们已经说明了平均数、中位数和众数关于集中趋势的含义。下面我们介绍离散的测度。

15.3.2.2 离散的测度

我们已经知道，测度集中趋势的方法有平均数、中位数或众数（取决于数据的类型），除此之外，我们还希望了解一组观察值的变异性。和测度集中趋势类似，对离散的测度，也仅限于定类数据和定距数据。

两套数据可能有相同的平均数，但其离散程度可能是不同的。例如，如果A公司分别在4月、5月和6月这几个月售出30、40和50个单位的产品，与此同时B公司售出10、

40 和 70 个单位，两家公司平均每个月的销售量相同——40 单位——但后一家公司的变动性或离散性更大。

三个与平均数相关的测度离散性的指标是范围、方差和标准差，下面我们分别介绍。

1. 范围

范围（range）是指一组观察值中的极端值。比如 A 公司范围是 30 ~ 50（离散度是 20 单位），而 B 公司范围是 10 ~ 70（离散度是 60 单位）。另一个更加有用的度量离散性的量是方差。

2. 方差

方差（variance）是指用每一个观察值与平均值之差的平方和除以观察值的数量。在以上的例子中，A、B 公司的方差分别为

$$\text{公司 A 的方差} = \frac{(30-40)^2 + (40-40)^2 + (50-40)^2}{3} = 66.7$$

$$\text{公司 B 的方差} = \frac{(10-40)^2 + (40-40)^2 + (70-40)^2}{3} = 600$$

正如我们所见，B 公司的方差比 A 公司的大多了。这使得在估计存货方面，B 公司的经理比 A 公司经理面临更大的困难。因此，方差给出了数据的离散程度。

3. 标准差

标准差（standard deviation）是另一个衡量定距和定比数据离散性的指标，它给出了分布的范围和数据的变异性。标准差是一个非常常用的测度离散性的指标，它就是方差的平方根。对于上述两家公司，公司 A 和公司 B 的标准差为 $\sqrt{66.7}$ 和 $\sqrt{600}$，也即 8.167 和 24.495。

平均数和标准差是最常见的对定距和定比数据的描述性统计。因为下面的统计规则，在正态分布中，标准差结合平均数，是一个非常有用的工具：

（1）几乎所有的观测值都落在平均数的三个标准差之间。

（2）超过 90% 的观测值落在平均数的两个标准差之间。

（3）超过一半的观测值落在平均数的一个标准差之间。

4. 测度离散的其他方法

如果我们用中位数测度集中趋势，那么百分位数、十分位数以及四分位数就很有意义。正如中位数将观察值划分为相等的两部分，四分位数将观察值划分为四个相等的部分，十分位数将观察值划分为十个相等的部分，百分位数将观察值划分为一百个相等的部分。当需要处理大量的数据例如 GRE 或者 GMAT 的分数值时，就可以运用十分位数的方法。当我们将观察值的区域划分为百个相等的部分时，就会出现九十九个百分位点。任意给定的成绩，都有 0.01 的概率将会落入这些点中的任意点。如果约翰的分数在第十六个百分位数上，则表明有 84% 的人的成绩比他高，而 15% 的人成绩比他低。

通常情况下，我们希望了解和其他人相比的相对位置——我们是位于中间，位于前 10% 或 25%，或位于后 20% 或 25%，还是其他位置？例如，在一次满分为 100 分的公司管理测试中周先生拿到了 78 分，如果他的分值在他的同事（被测者）中处于后 10% 的位置，那么他很可能不高兴，但如果他的分值在前 10%，尽管事实上他的分数是一样的，他还是可能会相当高兴。他在代表集中趋势的中位数和百分位数的位置，决定了他与其他人的相

对位置。

对中位数、四分位距（interquartile range）等离散度的测度，涉及观察值中间的 50% 部分（也就是说，不包括观察值前 25% 部分和后 25% 部分）。当比较几组数据时，四分位距指标非常实用。例如，通过对几个城市的客户账单进行抽样，电话公司可以比较不同地区客户的长途费用。它们可以绘制位于四分之一、四分之三的客户的情况，并与中位数客户对比，从而较好地了解哪些客户的费用最高，哪些客户最常用长途，等等。为此需要绘制各个区域的盒须图。这个盒须图形象地描绘了集中趋势、百分位数和变异性，绘出一个盒子，从第一到第三四分位数扩展，将盒子任一边和极端值连接起来，如图 15.4（a）所示。图 15.4（b）中，盒子中的点表示了相应的中位数。对各点分别进行对比，可以清楚地看出每区域或城市的最大值、范围及分布。如果希望了解更加详细的内容，请参考 Salvia（1990）。

总而言之，根据可用数据的类型，我们解释了平均值、中位数、众数是集中趋势的很有用的测度。同样地，我们也说明了标准差（以及方差，也就是标准差的平方）、四分位距是离散度的很有用的测度。显然，没有与众数相关的有关离散度的测度。

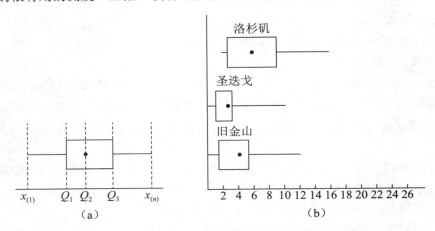

图 15.4 （a）盒须图；（b）比较 3 个城市的电话账单

15.3.3 变量之间的关系

一个研究项目往往会包含多个变量，除了要知道这些变量的描述性统计值以外，我们也要知道变量间的关系。也就是说，在研究中，我们希望了解双变量之间关系的性质、方向和显著性（即研究中任意两个变量之间的关系）。

我们可以用**非参数检验**（non-parametric tests）方法来分析定类变量或定序变量间的关系。对定序变量间的关系，可以用 Spearman 秩相关性和 Kendall 秩相关性方法。对定距和/或定比变量，可以用**相关性矩阵**（correlation matrix）进行研究。

15.3.3.1 两个定类变量之间的关系：卡方检验

我们有时可能想要知道两个定类变量之间是否有关系，或者说它们之间是否是相互独立的。举例来说：（1）看一个产品的广告（是/否）与一个人对该产品的购买（买/不买）有关联吗？（2）一个人的肤色（白人/非白人）与他所做工作的类型（白领工作/蓝领工作）有关吗？这样的对比很可能是通过分组或者分类的方式来组织数据，然后就可以看到它们是否有统计上显著的关系。例如，我们可以收集55个人有关肤色、工作性质的数据，根据频数进行整理，得到表15.4那样的2×2的相依表。通过表15.4可知，如果一个人是白人，那他很有可能从事白领工作。因此，这样就可以看出肤色和工作性质是有关系的；这两者并不是独立的。这在统计学上可以通过卡方检验（chi-square test）——一种非参数检验——来确认，它可以告诉我们，所观察到的关系是否出于偶然。众所周知，对定类和定序数据，如果不能假设其分布是正态的，可以采用非参数检验的方法。卡方检验对比了期望频数（根据概率计算）和观察到的频数，其计算方法如下：

$$\chi^2 = \sum \frac{(O_i - E_i)^2}{E_i}$$

其中，χ^2是卡方统计量，O_i是第i个表格中观察到的频数，E_i是期望频数。对任意定类数据，通过计算机分析都可以得到卡方分析结果及其显著性水平。

表15.4　肤色和工作类型相依表

肤色	白领	蓝领	合计
白人	30	5	35
非白人	2	18	20
合计	32	23	55

因此，在检验定类变量之间的关系时，卡方检验是很有用的。该检验的原假设为，两个变量（即上例中的肤色和工作性质）之间不存在显著的关系，备择假设是存在显著的关系。

卡方检验统计量与自由度有关，后者同样会影响两个定类变量间的显著性关系。自由度的大小，等于列、行单元格数目减去1后的乘积。如果有四个单元格（两行两列），那么自由度就等于1，也即[(2-1)×(2-1)]。在本书附录表Ⅲ可以查到不同自由度下卡方统计量的临界值。

卡方统计量也可以用于两个定类变量的多重水平。例如，我们可能希望了解，针对同一个政策，四组员工——生产、销售、营销和研发人员——的反应（完全不感兴趣，有轻微的兴趣，不错的兴趣和强烈的兴趣）是否不同。在这里，有关独立性检验的卡方值，由16个单元格的列联表计算得出，对应四组员工和四类反应。检验的自由度为9，也就是[(4-1)×(4-1)]。

卡方显著性检验能帮助我们检验两个定类变量是否相关。除了卡方检验，其他如费希尔精确概率检验和科克伦Q检验，也被用于确定两个定类变量之间的关系。

15.3.3.2　相关性

对定距或定比变量，皮尔森相关矩阵能够给出双变量关系的方向、强弱和显著性。在一个变量变化时，通过分析另一个变量的变化情况，可以得到相应的相关性。简单起见，假设我们已经搜集到两个变量的数据——两种不同的产品的价格和销量。对每种产品，根据价格的不同，对应有不同的销量，可以用散点表示，如图15.5（a）和图15.5（b）所示。

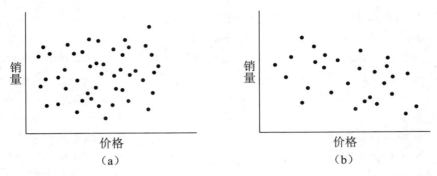

图 15.5 （a）没有可识别模式的散点图；（b）显示一个向下趋势即负斜率的散点图。

图 15.5（b）显示了两个因素同时变化的明显的模式（散点图对应一条向下的线），而图 15.5（a）不是这样。在图 15.5（b）中，该产品的价格和销量似乎有一个直接的负相关关系。就是说，随着价格上涨，产品的销量持续下降。图 15.5（a）则表明，另一种产品不存在这一趋势。

相关性系数给出了变量间关系的大小和方向，它可以通过公式将两组数值代入来计算，在本例中，就是不同价格下的不同销量。

从理论上讲，两个变量之间可能会有一个完美的正相关关系，即相关系数为 1.0（正 1），或一个完美的负相关关系，即相关性系数为 -1.0（负 1）。不过，在现实中这种情况基本不存在。

相关性系数介于 -1.0 和 +1.0 之间，我们需要知道，两个变量之间的相关性是否显著（也就是说，这种相关性是偶然在的，还是很高的概率肯定它确实存在）。正如我们所知，在社会科学研究中，大家通常能够接受的显著水平是 $p=0.05$。这意味着，在每 100 次中，有 95 次两个变量间确实存在真实或显著的关系，只有 5% 的机会不存在相关性。如果两个变量 A 和 B 的相关性为 0.56（表示为 $r=0.56$），$p<0.01$，那么我们知道，两个变量间存在正相关关系，并且该关系为虚假关系的概率不足 1%。也就是说，我们有 99% 的把握确定它们之间确实存在相关性。0.56 的相关性也表明，变量可以解释相互间方差的 31.4%（0.56^2）。

我们不知道两个变量中哪个是因，那个是果，但我们确实知道，它们之间是相关的。因此，通过考察两者间的相关性，可以检验它们之间存在显著的正的（或负的）关系的假设。

对定距和定比变量，适用皮尔森相关性系数，对定序变量间的关系，可以用 Spearman 排序系数和 Kendall Tau 系数。通过点击相关的菜单，确定变量并选择合适的参数或非参数统计方法，我们可以获得任意二元变量间的相关性。

15.4 Excelsior Enterprises——描述性统计第 1 部分

在 Excelsior Enterprises 研究中，利用描述性统计，我们可以获得定距变量的最大值、最小值、平均数、标准差、方差。相关结果显示在输出 15.2 中。

显示在输出 15.2 的结果表明：

- 除了 pel1、pel2、pel3、burnout10、it11、it12，其他各变量都有观察值缺失；

- 有非法代码的变量包括：jobchar1（至少有一个单元格包含6），burnout3（同样，至少有一个单元格包含6），和it12（至少有一个单元格包含5）；
- 对每个单项的回应都有较好的分布。

输出15.2　描述性统计：集中趋势和离散

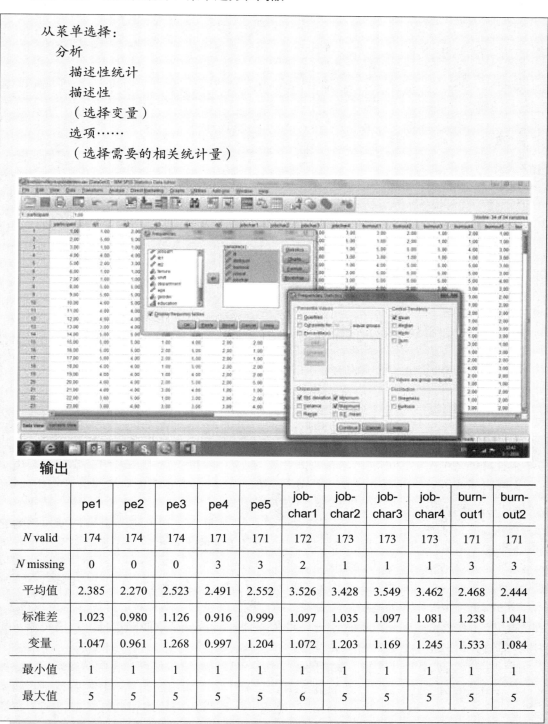

从菜单选择：
分析
  描述性统计
  描述性
  （选择变量）
  选项……
  （选择需要的相关统计量）

输出

	pe1	pe2	pe3	pe4	pe5	job-char1	job-char2	job-char3	job-char4	burn-out1	burn-out2
N valid	174	174	174	171	171	172	173	173	173	171	171
N missing	0	0	0	3	3	2	1	1	1	3	3
平均值	2.385	2.270	2.523	2.491	2.552	3.526	3.428	3.549	3.462	2.468	2.444
标准差	1.023	0.980	1.126	0.916	0.999	1.097	1.035	1.097	1.081	1.238	1.041
变量	1.047	0.961	1.268	0.997	1.204	1.072	1.203	1.169	1.245	1.533	1.084
最小值	1	1	1	1	1	1	1	1	1	1	1
最大值	5	5	5	5	5	6	5	5	5	5	5

续表

	burn-out3	burn-out4	burn-out5	burn-out6	burn-out7	burn-out8	burn-out9	burn-out10	job-sat	itl1	itl2
N valid	171	171	173	173	173	173	173	174	173	174	174
N missing	3	3	1	1	1	1	1	0	1	0	0
平均值	2.462	2.532	2.734	2.665	2.584	2.688	2.798	2.270	3.931	2.569	2.615
标准差	1.144	1.356	1.028	1.064	1.146	1.129	0.988	1.021	1.169	0.828	0.903
变量	1.309	1.356	1.057	1.131	1.314	1.274	0.976	1.042	1.367	0.686	0.816
最小值	1	1	1	1	1	1	1	1	1	1	1
最大值	6	5	5	5	5	5	5	4	5	4	5

对非法的录入,我们要用适当的办法来纠正。进一步检查缺失的数据显示,每个参与者都回答了全部或是绝大部分的问题。因此,我们没有舍弃任何问卷。在随后的分析中,我们选择忽略数据缺失问题。

下面,我们就可以进一步对数据质量进行详细分析。

15.5 检验数据质量

现在可以检验测度的信度和效度。

15.5.1 信度

正如在第13章中所讨论的,通过检验一致性和稳定性,可以确定测量的信度。一致性意味着测量某个概念的各项之间是否紧密相关。Cronbach's α 系数是信度系数,给出了各项之间在多大程度上是正相关的。其计算方法,是测量概念的各项之间的平均相关性。Cronbach's α 系数越接近于1,内部一致性信度就越高。

测量一致性信度的另一种方法,通常只在特定情形下使用,称为折半信度。因为它反映了单一量表拆成两半之后彼此的相关性,所以系数的大小也取决于如何对量表进行拆分。如果需要评估多个量表维度或因素,我们可以用折半信度来检验一致性。根据预先设定的逻辑,我们可以对每个维度或因素的项目进行拆分(Campbell,1976)。大部分的案例中,Cronbach's α 系数可以被视为代表项目间一致性信度的合适指标。在绝大部分情况下,Cronbach's α 系数是一个适当的内部一致性的可靠性测试。在下面的部分,我们将演示如何用计算机分析来获得 Cronbach's α 系数。

正如在第13章中所讨论的,测量的稳定性,可以通过复本信度和再测信度来评估。如果关于某测量的两个同质且相当的测量工具,得到了高度相关的结果,我们就得到了复本信度(见第13章)。通过计算不同时期针对同一个测量的结果的相关性,就得到了再测信度。

Excelsior Enterprises——检查多项目测量的信度

因为分配公平、职业倦怠、工作丰富化和离职意愿都是用多子项量表进行测量的，所以对每个测量，要检验受访者回答的一致性。在第 13 章我们解释了，Cronbach's α 系数是广受欢迎的子项间一致性的检验方法。表 15.5 给出了四个变量的 Cronbach's α 系数。这个表显示所有的 Cronbach's α 系数都远高于 0.60。

表 15.5　Excelsior Enterprises 测量的信度

变量	项目数量	Cronbach's α 系数
公平感受	5	0.882
工作丰富化	4	0.844
职业倦怠	10	0.813
离职意愿	2	0.749

一般来说，信度低于 0.60 被认为是太低，在 0.70 左右是可以接受的。超过 0.80 是好的。所以，在本研究中，关于离职意愿测量的内部一致性信度是可以接受的，其他变量测量的内部一致性则是好的。

需要注意的是，在问卷中，在进行信度检验之前，所有反向措辞的项目都必须先进行反向变换。否则的话，得到的信度检验的结果将是不可信的。

输出 15.3 给出了工作丰富化的 Cronbach's α 系数，并说明了它是如何计算的。

输出 15.3 的第一个表，给出了工作丰富化测量的信度。第二个表的内容，则表明如果我们从测量中拿走某一项，会给 Cronbach's α 系数带来怎样的影响。例如，如果取出第一项（Jobchar1），新的三项测量的 Cronbach's α 系数是 0.777。这意味着如果我们将第一项拿走，Cronbach's α 系数将会降低。同样的，如果我们拿走第 2 项，我们的 Cronbach's α 系数将会下降，变成 0.788。注意，在这种情况下，因为两个原因，我们不会拿走第 2 项。第一，我们的 α 大于 0.7，所以我们没有必要采取任何补救措施。第二，如果我们拿走第 2 项，我们测量的效度可能会降低。在最初的测量中，我们无缘无故地损失了第 2 项所包含的内容！

输出 15.3　信度分析

从菜单中选择：
分析
　量表
　　信度分析……
[选择构成量表的变量]
选择模型 α（这是默认选项）
点击统计
描述性统计分析下如果删除项目，选择量表

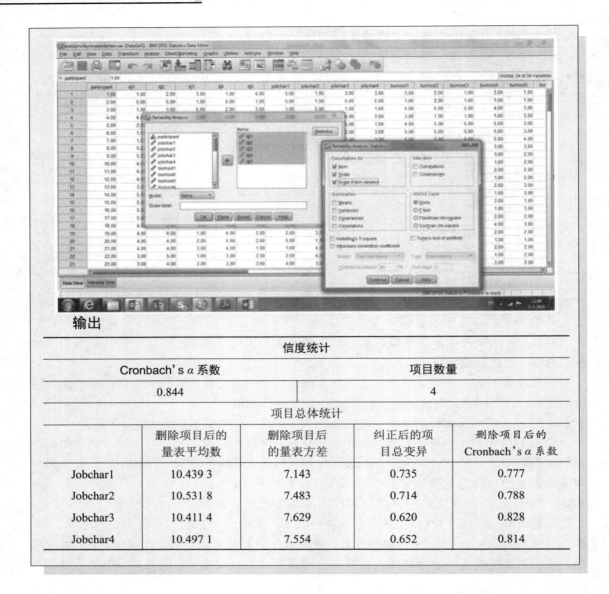

输出

信度统计	
Cronbach's α 系数	项目数量
0.844	4

项目总体统计				
	删除项目后的量表平均数	删除项目后的量表方差	纠正后的项目总变异	删除项目后的Cronbach's α 系数
Jobchar1	10.439 3	7.143	0.735	0.777
Jobchar2	10.531 8	7.483	0.714	0.788
Jobchar3	10.411 4	7.629	0.620	0.828
Jobchar4	10.497 1	7.554	0.652	0.814

然而，如果我们的 Cronbach's α 系数过低（低于 0.60），为了提高项目间一致性，我们就必须借助这个表来确定移走哪些项目。注意，通常情况下，拿走一项尽管会提高我们测量的信度，但同时对测量的效度会产生不利的影响。

现在我们已经确定，对公平感受、工作丰富化、职业倦怠和离职意愿的测量，是满足子项间一致性条件的，对原始问题的回答，要整合为一个数字。例如，对"公平感受"一项的分数，可以通过对五个子项的得分进行加总（注意子项 1、2、4 必须反向编码）来获得。同样，新的"工作丰富化"的值，可以通过对其五个子项的得分进行加总来获得，以此类推。我们已经解释过，这包括将各项分数加总，之后再除以项目的数量。

15.5.2 效度

通过对数据进行因子分析，可以得到**因素效度**（factorial validity）。因子分析（一个多元技术）的结果将确认是否出现理论维度。我们在第12章介绍过，首先对维度进行描述，提出测量的概念，使其更具操作性。因子分析的结果告诉我们，维度是否与测量中的项目相吻合。通过检验测量针对不同个体的效果，可以得到**效标关联效度**（criterion-related validity）（参考第13章有关同期效度和预测效度的讨论）。对同一测量，如果两个响应因素间高度相关，则存在所谓**聚合效度**（convergent validity）（例如，对同一个奖惩制度，主管人员和下属的反应基本相似）。如果两个不同的概念之间彼此不相关，则有**辨别效度**（discriminant validity）（例如，勇气和诚实，领导和动机，态度和行为）。通过多元特质多重方法矩阵，可以得到聚合效度和辨别效度，不过详细的讨论已经超出本书的范围。对因子分析、多元特质多重方法矩阵感兴趣的同学，建议阅读相关的书籍。当然，如果使用的测量已经是有效的，也就无须在研究中再次重复效度检验，不过可以进行具体项目的信度分析。

15.6　Excelsior Enterprises——描述性统计第2部分

一旦我们计算了公平感受、工作丰富化、职业倦怠、离职意愿的新值之后，我们就可以对数据进行进一步的分析。对包含多个项目的定距自变量和因变量，其描述性统计包括最大值、最小值、平均数、标准差和方差。此外，为了检验模型中各变量之间的关系，我们还可以建立相关性矩阵。

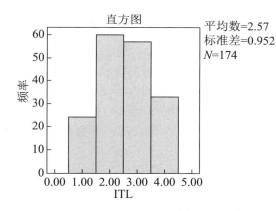
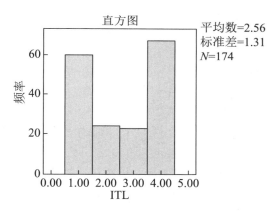

图15.6　"离职意愿"的两个假设直方图

这将帮助我们回答下面这些问题：

- 问题有多大？换句话说，Excelsior企业的员工在多大程度上倾向于离职？离开的平均倾向是多少？
- 问题的本质是什么？例如，比较图15.6中提供的直方图。平均的离职意愿在两种情况下是相同的。然而，在第一个假设的直方图中，离职意愿是"相当正态"分布[①]。第二个假设的直方图显然不是正态分布。实际上，它看起来是双峰的（两个峰表示两个模态）。第一个分布表明，大多数受访者既不打算离开，也不打算留下。另一方面，双峰分布表明，一组员工根本不倾向于离开，而另一组员工则决定离开组织。[②]

---

① 请注意，有客观的检验来决定分布是否为正态分布，例如Kolmogorov-Smirnov检验和Shapiro-Wilk检验。
② "正态分布数据"是参数数据的假设之一；这个假设在第二个直方图中被明确地违背了。Andy Field在他的《使用SPSS发现统计》（Field, 2009）一书中对参数数据的假设以及如果这些假设被违反了怎么办进行了精彩的讨论。

描述性统计也将帮助我们回答以下问题:
- 员工们对自己的工作满意吗?
- 员工对工作丰富化的感受如何?
- 有多少员工有职业倦怠,程度分别有多深?
- 在员工感受到的与公司公平关系方面,各员工之间有很大差异吗?
- 公平感受、职业倦怠、工作丰富化、工作满意度与离职意愿的关系是怎样的?

这些问题的答案将帮助我们(连同我们假设检验的结果)得到最好的解决问题的答案。

在 Excelsior Enterprises 研究中,对定距自变量和因变量,可以求得最大值、最小值、平均数、标准差和方差等描述性统计量。结果见表15.6。大家还可能会注意到,除了离职意愿外,其他所有变量都是五分制量表,离职意愿则是四分制量表。

表15.6 对自变量和因变量的描述性统计

	N	最小值	最大值	平均数	标准差	变量
离职意愿	174	1.00	4.00	2.589	0.769	0.592
工作满意	173	1.00	5.00	2.931	1.169	1.367
公平感受	174	1.00	4.60	2.444	0.883	0.694
职业倦怠	174	1.20	4.60	2.566	0.681	0.463
工作丰富化	173	1.00	5.00	3.491	0.888	0.789

从结果可以看出,对于离职意愿,四分制量表中平均为2.59分,表明 Excelsior Enterprises 在人员流动方面存在问题。最小的1表示有部分员工根本不打算离职,最大的4表示有部分员工正在认真考虑离职。工作满意度约为平均水平(在五分制量表中为2.91分)。公平感受的平均值很低(在五分制量表中为2.44),而职业倦怠的平均值为2.57。最后工作被认为是有点丰富性的(3.49)。表15.6还显示所有变量的方差都比较高,说明参与者的回答并不总是非常接近所有变量的平均值。

表15.7统计了有关离职意愿的详细信息。这个表告诉我们,有相当多的雇员在考虑离开 Excelsior Enterprises!对我们的假设进行检验,会增进我们对员工离职原因的了解,并将为我们提供有用的方案,减少员工离职意愿。

表15.7 离职意愿频数表

	频数	百分比 /%	有效百分比 /%	累计百分比 /%
1.00	9	5.2	5.2	5.2
1.50	16	9.2	9.2	14.4
2.00	33	19.0	19.0	33.3
2.50	40	23.0	23.0	56.3
3.00	39	22.4	22.4	78.7
3.50	27	15.5	15.5	94.3
4.00	10	5.7	5.7	100.00
合计	174	100.00	100.00	

5个定矩变量的皮尔逊相关矩阵如表 15.8 所示。从研究结果中，我们发现离职意愿与工作满意度、公平感受和工作丰富性显著负相关。也就是说，如果工作满意度高，获得公平待遇，并且工作内容丰富，员工离职的意愿就低。然而，当员工存在职业倦怠时（身心疲惫），其离职意愿不一定增加（这种关系不显著；我们将在下一章进行更多的讨论）。工作满意度与工作公平感受、工作丰富性呈正相关，与职业倦怠、离职意愿呈负相关。这些相关性都和预期的方向一致。值得注意的是，在本样本中，自变量之间的相关性不超过 0.272。这是一个重要的发现，因为如果自变量（independent variables）之间的相关性非常高（比如 0.75 及以上），我们在回归分析中可能会遇到共线性（collinearity）问题。

表 15.8　自变量和因变量间的相关性

	离职意愿	工作满意度	公平感受	职业倦怠	工作丰富性
离职意愿	1	-0.703	-0.384	0.037	-0.426
显著性（双尾）		0.000	0.000	0.629	0.000
N	174	173	174	174	173
工作满意度	-0.703	1	0.280	-0.242	0.268
显著性（双尾）	0.000		0.000	0.001	0.000
N	173	173	173	173	172
公平感受	-0.384	0.280	1	0.089	0.272
显著性（双尾）	0.000	0.000		0.241	0.000
N	174	173	174	174	173
职业倦怠	0.037	-0.242	0.089	1	0.028
显著性（双尾）	0.629	0.000	0.241		0.719
N	174	173	174	174	173
工作丰富性	-0.426	0.268	0.272	0.028	1
显著性（双尾）	0.000	0.000	0.000	0.719	
N	173	172	173	173	173

在我们对研究中的变量进行描述性统计之后，我们可以检验我们的假设。假设检验是下一章我们要讨论的内容。

总结

学习目标 1：展示获取数据，进行定量分析准备的能力。

在搜集到数据后对数据进行分析，回答提出的问题。然而，在分析数据之前，需要对数据进行编码、输入和编辑。在导入数据之前还要对数据进行分类。紧接着通过数据编码对数据进行转换，它是将一个量值的原始数字表示形式转换为另一个值的过程。然后，必须以某种方式处理异常值、不一致和缺失数据的问题（如果有的话）。通常情况下更改数据是为了避免在下一阶段的数据分析过程中出现问题。此外，当几个问题被用来度量一个概念时，数据转换也是必要的。

学习目标2：描述个人对数据初步认识的不同过程。

研究者可以通过视觉性的概况或者通过检查变量的集中趋势和离散度来获得对数据的初步认识。另外，也可以通过检查两个变量之间的关系来了解数据。

学习目标3：描述评估信度和效度的方法。

通过一致性和稳定性的检验，可以确定研究结果的信度。一致性衡量的是测量某个概念的集合中各项之间的紧密相关性有多大。Cronbach's α 系数是信度系数，给出了集合中各项之间在多大程度上是相关的。在特定情况下使用的一致性、可靠性的另一种度量方法是折半信度。因素效度可以通过数据的因子分析来确定。效标关联效度则可通过检验测量针对不同个体的效果得到。对同一测量，如果两个响应因素间高度相关，可以建立聚合效度。当两个截然不同的概念不相关时，可以建立判别效度。

讨论题

1. 在整理数据用以分析的过程中，涉及哪些程序？
2. 数据编码包括什么内容？
3. 数据编辑涉及监测、纠正研究中受访者回答的不合逻辑、不一致或非法数据问题。解释不合逻辑数据、不一致数据和非法数据的区别。
4. 你如何处理遗漏数据？
5. 什么是反向计分？什么时候需要用到反向计分？
6. 有三种测量集中趋势的方法：平均数、中位数和众数。测量离散度的方法包括范围、标准差、方差（对应测量集中趋势的是平均数）和四分位距（对应测量集中趋势的中位数）。请描述这些测量，并解释在你希望了解（a）定类数据，（b）定序数据和（c）定距数据时，你会采用哪种方法。
7. 一个研究者希望描述其样本中受访者的性别。性别测试如下：你的性别是什么？□男性□女性。描述受访者性别的总体特征的最好方式是什么？
8. 考虑以下有关客户差异化的信度分析。你可以从中推断出什么？

信度分析——量表（α）

	项目 – 总统计量			
	量表	量表	纠正后	
	删除项目后平均数	删除项目后方差	项目 – 总相关性系数	删除项目后 α
CUSDIF1	10.040 5	5.473 3	0.243 7	0.745 4
CUSDIF2	9.743 2	5.017 6	0.504 7	0.329 3
CUSDIF3	9.648 9	5.375 4	0.484 9	0.372 2

信度系数
案例数 =111.0　　项目数 N=3
α=0.587 8

练习 15.1

可以获得以下数据：

受访者	年龄	测试分数	卷面分数	性别	年级	智商
1	21	87	83	M	2	80
2	19	83	80	M	1	100
3	23	85	86	M	4	98
4	21	81	75	F	1	76
5	21	81	75	F	3	82
6	20	67	68	F	3	99
7	26	75	88	F	2	120
8	24	92	78	F	4	115
9	26	78	92	M	4	126
10	30	89	95	F	3	129
11	21	72	80	F	1	86
12	19	81	65	M	2	80
13	17	75	77	M	1	70
14	19	76	85	F	1	99
15	35	80	83	F	3	99
16	27	75	60	F	2	60
17	21	85	80	M	3	89
18	27	79	75	M	4	70
19	21	90	93	F	3	140
20	22	97	95	M	3	165
21	21	90	82	M	2	115
22	19	87	86	F	3	119
23	32	95	90	M	2	120
24	19	68	57	F	3	89

注：测试满分 =100；卷面满分 =100；性别 M= 男，F= 女；年级 1= 大一，2= 大二，3= 大三，4= 大四。

1. 数据处理

a. 将数据输入 SPSS 中。将文件保存到你的 U 盘中。将文件命名为 "resmethassignment1"。
b. 为变量标注合适的变量标签、值标签和量表说明。

2. 描述性分析

a. 使用 Analyze，Descriptive statistics，Descriptives 总结数值变量。
b. 使用 Analyze，Descriptive statistics，Frequencies 总结非数值变量。
c. 绘制一个大学年级的饼图。
d. 绘制一个智商直方图，其中包括正态分布。
e. 绘制一个 X 轴为智商，Y 轴为测试分数的散点图，你得出什么结论？
f. 按照 1 为女性，0 为男性重新编码性别变量。
g. 绘制一个 X 轴为性别，Y 轴为智商的散点图，你得出什么结论？
h. 计算男女的平均智商，你得出什么结论？
i. 创建一个新的虚拟变量，名称为 IQdum，智商大于或等于 100 则为 1，否则为 0。

第 16 章

定量数据分析：假设检验

学习目标

在完成第 16 章的学习之后，你应该能够：
1. 讨论第一类错误、第二类错误和统计功效。
2. 使用适合的统计方法进行假设检验。
3. 描述数据挖掘和运筹学。
4. 描述有用的用于数据分析的软件包。

16.1 导言

在第 6 章，我们讨论了构建假设和相关检验的具体步骤。这些步骤包括：

（1）提出原假设和备择假设。

（2）确定合意的显著性水平（例如 $p=0.05$，或者更高一些，或者更低一些）。

（3）根据所用量表的类型（定类、定序、定距、定比），确定合适的统计检验方法。

（4）分析计算机输出结果，看它是否满足显著性水平。如果得到的值大于设定的标准，那么就拒绝原假设，接受备择假设。如果得到的值小于设定的标准，就接受原假设，拒绝备择假设。

本章我们将介绍假设检验的知识。首先，我们讨论第一类错误、第二类错误和统计功效。之后，我们讨论各种单变量和双变量统计检验方法，这些方法可用以检验所提出的假设。最后，我们回到 Excelsior Enterprises 的例子，检验前面章节中所提出的假设。

16.2 第一类错误、第二类错误和统计功效

在第 6 章中我们知道，假设演绎法要求假设是可证伪的。根据这一理念，研究人员提出了原假设。如果我们可以拒绝原假设（H_0），那么相应的就意味着可以支持备择假设（H_A）。一般来说，我们都会预先假定原假设是正确的，除非通过假设检验的方式，在统计上得到了相反的结论。这里所指的统计上的证据，是通过推断统计——如回归分析或多变量方差分析——得出的。利用推断统计，我们可以以样本为基础，推测总体的有关情况。

假设检验的目的，是确定在多大程度上可以拒绝原假设，从而接受备择假设。根据样本数据，研究人员可以有一定的把握拒绝原假设（接受备择假设）；不过，对总体的推断，总有出错的风险。

存在两种类型的错误（或者说有关结论的两种错误倾向）：第一类错误和第二类错误。**第一类错误**（type I error）——也可以用希腊字母 α 表示——是指在原假设正确的情况下，我们拒绝它的概率。在第 15 章介绍的有关 Excelsior Enterprises 例子中，根据有关数据，如果我们认为职业倦怠会影响离职意愿，但事实上它并不影响，此时就出现了第一类错误。第一类错误的概率也称为显著性水平，它由研究人员确定。通常情况下，商业研究中的显著性水平一般确定为 5%（<0.05）和 1%（<0.01）。

第二类错误（type II error）——也可以用希腊字母 β 表示——是指在备择假设正确的情况下，我们没能拒绝原假设的概率；例如，根据有关数据，我们认为职业倦怠不会影响离职意愿，而事实上它产生了影响。第二类错误的概率和第一类错误的概率负相关：一种错误的风险越小，另一种错误的风险就越大。

在假设检验中，第三个重要的概念是统计功效（$1-\beta$）。**统计功效**（statistical power）也简称功效，它指正确地拒绝原假设的概率。换句话说，功效意味着准确识别出统计显著性的概率。

统计功效取决于：

（1）α：检验中所使用的统计显著性。如果 α 更加接近于零（比如由 5% 变为 1%），那么在存在某种效应的前提下，我们发现该效应的概率下降了。这意味着 α 越小（越接近于零），功效就越低；α 越大，功效就越高。

（2）效应的大小：效应的大小指差异的大小，或者说总体中某种关系的强度；总体中较大的差异（或者说较强的关系），要比较小的差异（或较弱的关系）更容易被发现。

（3）样本的规模：给定 α 的水平，样本规模增加会提高功效，因为样本规模增加会提高参数估计的精确度。所以，增加样本规模，会提高我们发现某种关系的概率。但是，增加样本规模也可能会带来太多的功效，因为即便是很小的效应，此时也可能在统计上是显著的。

综上，在研究项目中，关于你从统计检验中所得到的结论，有四个相关的影响因素：检验的功效，α，效应的大小，以及样本的规模。在这四个因素中，给定其中任意的三个，我们都可能计算出第四个的大小。一般来说，我们建议首先确定功效、α 和合意的准确度（效应的大小），然后，根据它们的值，来确定合适的样本规模。

框 16.1

> 通常情况下，企业研究重点关注第一类错误。但在有些情况下，我们也必须关注功效（例如，确定合适的样本规模）和第二类错误（例如，检测新药的效果）。

16.3 选择合适的统计工具

为了检验假设，在选择好统计显著性之后，下一步就是选择合适的统计工具。对统计工具的选择，在很大程度上取决于你所要考察的变量（自变量）的个数，以及测度的量表（量化或非量化）。其他影响因素包括：参数检验的假设是否满足，样本的规模，等等。

如果你希望考察两个变量之间的关系，就适用单变量统计工具。例如，如果你想研究性别对学生每周所吃糖果数量的影响，就应该用单变量统计方法。但是，如果你希望考察的是多个变量间的关系，例如 Excelsior Enterprises 例子中的情况，就需要用多变量统计工具。正如表 16.1 所表明的，具体用哪一种单变量或多变量检验，在很大程度上取决于你所使用的测度量表。

表 16.1　单变量统计工具和多变量统计工具概览

单变量工具：

　　检验有关单一平均数的假设：

　　　　　　量化数据：　　　　　　单样本 t- 检验
　　　　　　非量化数据：　　　　　卡方检验

　　检验有关两个平均数的假设：

　　　　　　独立样本
　　　　　　量化数据：　　　　　　独立样本 t- 检验
　　　　　　非量化数据：　　　　　卡方检验
　　　　　　　　　　　　　　　　　曼 - 惠特尼 U 检验

　　　　　　相关样本
　　　　　　量化数据：　　　　　　配对样本 t- 检验
　　　　　　非量化数据：　　　　　卡方检验
　　　　　　　　　　　　　　　　　威尔科克森检验
　　　　　　　　　　　　　　　　　麦克纳马检验

　　检验有关多个平均数的假设：

　　　　　　量化数据：　　　　　　单因素方差分析
　　　　　　非量化数据：　　　　　卡方检验

多变量工具：

　　　　　　一个量化的因变量
　　　　　　　　　　　　　　　　　方差协方差分析
　　　　　　　　　　　　　　　　　多元回归分析
　　　　　　　　　　　　　　　　　结合分析

　　　　　　一个非量化的因变量
　　　　　　　　　　　　　　　　　判别分析
　　　　　　　　　　　　　　　　　逻辑回归

　　　　　　多于一个量化的因变量
　　　　　　　　　　　　　　　　　多变量方差分析
　　　　　　　　　　　　　　　　　典型相关分析

在前面的章节中，我们介绍过卡方分析。本章我们主要介绍表 16.1 中的其他工具，其中有些工具介绍得要详细一些。对所有上述工具的详细讨论，则不在本书的范围之内。

16.3.1 检验有关单一平均数的假设

为了检验总体平均数等于某特定值的假设，我们从总体中进行抽样，并用**单样本 t-检验**（one sample t-test）进行检验。假设你从资料中看到，学生们平均每周的学习时间是 32 小时。就你目前的观察看，你认为你所在的大学（你的样本所在的总体）学生学习的时间更长。因此，你询问了 20 位同学，他们每周学习时间是多久。结果表明，他们平均学习了 36.2 小时，比一般的学生要长 4 小时 12 分钟。问题是：这是个巧合吗？

在上面的例子中，从你所在大学中选择的学生样本，和一个典型的学生不同。而你想知道的是，你的同学们是否来自一个不同的总体。换句话说，你是否无意中选择了那些更加努力的学生？或者是，你所在大学的学生，是否和平均水平确实有所不同？

在本例中，原假设是：

H_0：在我们的大学，学生们平均学习时间等于所有学生平均学习时间。

备择假设是：

H_1：在我们的大学，学生们平均学习时间和所有学生平均学习时间不同。

判断你所在大学学生的平均学习时间，是否和所有学生平均学习时间存在显著的差异，取决于三个方面：样本平均数（36.2 小时）；对比的标准值（32 小时）；样本平均数代表总体平均数的不确定程度（样本平均数的标准误）。

据此，我们有下面用以计算 t-值的公式：

$$t_{n-1} = \frac{X - \mu}{s/\sqrt{n}}$$

假设观察到的标准差是 8。这样，t-统计值就是：

$$t = \frac{36.2 - 32}{8/\sqrt{20}} = 2.438$$

计算出 t-统计值之后，我们就可以将它和 t-值表中 $n-1$ 自由度下的标准值进行对比，确定 t-统计值是否达到了统计显著性的临界值。如果 t-统计值大于临界值，我们就拒绝原假设，即两者存在显著的差异。

我们计算的 t-统计值（2.438）大于临界值（1.729）。这意味着 36.2 和 32 之间的差异在统计上是显著的。所以我们必须拒绝原假设：在学习时间上，我们大学的学生和一般的学生确实存在显著的差别。请注意，过去经常使用临界值方法，因为大多数研究人员没有足够的计算能力来获得观察到的显著性水平（p 值）。如今，人们可以通过 SPSS、Stata 或 Qualtrics 等统计软件包轻松获得 p 值（本章稍后讨论）。由于 p 值通常被认为比检验统计值更有信息量，美国心理学会、美国经济学会和其他机构建议在进行假设检验时尽可能使用 p 值方法。p 值或计算概率是在原假设 [例如，在这个例子中，"学习时间（……）等于（……）"] 为真时，发现观察到的或更极端的结果的概率。如果观察到的 p 值大于 0.05，我们就不能拒绝原假设。出于教学原因，我们将在本章中始终使用临界值方法。

框 16.2

如何在 SPSS 中进行操作？

在 Analyze 菜单中，选择 Compare Means，然后是 One-Sample T Test。将因变量移入"Test Variable（s）"中。将与你的样本进行比较的值输入"Test Value"中。

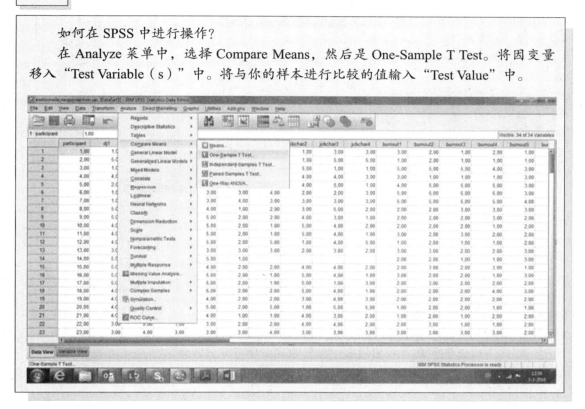

16.3.2 检验关于两个相关平均数的假设

针对同一组样本，在进行处理之前和处理之后，我们可以用（配对样本）t-检验来考察其差异。例如，在对雇员进行培训后，他们的表现会有所改进吗？在这个例子中，每个雇员会有两个观察值，一个是培训之前，一个是培训之后。我们可以用配对样本 t-检验来检验原假设，即培训前后的平均差异为零。

框 16.3

如何在 SPSS 中进行操作？

在 Analyze 菜单中，选择 Compare Means，然后是 Paired-Sample T Test。将你所希望对比平均数的两个变量分别移入"Paired Variables"列表中。

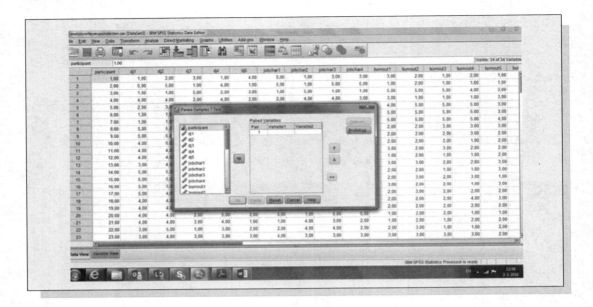

例 16.1

一个大学教授希望了解,她的教学是否使学生的成绩有所提高。因此,在开学的第一周,她对 10 个学生进行了数学测试,并记录了分数。之后,在学期末的最后一周,她又对学生进行了同等难度的测试。教授希望比较一下,看看学生的数学成绩是否提高了。

表 16.2 列出了学期初和学期末学生们两次数学考试的成绩。

表 16.2　学期初和学期末 10 个学生两次数学考试成绩

学生	数学成绩		
	第一周的成绩	最后一周的成绩	差异
1	55	75	+20
2	65	80	+15
3	70	75	+5
4	55	60	+5
5	40	45	+5
6	60	55	-5
7	80	75	-5
8	35	70	+35
9	55	75	+20
10	60	90	+30
平均成绩	57.5	70	22.5

为了确定数学成绩是否存在显著的差异，我们需要一个检验的统计值。该统计值为平均差异 $/S_{difference}/\sqrt{n}$。

在本例中，我们有：$22.5/13.794 12/\sqrt{10} = 5.158$。

在计算出 t- 统计值后，我们就可以将它和 t- 值表中 $n-1$ 自由度下的标准值进行对比，确定 t- 统计值是否达到了统计显著性的临界值。同样，如果 t- 统计值大于临界值，我们就拒绝原假设，即两者存在显著的差异。

我们的 t- 统计值大于表中的临界值（1.83）。这意味着 70 和 57.5 的差异在统计上是显著的。我们要拒绝原假设：数学成绩显著提高了。

威尔科克森符号秩检验（Wilcoxon signed-rank test）是一种非参数检验方法，它考察两个相关样本或同一样本重复测量值之间是否存在显著差异。如果我们无法假设总体是正态分布的，那就可以用这一检验方法，以替代配对样本 t- 检验。

框 16.4

如何在 SPSS 中进行操作？

在 Analyze 菜单中，选择 Nonparametric Tests，然后是 Related Samples。选择"Automatically compare observed data to hypothesized"作为研究目标，在"Setting"下选择 Wilcoxon matched-pair signed-rank（2 samples），将你想要比较的变量移至"Test Fields"框。

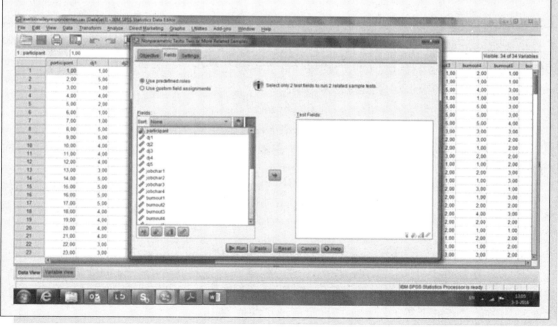

麦克纳马检验（McNemar's test）是用于分类数据的非参数方法。如果感兴趣的变量有两类取值，我们可以用这一方法考察两个相关样本间是否存在显著的差异。它主要用来检

验某种实验是否有效，对应于实验前、实验后相关数据的对比。

在下面的例子中，研究人员希望确定采用新的训练方法（称为 CARE）后，运动员的成绩是否有所改进。表 16.3 中给出了有关运动员数量的统计。在采用新的训练方法之前，表中各列给出了运动员的成绩（一般/优秀），其中 244 名运动员成绩为一般，134 名运动员成绩为优秀。在采用新的训练方法之后，表中各行给出了运动员新的成绩，其中 190 名运动员成绩为一般，188 名运动员成绩为优秀。

表 16.3 中心的数字，可以分别用字母 *a*、*b*、*c*、*d* 表示。各行、各列的和称为边缘和（*a+b*、*c+d*、*a+c*、*b+d*）。总和记为 *n*，如表 16.4 所示。

表 16.3　采用新方法前后运动员的成绩

		之前		
		一般	优秀	合计
之后	一般	112	78	190
	优秀	132	56	188
	合计	244	134	378

表 16.4　表 16.2 更抽象的形式

		之前		
		一般	优秀	合计
之后	一般	*a*	*b*	*a+b*
	优秀	*c*	*d*	*c+d*
	合计	*a+c*	*b+d*	*n*

麦克纳马检验是检验边缘一致性的非常直接的方法。所谓边缘一致性，指一个或多个边缘行之和与相应的边缘列之和是否相等（或者说是否存在显著的差异）。在本例中，边缘一致性意味着行之和等于相应的列之和，即：

$$a+b=a+c$$
$$c+d=b+d$$

边缘一致性意味着处理方法没有效果。在本例中，它意味着新的训练方法对运动员的成绩没有影响。

麦克纳马检验采用 χ^2 分布，其公式为：$(|b-c|-1)^2/(b+c)$。χ^2 统计值的自由度为 1（行数 -1 乘以列数 -1）。在 $p<0.05$ 水平下，如果 χ^2 检验的结果是显著的，就表明边缘频数是不同的。

本例中 χ^2 值为：$(|78-132|-1)^2/(78+132) = 53^2/210 = 13.376$。

对照卡方分布表可知，在自由度为 1 时，样本间差异是显著的：在 0.05 置信度下，卡方临界值为 3.841。本例中所计算的卡方值 13.376 大于临界值，所以样本间差异是显著的。因此我们知道，新的训练方法确实提高了运动员的成绩。

注意，如果 *b* 和/或 *c* 很小（*b+c*<20），那么 χ^2 就不是一个很好的卡方分布。在这种情况下，可以采用符号检验。

框 16.5

如何在 SPSS 中进行操作？

在 Analyze 菜单中，选择 Nonparametric Tests，然后是 Related Samples。选择 "Automatically compare observed data to hypothesized" 作为研究目标，在 "Settings" 下选 "McNedmar's test（2 samples）"，将你想要比较的变量移至 "Test Fields" 框。

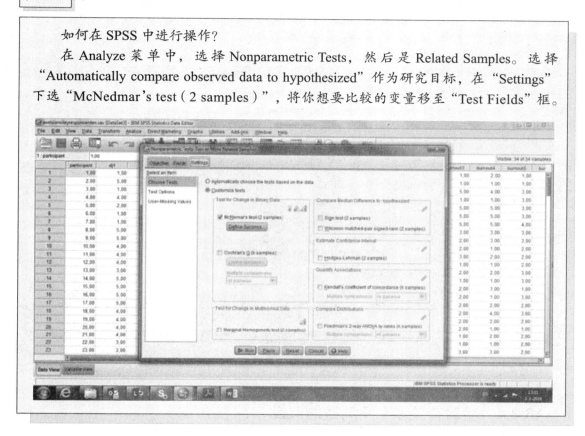

16.3.3 检验有关两个不相关平均数的假设

在许多情况下，我们感兴趣的问题是，在特定的定距量表或定比量表下，两组样本间彼此是否不同。例如，对弹性上班制度，男性和女性的需求是否相同？在组织内部，获得 MBA 学位的人，其表现是否要好于仅有本科学位的商科学生？城里人将储蓄用于投资的模式，是否和郊区的人不同？在会计领域，获得 CPA 证书的人的表现，是否要好于没有获得证书的人？要回答这类问题，我们需要做**独立样本 t- 检验**（independent samples t-test），考察我们所感兴趣的两组对象，研究它们的平均数是否存在显著差异。也就是说，有一个分类变量将考察对象分为两类（抽烟者和非抽烟者；营销部门雇员和会计部门雇员；年轻雇员和老年雇员），我们要分析它们之间是否存在显著的差异，所关注的因变量通过定距或定比量表进行测度（比如福利水平、薪酬、补偿水平等）。

框 16.6

如何在 SPSS 中进行操作？

在 Analyze 菜单中，选择 Compare Means，然后是 Independent Samples T Test。将因

变量移入"Test Variable（s）"框中。将自变量（即定义两组对象的变量）移入"Grouping Variable"框中。单击"Define Groups"，确定各组对象如何进行定义（比如0和1，或者1和2）。

16.3.4 检验有关多个平均数的假设

（独立样本）t-检验考察了两组对象间是否存在显著的差异，方差分析（analysis of variance，ANOVA）则能够分析多组对象间是否存在显著的差异，其中我们所分析的因变量是定距或定比变量。例如，下列四类销售人员的销售业绩是否存在显著差异：被选派参加培训学校；实习时参加过在职培训；接受过销售经理的指导；没有上述任何一种经历？或者，下列几种情况下，晋升率是否显著不同：在组织内部有指定导师，选择了自己的导师，没有导师？

方差分析的结果通过 F-统计量表明，各组对象的平均数是否存在显著差异。F-统计量显示两个样本方差是否不同，或者它们是否来自同一个总体。F 分布是样本方差的概率分布，随着样本规模的变化，分布族也随之发生改变。关于 F 统计量的详细情况，可以参见书末的表Ⅳ。

框 16.7

如何在 SPSS 中进行操作？

在 Analyze 菜单中，选择 Compare Means，然后是 One-Way ANOVA。将因变量移入"Dependent List"。将自变量（即定义各组对象的变量）移入"Factor"框中。单击 OK 按钮。

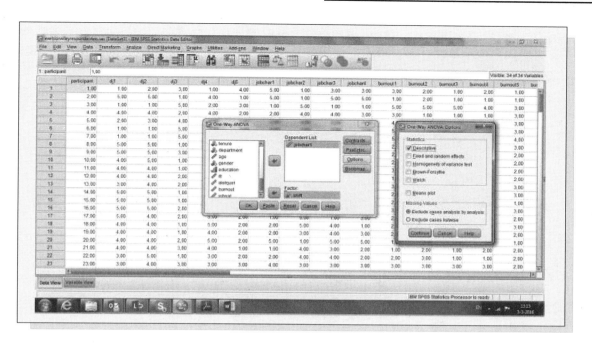

如果 F- 统计量表明各组平均数间存在显著差异，方差分析结果也无法告诉我们，这一差异具体在什么地方；也就是说，这是组 A 和组 B 的差异，或者组 B 和组 C 的差异，如此等等。多次使用 t- 检验，每次考察两组对象，也不一定明智，因为 t- 检验进行的次数越多，我们对结果的信心就越不足。例如，如果我们同时进行三次 t- 检验，置信水平就从 95% 下降到 86%（0.95^3）。但是，为了确定差异究竟在何处，我们可以使用 Scheffe 检验、邓肯多重范围检验（Duncan Multiple Range test）、Tukey 检验和学生纽曼桂氏检验（Student-Newman-Keul's test）等。

16.3.5 回归分析

简单的**回归分析**（regression analysis）可用于研究一个自变量影响一个因变量的情形。例如，假设某种产品的购买倾向仅仅取决于人们所感受到的该产品的价格。① 在实际中，针对所感受到的产品质量对产品购买倾向建模时，如果忽略了其他影响因素，会带来严重的统计问题（忽略变量误差）。在这个例子中，我们需要搜集某产品感知质量、购买倾向的信息。之后，我们可以将这些数据用图表示出来，以获得一些初步的印象。

从图 16.1 可以看出，在感知质量和购买倾向之间，存在着线性关系。我们可以将这一线性关系用最小二乘函数进行建模。

简单线性回归方程代表了一条直线。实际上，为了总结感知质量和购买倾向之间的关系，我们可以在各数据点之间画一条直线，如图 16.2 所示。

我们还可以用下面的方程来表示这一关系：

$$Y_i = \beta_0 + \beta_1 X_{1i} + \varepsilon_i$$

参数 β_0 和 β_1 称为回归系数。在关于购买倾向（Y）和感知质量（X_1）的直线上，它们

---

① 在实际中，针对所感受到的产品质量对产品购买倾向建模时，如果忽略了其他影响因素，会带来严重的统计问题（忽略变量误差）。

分别表示截距（β_0）和斜率（β_1）。斜率的含义是，如果感知质量增加了一个单位，会使购买倾向增加多少个单位。误差项表示预测中的误差，或者说估计的购买倾向和实际购买倾向之间的差异。

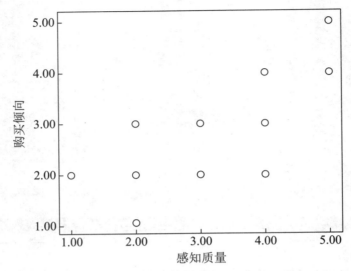

图 16.1　感知质量与购买倾向之间的散点图

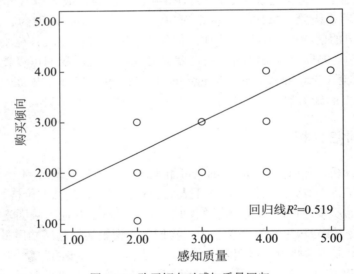

图 16.2　购买倾向对感知质量回归

在本例中，截距（β_0）不显著，斜率（β_1）显著。非标准化的回归系数 β_1 为 0.832。回想一下，非标准化回归系数表示对应一单位自变量的变化（感知质量），因变量的变化量（在本例中指购买倾向）。因此，回归系数 β_1 表明感知质量变化一个单位，购买倾向增加 0.832（基于五分量表）。换句话说，评价感知质量是 4（五分量表）的消费者 A 的购买倾向比评价感知质量为 3 的消费者 B 的购买倾向高 0.832 个单位（五分量表）。

决定系数 R^2 提供了回归模型拟合优度的信息：它是回归线接近真实数据点的程度的统计度量。R^2 是因变量的方差的百分比，由自变量的变化来解释。如果 R^2 为 1，使用感知质量的回归模型可以完美地预测购买倾向。换句话说，回归模型完全与数据符合。另一方面，

如果 R^2 为 0，购买倾向的任何变化都不能归因于自变量——感知质量。在本例中，模型的 R^2 为 0.519。这意味着购买倾向变化的 52% 可以由感知质量的变化来解释。

多元回归分析（multiple regression analysis）的基本思想类似于简单回归分析。只是在多元回归分析中，我们有多个自变量来解释因变量的变化。多元回归分析是一种多变量技术，在商业研究中非常普遍。当然，多元回归分析的出发点，是研究人员在初始阶段提出的概念性模型（以及由模型得出的假设）。

多元回归分析为我们提供了客观评估自变量和因变量关系的方法：回归系数分别告诉我们，每个自变量在预测因变量上的重要程度。例如，假设研究人员认为，绩效的方差可以通过四个自变量 A、B、C 和 D（比如薪酬、工作难度、管理者支持和组织文化）解释。如果我们将这些变量和因变量进行回归，以解释因变量的变化，那么每个自变量的回归系数就可以告诉我们，在假设其他自变量不变的情况下，该自变量的增加对因变量的影响程度。此外，自变量和因变量之间的相关性，也表示为多元相关性系数 r。多元相关性系数 r 的平方，我们称为 R^2，指出了模型可以解释的因变量变动的部分。

框 16.8

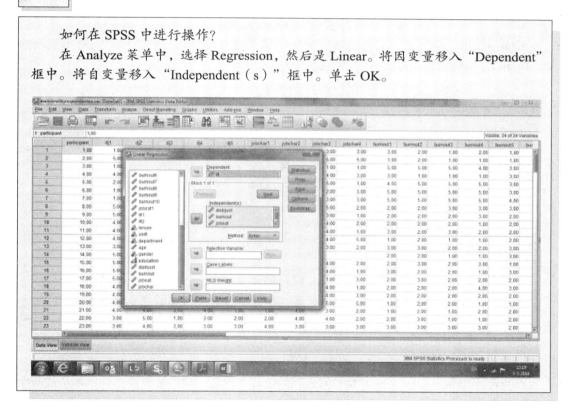

如何在 SPSS 中进行操作？

在 Analyze 菜单中，选择 Regression，然后是 Linear。将因变量移入"Dependent"框中。将自变量移入"Independent（s）"框中。单击 OK。

16.3.5.1 标准化回归系数

标准化回归系数（standardized regression coefficients，或贝塔系数，beta coefficients）是在多元回归分析中，对相关变量进行标准化处理得到的估计值（变量被转换为平均值为 0、标准差为 1 的变量）。在自变量用不同单位进行测度时（如收入用美元衡量，家庭规模用人数衡量),研究人员往往用这种方法比较不同的自变量对因变量的影响。

16.3.5.2 带有哑变量的回归

哑变量(dummy variable)是指有两个或更多取值的变量,通常可记为 0 或 1。利用哑变量,我们可以将定类变量、定序变量作为自变量,来解释、理解并预测因变量。

假设我们希望研究工作班次和工作满意度之间的关系。在这个例子中,变量"工作班次"分为三类(见 Excelsior Enterprises 案例),可以用两个哑变量进行编码,因为在这三个分类中,有一个可以作为参考分类。表 16.5 给出了相应的结果。注意,第三班是参考分类。

表 16.5 将工作班次转换为哑变量编码

工作班次	初始编码	哑变量 D_1	哑变量 D_2
第一班	1	1	0
第二班	2	0	1
第三班	3	0	0

之后,将哑变量 D_1 和 D_2 纳入回归模型。我们有

$$Y_i = \beta_0 + \beta_1 D_{1i} + \beta_2 D_{2i} + \varepsilon_i$$

在本例中,第三班工人是参考分类。因此,该类没有体现在回归方程里。对第三班的工人,D_1 和 D_2 的值设定为 0,回归方程就变为

$$Y_i = \beta_0 + \varepsilon_i$$

对第一班的工人,相应的回归方程为

$$Y_i = \beta_0 + \beta_1 D_{1i} + \varepsilon_i$$

系数 β_1 是我们所预测的工作满意度中,第一班工人和第三班工人之间的差异。系数 β_2 的含义类似。注意,三班工人均可作为参考分类。

现在做练习 16.1 和练习 16.2。

练习 16.1

请写出对应第二班工人的方程。

练习 16.2

根据 Excelsior Enterprises 案例中的数据,估计工作班次对工作满意度的影响。

16.3.5.3 多重共线性

多重共线性(multicollinearity)是经常遇到的统计学现象,它指多元回归中,两个或两个以上自变量高度相关的情形。在最极端的情况下(两个自变量的相关性系数为 1 或 -1),多重共线性使得我们无法估计回归系数。在其他情况下,它会让我们的估计结果不那么可靠。

检验多重共线性最简单也最直接的办法,是考察自变量的相关性矩阵。如果存在很高的相关性(大多数人以相关性系数不低于 0.70 为标准),就可以认为有显著的多重共线性问题。但是,如果多重共线性是自变量之间复杂的关系造成的,这一方法可能并不那么有效。识别多重共线性更常用的方法,是容忍值(tolerance value)和方差膨胀因子(variance inflation factor，VIF，它是容忍值的倒数）。框 16.9 解释了如何用 SPSS 得出容忍值和方差膨胀因子。这两种方法能告诉我们，一个自变量在多大程度上可以由另一个自变量解释。常用的容忍值的临界值为 0.10，对应的 VIF 为 10。

框 16.9

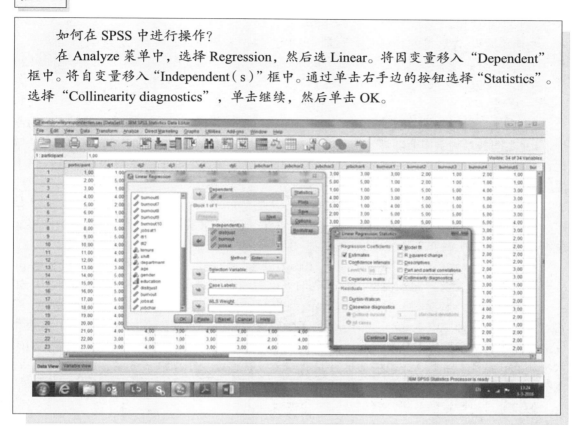

如何在 SPSS 中进行操作？

在 Analyze 菜单中，选择 Regression，然后选 Linear。将因变量移入"Dependent"框中。将自变量移入"Independent(s)"框中。通过单击右手边的按钮选择"Statistics"。选择"Collinearity diagnostics"，单击继续，然后单击 OK。

需要说明的是，如果研究的目的是预测因变量的未来值，那么多重共线性就不是一个很严重的问题，因为即便我们对回归系数的估计不完全准确，多重共线性也并不影响预测的可靠性。但是，如果研究的目的是准确地估计回归系数，那么多重共线性就是一个问题。在这种情况下，我们可以用下述一个或多个方法处理。

- 减少自变量的数量，使余下的自变量间不存在共线性问题（注意这也可能会导致变量缺失的问题，同样也可能是很严重的）。
- 使用更复杂的技术分析数据，比如岭回归（ridge regression）。
- 创建新的变量，以综合高度相关的自变量。

16.3.5.4 用回归分析检验调节性：交互效应

在本书前面的章节中，我们介绍了调节变量的概念，即它调节了自变量和因变量之间的初始关系。这意味着一个变量（X_1）对 Y 的影响，取决于另一个变量即调节变量 X_2 的值。在回归模型中，这种交互性包含在诸如两个自变量的乘积之中。

假设我们提出了下述假设：

H_1：学生对大学图书馆的评价，受学生对图书馆里电脑的评价的影响。

现在，假设我们还认为，即便上述关系对所有学生都成立，它也取决于电脑的拥有情况。也就是说，我们相信，对图书馆里电脑的评价和对图书馆的评价之间的关系，受电脑拥有情况的影响（实际上，电脑拥有情况是一个哑变量）。因此，我们假设：

H_2：对图书馆的评价和对图书馆里电脑的评价之间的关系，受电脑拥有情况的调节。

对图书馆的评价和对图书馆里电脑的评价之间的关系，可以用模型分析如下：

$$Y_i = \beta_0 + \beta_1 X_{1i} + \varepsilon_i \tag{1}$$

我们还假设 X_1 对 Y 的影响取决于 X_2，可以用模型表示如下：

$$\beta_1 = \gamma_0 + \gamma_1 X_{2i} \tag{2}$$

将第二个方程代入第一个方程，我们有

$$Y_i = \beta_0 + \gamma_0 X_{1i} + \gamma_1 (X_{1i} \times X_{2i}) + \varepsilon_i \tag{3}$$

模型（3）告诉我们，自变量（对图书馆中电脑的评价，X_1）与因变量（对图书馆的评价，Y）之间关系的斜率会随调节变量（笔记本电脑的拥有情况，X_2）的水平而变动。换句话说，模型（1）的斜率，是变量 X_2 的函数。虽然这一模型使我们能够检验调节性，但下面的模型更好一些：

$$Y_i = \beta_0 + \gamma_0 X_{1i} + \gamma_1 (X_{1i} \times X_{2i}) + \gamma_2 X_{2i} + \varepsilon_i \tag{4}$$

你可能已经注意到了，在模型（4）中，包含了 X_2 对 Y 的直接影响。这使我们能够区分纯调节变量和准调节变量（对比 Sharma，Durand 和 Gur-Arie，1981），解释如下。

如果 $\gamma_1 = 0$ 且 $\gamma_2 \neq 0$，则 X_2 就不是一个调节变量，而仅仅是一个自变量。如果 $\gamma_1 \neq 0$，X_2 就是一个调节变量。通过模型（4），我们可以将纯调节变量和准调节变量区分如下：如果 $\gamma_1 \neq 0$ 且 $\gamma_2 = 0$，X_2 就是一个纯调节变量；也就是说，X_2 调节了 X_1 和 Y 之间的关系，但它对 Y 没有直接影响。换言之，在这个例子中对图书馆的评价所受到的对图书馆中电脑的评价的影响在两个群体中是不同的（斜线表示两者之间的关系，有不同的斜率），尽管初始水平相同（截距均相同）。如果 $\gamma_1 \neq 0$ 且 $\gamma_2 \neq 0$，X_2 就是一个准调节变量；也就是说，它调节了 X_1 和 Y 之间的关系，同时它对 Y 有直接影响（斜率和截距均不同）。

假设通过对数据的分析，我们得到下述模型：

$$Y_i = 4.3 + 0.4 X_{1i} - 0.01 X_{2i} - 0.2 (X_{1i} \times X_{2i}) \tag{5}$$

其中，$\beta_0 \neq 0$，$\gamma_0 \neq 0$，$\gamma_1 \neq 0$，$\gamma_2 = 0$。

根据上述结论，我们有：（1）对图书馆里电脑的评价，从正面影响了对图书馆的评价，（2）上述效应受电脑拥有情况的调节：如果学生没有电脑（$X_{2i} = 0$），则边际效应为0.4；如果学生有电脑（$X_{2i} = 1$），则边际效应为0.2。所以，电脑拥有情况有负的调节效应。

现在做练习 16.3、练习 16.4 和练习 16.5。

练习 16.3

为什么区分纯调节变量和准调节变量很重要？

练习 16.4

电脑拥有情况是纯调节变量还是准调节变量？请解释。

练习 16.5

请给出电脑拥有情况负面调节效应一个合理的解释。

上面的例子说明，根据取值不同，哑变量可用于调节自变量对因变量的影响。当然，在模型中，我们也可以使用数值变量。在这种情况下，检验调节性的过程完全相同。

在本节中，我们揭示了如何用回归分析检验调节性。注意，我们还可以用回归分析检验中介性。我们将在本章后面的部分，用 Excelsior Enterprises 案例的数据进行解释。

16.3.6　其他多变量检验和分析

下面我们简要介绍其他五种多变量分析方法：判别分析、逻辑回归、联合分析、多元方差分析（MANOVA）和典型相关分析。

框 16.10

如何在 SPSS 中进行操作？

在 Analyze 菜单中，先选择 Classify，再选择 Discriminant。将因变量移入"Grouping"框中。将自变量移入"Independent（s）"列表，然后单击 OK。

16.3.6.1　判别分析

判别分析（discriminant analysis，框 16.10）能够帮助我们识别自变量，在研究的问题中，这些自变量能够区分定类因变量——比如，哪些方面取值高，哪些方面取值低。自变量的线性组合，给出了相应的判别函数，它告诉我们两组样本间平均数的显著差异。换句话说，定距或定比自变量，对我们所感兴趣的研究对象进行了分组。

16.3.6.2　逻辑回归

在自变量为非数值的情况下，同样可以用**逻辑回归**（logistic regression）的方法（框 16.11）。但是，如果因变量只有两组，那么优先采用逻辑回归，因为它不像判别分析那样有很高的要求，另外它也和回归分析很类似。虽然从统计学的角度看，回归分析和逻辑回归分析有很大的差异，但从实际操作层面看，两者基本相同。两种方法都会导出预测方程，并且它们的回归系数都衡量了自变量的预测能力。通过逻辑回归，研究人员可以利用一组连续的、离散的或是仅有两个取值的自变量，来预测一个离散的结果，比如"将会购买该产品／不会购买该产品"。

框 16.11

如何在 SPSS 中进行操作？

在 Analyze 菜单中，先选择 Regression，再选择 Binary Logistic。将因变量移入"Dependent"框中。将自变量移入"Covariate（s）"列表，然后单击 OK。

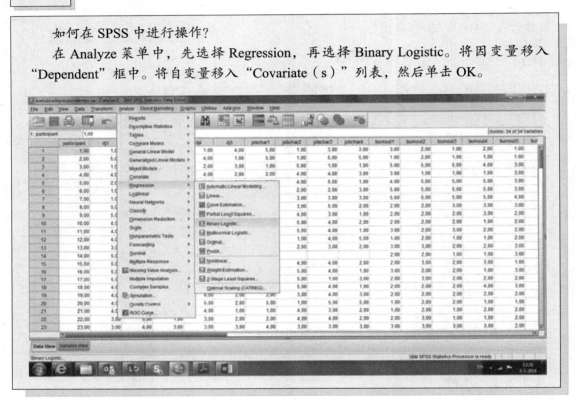

16.3.6.3 联合分析

联合分析（conjoint analysis）是一种广泛应用于市场营销、产品管理和运筹学等领域的统计工具。联合分析要求参与者做出一系列的权衡。在市场营销领域，我们可以用联合分析的方法，来理解消费者如何在产品或服务间确定偏好。联合分析的思想是，消费者在评估某种产品或服务的价值时，会将它各种属性所带来的价值进行加总。所谓属性，是某种产品或服务通用的特性，比如价格、产品质量或送货速度。每种属性都有特定的水平。例如，对"价格"属性，对应的水平可能是 249 欧元、279 欧元和 319 欧元。据此，我们可以将手机的属性分为"内存""电池使用时间""相机"和"价格"。某款手机就可以相应描述为：内存 12GB；电池使用时间 24 小时；相机 800 万像素；价格 249 欧元。

联合分析先汇总产品或服务的这些特征及相应的水平，然后再请参与者在不同产品间进行选择。例如：

你会选择 X 手机还是 Y 手机?

	X 手机	Y 手机
内存	12GB	16GB
电池使用时间	24 小时	12 小时
相机	800 万像素	1 600 万像素
价格	249 欧元	319 欧元

通过询问足够多的问题,就有可能知道各种水平的相对重要性;这被称为效用水平。传统上,我们可以用某种形式的多元回归分析来完成联合分析。但是近来,在研究个体消费者决策行为时,更常用的方法是分层贝叶斯分析。

16.3.6.4 双因子方差分析

双因子方差分析(two-way ANOVA)可用以考察两个非数值自变量对一个数值因变量的影响。注意,在这种情况下,一个自变量通常被称为一个因子,这也是为什么关于分析两个非数值自变量对一个数值因变量的影响的设计,常常被称为因子设计。在社会科学领域,因子设计非常流行。利用双因子方差分析,我们不仅可以分析主效应(自变量对因变量的影响),还可以分析交互效应(自变量或因素之间的影响)。如果一个自变量(或一个因子)对因变量的影响,取决于另一个自变量(因子)的水平,我们就说存在交互效应。

16.3.6.5 多元方差分析

多元方差分析(MANOVA)类似于 ANOVA,其区别在于,ANOVA 检验两组以上自变量对一个因变量的影响,而 MANOVA 则利用平方和与矩阵交叉积,同时检验多个因变量。与多元 t-检验结果可能会有误差(前文解释过)类似,每次使用一个因变量的多次 ANOVA,因为因变量之间可能存在相关性,所以结果也可能会有误差。MANOVA 可以同时检验所有的因变量,消除了它们之间的相互影响,从而避免了这一问题。

在 MANOVA 中,自变量采用定类量表,因变量采用定距或定比量表。

MANOVA 检验的原假设为

$$H_0: \mu_1 = \mu_2 = \mu_3 = \cdots = \mu_n$$

备择假设为

$$H_A: \mu_1 \neq \mu_2 \neq \mu_3 \neq \cdots \neq \mu_n$$

16.3.6.6 典型关联分析

典型关联分析(canonical correlation)考察两个或更多因变量和几个自变量之间的关系。例如,一组工作行为(比如工作专注度、完成工作时限、缺席情况等)对一组绩效因素(比如工作质量、产量、次品率等)的影响。这里所关心的,是搞清楚与绩效有关的工作行为,改善生产的质量。

总的来说,我们有几种单变量、双变量和多变量工具,可用以分析样本数据。利用这些方法,我们可以分析样本,进而推断总体的有关情况。当然,在检验假设时,重要的是选对合适的统计工具。在本章前面的内容中我们说过,对统计工具的选择,取决于你所要考察的变量的个数,以及测度的量表、参数检验的假设是否满足、样本的规模,等等。

16.4 Excelsior Enterprises——假设检验

前面我们提到过本案例中的有关假设：

H_1：工作丰富性会减少离职意愿。

H_2：公平感受会减少离职意愿。

H_3：职业倦怠会提高离职意愿。

H_4：工作满意度调节了工作丰富性、公平感受、职业倦怠和离职意愿之间的关系。

框 16.12

如何在 SPSS 中进行操作？

在 Analyze 菜单中，先选择 General Linear Model，再选择 Multivariate。将因变量移入 "Dependent" 框中。将自变量移入 "Fixed Factor（s）" 列表。单击右手边的按钮，选择任意的对话框。

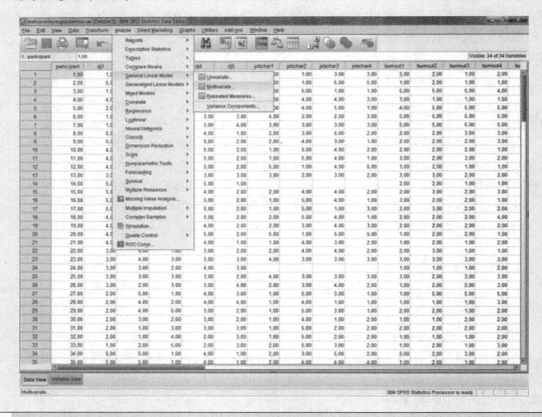

这些假设需要用到调节回归分析（所有变量都是定距变量）。下面我们分析一下检验的结果及解释。

为了检验工作满意度调节了工作丰富性、公平感受、职业倦怠和离职意愿之间的关系这一假设，根据 Baron 和 Kenny（1986），我们做了三个回归模型：模型 1，用工作满意度对公平感受、职业倦怠和工作丰富性回归；模型 2，用离职意愿对公平感受、职业倦怠、工作丰富性回归；模型 3，用雇员的离职意愿对公平感受、职业倦怠、工作丰富性、工作满意度回归。对每一个方程，都估计了相应的系数，并有对应的检验。为了建立调节关系，必须满足下述条件：在模型 1 中，公平感受、职业倦怠和工作丰富性必须影响工作满意度；在模型 2 中，公平感受、职业倦怠、工作丰富性必须影响雇员的离职意愿；在模型 3 中，公平感受、职业倦怠、工作丰富性必须影响雇员的离职意愿（同时也控制了工作满意度）。如果上述条件均得到了满足，并且和我们假设的影响方向相同，那么模型 3 和模型 2 相比，公平感受、职业倦怠、工作丰富性的影响一定会小一些。如果在模型 3 中，控制工作满意度因素之后，公平感受、职业倦怠、工作丰富性的影响消失了（换句话说，这些变量对雇员离职意愿的影响不显著了），那么就存在完美的调节。如果在模型 3 中，公平感受、职业倦怠和工作丰富性仍会影响离职意愿，那么就存在部分调节。

第一个回归模型（模型 1）的 R^2 为 0.172，模型在统计上是显著的。在这个模型中，对工作满意度来说，公平感受、职业倦怠都是显著的预测变量，工作丰富性则不是。第二个回归模型（模型 2）的 R^2 为 0.264，它在统计上也是显著的。表 16.6 给出了模型 2 的分析结果，表明公平感受、工作丰富性影响雇员的离职意愿，而职业倦怠不会。

最后一个模型（模型 3）的 R^2 为 0.577，该模型在统计上也是显著的。在该模型中，工作满意度是离职意愿的显著预测变量。在控制工作满意度之后，公平感受、工作丰富性均是预测离职意愿的显著变量。和第二个模型相比，这里公平感受、工作丰富性的影响要小一些。所以，对公平感受和工作丰富性来说，关于部分调节的所有条件都满足了。

表 16.6　调节性分析

模型 1，工作满意度是被解释变量		
	系数	p-值
常数	2.329	0.000
公平感受	0.343	0.001
职业倦怠	−0.454	0.000
工作丰富性	0.269	0.005
模型拟合 =0.172		
模型 2，离职意愿（ITL）是被解释变量		
	系数	p-值
常数	4.094	0.000
公平感受	−0.270	0.000
职业倦怠	0.075	0.315
工作丰富性	−0.299	0.000
模型拟合 =0.264		

续表

模型3，工作满意度作为自变量之一，离职意愿（ITL）是被解释变量		
常数	5.019	0.000
	系数	p-值
公平感受	−0.131	0.009
职业倦怠	−0.103	0.089
工作丰富性	−0.187	0.000
工作满意度	−0.408	0.000
模型拟合=0.577		

说明：参数是非标准化的回归结果，对应显著性水平的 t-值。双边检验。$N=174$。

我们倾向于用下面的分析，来检验公平感受、工作丰富性通过工作满意度对离职意愿的间接影响。Baron 和 Kenny（1986）做了一个近似的显著性检验，考察公平感受和职业倦怠对雇员意愿的间接影响。公平感受和职业倦怠对工作满意度的影响路径记为 a，其标准误记为 s_a；工作满意度对离职意愿的影响路径记为 b，其标准误记为 s_b。乘积 ab 是关于公平感受、工作丰富性对雇员离职意愿间接影响的估计。ab 的标准误为

$$SE_{ab} = \sqrt{b^2 s_a^2 + a^2 s_b^2 + s_a^2 s_{bs}^2}$$

比率 ab/SE_{ab} 可以解释为 z 统计量。公平感受的间接影响（−3.246，$p<0.01$）、工作丰富性的间接影响（−2.743，$p<0.01$）都是显著的。

框 16.13

研究现实

一种越来越流行的检验中介和调节变量的方法是 bootstrapping（Bullock, Green&Ha, 2010；Preacher Rucker&Hayes, 2007；Shrout&Bolger, 2002）。Bootstrapping 是一种统计方法，它基于从现有数据中重新采样，为统计数据构建抽样分布。Bootstrapping 的一大优点是，在进行推理检验时，不需要对统计量的抽样分布形状进行假设。经常用于 Bootstrap 的两个软件包是 Mplus 和 AMOS。

16.4.1 对总裁的总体解释和建议

根据假设检验的结果，很显然，通过工作满意度，公平感受和工作丰富性对雇员的离职意愿产生了影响。根据描述性统计的结果，我们已经知道，公平感受的平均值很低（在五点量表中仅有 2.44），相应的工作丰富性的平均值更高，为 3.49。所以，如果较高的员工保持率是总裁的首选，那么就应该重点制定政策，提升公平感受，重新规划工作使其更具挑战性。任何能够提升公平感受、增强工作丰富性的做法，都将提高工作满意度，从而防止他们考虑离职事宜，减少他们的离职率。

如果组织内部存在不公平的制度，或者存在不公正的事情，总裁应该设法校正或清除。为了丰富员工的工作，总裁需要牢记以下目标：

- 减少重复的工作。
- 增加员工的认同感和成就感。
- 提供员工晋升的机会（晋升到需要更多技能的岗位）。
- 提供员工成长的机会（在没有升职的情况下增加技能和知识）。

在本研究中，"离职意愿"变动的57.7%，可以由四个自变量解释，还有余下的40%多尚未得到解释。换句话说，在解释离职意愿方面，还有其他重要的变量，我们的研究却并没有提及。如果总裁希望深入研究这一问题，就需要进行更多的研究。

> 现在做练习16.6、练习16.7和练习16.8。
>
> **练习16.6**
>
> 讨论：在第一个模型中，非标准化系数和对应p-值的含义是什么？换句话说，如果公平感受、职业倦怠、工作丰富性变化一个单位，对工作满意度有什么影响？
>
> **练习16.7**
>
> 请给出模型1中所有自变量的容忍值和方差膨胀因子。讨论：我们是否面临多重共线性问题？
>
> **练习16.8**
>
> 对Excelsior Enterprises的雇员来说，工作班次会调节工作满意度和离职意愿之间的关系吗？

现在我们可以看到，在数据分析中，通过使用合适的统计检验，我们可以检验各种不同的假设。基于对结果的解释，撰写相关的研究报告，提出必要的建议，讨论每种建议的优缺点，并做相应的成本–收益分析。

16.4.2 大数据挖掘与运筹学

一些公司正在成功地将数据挖掘作为一种战略工具，以达到新的商业智能水平。**数据挖掘**（data mining）利用算法对（大）数据进行有意义的分析，是发现（大）数据集模式的过程。数据挖掘的总体目标是从数据集中提取信息（有助于解决相关主题不确定性的数据）。20世纪60年代，数据捕捞（data fishing）、数据疏浚（data dredging）和数据挖掘（data mining）等术语经常被用来指代在没有先验假设的情况下分析数据的不良做法（至少在许多人看来是这样）。随着互联网和社交媒体的兴起，数据挖掘一词再次出现，通常具有更积极的含义，因为它经常与大数据联系在一起。冒着重复的风险，大数据一词用于描述大量结构化和非结构化数据，而数据挖掘则是对大型数据库进行半自动分析的过程，以发现这些数据中的模式。

运筹学（operations research，OR）或管理科学（MS）是另一种成熟的工具，用以简化、澄清某些类型的复杂的问题，并对它们加以量化。运筹学使用较为高级的数学和统计学方法，识别、分析并最终解决经理所面临的非常复杂的问题。借助于量化方法，运筹学为经理的个人判断提供了额外的辅助工具。包括存货、排队、筛选、路线、搜寻及替换等一类问题，使用运筹学均可以方便地加以解决。运筹学常用的方法包括决策树、线性规划、网络分析、数学模型等，能够帮助决策者降低成本、提高效率。

通过利用现有的各种工具和技术来解决不同程度的问题，行政人员、管理人员和其他受托负责组织各级成果的人员，只需获得现有数据并对其进行分析，就能找到解决各种问题的办法。

16.4.3 数据分析中可能用到的软件

有众多的软件可以帮助我们分析数据。根据特定的需求，所研究的问题，以及涉及的模型类别，可以考虑如下的软件：

- LIREL：Scientific Software International 公司研发；
- MATLAB：MathWorks 有限公司研发；
- Mplus：Linda and Bengt Muthen 公司研发；
- Qualtrics：一家私人软件研究公司；
- SAS/STAT：SAS Institute 研发；
- SPSS：SPSS 公司研发；
- SPSS AMDS：SPSS 公司研发；
- Stata：Stata 公司研发。

LISREL 可用以估计并检验结构性方程模型。结构性方程模型是复杂的统计模型，其中潜在（不可观测）变量和显性（可观测）变量间是线性关系。我们也可以用 LISREL 进行探索性因子分析和验证性因子分析。

MATLAB 是一种计算机程序，最初用来简化数值线性代数的算法。它可广泛运用于各类数值算法中。

Mplus 是一个统计建模程序，为研究人员提供了广泛的模型、估计器和算法选择。Mplus 可以分析各种各样的数据，例如横断面和纵向数据、单级和多级数据，以及来自不同总体的数据，这些总体既有观察到的异质性，也有未观察到的异质性。此外，Mplus 还具有广泛的蒙特卡罗模拟研究能力。

Qualtrics 成立于 2002 年。该程序允许用户做多种在线数据收集和数据分析，员工评价、网站反馈、市场调查、客户满意度和忠诚度调查。

SAS 是一款集成软件，能够进行各种统计分析，比如描述性统计、多变量工具、时间序列分析等。因为功能强大，它广泛应用于各种领域，包括医学、生物科学、社会科学、教育等。

SPSS（社会科学统计软件）是一种数据管理和分析的程序，用于统计数据分析，包括散点图、频数、饼图、列表等描述性统计，以及复杂的推断统计和方差分析、因子分析、集群分析和类别数据分析等多变量统计方法。

SPSS AMOS 被设计用于估计和检验结构方程模型。

Stata 是一种通用的统计软件，用于支持各种统计和计量方法、绘图，并拥有数据处理、编程、矩阵运算等强化功能。

总结

学习目标1：讨论第一类错误、第二类错误和统计效力。

在有统计证据，以假设检验的形式显示原假设为伪命题之前，原假设被假定为真命题。所需的统计证据由推断统计提供。有两种错误（两种可能导致结论不正确的方式），分别是第一类错误和第二类错误。第一类错误，也称为α，是零假设为真时拒绝它的概率。第二类错误，也称为β，是备择假设实际上为真时，没有拒绝原假设的概率。假设检验的第三个重要概念是统计效力（1-β）。统计效力是正确拒绝原假设的概率。换句话说，如果统计显著性存在，效力就是其被指出的概率。

学习目标2：使用适当的统计方法检验假设。

在研究者选择一个可接受的统计显著性水平来检验假设之后，下一步骤是确定检验的适当方法。适当的统计方法的选择在很大程度上取决于变量（自变量和因变量）的数量和这些变量的量表（数值或非数值的）。其他起作用的方面包括是否满足参数检验的假设条件和样本的大小。

学习目标3：描述用于量化数据分析的有用软件。

有各种各样的分析软件可以帮助研究人员分析他们的数据。基于具体需求、研究问题和/或概念模型，我们可以考虑诸如 LISREL、MATLAB、Qualtrics 或 SPSS 等软件。

讨论题

1. 在研究的数据分析环节，你认为哪些类型的误差可以最小化乃至避免？
2. 在实验设计阶段，当我们收集有关处理效应的数据时，你认为哪种统计检验最适合检验处理效应？
3. 某税务顾问在想，他是否可以通过挑选自己的顾客，达到收入最大化的目的。通常他和四类人打交道：非常富有的人；富人；中上阶层；中产阶级。他记录了每一位曾经服务过的客户，他们所支付的税金，以及他所收取的费用。因为每个客户的情况各不相同（家人数量，业务免税金额，等等），因此对所有类型的客户，税务顾问希望有一个合适的分析工具，研究他以后应该继续服务哪些类型的客户。在这个案例中，你认为应该用哪一种分析工具？为什么？

现在做练习 16.9、练习 16.10 和练习 16.11。

练习 16.9

打开文件 "resmethassignment1"（在前面章节的练习中你创建过这个文件）。

回答下述问题：

a. 考试分数显著高于 75 分吗？
b. 关于考试分数，男性和女性的差异显著吗？

c. 考试分数和论文分数的差异显著吗?

d. 在四个年龄组中,论文分数的差异显著吗?

e. 关于 IQ 水平,样本有代表性吗?已知,在总体中,50% 的人 IQ 低于 100,50% 的人 IQ 大于或等于 100。

f. 创建一个所有相关变量的相关性矩阵,并讨论其结果。

g. 做一个多元回归分析,用年龄、性别(用哑变量编码的)和 IQ 作为自变量,解释论文分数的变化,并解释其结果。

练习 16.10

下面的表 16A 到表 16D 中,总结了某销售组织内部有关研究的数据分析的结果,该组织在国内 50 个城市设有零售店,共雇用了 500 名销售人员。研究中抽样的销售人员为 150 人。

a. 尽可能详细地解释每个表中所包含的信息。

b. 为公司的 CEO 总结有关结论。

c. 根据你的解释,提出相关的建议。

表 16A 平均数、标准差、最小值和最大值

变量	平均数	标准差	最小值	最大值
销售额(千美元)	75.1	8.6	45.2	97.3
销售员数量	25	6	5	50
人口(百人)	5.1	0.8	2.78	7.12
人均收入(千美元)	20.3	20.1	10.1	75.9
广告支出(千美元)	10.3	5.2	6.1	15.7

表 16B 变量间的相关性

	销售额	销售员数量	人口	收入	广告支出
销售额	1.0				
销售员数量	0.76	1.0			
人口	0.62	0.06	1.0		
人均收入	0.56	0.21	0.11	1.0	
广告支出	0.68	0.16	0.36	0.23	1.0

所有大于 0.15 的数字,在 $p=0.05$ 水平上都是显著的。

所有大于 0.35 的数字,在 $p \leq 0.001$ 水平上都是显著的。

表 16C 单因子方差分析结果：教育水平对销售额影响

变动来源	平方和	自由度	平方和平均	F	F 显著性
组间	50.7	4	12.7	3.6	0.01
组内	501.8	145	3.5		
合计	552.5	150			

表 16D 回归分析结果

多元 R	0.659 24		
R^2	0.434 59		
调整后的 R^2	0.352 25		
标准误差	0.411 73		
自由度	（5,144）		
F	5.278		
显著性	0.000		
变量	β	t	t 显著性
对销售员的培训	0.28	2.768	0.009 2
销售人员数量	0.34	3.55	0.000 01
人口	0.09	0.97	0.467
人均收入	0.12	1.200 0	0.089
广告	0.47	4.54	0.000 01

练习 16.11

访问 David Kenny 的网站（http：//davidakenny.net/cm/mediate.htm），搜索 SPSS 和 SAS 宏的链接，可下载该链接，以检验间接影响。

第 17 章

定性数据分析

学习目标

在完成第 17 章的学习之后，你应该能够：
1. 讨论定性数据分析中的三个重要步骤：数据整理、数据显示和得出结论。
2. 讨论信度和效度在定性研究中的不同意义，并说明信度和效度如何在定性研究中实现。
3. 比较和对比内容分析、叙述分析和分析归纳。
4. 描述大数据的特点，并解释说明为什么对组织和管理者而言大数据有广阔前景。

17.1 导言

定性数据（qualitative data）是一种文字表述型数据。例如面试须知，小组讨论的成绩单，开放式问题的回答，录音视频的转录，在互联网上关于产品体验的描述，新闻消息等。定性数据可以来自各种各样的原始资料或者二手资料，例如个人、小组讨论、公司记录、政府出版物和互联网。定性数据分析的目的，在于从平时大量收集的数据中得出有效的推论。

17.2 定性数据分析的三个重要步骤

定性数据分析是不容易的，问题在于，与定量数据分析相比较，它有一些相对成熟的、普遍接受的规则和指导方针。多年来，一些通用的分析定性数据的方法已经开发出来，本章讨论的方法主要基于 Miles 和 Huberman（1994）的研究成果。根据 Miles 和 Huberman 的观点，定性数据分析通常有三个步骤：数据整理、数据展示和得出结论。

定性数据分析的第一步涉及数据整理。**数据整理**（data reduction）是指选择、编码、分类数据的过程。**数据展示**（data display）是指表示数据的方法。选择直接引用，或者用矩阵、图形、图表来分析数据暗含的模型，可以帮助研究人员（最终也包括读者）理解数据。这样，数据显示可以帮助你根据简化数据集中的模式得出结论。

框 17.1

互联网作为文本信息的来源

本书前面部分介绍过，我们能在网上搜索书籍期刊文章、会议记录、公司出版物等。然而，互联网不仅仅是一个存储文件的地方，它也包含大量的有关定性研究的原始资料。例如，在互联网上有许多关于产品和服务的社交网络，比如电脑游戏、移动电话、电影、书籍和音乐。通过分析这些社交网络，研究者可以了解到很多消费者的需求，消费者在团体沟通中所花费的时间长短，或者虚拟社区中的社交网络。通过这种方法，互联网上的社交网络能够给研究者、营销和商业战略家提供有价值的、战略上的信息。

下面的例子表明，在互联网上，定性研究的可能性是无限的。为了找出消费者建立抗议网站的动机，Ward 和 Ostrom（2006）对抗议网站进行了考查和分析。内容分析显示，消费者通过建立投诉网站来证明他们的能力，影响其他人，然后去报复背叛他们的组织。这个例子说明，互联网是一个有大量的有价值的、可信的定性信息的地方。随着互联网使用的增加，它将毫无疑问成为定量和定性分析更加重要的信息来源。

在确定了这些一般阶段之后，应该注意到，定性数据分析不是一个逐步的、线性的过程，而是一个连续的、迭代的过程。例如，**数据编码**（data coding）可以启发你如何展示数据，并得出一些初步结论。反过来，初步结论又可以帮助检查原始数据的编码、归类和显示方式。

例 17.1

定性研究可能涉及重复抽样、搜集数据和分析数据。所以，只有在搜集一些数据之后，我们才开始进行定性数据分析。

本章将详细讨论数据整理、数据展示，以及如何通过数据得到结论，并进行验证。为了说明定性数据分析的这些步骤，我们将介绍一个案例，这个案例将贯穿整章，来说明定性研究过程的关键部分。

17.2.1 数据整理

定性数据搜集会产生大量的数据。因此，数据分析的第一步是通过编码和分类来减少数据。**编码**（coding）是通过对搜集到的定性数据进行筛选、重新整理和整合形成理论的分析过程。编码的目的是帮助得出与数据有关的有意义的结论。用编码给文本单元标注，随后进行分组，再进行分类。编码通常是个迭代的过程；为了增进对数据的理解（即能够识别数据的模式，发现数据之间的联系，并组织成连贯的数据的类别），我们可能需要反复对数据进行编码。

案例 煽动顾客愤怒

引言

假设你在一家时装店,已经找到了你喜欢的服装。你要去柜台结账,但你发现柜台那儿的店员正在跟朋友打电话。你不得不等他,你等了几分钟,但是店员并不着急结束通话。你也许会因为这件事生气。等待服务是一个引起愤怒的常见原因:耽搁的时间越久,顾客往往越愤怒(泰勒,1994)。

研究目标

先前的营销学研究者应用评价理论来解释为何在这样的情境下愤怒是理所当然的(例如 Folkes, Koletsky&Graham, 1987; Nyer, 1997; Taylor, 1994)。评价是指评判一件事对个人幸福的意义的过程。评价理论的基本前提是人们对事件的解释与情绪相关:人们对一个特定事件的具体评价可能会不同(例如等待服务),但同一模式的评价会产生同样的情感。大多数评价理论把评价看作是一个情感的原因(Parrott,2011)。据此,评价理论已被用于解释为什么在服务行业,人们会经常遇到愤怒的情形。

尽管评价理论能够在一定程度上解释消费者的情绪变化,但最近的研究表明,虽然它们显然与愤怒情绪有关,但是它们不是产生愤怒的充分或必要条件(Kuppens, Van Mechelen, Smits&DeBoeck, 2003; Smith&Ellsworth, 1987)。更重要的是,评估理论过于抽象,无法对服务管理进行诊断,达到避免客户愤怒的目的。也就是说,对服务公司管理层来说,发现不公平事件与顾客愤怒之间的关系,还不如找出那些不公平的事件(比如,等待服务、服务关键环节出了问题等),并对其进行分类来得有效。

换句话说,为了能够避免客户的愤怒,关键在于服务公司管理者知道,通常什么特定的突发事件会引起客户情绪的变化。毕竟,与评价是否与这些特定的事件有关系相比,管理这些事情相对比较容易。

因此,本研究主要考察在服务时经常引起顾客愤怒的事件。它建立在大量的有关心理学研究的传统上,这些研究分析了日常生活中挑起愤怒的典型情况。此外,它也建立在市场营销方面研究的基础上,例如失败服务的识别和分类,零售失败,服务公司的行为引起顾客更换服务等(Bitner, Booms&Tetreault, 1990; Keaveney, 1995; Kelley, Hoffman & Davis, 1993)。

方法

步骤。以下与营销研究有关,使用了关键事件法(CIT),用以识别服务提供者的哪些关键行为,会导致顾客的愤怒。(例如,Bitner, Booms&Tetreault, 1990; Keaveney, 1995; Kelley, Hoffman&Davis, 1993; Mangold, Miller&Brockway, 1999)。关键事件由 30 名经过专业培训的研究助理收集,他们按要求每人各收集 30 个关键事件。为了获得一个服务组织的代表性客户样本,他们被要求从各式各样的人群中收集数据。在访谈者面前,参与者被要求以一个标准化的形式记录他们的关键事件。这有几个好处,比如具有丰富经验的访谈者可以回答问题并提供解释。

调查问卷。参与者被要求在标准化的问卷上记录他们的回答,这是仿照之前的 CIT 在服务方面的应用(例如,Keaveney, 1995; Kelley, Hoffman&Davis, 1993)。问卷开始,要

求参与者指出在过去的 6 个月他们购买的 30 种不同服务。其次，要求参与者回忆过去服务提供者使他们感到愤怒的负面事件，通过开放式问题他们被要求描述事件的细节。开放性的问题是"什么服务是你想要的？""请用你自己的话告诉我们，发生了什么事。你为什么生气？""试图告诉我们到底发生了什么：你人在哪里，发生了什么事，服务提供者做了什么，你有什么感觉，你说了什么等。"

样本。关键事件被定义为事件、事件的组合或一系列发生在客户和服务提供者之间的，引起客户愤怒的事件。参与者（452 名男性，407 名女性）代表一个总体的横截面数据样本。他们的年龄在 16 岁到 87 岁之间，平均年龄 37.4 岁。大约 2% 的参与者未完成高中教育，而 45.1% 的参与者都具有本科以上的教育水平。事件的调查超过 40 个不同的服务企业，包括银行、保险、个人交通运输（飞机、巴士、渡轮、出租车或火车）、医院、医生、牙医、修理和公用服务事业、地方政府和警察、网店、教育和儿童保健、娱乐、酒店、餐馆、电信公司、健康俱乐部、承包公司、理发师、房地产代理商、驾校、租赁公司和旅行社。通常，参与者报告的负面事件发生在 18 周以前。

编码开始于选择编码单元。的确，定性数据可以进行许多层面的分析。编码单元的样本包括：词语、句子、段落和主题。最小单元通常使用的都是单词。一个更大的、更有用的内容分析的单元是主题："关于某个主题的一个观点"（Kassarjian，1977，第 12 页）。当你使用主题作为一个编码单元时，你首先要寻找的是观点的措辞（Minichiello，Aroni，Timewell 和 Alexander，1990）。因此，你可能会指定任何大小的文本作为代码，只要它能够代表一个主题或问题。例如，考虑如下关键事件：

"吃完饭我要求结账，服务员点了点头，我希望得到单据。但在抽了三支香烟后，仍然没有人来结账。我向四周看了看，发现服务员正在和一个酒保开心地聊天。"

这个关键事件包含两个主题：
（1）服务员不按她承诺的时间提供服务："服务员点了点头，我希望得到单据。但在抽了三支香烟后，仍然没有人来结账。"
（2）服务员几乎没有关注到顾客：她不是因为很忙，没有拿单据给顾客，而是在和酒保愉快地聊天。

因此，上述关键事件被编码为："交付承诺"（未履行）和"个人关注"（未提供）。

这个例子说明了代码"交付承诺"和"个人关注"有助于减少数据信息，使数据更易于管理。注意，适当的编码不仅可以减少数据信息，还可以删除不相关数据。因此，代码"交付承诺"和"个人关注"对捕捉编码单元的文本的含义有重要的意义。

框 17.2

数据分析

分析单元（unit of analysis）。因为术语"关键事件"既可以指参与者的整个故事，也可以指故事中包含的离散的行为，所以在数据分析中，第一步是确定适当的分析单元（Kassarjian，1977）。在这项研究中，关键的行为被选为分析单元。例如，一个关

> 键事件中，服务提供与否、服务的快捷程度和以一种粗鲁的方式对待一个客户被编码为包含两个关键行为（"反应迟钝""侮辱行为"）。

编目（categorization）是组织、排列并对编码单元进行分类的过程。编码和分类既可以通过归纳的方法得到，也可以通过演绎的方法得到。在没有理论可资借鉴的情况下，你必须依据数据，归纳出相应的编码和分类。这种情形的极端形式，就被称为**扎根理论**（grounded theory）（第7章）。

但是在许多情况下，你都会有一个初步的理论，据此你可以对数据进行编码和分类。在这些情况下，你可以从理论中构造一个初始编码和类别的列表，如果有必要的话，在研究中可以适当地修改和完善，提出新的编码和分类（Miles&Huberman，1994）。采用现有的编码和类别的好处是，你可以建立和扩大现有的知识。

框17.3

数据分析

编目（categorization）。定性数据分析常用于检查数据（Kassarjian，1977）。第一步，两位研究人员将关键事件编码为关键行为。第二步，根据这些关键行为，提出（子）类别。针对1~400的回复（587种关键行为），两位研究人员（A和B）独立地提出互斥的、完备的分类和子类。其他两个训练有素的研究人员（C和D），根据A和B的分类，独立地将关键行为归类。第三步，由第五位独立的研究人员，做最后一次的分类。

当你开始整理你的数据类别和子类别时，你会开始注意到数据间的模式和关系。注意，在分析数据的过程中，你的类别和子类别可能会发生变动。例如，可能需要创建新的类别，对类别的定义需要重新调整，有些类别可能需要细分为子类。这些都是定性数据分析的迭代过程。

框17.4

研究结果

分类（categories）。参与者报告了各类让他们恼怒的关键行为。其中的一些行为与服务过程的结果密切相关（如"我的手提箱严重受损"）。其他行为或者与服务提供有关 [如"连续三天我通过电话想预约（……），但老是占线"]，或者与人际沟通有关（如"她不动一根手指，她根本不打算帮助我"）。最后，客户会因为服务问题得不到满意的解决而生气（如"他甚至没有道歉"或"他拒绝归还我的钱"）。这四个具体行为类型，代表了四种激怒客户的主要事件类别。

其中两个类别还可以进一步细分，一个被进一步分成三类，分别代表服务的交付或程序的失败（"不可靠""不可得""公司政策"），另一个被进一步分为两类，分别代表人际沟通或行为互动出现问题（"麻木不仁的行为"和"不礼貌的行为"）。形成这个分类的最主要原因是，有关成分构成，以及更重要的解决问题的方法方面，

> "程序的失败"和"行为互动出现问题"有较大的不同。例如,为了解决不可靠事件(不依照协议执行)所带来的客户愤怒,其方法与解决因公司政策(执行按照公司的规则和程序)带来的愤怒会大不相同,甚至会大相径庭,尽管这些问题都是程序性的,都和服务的是否交付有关系。

有时你可能想要了解一个特定的主题或事件发生的次数,或有多少受访者提出某个主题或事件。量化你的定性数据,可以让你对分类和子分类的(相对)重要性有一个粗浅的认识。

框 17.5

> 表 17.1 表明,作为导致愤怒的原因,"破坏价格协议"(类别"不可靠",子类"定价")被提到 12 次。因此,破坏价格协议代表了占总数量 1.35% 的关键行为(886)和占报告总数 2% 的关键事件(600)。第六列表明,九个参与者提到破坏价格协议是致使他们愤怒的唯一的原因,而三个参与者提到,至少还有其他的关键行为(列 7)。

表 17.1　服务消费情境下的被激怒

(子)类别	(子)类别定义	行为数量	占行为总数的百分比/%	占事件总数的百分比/%	单因素事件的数量	多因素事件的数量	例子
程序失败							
不可信赖	服务公司没有提供让人信赖的服务	156	17.61	26.00	73	83	
交付承诺	服务提供者不在承诺的时间提供服务	104	11.74	17.33	42	62	等待预约的牙医、医生或美容师,或等飞机、火车、出租车。
提供服务	服务提供者不提供已经同意的服务	40	4.52	6.67	22	18	根据预先与旅游经纪人达成的协议,客户从汽车租赁公司或中介那里拿到的车或房子型号不对。自行车维修工、汽车机械工或者建筑承包商,并没有根据客户的需要来完成工作。
定价	价格协议被破坏	12	1.35	2.00	9	3	"聚会结束后我们叫一辆出租车。我们一共5个人。司机同意按谈好的价格载我们回家。然而,到了指定地点,司机提出按表计价。"

续表

（子）类别	（子）类别定义	行为数量	占行为总数的百分比/%	占事件总数的百分比/%	单因素事件的数量	多因素事件的数量	例子
不可得	顾客在获得服务的过程中感到不便	47	5.50	7.83	17	30	
无法联系	通过电话、传真、电子邮件和/或互联网无法联系	26	2.93	4.33	9	17	"连续三天想通过电话预约医生，老是占线。"
服务环节的不便	在服务的某个环节或者部分，顾客感到不便	12	1.35	2.00	4	8	一家航空公司的登机口，一家超市的收银台，一个度假酒店的总台，或者在机场取行李。
无法获得服务者提供的服务	因为不方便的位置或开放时间，服务提供者难以提供服务	9	1.02	1.50	4	5	"时间是周六下午三点，但是干洗店已经关门。"
公司政策	服务提供者的规则和程序，或者由服务人员执行的规则和程序被认为是不公平的	76	8.57	12.67	45	31	
规则和程序	效率低下、不合时宜，以及含混不清的规则和程序	66	7.45	11.00	38	28	"原来（囊性纤维化）基金会使用不公平的程序给患有囊性纤维化的家庭分配假期。例如，即使在不允许的情况下，有些家庭仍连续多年获得分配。""在我们结婚的前两天我妻子被该国的国家移民办公室勒令离开这里。""我去了当地政府申请改变地址。同时我想申请停车许可证。在这种情况下我必须先挂一个号办理变更地址，然后再挂另一个号办理停车许可证。我生气了，问：这究竟有什么必要？"

续表

（子）类别	（子）类别定义	行为数量	占行为总数的百分比/%	占事件总数的百分比/%	单因素事件的数量	多因素事件的数量	例子
死板的服务员	服务人员不调整规则和程序，以与客户的具体情况相适应	10	1.12	1.67	7	3	"这是非常炎热的一天。火车的二等车厢人满为患。为了逃离这种环境我去了一等车厢。当警卫过来赶我走时，我勃然大怒了。"
行为互动出现问题							
不礼貌的行为	服务提供者行为粗鲁	84	9.48	14.00	46	38	
侮辱性行为	服务提供者行为令人难堪	32	3.61	5.33	15	17	"医生从我的膝盖取出流体。这是相当痛苦的，所以我告诉他我感到疼痛，他直接停止工作，即使还有一些流体流出。当我问他为什么停止工作时，他说，因为你老是抱怨。那是没有办法治疗的。"
对顾客不认真	服务提供者不认真对待客户	28	3.16	4.67	15	13	"有一段时间，我开车时听到奇怪的声音。一次又一次他们用'是的，亲爱的……'和'是的，亲……'来敷衍我，最后他们不得不更换引擎。"
不正直的行为	服务提供者以一种不当的方式赚钱	16	1.81	2.67	10	6	"我们叫了一辆出租车去电影院，司机随便绕了很大一圈。我生气了，因为这是一种偷窃行为。"
歧视	通常因为对种族、民族、年龄或性别有偏见，对个人或群体的待遇不公平	8	0.90	1.33	6	2	因为我的种族，我被拒绝进入酒吧，虽然我穿着考究。他们告诉我，他们不在乎我这类人。
麻木不仁的行为	服务提供者不努力答谢客户，或者不关心顾客，不帮顾客看好随身物品	195	22.01	32.50	76	119	

续表

（子）类别	（子）类别定义	行为数量	占行为总数的百分比/%	占事件总数的百分比/%	单因素事件的数量	多因素事件的数量	例子
无反应性	员工反应迟钝，不给顾客提供快捷的服务或者不响应顾客的要求	80	9.03	13.33	33	47	"我去药店的收银台付钱但售货员走了。在另一个收银台有两人在帮助一个客户。其中一个看着我，但没有表现出任何来帮助我的意思。我等了很长时间才有人来搭理我。""我让一个女孩帮我的孙子挑选合适尺寸的衣服。结果她动也不动，根本就没有帮我的意思。"
不完整/不正确的信息	服务提供者对客户隐瞒消息，或者提供不完整、不准确或错误的信息	61	6.88	10.17	21	40	"我们的航班根本就没有。我疯了，因为他们没有告诉我们为什么，或者我们该做什么。"
个人数据不准确	服务提供者处理客户的个人信息	16	1.81	2.67	5	11	"我在找一份暑期工作时，签署了一家职业介绍所。但我问他们关于今后几个星期的工作时，才发现没有和他们签约成功。他们告诉我他们把我的申请表弄丢了。"
关注个性化	服务提供者几乎没有关注到客户	15	1.69	2.50	8	7	"吃完饭我要求结账。服务员点了点头，我希望得到账单。结果在抽了三支烟之后，仍然没有人来结账。我向四周看了看，发现服务员正在和酒保聊得很开心。"
处理方法缺乏针对性	服务提供者不提供有针对性的解决方案	9	1.02	1.50	3	6	"我生气了，因为理发师没有按照我的要求剪我的头发。""抵押贷款顾问在谈话时非常强势。我自己的观点没有得到充分阐述。"

续表

（子）类别	（子）类别定义	行为数量	占行为总数的百分比 /%	占事件总数的百分比 /%	单因素事件的数量	多因素事件的数量	例子
不方便	服务结束时客户所处环境不舒服，往往会带来身体上的不适	8	0.90	1.33	2	6	"飞机降落后，我们不得不待在我们的座位 1.5 个小时，这是非常不舒服的。"
隐私事项	服务提供者侵犯或忽视一个人的隐私	3	0.34	0.50	2	1	"在我们进行私人谈话时，福利工作者把门打开了。"
不负责任的行为	服务人员不负责任的行为	3	0.34	0.50	2	1	"因为我去得晚了点，老师让我还很小的孩子自己走回家。"
失败的结果	核心服务本身的质量	191	21.56	31.84	76	115	
服务错误	小或大的错误，可能会对顾客或财产造成伤害	115	12.98	18.50	47	68	"女服务员上错菜。""医生开错处方。""因为手术的影响，我无法再走路。""我的行李箱被严重损毁。"
有缺陷的有形资产	重要的、破损的、没有准备好或令人不满意的有形资产	35	3.95	5.83	6	29	"我的银行卡失效了。""在商店买的咖啡机仅用了三个星期就坏了。""食物是冷的。""我们订了一个昂贵的酒店。然而它是一个古老、破旧、肮脏、地毯还有洞的贫民窟。游泳池未上漆且只有 95 厘米深。餐厅看起来像牛棚。"
计费错误	客户服务收费的错误	25	2.82	4.17	10	15	
高价	服务提供者的价格相对一个内部参考价格或竞争对手的价格被认为太高	16	1.81	2.67	13	3	"我在吧台要了两杯饮料。我不得不支付 12 美元，这真是一个荒谬的价格！""DVD 播放器的价格是 1 250 美元，而另一家店只卖 900 美元。"

（子）类别	（子）类别定义	行为数量	占行为总数的百分比/%	占事件总数的百分比/%	单因素事件的数量	多因素事件的数量	例子
对服务失败响应不足		137	15.46	22.83	10	127	
相互影响的不公平性	在恢复服务时，服务人员的人际行为	80	9.03	13.33	4	76	"服务员甚至没有道歉。"
不公平的结果	恢复服务的结果	37	4.17	6.17	5	32	"我没有收到报纸。我给他们打电话，他们承诺我将收到当天的报纸。可当天什么都没有收到。" "理发师拒绝返还我的钱。"
程序上的不公平	恢复服务过程的公平感	20	2.26	3.33	1	19	"最近我买了一栋房子。入住后我发现浴室的水龙头是有缺陷的。建筑承包商承认这是公司的责任。然而，等了很久他们才来处理，而且在公司的CEO介入之后他们才承担了所有费用。"

17.2.2 数据展示

根据 Miles 和 Huberman（1994），在分析定性数据时，数据展示是第二重要的工作。**数据展示**（data display）包括把数据简化，并且有条理地、简练地展示。据此，图形、矩阵、图表、图片、经常提到的短语，或者图纸，都可以帮助你组织数据，发现数据中暗含的模式和关系，并最终帮助你得到结论。

在我们的例子中，矩阵被认为适合用来反映集中在一起的定性数据。选定的数据展示技术可能取决于研究者的偏好、数据集的类型和展示的目的。总的来说，如上述例子所表明的，矩阵是描述性的。其他的展示，如网络或图表，允许你呈现数据中概念之间的因果关系。

框 17.6

数据分析

在有关服务消费的研究中，讨论了通常情况下引起客户愤怒的事件。我们设计一个矩阵来整理和排列定性数据。这使得能从数据中提取更抽象的主题：把28个子类分为7类和4个"大类别"。7个类别分别是"不可靠""不可得""公司政策"（程序失败）、"不礼貌的行为""麻木不仁的行为"（行为互动出现问题）、"失败的结果"和"对服务失效响应不足"。这些类别和子类的定义在表17.1的第2列。第8列提供每个子类别关键行为的典型例子。

表17.1说明了数据展示组织定性信息的方式，帮助得出结论。通常挑起愤怒事件的类别和相应的子分类在第1列介绍，在第2列显示定义。第3列显示特定的主题多少次被受访者提到。第4列显示一个特定的主题被提到的次数占主题（685）总数的百分比。第5列显示受访者提到一个特定的类别或子类别的百分比，第6列、第7列概述事件在一个或多个因素事件之间的分布。第8列提供与关键行为服务提供者的态度和礼貌有关的例子。

17.2.3 得出结论

在定性数据分析的过程中，得出结论是"最终"的分析活动。它是数据分析的本质所在；通过对观察到的模式和关系进行解释，或者做相关的对比或精炼，可以确定理解所研究主题的意义，解决所要研究的问题。

框 17.7

讨论

识别引发愤怒情绪的突发事件，对我们理解情绪非常关键。更重要的是，对于服务公司的管理层，要从他们的角度去思考，哪些关键行为会导致顾客的愤怒。因此，本研究考察了服务中引起顾客愤怒的突发事件。

这项研究的结果提供了一个适当的明确的表示客户愤怒的突发事件，扩大补充了现有的评估客户愤怒的理论。特别是发现七个事件类别会引发客户愤怒，包括不可靠，不可得，公司政策造成的（程序失败），麻木不仁的行为和不礼貌的行为（行为互动出现问题），失败的结果，对服务失败的响应不足。从每类事件中都发现有充分的原因导致客户愤怒。

上述研究结果意味着某些研究要扩展到服务营销领域。研究人员之前调查过核心服务失败和等待时间对客户愤怒的影响。但是这项研究表明，愤怒的始因并不局限于这两个因素。对于服务公司的管理层来说，七个类别告诉经理们，可以从哪些方面预防客户愤怒。例如，关于服务的不可得性会引发顾客愤怒，告诉我们为消费者提供便利的服务，会使公司受益。关于职员的麻木不仁和不礼貌会引发顾客愤怒，意味着招聘合适的人，服务人员的有效培训，并找到激励服务人员提升服务质量的方法，也能减少客户的愤怒。

本研究的结果与之前的研究部分趋同，包括公司服务员工不如意的经历（Bitner, Booms&Tetreault, 1990）和销售失败（Kelley, Hoffman&Davis, 1993）这两类。除了这些相似之处，也与之前的研究存在重要的差异。例如，这项研究的参与者报告的关键事件包括参与服务过程的困难、不公平的规则和程序（公司政策）等。有超过20%的引发客户愤怒的事件，在早期研究中并未提及。这显示了本研究的分类方法对早期模式的继承和扩充。

17.3 定性研究的信度和效度

得出的结论要以各种方式得到证实，这一点很重要。也就是说，必须确保从定性数据中得出的结论是可信的、可靠的和有效的。

信度和效度在定性研究中的意义与定量研究相比略有不同。定性数据分析中的信度包括类别信度和评分者间信度。**类别信度**（category reliability）"取决于分析人员制定类别的能力，并向有能力的判断者提出类别的定义，以便他们就某一人群中哪些项目属于类别而哪些不属于类别达成一致意见"（Kassarjian，1977，第14页）。因此，类别信度与判断者能够使用类别定义对定性数据进行分类的程度有关。良好定义的类别将带来更高的类别信度和最终达到更高的评分者间信度（Kassarjian，1977），如下面即将讨论的。然而，以非常广泛的方式定义的类别也会导致更高的类别信度。这可能导致类别的过度简化，降低了研究结果的相关性。例如，McKellar（1949）试图对愤怒的诱因进行分类，区分需求情况和个性诱因。需求情况被定义为"任何对个人目标追求的干扰"，比如错过公共汽车。人格情况包括身体或精神上的痛苦，或违反个人价值、地位和财产。这种分类的重点在于，一个引起愤怒的事件是否可以被划分为个性情况或需求情况，这无疑会导致更高的类别和评分者间信度，但它似乎过于宽泛，与试图避免客户愤怒的服务公司管理没有关系。因此，Kassarjian（1977）认为，研究者必须在类别信度和类别的相关性之间找到一个平衡点。**评分者间信度**（interjudge reliability）可以定义为处理相同数据的编码器之间的一致性程度（Kassarjian，1977）。一种常用的衡量评分者间信度的方法是在编码总数中，达成一致编码意见的占比。作为一般性的参考，一致率在80%以上被认为是令人满意的。

在本书前面的章节中，**效度**（validity）被定义为一个测量仪器能精确度量的程度。但在这里，效度会有不同的含义。它指的是研究结果达成以下目标的程度：（1）准确地代表搜集到的数据（内部效度），（2）可以被推广或转移到其他条件下（外部效度）。在定性研究中，我们提出了两种实现效度的方法：

- 通过对事件计数以支持结论的一般化。这可以解决关于报告定性数据大家所共同关心的问题：是否有针对性地选择了支持研究者理论的数据，或者是过多地关注了较少见的事件，忽略了更常见的事件。
- 确保案例的代表性和包含异常案例（可能与你的理论矛盾的案例）。异常案例的选择对你的理论是一种强有力的考验。

在定性研究中，三角校正是一种与信度和效度有关的校正技术。你也可以通过对该研究项目深入的描述提高你研究的效度。如果你希望将研究成果应用到其他条件下，那么你应该判断这一应用是否有效。

框 17.8

> **信度和效度**
>
> 一个严格的分类系统应该是"主体间明确的"（Hunt, 1983），这可以通过测量评分者间的信度来衡量。在本案例中，评分者间信度平均为 0.84，没有个人系数低于 0.80。如果样本主题被分类和在分类样本中形成的子分类完全代表，则关于关键事件分类方案的内容效度可以认为是满意的。为了确定样本的大小是否合适，我们选择了关于 100 个新事件（299 种关键行为）的两个确认样品（从原来的 859 个样本中抽取的样本），分别检查其分类，看是否存在无法归类的情形，如果存在，则意味着会有新的分类。最终没有新的类别出现，表明该套分析关键事件的方法，能够充分代表服务中客户愤怒的诱发事件。

17.4 其他搜集和分析定性数据的方法

17.4.1 内容分析

内容分析（content analysis）是一种观察性研究方法，用于系统地评价各种形式的记录中的符号内容（Kolbe 和 Burnett, 1991）。内容分析可以用于分析报纸、网站、广告、录音采访等。内容分析的方法使研究者能够分析（大量的）文本信息和系统地识别它们的属性，例如某些词、概念、特点、主题或句子的存在。要对一个文本进行内容分析，先要对文本内容进行编码分类，然后使用概念分析法或关系分析法进行分析。

概念分析（conceptual analysis）确立了文本中概念（如单词、主题或字符）的存在和频率。概念分析通过对文本编码，进行合适的分类，从而进行相关的分析和解释。**关系分析**（relational analysis）建立在概念分析的基础上，检查文本中各概念之间的关系。

概念分析或者关系分析的结果，可用来推断文本所包含的消息、环境变量对信息内容的影响、信息对接收方的影响，等等。因此，内容分析已经被用于分析选举活动的新闻报道，用于评估广告对消费者行为的影响，并提供一个有关在线媒体使用的系统评价工具，用以鼓励互动式的交流。

17.4.2 叙述分析

叙事是一个故事或"一个有关一系列按时间顺序逐次展开的事件的叙述"（Denzin, 2000）。**叙述分析**（narrative analysis）是一种方法，用于引导并提炼我们所要讲述的故事，以及概括它们对我们生活的意义。叙述数据通常通过访谈搜集。这些采访是为了鼓励受访者描述在一个特定的事件的背景下他或她的生活。叙述分析不同于其他定性研究方法；它的重点在于一个过程或时间顺序，比如某个特定事件的产生及后果，以及这个事件和其他事件的关系。叙述分析也因此被用来研究冲动购买行为（Rook, 1987），客户对广告的反应

（Mick 和 Buhl，1992），和服务提供者与消费者之间的关系（Stern，Thomson 和 Arnould，1998）。

17.4.3 分析归纳

定性数据分析的另一种（更为普遍的）策略是分析归纳。分析归纳是定性数据分析的一种方法，收集（定性）数据以寻求对现象的普遍解释，直到没有发现与对现象的假设解释不一致的情况为止。分析归纳从一个问题的（粗略）定义开始（"为什么人们喝酒"是一个著名的例子），接着是对问题的假设解释（例如，"人们喝酒是为了消遣"），然后是对案例的分析（例如，通过深入访谈收集数据）。如果一个案例与研究人员的假设不一致（例如，"我喝酒是出于健康原因"），研究人员要么重新定义该假设，要么排除不证实该假设的"异常"案例。分析归纳涉及归纳推理，而不是演绎推理，允许在整个研究过程中修改对现象的假设解释。

17.5 大数据

既然我们已经讨论了数据分析，现在是时候谈谈大数据了。"大数据"是当今一个流行的术语，通常用来描述组织内外数字来源数据的指数增长和可得性。这个术语最初与传统方法和工具无法（有效地）处理和分析的数据量有关。大数据最初的定义侧重于结构化数据，但大多数研究人员和实践者已经意识到，大量信息存在于大量、非结构化或半结构化数据中，如文本（想想博客、Twitter 和 Facebook）、图像、点击流和/或视频。新技术具有测量、记录和组合这些数据的能力，这就是为什么大数据在许多学术领域有巨大的快速发展潜力，并能改善组织的决策。

大数据的主要特征是它的体量、多样性和速度。其中，体量是指数据量，多样性指的是各种不同类型的数据，速度是指数据从业务流程、社交网络、移动设备等可得的速度。有时也会加入另一个"V"，最普遍提出的是准确性（veracity），即大数据中经常出现的偏差、噪声和异常。

对组织和管理者而言，大数据前景广阔。然而，它也给他们带来了新的挑战和困境，例如大数据应该如何管理、处理和分析。这就是为什么许多组织很难成功地利用大数据的价值。

总结

学习目标 1：讨论定性数据分析中的三个重要步骤：数据整理、数据展示和得出结论。

定性数据是以文字形式出现的数据。定性数据分析一般分为三个步骤：数据整理、数据展示和得出结论。数据整理是指对数据进行选择、编码和分类的过程。数据展示是指显示数据的方式。数据展示可以帮助研究人员根据精简的数据集中的模式得出结论。

学习目标 2：讨论信度和效度在定性研究中与定量研究相比具有什么不同的意义，并说明在定性研究中如何达到信度和效度。

信度和效度在定性研究中的意义与定量研究相比略有不同。定性数据分析中的信度包括类别信度和评分者间信度。类别信度与判断者能够使用类别定义对定性数据进行分类的程度有关。评分者间信度可以定义为处理相同数据的编码器之间的一致性程度。为实现定性研究的效度而提出的两种方法是:(1)通过对事件计数以支持结论的一般化;(2)确保案例的代表性和包含异常案例。三角校正是定性研究中与信度和效度有关的一种方法。

学习目标3:比较和对比内容分析、叙事分析、分析归纳。

内容分析是一种观察性研究方法,它使研究者能够分析文本信息,系统地识别文本信息的属性,如某些词、概念、人物、主题或句子的存在。叙事分析是一种旨在引出和审查我们所讲故事对我们生活的影响。叙事数据通常是通过访谈收集的。分析归纳是定性数据分析的一种方法,收集(定性)数据以寻求对现象的普遍解释,直到没有发现与对现象的假设解释不一致的情况为止。

学习目标4:描述大数据的特点,解释为什么大数据对组织和管理者而言前景广阔。

新技术能够测量、记录和组合驻留在大量非结构化或半结构化数据(如文本、图像、点击流或视频)中的大量数据。这就是为什么大数据在许多学术领域有巨大的快速发展潜力,并能改善组织的决策。大数据的主要特征是体量、多样化和速度。有时会加入另一个"V",最普遍提出的是准确性(veracity)。

讨论题

1. 什么是定性数据?定性数据与定量数据有什么不同?
2. 描述定性数据分析的主要步骤。
3. 给出定性研究中信度和效度的定义。
4. 你如何评估定性研究的信度和效度?
5. 什么是扎根理论?
6. 叙述分析与内容分析有何不同?
7. 为什么分析归纳本质上是归纳推理(而不是演绎推理)?

第 18 章

研究结论

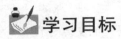学习目标

在完成第 18 章的学习之后,你应该能够:
1. 描述结论的特征。
2. 解释某个论点。
3. 比较和对比演绎论证和扩展论证。
4. 讨论有效论据和无效论据以及好论据和坏论据之间的区别。
5. 讨论被称为谬误的不正确或有缺陷的推理形式。
6. 根据研究结果得出结论。

18.1 导言

　　商业研究总是从一个特定的目标开始。应用研究可以在管理者主动评估组织(业务单位、部门)在某个方面(例如,员工满意度、企业形象、IT 基础设施)的表现,竞争对手如何在某个细分市场中定位其产品,或者从长远来看某个行业有多大的吸引力时进行。更常见的情况是,当管理者对现有情况(例如,市场份额低、客户不满意或员工流失率高)感到不满,并希望实现特定的预期情况(更高的市场份额、更满意的客户、更少的员工流失),但他不知道如何实现时,需要进行研究。根据你作为研究人员收集的数据和对这些数据的分析,你最终将能够就管理者的问题(解决方案)做出明智的判断。换句话说,你将能够得出结论。例如,你的结论可能与员工对组织的满意或不满意程度、某个行业从长远来看的吸引力、竞争对手如何在某个细分市场中定位其产品或客户组织如何提高其市场份额(客户满意度、员工流失率等)有关。在你得出结论并根据这些结论提出建议后,你就实现了作为研究人员的目标。因此,你为解决客户组织的问题做出了贡献。

　　你的结论是基于你收集的数据得出的。要得出好的结论,你需要好的(准确、可靠和有效的)数据。这就是为什么在本书的前面章节,我们关注了研究设计、测量工具的可靠性和有效性、代表性样本等问题,以及在分析定性数据时使用多个评判者。然而,除了好的数据,你还需要好的论据来得出好的结论。论据是一组陈述,包括结论和支持该结论的证据。为了说服别人相信你的结论,你的论据必须是好的,并且你的论证方式是正确的。

因此，我们将在本章后面讨论不同类型的论据。首先，我们来探讨研究结论。

18.2 结论和建议：研究者研究过程的终点

得出结论并向客户组织提供建议是研究过程的最后阶段。从某种意义上说，得出结论是研究项目的高潮。在结论部分，你解释了研究结果对客户组织意味着什么，以及你的发现如何应用于指导基于证据的决策和实践。这就是研究结论如何让人们重新关注催生研究项目的组织问题。随着结论和建议的形成，你作为研究人员为解决组织问题做出了贡献。这是你作为研究人员的旅程的终点；有了结论和建议，你把项目交还给管理者。包括经理在内的许多人对你的结论和建议部分特别感兴趣。在撰写研究报告时，请牢记这一点。结论章节是研究项目所有内容的落脚点。研究计划、对文献的批判性回顾、研究设计以及数据的收集和分析都有一个更大的目的：能够得出强有力的结论并提供有用的建议。

18.2.1 撰写研究结论

对许多研究人员来说，写下他们的结论并不容易。思考结论章节应该包括哪些内容的一个好方法是考虑客户组织的问题。正如本章前面所解释的，当管理者想知道组织在某个方面的表现时，可以进行应用研究，例如，从长远来看，其所在行业的吸引力如何。进行研究的另一个原因是管理者想要改变组织中的某些东西，但不知道如何改变。基于你作为研究人员收集的数据和对这些数据的分析，你可以对组织的问题做出明智的判断。例如，如果你的研究目的是确定影响员工积极性的因素（因为客户组织希望提高员工的积极性），那么你提出的结论应该集中在这些因素上。这就是为什么在你的结论章节中，你应该就客户组织如何（最好地）提高员工的积极性提出建议。显然，为了说服客户组织接受你的观点，你也应该证实你的观点。换句话说，你需要提供"证据"（研究结果）来支持你的结论。因此，在撰写结论章节之前，你可能想看看你的数据，并确保你拥有所有你需要的信息，以便能够得出结论。

请记住，研究旨在为客户的思考、决策和/或行动提供信息。因此，结论必须明确无误，不能有误导性。同样重要的是，你在写下结论时，要考虑到研究报告的受众。你应该考虑哪些问题对他们很重要，以及如何最好地传达这些问题。

研究的局限性涉及研究设计或方法论中的那些影响研究发现（证据）的可靠性和有效性的问题。描述研究的局限性，以告知受众研究存在的弱点。许多研究人员犹豫不决，因为他们认为这样做会突出他们研究的缺陷，使研究看起来很糟糕。但事实并非如此。描述研究的局限性实际上会给受众留下积极的印象，因为它强调你能够客观地、批判性地思考自己的研究。更重要的是，它确保你提出的结论诚实客观地反映了你在研究中发现的问题。

框 18.1

撰写研究结论的建议
- 牢记你的受众。

- 提出主张!
- 确保你的主张有数据支持。
- 讨论结果对客户组织意味着什么。你的发现如何应用于解决问题?
- 按照相关性从大到小的顺序阐述结论。
- 说明你的结果是否与之前的研究结果一致。如果不一致,请提供解释(这些解释可能与客户组织的特定背景有关)。
- 讨论任何不确定的结论,并尽可能地解释它们。建议进行额外的研究以澄清这些结论。
- 简要描述研究的局限性。请注意,许多研究人员对此犹豫不决,因为他们认为突出研究中的弱点会使研究报告变得薄弱。但事实并非如此。描述研究的局限性会给人留下积极的印象,因为它清楚地表明你对研究主题有深入的了解,并且你进行了客观的报告。你的研究的局限性可能会激发未来的研究,并为未来的研究提出建议。
- 如果研究是探索性的,建议以你的发现为基础在未来开展研究。

18.2.2 看待结论的不同方式

有两种不同的看待结论的重要方式。第一种(也是迄今为止我们最喜欢的方式)是,它们代表了研究人员对组织问题(如何最好地解决)的知情判断;其行业吸引力如何,客户满意度如何,或如何(最好地)提高员工积极性,这取决于引发研究过程的问题(类型)。沿着这些思路,研究人员在结论章节中以一个或多个主张的形式提出其判断。例如,研究人员可能会声称:"组织将受益于加强决策参与,以提高员工积极性。"为了说服客户组织提高决策参与,研究人员需要提供支持该主张的"证据"(见框18.2)。这就是结论如何为基于证据的决策和实践提供基础。

框 18.2

论数据、信息与证据的关系

数据一词源于拉丁语 dare,意思是给予。因此,数据是"给予的东西"。参与者的回答就是数据。当数据对某人有意义和/或收集数据时考虑到特定目标或目的(研究目的)时,信息一词适用。如果信息用于说服某人接受某种观点,则证据一词适用。

例如,一组员工对衡量员工动机的具体问题的回答可以输入数据库。我们可以通过获取可视化摘要和检查中心趋势和离散趋势来获取对于这些数据的感觉。信息是指对某人有意义并帮助该人实现特定目标或减少某事的不确定性的数据(例如,对于想知道员工动机的经理而言,关于员工动机的数据代表信息)。证据是用于支持某一主张或结论的信息;换句话说,用于说服某人某一主张或观点的信息。例如,如果论点是"XYZ组织的员工非常积极。这就是为什么他们的表现比其他组织的大多数员工好",那么关于员工动机的信息就成为支持XYZ组织的员工比其他组织的大多数员工表现更好的主张或结论的证据。

> **练习 18.1**
>
> 一位研究人员收集了客户组织员工满意度的定量数据。她发现,在五分制的评分系统中,员工的平均满意度为 4.7,其中"非常不满意"为 1,"非常满意"为 5。
> a. 提供研究人员可能根据这些数据提出建议的例子。
> b. 解释为什么上述数据对某些人来说代表了信息,而对另一些人来说代表了证据。

> **框 18.3**
>
> **什么不是结论:一组没有证据支持的说法**
>
> 每次得出结论(提出建议)时,检查是否能找到支持该建议的证据。如果没有证据,(1)找到证据并提供证据,(2)删除建议或(3)明确解释你的猜测。

第二种看待结论的方式(不是我们喜欢的方式)是,结论为研究问题提供了答案。事实上,由于结论是基于收集的数据,你经常会在结论章节中得到回答你的研究问题的建议。这并没有错。然而,不能将研究结果简单相加以得出结论。正如我们之前所说,结论章节中应该回答的一个重要问题是:"我的研究结果意味着什么?"这就是为什么结论章节不应该仅仅提供研究结果的总结,还应该对这些结果进行解释。沿着这些思路,结论章节包括讨论这些结果对客户组织意味着什么,以及如何应用这些结果来解决引发研究项目的问题。

> **框 18.4**
>
> **什么不是结论:研究结果的另一个概述或总结**
>
> 结论基于数据(或更好的证据),因此,研究结果在结论章节中起着重要作用。然而,研究结果本身并不等于结论,结果的报告或总结不能代替得出结论。

18.2.3 结论的特征

研究结果和后续结论之间的关系可能是微妙的,它可能会与既得利益相冲突,在某些情况下,甚至是声誉受损的潜在来源。例如,研究可能揭示出客户组织的财务状况很脆弱,其 IT 基础设施达不到标准,甚至在某个时期,公司政策是不负责任和应受谴责的。记住,总有人对组织的财务状况、IT 基础设施或公司政策负责,所以你的研究结果和结论可能对为客户组织工作的人不利。这可能会导致你被"要求"(a)省略某些结果,(b)强调其他结果或(c)提供研究报告的淡化版本。所以,重要的是你要能抵抗住这些压力,并做好对抗它的准备。

框 18.5

什么不是结论：呈现客户组织所希望的结论

研究结果可能偶尔会令客户组织或该组织内的特定人员感到不快。因此，人们可能会对你的研究结论做出防御性反应。甚至可能存在利益相关者要求突出某些结果并忽略其他结果的压力。应对这种压力并不总是那么容易。然而，重要的是要呈现正确的（所有）结果，并仅从证据中得出结论，即使结论很尴尬。在此情景下，除了涉及的伦理问题外，研究和研究人员的可信度也会受到威胁。

如果研究是行动导向的，那么建议的实施可能会要求在时间、金钱和其他资源方面进行大量投资。假设你得出结论，你的客户组织将从提高员工的响应能力中受益，从而提高客户满意度。如果客户组织遵循你的建议，开始一项培训计划以提高员工的响应能力，那么它应该在时间和金钱方面投资于这项培训。通常这种投资投入后是不可能撤回的。因此，重要的是结论不会产生误导，并且你要解释你是如何根据收集的数据得出结论的。

框 18.6

什么不是结论：呈现你所希望的结论

在作为研究者的职业生涯中，你会发现有时研究结果会令人失望。你精心建立的模型并不能解释因变量的许多变化，你期望发现的影响并不存在，你的理论也无法得到证实。然而，无论你希望发现什么，结论都必须真实反映你的研究结果。

得出强有力的结论并不容易。强有力的结论是基于强有力的数据。你所收集的数据可能来自许多不同的来源和主题。更重要的是，它们应该与客户组织的特定背景相关。因此，你需要进行综合。综合（我们在第 5 章关于文献的批判性回顾中已经讨论过）是将两个或多个要素结合起来形成一个新的整体。为了说服客户组织接受你关于如何解决问题的观点，你还需要能够提出强有力的论据，正如你会在本章后面了解到的，这绝非易事。最后，当你为受众写下结论时，你需要确保你所写的内容清晰连贯；你所传达的整体信息或论点应该相互联系并保持一致。在写下结论时，要密切关注你的目标受众。想想他们想知道什么（例如，你如何最好地解决我们的具体问题，或者一个特定的细分市场有多大吸引力），哪些事情很重要需要沟通，以及如何最好地表达你的观点。使用易于理解的语言，并坦诚地对待研究的局限性和结论的确定性。

框 18.7

什么不是结论：新问题或新想法

结论章节不应该包含新的信息。这意味着你不应该提出在研究报告中之前没有讨论过的主题（例如，以研究成果、对某些发现或理论的解释的形式）。

既然我们已经介绍了看待结论的不同方式以及结论的一些重要特征，现在我们将转向论证。正如你很快就会发现的那样，论证在得出强有力的结论方面起着重要作用。我们将从论证的描述和定义开始讨论论证，并讨论不同类型的论证和论证模型。最后，我们将简要概述与研究环境相关的错误或有缺陷的推理形式。

18.2.4 提出论点

随着论点的提出，人们试图通过断言他们希望别人相信的东西并呈现有利于他们的证据来说服别人接受自己的观点。当为某个观点（例如，关于问题的最佳解决方案）提供证据时，我们就有了一个有利于这个观点的论据基础。请注意，论证某个观点和仅仅断言该观点之间存在重要区别。假设你相信一个组织将从雇佣多元化的员工中受益，并且你想说服别人相信这一点。你可以简单地陈述"组织将从雇佣多元化的员工中受益！"之类的话。虽然这种断言可能会说服一些人认为员工多元化很重要（即使你没有提供任何理由），但它可能无法说服别人。此外，如果你能提供雇佣多元化员工的理由，那么你就是在构建一个论点。例如，你可以说："我的研究结果表明，员工多元化对组织效率有积极的影响。这就是为什么组织将从雇佣多元化的员工中受益。"这是一个支持组织将从雇佣多元化的员工中受益的论点的论据。

因此，论点是一组陈述，包括以下内容：
（1）结论（或主张）——这是论点试图建立的主要观点；
（2）前提（"证据"）——支持结论。

这就是数据收集、得出结论和论证观点的方式。

让我们来看一个例子。假设你收集了以下关于一个组织中三个不同部门的员工满意度的数据：由 Amber 领导的 A 部门，由 Bob 领导的 B 部门，以及由 Caroline 领导的 C 部门。假设这三个部门的员工平均满意度（以 5 分制衡量，"非常不满意 [1]"和"非常满意"[5]）分别为 3.6（A 部门），3.9（B 部门）和 4.3（C 部门），参见表 18.1。

表 18.1　员工满意度调查结果

部门	部门领导	员工满意度
A	Amber	3.6
B	Bob	3.9
C	Caroline	4.3

假设数据分析表明平均值存在显著差异。根据这些结果，你可以说："C 部门的员工平均满意度高于 A 部门和 B 部门。"如果你使用这些研究结果来论证你的论点并得出结论，你的数据将成为证据（你可能会记得，我们已经在本章前面解释了如何将证据与信息和数据区分开来）。

现在，让我们假设你已经提出了以下论点：

"C 部门的员工平均满意度高于 A 部门和 B 部门。因此：Caroline 是比 Amber 和 Bob 更好的老板"。

这是一个支持 Caroline 是比 Amber 和 Bob 更好的老板的结论的论点。然而，请注意，它是一个论点，但并不一定意味着它是一个好的论点。

> **练习 18.2**
> 你认为上述论点是一个好的论点吗？为什么或为什么不？

还要注意的是，一个论点不是好的论点并不意味着证据或结论是不真实的；它只是意味着证据没为结论提供强有力的支持。在本章讨论不同类型的论点之后，我们将在本章稍后回到上面的例子。

总之，本节解释了当你提出一个论点时，你是在给某人相信某事的理由，前提是论点的前提条件是真实的（证据是好的）。论点有一个结构，可以让某人看到陈述是如何被理由所支持的。所做的陈述被称为结论（有时是主张），而它所依据的表述被称为前提（或证据）。前提或证据包含对"这很有趣，但我为什么要相信你？"这个问题的回答。如果你不为你的结论提供理由，人们很可能会拒绝它们。在下一节中，我们将回答是什么使好的论点和坏的论点之间产生差异的问题。我们还将区分两种类型的论点：演绎论点和扩展论点。

> **练习 18.3**
> 以下论点中的证据和结论是什么？

员工队伍的多样性对组织效率有积极的影响。
如果管理者具备以正确方式管理员工多样性的专业知识，那么员工多样性对组织有效性的影响将更加积极。
XYZ 组织的经理们有管理员工多样性的经验。
因此：XYZ 组织将受益于拥有多元化的员工队伍。

18.2.5 论证的类型

在论证中，观点是证据支持结论，结论也得到证据的支持。当我们谈论"一个好的论证"时，术语"好"描述了前提对结论的支持程度。换句话说，"好"描述了前提和结论之间在支持强度方面的关系。

在某些情况下，前提和结论之间的关系是完美的。完美意味着如果前提为真，那么结论也必然为真。换句话说，结论是由前提保证的。在这种情况下，论证被认为是有效的。

一个著名的有效论证的例子如下：
所有人都是凡人（第一个前提）
约翰是一个"人"（第二个前提）
因此，约翰是凡人（结论）

正如你所看到的，前提和结论之间的关系是完美的。第一个前提指出，所有被归类为"人"的对象都具有"凡人"的属性。第二个前提指出，"约翰"是一个"人"；换句话说，约翰是"人"群体中的一员。那么结论必须是"约翰是凡人"；他从被归类为"人"中获得了这个属性。

这里使用的推理类型称为**演绎推理**（deductive reasoning）（不要与演绎研究混淆）。在演绎推理中，如果前提为真，则结论必须为真。演绎论证要么有效，要么无效。在有效的论证中，结论是从前提中得出的；在无效的论证中，结论不是从前提中得出的（即使前提和结论可能是真的）。

再来看以下论点：

2018年之后生产的所有手机容量均为16GB或更大。

我的手机有32GB的容量。

因此：我的手机是2018年以后生产的。

上述论点是无效的。结论不是从前提中得出的。即使前提是正确的，结论也可能是错误的；2018年后制造的手机有16GB或更大的容量，但这并不意味着2018年前制造的手机不能有16GB或更大的容量。这就是结论不是从前提中有逻辑地得出的原因。

练习 18.4

所有组织都是敏捷型组织。

现代艺术博物馆是一个组织。

因此：现代艺术博物馆是敏捷型组织。

a. 请写下你认为这个论证的前提。
b. 请写下你认为这个论证的结论。
c. 前提是否真实？
d. 这个论证是演绎性质的吗？为什么？
e. 这个论证有效吗？为什么？

在现实生活中，大多数论证都不是演绎推理。也就是说，前提和结论之间的关系并不完美。然而，这种不完美的关系并不一定是糟糕的关系。不完美的论证可能是好的，也可能是坏的（有时甚至是可怕的），这取决于前提对结论的支持程度。好的论证支持（即使不能保证）他们的结论，而坏的论证则不支持。当前提和结论之间的关系不完美时，所使用的推理类型被称为扩展推理（有时是归纳推理）。

如果前提和结论之间的关系不完美，我们可以使用一个不仅仅是前提和结论的论证模型。英国哲学家斯蒂芬·图尔明（Stephen Toulmin）认为演绎论证（和完美关系）往往缺乏实际价值，他提出了一种更广泛的论证模型，包含六个相互关联的部分来分析论证。图尔明的模型以结论为出发点，强调结论通常基于概率（强关系）而不是确定性（完美关系）。因此，当论证不是演绎而是扩展（或归纳）时，该模型特别有用。同样，**在扩展推理**（ampliative reasoning）中，前提支持（但不保证）结论。

框 18.8

研究不能做什么

研究提高了做出正确决策的概率。它并不能保证成功。从长远来看，研究的价值可以（也必须）被看到，良好决策数量的增加可以提高底线绩效（Lehmann，Gupta & Steckel，1998）。

当我们根据研究结果得出结论时，我们经常需要扩展推理（见框 18.8）。因此，我们将更详细地研究图尔明模型。我们将开始讨论这个模型的六个部分：

1. **结论**（conclusion），通常被称为"**主张**"（claim）。例如，如果一个人试图说服别人他是英国公民，结论可能是"哈里是英国公民"。

2. **前提**（premise），或**证据**（evidence）。前提是结论的基础。例如，声称哈里是英国公民的人可以用以下证据支持他的结论："他出生在百慕大"。

因为结论（"哈里是英国公民"）和证据（"他出生在百慕大"）之间的关系并不完美——证据并不能保证结论——我们可以通过使用额外的四个部分来评估论证的质量（好坏）。

3. **理据**（warrant）。为了从证据"哈里出生在百慕大"得出结论"他是英国公民"，需要理据来弥合两者之间的差距。理据提供了结论和证据之间的潜在联系，并解释了为什么证据支持结论。例如，有人可能会说"出生在百慕大的男人通常是英国公民"。

4. **支持**（backing）。当理据本身不够令人信服时，需要支持。支持解释了为什么理据是合理的。例如，如果对方（例如你的论文导师）认为理据"出生在百慕大的男人通常都是英国公民"不可信，你可能需要提供法律规定："英国议会法案明确规定……"显然，研究结果也可以作为支持。

鉴于理据没有"完全正当的理由"（注意这个词的普遍性），哈里是英国公民的结论必须加以限定，因此使用"可能""也许"甚至"不可能"等限定词。限定词为论点增添了细微差别和特异性，并解释了反论点（counter-arguments）。因此，它们解决了对结论的潜在异议或限制。

5. **限定词**（Qualifiers）。这些词或短语表达了关于结论的确定性程度。这些词或短语包括"可能""不可能""当然""大概""就证据而言"，有时还有"必然"。请注意，结论"哈里绝对是一个英国公民"比结论"他大概是一个英国公民"具有更大的确定性。

6. **反论点**（counter-arguments），或**反驳/例外**（rebuttal）。反驳针对结论的潜在异议和/或承认可能适用于结论的限制。例如，对"哈里是英国公民"这一结论的反驳可能是"出生在百慕大的男性在法律上将是英国人，除非他的父母是荷兰人或他改变了国籍"。

前三个要素"结论""前提"和"理据"被认为是实践论证的基本组成部分，而"支持""限定词"和"反驳"在某些论证中可能不需要。

18.2.5.1 使用正确论证类型的重要性

现在让我们回到"提出论点"一节中的例子，我们在其中提出了以下论点："C 部门的员工平均满意度高于 A 部门和 B 部门。因此，Caroline 是比 Amber 和 Bob 更好的老板。"让我们检查一下这个论点是否是一个好的论点。

当你评估论点时，你应该知道它是演绎论点还是（仅仅是）扩展论点。如果一个论点被描述为演绎论点，但仔细考虑该论点后发现前提并不能保证结论（即使前提为真，结论也可能是假的），那么通常有充分的理由拒绝该论点而将其视为坏论点。然而，在扩展论点中，注意到前提的真实性并不能保证结论，这只是注意到该论点是扩展论点。因此，论点的类型对于了解评估其是否为好论点的工具至关重要。

仔细考虑"C 部门的员工平均满意度高于 A 部门和 B 部门。因此，Caroline 是比 Amber 和 Bob 更好的老板"这一论点，我们会发现它应该是扩展性的；C 部门的员工平均满意度高于 A 部门和 B 部门的事实并不能保证 Caroline 是比 Amber 和 Bob 更好的老板的结论。其他因素也可能起作用。尽管如此，这个论点被描述为了演绎论点（没有提供支持，缺乏反驳和限定词）。因此，这个论点不是一个好的论点。

> **练习 18.5**
>
> 使用理据、支持、反论点和限定词来改进论点"C 部门的员工平均满意度高于 A 部门和 B 部门。因此：Caroline 是比 Amber 和 Bob 更好的老板。"

18.3 不正确或有缺陷的推理形式

有些论证方式看起来不错，但仔细检查后发现它们并不能支持它们的结论。这些不正确或有缺陷的推理形式被称为谬误。一些谬误很常见，以至于有自己特定的标签。在下文中，我们介绍了一些常见的研究背景下的谬误。熟悉这些谬误将帮助你在作为研究者的论证中避免它们。更重要的是，它还将帮助你指出别人论证中的谬误。你可以在"逻辑谬误"网站上找到一个相当完整的逻辑谬误概述：https://www.logicallyfallacious.com/tools/lp/Bo/LogicalFallacies。

- *所谓的确定性*：在没有证据或前提的情况下，通过陈述来断言一个结论，使结论看起来是确定的，而事实上它不是。例如："每个人都知道……"或"各地的学者都认识到……的必要性。"
- *诉诸普遍信仰*：当大多数（或许多）人——无论是普遍的还是特定的群体——接受一种信仰为真，并将其作为主张的证据时。例如："很多人相信专制型领导。因此，专制型领导一定是件好事。"
- *重复论证*：一遍又一遍地重复结论、研究结果或前提，而不是更好地支持证据。例如："客户满意度相当低。事实上，XYZ 组织的客户并不满意。因此，他们对组织不满意"。
- *盲目的权威论证*：断言一个命题是正确的，仅仅是因为提出这个主张的权威（极端情况下，无论证据多么有力，都会忽略任何反证）。例如："某权威断言 ABC 政策至关重要。这就是为什么组织 Z 将受益于采用 ABC 政策。"
- *回避问题（循环推理）*：一种循环推理的形式；结论由前提支持，前提由结论支持。像这样，没有提供有用的信息。例如："每个组织都希望敏捷的原因是敏捷非常受欢迎"。
- *挑选证据（忽略不便的数据、被压制的证据、不完整证据的谬误、选择性观察的论证、半真半假的论证、忽略反证、片面评估、片面性）*：当一个人只提出一个选择的证据来说服受众，而其他与结论相反的证据被隐瞒时。
- *结论不符合逻辑（结论不合理）*：结论与证据或前提之间缺乏逻辑联系。例如："如果所有行星都围绕太阳旋转，地球围绕太阳旋转，那么地球就是一颗行星。"根据逻辑规则，这个结论是不正确的。
- *错误原因*：这种说法将顺序与因果关系等同起来。因为事件 A 之后是事件 B，所以事件 A 导致了事件 B。例如："在比尔成为 CEO 之后，公司取得了前所未有的增长和成功。这就是为什么比尔是一位伟大的 CEO。"

- *草率概括*：基于小样本得出的结论，而不是查看更符合典型或平均情况的统计数据。例如："ABC 组织从未投资过任何营销活动。这个组织已经有一百多年的历史，而且仍然蓬勃发展。因此，从事营销活动真的没那么重要。"
- *回归均值*：在存在自然波动的情况下，将不存在的原因归因于自然波动，而未能解释这些自然波动。例如，"内奥米的父母很高，这就是为什么内奥米至少会和她父母一样高，甚至更高"。事实是，高个子父母的子女通常比他们的父母矮（矮个子父母的子女通常比他们的父母高）。在这个谬误中，人们忽略了这样一个观点，即在连续的一系列测量中，现象的统计概率将趋向于平均值。
- *沉没成本谬误*：已经付出的成本（努力、金钱或时间）被用作决定继续项目或过程的论据。例如："我们必须完成这个项目，因为我们已经投入了数百万美元。"

18.3.1 管理启示

研究人员为解决问题而提出的建议是基于研究人员得出的结论。反过来，结论是基于收集到的数据。强有力的结论基于强有力的数据。但是强有力的数据并不一定导致强有力的结论；如果研究人员提供的论据不好，那么结论可能仍然不好，有时甚至会产生误导。因此，良好的论据在得出结论方面起着重要作用。从而，管理者能够区分好数据和坏数据、好论据和坏论据、好结论和坏结论是很重要的。了解如何得出结论、好论据和坏论据以及不同类型的论据，有助于管理者认识到研究报告中提出的结论以及基于这些结论的建议的价值。这有助于管理者就是否遵循研究人员的建议做出明智的决定。

总结

学习目标 1：描述结论的特征。

得出结论并向客户组织提供建议是研究过程的最后阶段。思考结论章节应包含哪些内容的一个好起点是客户组织的问题。在结论章节中，你通常会就组织想知道什么或客户组织如何（最好）解决问题提出主张。为了说服客户组织接受你的观点，你还必须为自己的主张提供理由。换句话说，你需要提供支持你的结论的"证据"（研究结果）。你的结论必须明确无误，不能有误导性。在写下结论时，考虑到研究报告的受众也很重要。研究的局限性在于研究设计或方法中影响研究结果（证据）可靠性和有效性的问题。描述研究的"局限性"，让受众了解研究的弱点。这会让你的研究报告更有说服力。结论的一个重要特征是，研究结果和后续结论可能是微妙的，与既得利益相冲突，在某些情况下甚至可能是声誉受损的潜在来源。如果研究是行动导向的，那么实施你提供的建议可能会要求在时间、金钱和其他资源方面进行大量投资。

学习目标 2：解释什么是论点。

论点是一组陈述，包括（1）结论（或主张），这是论点试图建立的主要观点，以及（2）支持结论的前提（"证据"）。

学习目标 3：比较和对比演绎论点和扩展论点，并讨论这两种论点。

在演绎推理中，如果前提为真，那么结论也必然为真。演绎论点要么有效，要么无效。

在现实生活中，大多数论点都不是演绎的。前提和结论之间的关系并不完美。然而，不完美的关系不一定是坏关系。不完美的论点是扩展论点（或归纳论点）。在扩展推理中，前提支持（但不保证）结论。

学习目标4：讨论有效和无效论点以及好论点和坏论点之间的差异。

演绎论点要么有效要么无效。在有效论点中，结论是从前提中得出的；在无效论点中，结论不是从前提中得出的。扩展（或归纳）论点可以是好的或坏的，取决于前提对结论的支持程度。好的论点支持它们的结论，而坏的论点则不支持。

学习目标5：讨论被称为谬误的不正确或有缺陷的推理形式。

有些论证方法看似不错，但仔细检查后发现它们并不能支持其结论。这些不正确或有缺陷的推理形式被称为谬误。常见的谬误类型包括所谓的确定性、诉诸普遍信仰、重复论证、盲目的权威论证、回避问题（循环推理）、挑选证据、结论不符合逻辑、错误原因、草率概括、回归均值和沉没成本谬误。

学习目标6：根据强有力的研究成果和强有力的论据得出强有力的结论。

结论和建议章节的确切内容取决于你所做的研究类型。一般来说，撰写结论章节的一些建议如下：牢记你的受众；提出主张；确保你的主张得到你所收集的数据的支持；讨论结果对客户组织意味着什么；按从最重要到最不重要的顺序阐述结论；说明你的结果是否与以前的研究结果一致；讨论任何不确定的结论，并尽可能地解释它们，并建议进行额外的研究以澄清这些结论；简要描述研究的局限性；如果研究本质上是探索性的，建议以你的发现为基础在未来开展研究。

讨论题

1. 一个组织想要减少员工流失率。该组织聘请了一名研究人员，制定了以下研究目标："提供减少员工流失率可能方法的概述。"

    a. 你会收集什么类型的数据，以及你将如何收集这些数据？

    b. 基于这些数据，请提供一个你能得出的结论的例子。

    c. 请提供一个你将用来说服客户组织接受这个结论的论点的例子。

    d. 讨论这个论点是演绎的还是扩展的。

2. 你刚刚完成了一份关于特定客户组织客户满意度的研究报告。研究目标是概述提高客户满意度的可能方法。下表简要概述了你的研究结果。

因素	平均值（采用5分制量表）	贝塔系数（回归分析）
自变量		
员工反应度	4.1	0.454
同理度	3.6	0.312
信赖度	2.8	0.238
专业度	4.3	0.116（不显著）

因素	平均值（采用 5 分制量表）	贝塔系数（回归分析）
有形度	3.3	0.387
因变量		
满意度	4.0	—

    a. 根据这些研究结果，提出一个论点。
    b. 论点是演绎的还是扩展的？为什么？

3. 考虑以下论点：
如果人们得到了良好的报酬，那么他们就不会离开组织。
George 得到了良好的报酬。
    a. 请写下你认为的该论点的前提或前提条件。
    b. 请写下你认为的该论点的结论。
    c. 这个论点是演绎的还是扩展的？为什么？
    d. 这个论点好吗？为什么好或不好？

4. 提供你自己的谬误论证或谬误推理形式的例子，使用以下谬误：
    a. 所谓的确定性
    b. 盲目的权威论证
    c. 结论不符合逻辑（结论不合理）

5. 考虑以下论点：
"组织 X 已经在项目 Y 上投入了大量资金。为了完成该项目，需要更多的投资，否则它将失败。因此，对项目 Y 的更多投资是合理的。"
这个论点好吗？有效吗？为什么好或不好？

6. 以下文字摘自一篇 MBA 论文的结论章节。

    关于市场进入，本文提出了一个理论问题："关于为行业内企业创造竞争优势的业务层面战略，文献是如何阐述的？"从而试图了解竞争优势是如何产生的。理论章节通过提供 Porters（1980 年）的竞争对手分析框架回答了这一问题，该框架包括"企业如何竞争"和"企业资源"两个重要方面。鉴于教育类公司竞争方式的复杂性和可能的维度数量，Chen（1996 年）提出了关于市场共性的理论，该理论描述了多点竞争。最后，为了减少众多可能的竞争点，希尔框架（Hill framework）将分析重点放在订单中标的标准上，而不是订单合格标准上。

    针对波特提出的"企业如何竞争"和"资源"两个维度，需要分析两个实证问题："当前企业产生竞争优势的资源和能力是什么？"和"当前企业如何以及在哪些维度上进行竞争以实现其目标？"结果部分提供了第一个问题的答案，说明所分析的样本组中 123 家公司（约占所有七年级以上学生的 40%）的总资源约为每年 8.2 亿美元。这些公司的收入份额在几个方面存在差异。提供寄宿项目的公司收入明显更高，人口密度较低地区的公司面临的竞争更少，更有可能提供寄宿，也更有可能保持较高的平均学费标准。注重"单一性别"和"特殊需求"这两个主要竞争维度的公司，学费普遍较高。除主要竞争维度外，次要竞争维度也发挥着重要作用，最好的例子是，以"学术"为主要竞争维度、以提供国际预科证书课程（IB Programs）和 STEM 专业（指科学、技术、工程、数学这四个专业）为次要竞争维度的企业，有能力收取高出其他企业 20%～40% 的费用。

关于企业如何竞争的第二个问题确定了 9 个主要竞争维度和 74 个次要竞争维度。本文将重点放在主要竞争维度方面，并确定其中 5 个维度为特定地区所独有。其余 4 个类别"学术""单一性别""设施"和"价值观"代表了 90% 以上的企业最常见的竞争方式。

讨论这些结论。

第 19 章

研究报告

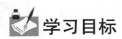 学习目标

在完成第 19 章的学习之后,你应该能够:
1. 描述为特定读者量身定制的优质研究报告的特点。
2. 写一份完整详尽的研究报告。
3. 描述优质的口头报告的特点并展示优质的口头报告。

19.1 导言

研究报告的主要目的是清晰描述研究过程中各个阶段的内容。因此,一份研究报告可能包括关于问题的简介陈述、对文献的批判性评论、理论框架的提出、数据的收集、数据的分析和结果的解释。

当研究人员描述在研究中所做的事情时,应该牢记科学研究的特征。例如,研究人员在开始研究时要有明确的目标。在研究报告的引言部分,尽快将研究项目的具体目的或用途告知读者是必要的。研究者还应牢记可复制性的标准,如果你的同事在读过这份报告后能够重做并得到相同的结果,那么这份研究报告就是高质量的。与研究赞助者有效地沟通研究结果和用于解决问题的建议也很重要,这样研究者所提出的建议才能被接受并执行。否则,所有为研究投入的心血都是白费。简洁地、有说服力地、清楚地撰写书面报告与进行一个完美的研究同等重要。因此,经过深思熟虑所撰写出的书面报告与口头报告是非常重要的。

两种沟通模式——书面报告与口头报告的内容与组织架构都必须依据研究目的以及读者或听众的不同来制定。有关书面报告与口头报告的事项将在本章后面的内容中讨论。

19.2 书面报告

书面报告从对管理问题和研究目标的描述开始。这让读者很快熟悉研究项目的"原因"。书面报告也应该允许读者权衡事实和理由,检查研究结果,反思结论和建议,并最终实施在报告中提出的可接受的建议,以缩小现有状况和所需的状态之间的差距。为了实现其目标,书面报告必须集中讨论以下问题。

19.2.1 书面报告的目的

既然报告可以有各种不同的目的，书面报告的形式也会根据不同情境而有所不同。所以，重要的是先确认报告的目的，以确定应遵循的准则。如果报告的目的只是应管理者的要求，单纯地提供他们感兴趣的特定问题的细节，则报告可用简单的形式来表述，只提供管理者想要的信息，如例19.1所示。在某些情况下，如管理者想要了解是否有解决问题的其他方案或建议，就可提出不同形式的报告。此时研究人员提供所要求的信息，管理者从备选方案中进行选择并做出最终决定。在这种情况下，必须提供一份更详细的报告，调查过去的研究、目前研究所用的方法、从访谈和当前数据分析中得到的不同观点，以及根据结论得出的替代解决方案。而且对每一种方案如何帮助解决问题也必须加以讨论。此外，为了帮助管理者决策，还必须提出每个解决方案的优缺点，进行成本－效益分析。例19.5中的情况就需要这种报告，本章附录中的报告2也是这种报告。

其他类型的报告可能也需要研究者确认问题并提供最终的解决办法。而且可能要求研究者分析情境、确认问题的本质，并提出发现与建议。这类报告通常必须是非常完备的，遵循完整研究的格式。最后一种研究报告是学术性质的发表著作，它报告基础研究的发现，这类报告多半会在学术期刊中发表。

例 19.1

简单的描述性报告

若研究的目的在于了解特定情况下特定问题的细节（如生产水平的差异，员工的组成等），则报告的内容就可以根据要求详细描述对方感兴趣的部分。

例如，一位人力资源部门的经理想要知道过去18个月中，公司共聘雇了多少位员工，他们的性别组成、教育程度，以及这些员工自任职以来的旷工天数所占的比例，对此，一份简单描述所需信息的报告便已足够。

在报告中，一开始是研究目的的陈述（例如，本研究想要了解过去18个月内雇用员工的基本特性以及旷工率，这份报告的目的就在于提供这些信息），然后说明所采用的资料搜集方法或步骤（例如，从公司的工资单或员工个人档案中获得这些资料）。最后，陈述实际获得的分析结果，并辅以图表的方式来强化资料的表达。频数分布、交叉列联表分析以及其他表格方式可以用来表达上述资料，图表的方法则包括长条图（表示性别）、圆饼图（表现不同教育程度的比例）等。这部分资料可以总结陈述如下。

"过去18个月内公司总共雇用了27名员工，其中45%为女性，55%为男性。20%拥有硕士学位，68%拥有学士学位，12%为高中毕业。这些员工过去18个月的平均旷工天数比例为6%。"

这些细节叙述提供了管理者想要的信息。然而如果可能的话，即使管理者并未要求，也最好在附录中补充不同性别的新聘员工平均旷工天数比例的分析。若考虑得更全面些，也可针对不同工作层级与平均旷工天数比例做类似的交叉分析。

本章附录的报告1为上述报告类型提供了简单的范例。

例 19.2

一份综合性的提供解决方案的报告

一家轮胎公司的总裁想要获得有关公司未来发展规划的建议,且必须将制造、市场营销、会计及财务等方面一并考虑。在此案例中,要求研究一个非常宽泛的主题——公司的成长。从当前的情况来说,阻碍成长的原因可能有好几个。因此,研究者必须仔细研究当前的形势,找出成长的障碍,以及如何通过制造、市场营销、管理、财务与会计等方面的战略规划来克服这些障碍。在这种情况下,确认问题与找出阻碍因素需要进行密集的访谈、文献综述、产业分析以及理论观点的建立,并进一步提出几个不同解决方案的假设,然后搜集资料、分析资料,最后才能确认通过不同战略达到公司成长的方案是否可行。为使总裁能评估所提出的方案,每个解决方案在执行时的正反面意见及成本—效益分析也应一并附上。

这种报告比前两类报告更加详尽,它强调研究中每一步骤的细节,重视资料分析的结果,并为不同的建议提出有力的佐证。报告中所提出的解决方案与正反面意见可按照本章附录中的报告2的格式呈报。而附录中的报告3是研究者针对某项议题所做的基础研究。

总之,报告的内容与格式将取决于研究目的以及研究赞助者的需求。

19.2.2 书面报告的读者

一份报告的结构、长短、详细程度、资料的表述及说明方式都与对报告感兴趣的读者有关。在报告传递说明中需清楚说明该报告预设的阅读对象是谁。书面报告必须在一开始的"实施概要"中向忙碌的主管提供适量的关键信息(通常不超过3页)。这可以帮助忙碌的管理者快速地获取研究的精髓与发现。若他们只对某些部分感兴趣的话,就可参考文中更详细的信息。

有些管理者对以表格方式表达的资料感到不悦,却对图形方式情有独钟,而有些人则希望看到"实际的数值"。图和表都是视觉表现方式,在书面报告中以这种方式表达也是必要的。不过哪一种应放在报告正文以示强调,哪种又应移至附录则须视报告的最终使用者的个人习惯而定。若一份报告的定位有多种,并要呈交给多位主管,则要满足每位读者所偏爱的表达形式与信息。报告的长度、结构与表达形式至少有一部分将取决于目标读者的偏好。有些公司甚至会指定书面报告的格式。在任何情况下,一份好的报告应满足读者所需的完整知识,这是最确切的目的。所以,有些报告是冗长而详尽的,有些则可能是简短而明确的。

有时研究发现可能会令主管不快(例如,公司政策是过时的且整个系统非常官僚化),或是反映出管理层差劲的一面(例如,系统自上而下的效率很低),这将导致他们有防御性反应。在这种情况下,结论的呈报需要一定的技巧,而不是隐瞒实际发现。尽管没必要隐瞒事实,但也不能以断言、纠错或数落他人的形式,而是应客观地报告相关资料及事实,让管理者相信结论是正确的。若不这样做,主管将会以防御的心态阅读报告,如此一来,建议将不被接受且无法解决问题。

19.2.3 优秀书面报告的特征

尽管报告的撰写必须依据研究目的、读者的类型，或根据这两者的需要来修正，但有些基本特征是书面报告不可或缺的。清楚、简洁、连贯性、在重要部分适度地强调、有目的地组织段落、主题间流畅地转换、优美的文字以及具体的表达方式等都是一份杰出报告的重要特征。报告尽可能不要出现技术性或统计专业用语，除非它本身是技术性或统计报告。此外，还必须小心减少语法和拼读上的错误。

研究者所做的任何假设都应清楚地在报告中陈述，并列举事实而非意见。报告要有目的而且流畅地组织和表达资料以利于读者阅读。事实上，每个读者都喜欢读一个精心制作的"故事"。然而，学术观点和好故事的写作之间的平衡并不容易找到，需要一些尝试和犯错。

报告的外观与文章的趣味性不应被过分强调。适当的标题与副标题可帮助研究者有逻辑地组织报告，读者也得以轻松阅读。隔行书写、打字与编排时在页边留下空白，便于读者在细读时注释。

19.3 研究报告的内容

研究报告包括扉页、概要（应用研究情况下）或摘要（基础研究情况下）、前言、目录，有时还有授权研究的副本。

所有报告都应有导论章节，以细述研究目的，提供相关背景，陈述欲研究的问题，并建立读者对后文的预期。报告的正文要包含研究结构、假设、抽样设计、资料搜集方法、资料分析以及分析结果。报告的最后一部分要提出研究的发现与结论。若需要提出建议则应一并放入，并为每一个建议方案进行成本-效益分析，这些信息用于说明施行建议方案的好处，报告中所提供的细节应能够让读者了解该研究是相当完备的，并对结论与所提出的建议深具信心，每一份专业报告还应指出研究的局限（如抽样、资料搜集等）。接下来是报告中引用的参考文献列表。

报告应附上附录（如有）。在本章附录的报告3是关于"会计师事务所中女性升迁影响因素"的研究。我们现在讨论报告的不同部分。

19.3.1 标题和标题页

研究报告的标题（连同摘要或管理总结）可以让潜在的读者对你的研究有一个初步的了解，并决定了他们是否想要完整地阅读你的报告。出于这个原因，你可能会决定起一个描述性的标题，来准确地反映研究内容，或者指出研究中使用的方法。描述性标题的例子有：风险资本投资对上市公司股票表现的影响；强迫性购买——对自尊和金钱态度的探索；广告的真正运作方式——综合分析等。因此，描述性标题可以告知潜在读者研究的内容、使用的方法、研究报告的结果等等。

一个好的标题也能吸引注意力，吸引人们阅读完整的研究报告。引用著名的（文学）引语、谚语，或流行的电影和歌曲标题是一些可能脱颖而出的选择。"气味与敏感性——什么时候环境气味会影响产品评价？"这是一个既能提供信息又有说服力的标题的极好例子。事实上，不要害怕使用副标题。用一个吸引人的标题来阐明你的研究内容，即使它没有提供足够的信息。

除了项目的标题，标题页还将显示进一步的相关信息。请注意，熟悉你所在机构的规则和建议，以及其中应该包括的内容很重要。你可能需要输入名字、学生号码、机构、部门、赞助商、主管、最后报告的日期，等等。

19.3.2 实施概要或摘要

研究报告的实施概要或摘要会放在标题页的后面。实施概要是对整个研究的简要介绍。它提供的是研究的概观，并强调了以下与之相关的重要信息：问题陈述、抽样设计、采用的资料收集方法、数据分析结果、结论和建议以及执行建议方案的意见。

实施概要可能是研究赞助方阅读的研究报告的第一部分。他们由此来初步了解你的研究结果。实施概要是简短的，通常限制在一页或更短。

以下是一项关于荷兰投资银行网站客户满意度研究的管理总结。

例 19.3

> **管理总结**
>
> 本研究的目的是确定影响荷兰投资银行业网站用户满意度的变量。这项研究的结果旨在帮助 Peeters & Co. 的结构化产品（SP）部门提高其网站的质量。拟订了下列问题：
>
> "在荷兰的投资银行业中，哪些因素对提高网站用户满意度至关重要？这项研究的结果如何才能确保用户在 SP 部门的网站上花费更多时间，并将其作为主要信息源？"
>
> 在文献综述和探索性访谈的基础上，构建了网站用户满意度的概念模型。该概念模型包括网站用户满意度及其预期（假设）前提：信息质量、系统质量、交互性和系统设计质量。我们使用了一个在线调查来检验自变量对网站用户满意度的影响。调查结果显示，目前 SP 网站的用户满意度低于 Peeters & Co. 的标准。结果表明，信息质量、系统质量、交互性、系统设计质量等变量对网站用户满意度均有线性和正向的影响。
>
> 基于本研究的结果，建议 SP 部门提高其网站的信息质量和交互性。信息质量可以通过在网站上包含更多相关内容和使网站上的信息更加透明、客观和及时来提高。交互性可以通过改善客户支持和在网站上包括定制选项和金融工具来提高。

19.3.3 目录

通过选择恰当的章节标题，你的研究报告的结构逻辑变得清晰，同时也是研究工作不同内容安排的结果。对于读者来说，目录可以作为阅读研究报告的指南。目录通常列出报告中的重要标题和副标题,并附有页码参考资料。目录中还应列出单独的表和图。你的研究机构可能有关于对目录页应该采用的形式的指导方针或建议。下面以 TIAS 商学院指南为例。

例 19.4

> **TIAS 商学院目录指南**
>
> 目录包含了你的研究项目的章节和章节的标题和副标题,以及这些章节开始的页码。外封面页和管理总结没有进入目录,因此要列出的第一项是前言。
>
> 目录至少应该包括前言、每一章或主要章节标题、每一附录和参考书目。所有标题在措辞、排列、标点和大小写上都应与论文正文中出现的标题完全一致。
>
> 主标题或章标题完全用大写字母表示,左对齐。主要副标题应缩进,用大写和小写字母;副标题也要缩进。章节目是用阿拉伯数字以十进制顺序编号的。例如,第三章第二节的第三小节编号为 3.2.3。
>
> 管理项目文本中各部分起始的页数以阿拉伯数字表示,右对齐。除超限段落采用单倍行距外,其他部分均采用双倍行距。

19.3.4 表格、图和其他材料

如果研究报告包含图表、图、地图、表格、照片等其他类型的材料,这些材料的每一个系列都应分别列在目录后一页或几页,且每个列表单占一页。在格式上,这样的列表应该遵循目录的一般格式。

每一项的数量写在页面的左侧空白处,在"图表""图""地图""表格"或"照片"等适当栏标题下给出。标题应与正文中保持一致。在正文中出现的页码标在目录页右侧空白处。表格、图表等应按章和在章中的位置进行编号。例如,图 2.10 是第 2 章中的第 10 个图。

19.3.5 前言

前言主要用于提及理解主题所必需的背景问题,虽然这些问题在逻辑上可能与正文不符。以下项目如果未在研究报告的主体部分进行展开,也会在前言中提到:为什么要写这个报告(例如,为……做管理项目的报告),选择的原因,一路上遇到的困难等等。通常包括一个简短的表述,来表达作者对研究工作中受到的帮助和指导的感激之情。请注意,前言与引言不同,引言是研究报告主体的一部分。

19.3.6 授权书

有时会在研究报告的开头附上授权调查并划定范围的研究赞助方的授权书副本。授权书向读者明确表示,本次研究的目标得到了本组织的充分肯定。

19.3.7　引言部分

第一章的布局几乎都是标准的，按顺序包括以下各部分。
1. 介绍（§1.1）
2. 研究的原因（问题描述）（§1.2）
3. 研究目标和研究问题（§1.3）
4. 研究的范围（§1.4）
5. 研究方法（方式）（§1.5）
6. 管理相关性（§1.6）
7. 研究报告的结构和各章节（§1.7）

引言部分以一个简短的介绍开始，提供了背景信息，介绍研究为什么和如何开始。介绍之后是描述研究项目目标的部分，以及提出研究问题的部分。引言部分还简要描述了研究的范围、研究方法和管理相关性。最后一节概述了研究报告中章节的结构和划分。

19.3.8　报告正文

研究报告的中心部分通常有两个大的部分：理论部分和实证部分。理论部分对相关文献进行了深入的探讨和清晰的阐述。这部分的确切性质取决于你所做的研究的类型（探索性的，描述性的，或者因果性的，例如第5章框5.2）。先前研究中的相关材料的记录可以帮助你阐明你的目标内容（当你的研究在本质上是描述性的）或早期研究的相关发现（当你的研究在本质上是探索性或因果性的）。一个文献综述不仅仅是一个文献的总结，应该有选择性，以目标为导向、全面且具有批判性！文献综述可以用一个理论框架和一些假设来总结，这些假设将在你的研究的实证部分（如果你的研究本质上是演绎的和因果的）进行检验。避免那些最终无助于更好地理解问题和解决问题的阐述。

研究报告的实证部分描述了设计细节——例如采样和数据收集方法，以及时间范围、现场设置和分析单位，以及研究结果。这里提供的信息应该使读者能够复制研究。在实验中，实证部分至少应该包含"参与者""材料"和"方法"。在调查研究中，应该包括"参与者""方法"，如果相关的话，还有"材料"。

"参与者"部分说明了谁参与了这项研究，参与者的数量，如何以及为什么选择该参与者。"材料"部分描述了所使用的材料（如促进因素和测量尺度）及其功能。描述应该足够详细，使另一个研究员在后期能复制你的研究。例如，促进因素可以是你在实验中向参与者展示的一系列产品包装。这部分也告诉读者在研究中使用的测量尺度。如果使用一个现有的测量尺度（测量你的概念模型中的一个概念），那么该材料的来源应该被提及。自行开发的测量尺度应检验其效度和内部一致性。对于现有的和以前发表的量表，只要提到内部一致性系数就足够了（例如，Cronbach's alpha）。"方法"部分逐步对研究过程进行描述。同样重要的是，对参与者所跟随的研究的完整过程要给出足够的细节，以允许另一个人对研究进行精确的复制。

在研究报告的"结果"部分中，实证研究和后续数据分析中未涉及的数据被展示出来。

在这一部分中,对结果的解释或者结果的含义未被提及,这些信息应该在报告的最后部分提供。在这里,使用适当的统计分析程序提供了一个组织良好、易于理解的研究结果概述。展示成果的具体形式取决于研究的类型。描述性统计通常加工处理表格或图表中的信息(例如,平均值、标准差、每个单元的受试者人数等等),并在文本中包含统计检验。图 19.1 展示了在书面报告和口头报告中用图表形式表示数据的几种不同方式。

请注意,所有相关的结果都应该报告,即使是那些与你的假设相矛盾的结果。但是,要避免文本中出现数字和数据的过度使用。只包括最相关的统计数据,并将其余的结果合并到附录中。

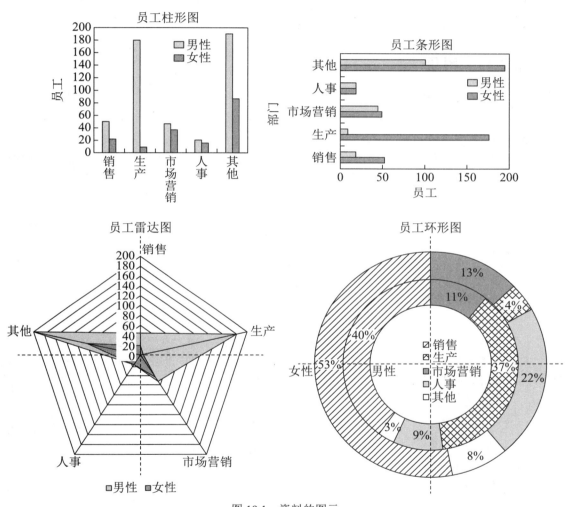

图 19.1　资料的图示

19.3.9　报告的最后部分

这部分的目的是解释关于研究问题的研究结果。这是研究报告的一个非常重要的方面。读者(管理者)经常跳过方法部分,直接进入研究的结论。因此,讨论应该独立存在,应该形成一个有始有终的整体。这部分报告应该包括以下几个方面:

（1）研究的主要发现。
（2）研究结论。
（3）执行建议和这些建议的成本—效益分析。
（4）研究的局限性和对项目后续研究的建议。

19.3.10 参考文献

紧接着在报告的最后部分之后，另起一页列出在文献综述及其他部分所引用的参考文献（参考文献的格式请见本书第5章附录部分）。若是文中有脚注，则在报告后面独立列出参考文献，或是在脚注出现的该页页末加以注明。

19.3.11 附录

最后出现的附录包括组织结构图、剪报或其他可资证明的资料，与成员访谈的记录细节或其他有助于读者阅读的资料等。其中也应包含一份曾经使用的问卷。报告后面若有数个附录，则应以附录A、附录B等适当标记。

以上清楚地说明了目录的内容，包含标题页、授权书等，它们看起来大概会像下面所列示的一样，但可能会有细微的不同。

例19.5

目录
- 前言
- 介绍你的研究报告
   - 简介
   - 问题陈述
   - 研究目的
   - 研究问题
   - 研究范围
   - 研究方法
   - 管理相关
   - 研究报告的结构
- 理论框架
- 研究设计
- 结果
- 结论
- 建议
- 研究的局限性和进一步研究的建议
- 参考文献
- 附录

19.4 口头报告

通常企业组织（与课堂上的教授）会要求研究者针对研究计划做大约 20 分钟的口头报告，并回答问题。一般口头报告都需要仔细地规划。想象一下，一项历时数月的研究必须在 20 分钟内向现场观众展示！那些根本没有读过该报告的人，或充其量只是粗浅地读过该报告的人，必须相信其中提出的建议将确实证明对本组织是有益的。而所有这一切必须在几分钟内有效地完成。

口头报告的挑战在于要表现报告中的重要部分并同时维持听众的兴趣，而且还要展示让大部分人容易打瞌睡的统计数字。此时，我们可以有创意地采取不同的形式（如投影片、幻灯片、图、表格等），以持续维系听众兴趣。要使这一切成为可能，必须投入许多时间和努力规划、组织口头报告，并进行预演。

查看 TEDx 演讲者指南（www.ted.com）上提供的信息，或者查看"TEDx 演讲者图解指南"文档（http://storage.com/tedx/manuals/illustratedtedxspeakerguide.pdf），以参阅如何草拟及发表令人信服的演讲的指引原则。

幻灯片通常对听众很有帮助——即使不是每次演讲都需要。图片、照片、图表和信息图表可以帮助你保持观众的兴趣。也有助于提示报告者有条理地介绍和解释研究计划，而不必只读准备好的笔记。

与书面报告无关的因素，如着装、举止、手势、声音变化等，在口头报告中变得更加重要。讲话应该不要让人分心，语速要合适，让听众理解，这对吸引他们的注意力至关重要。改变句子的长度，建立眼神交流，音调变化，声音调节和信息流的速度对听众的接受能力有很大的影响。这就是为什么排练很重要。演讲的内容、时间和风格都应该详细练习。一直排练，直到你对自己的演讲感到满意为止。

19.4.1 内容的选择

由于大部分资料需在 20 分钟的口头报告中介绍，所以必须选择报告内容的要点并按相对的重要性进行安排。因为听众只能吸收所听到的小部分，所以重点在于研究者想要让听众知道什么，并以此为原则来组织报告内容。

很明显，企业内部成员在意的是研究问题、研究发现、结论、建议以及建议实行的方法。因此，必须在口头报告中强调这些部分。至于研究设计、抽样细节、资料搜集方法、资料分析细节等，则可以快速掠过，并留待回答时间让有兴趣的听众发问。

然而，由于听众类型的不同，也可能必须强调资料分析的某部分。例如，若报告的对象是公司的专业统计人员，或是在研究方法的课堂上，则相比于那些对问题解决方案有兴趣的经理们而言，资料分析及结果将更加重要。因此，必须依据听众的特点调整报告内容的要点、时间的分配以及对重点的强调。

19.4.2 视觉辅助工具

图形、图表和表格有助于将人们希望更快、更有效地表达的观点清楚地表达出来，正如那句格言所说，一图胜千言。视觉辅助工具提供了一种令人着迷的感觉，并可维持观众的注意力。投影片、幻灯片、活动挂图、黑板及讲义等,都有助于让听众轻松地捕捉到报告重点。视觉表达工具的选择取决于空间大小、是否有良好的屏幕以供投影仪的使用,以及制作复杂视觉图像的成本限制。所有的视觉表现资料的制作都必须使即使坐在报告厅最后一排的听众也能轻松看清楚。大而加粗的字体更能使听众将注意力集中在报告上。利用图形或圆饼图来比较目前与未来的状态比在口头上解释更清楚。

在这个科技时代,使用 PowerPoint、录像带、影碟、光盘以及其他视觉辅助工具来进行综合性的多媒体报告是很普遍的。数字白板可储存一些复杂且精细的图表,并结合电子投射系统成为电子挂图。当计划使用 PowerPoint 或其他综合性的多媒体时,重要的是在报告前确认相关器材已适当地悬挂且正常运作,如此才能顺利地报告而不被打断。

19.4.3 报告者

有效的报告取决于报告者是否"不紧张"。报告者应与听众建立目光交流,说话要让大家都听得清楚,还要对听众在肢体语言上的反应相当敏锐。报告的成功关键是掌握时间并集中介绍听众感兴趣的重点。在报告中若表现得过于紧张,如结巴、笨拙地朗诵笔记或投影片内容,说话太小声,有令人分心的举动,报告内容偏离研究主题太远,以及超过时间限制太多等都会使报告效果大打折扣。此外,报告者也不能忽视给听众整体印象的重要性,包括服装、手势、举止,以及报告者本身的自信。还有一些简单动作,如按报告顺序来呈现资料,语调的变换等,都可用来集中听众的注意力。

19.4.4 报告过程

报告的开场白就应能吸引听众的注意力。如前所述,研究问题、研究发现、结论、建议及其实施都是报告的重要部分。报告者应在报告的过程中至少重复三次这些重点,第一次在开场时,第二次在各部分说明细节时,最后一次在报告的总结时。

19.4.5 回答问题

不可否认,在经过长时间全神贯注投入于研究之后,报告者对该问题的了解一定多于听众中的任何一个人。因此,以自信平和的态度处理来自听众的问题其实一点也不困难。重要的是,若听众提出的问题似乎真的发现了研究中某层面的错误时,不要采取防御姿态。对问题和建议应采取开放的态度,因为听众可能会提出研究者没想到的好主意或建议。对于这样的好意见,研究者应真诚地表达谢意。不过,若听众提出不好的问题或错误的建议,也应以非批判性的方式处理。

与观众互动的这段时间若处理得好,可使听众有参与感和满足感。报告者应鼓励发问,并认真回答问题。互动良好的问答,将同时给予报告者与听众一个令人难忘的经历。

如前所述,20 分钟的报告与随后的问答时间的确需要仔细地规划,对听众关心的问题要有所预计,做好心理准备,并施展良好的印象管理技巧。

报告必须本着诚实与直接的态度。若隐瞒令研究赞助者不快或是管理层表现差劲的研究发现,是不道德的行为。如前所述,我们可以有技巧地报告这些发现,而不是隐瞒或扭曲信息以讨好研究赞助者。特别是组织内部的研究者,必须更有技巧地报告这些不受欢迎的信息。此外，陈述研究的局限也是很重要的，事实上，每一份研究或多或少都是有限制的，如此才不会误导听众。

 总结

学习目标 1：描述一份写得很好的、为特定受众的需求量身定制的研究报告的特点。

书面报告应使读者能够以解决研究项目中的问题的角度，权衡其中提出的事实和论点，审查研究结果，对结论和建议进行反思，并执行所提出的建议。尽管报告写作应针对研究目的和所面向的受众类型进行调整，但某些基本特征是所有书面报告不可或缺的。清晰、简洁、连贯和对重要方面的正确强调，是一份优秀研究报告的特点。

学习目标 2：写一份详尽完整的研究报告。

书面报告的确切内容和组织取决于研究的目的，以及它的目标读者。一般来说，研究报告有标题页、简介或摘要、前言、目录以及（有时）授权进行研究的副本。导论部分详细介绍了所研究的问题、研究的目的和研究问题，提供了一些相关的背景知识，并为读者在报告的其余部分中应该期待什么奠定了基础。报告的主体部分包括概念背景、研究的理论框架和假设（如果有的话）、抽样设计、数据收集方法、数据分析和获得的结果。报告的最后一部分应给出调查结果、结论和建议（供进一步研究之用）。接下来是报告中引用的参考文献列表。报告应附有附录。

学习目标 3：描述高质量口头陈述的特点，并给出一个高质量的口头陈述。

通常组织会要求做一个 20 分钟的研究项目口头陈述，然后是问答环节。口头陈述需要充足的准备，在计划、组织和排练演讲时必须花费时间和精力。因为很多内容都要涉及，所以有必要决定重点关注的点和每个点的重要性。对组织成员来说，调查的问题、发现的结果、得出的结论、提出的建议以及执行这些建议的方式是至关重要的，在陈述过程中需要强调。

讨论题

1. 讨论实施概要的目的与内容。
2. 基础研究与应用研究的报告有何异同？
3. 科技的发展如何提升研究报告的撰写与表达？
4. 为何必须在研究报告中说明研究局限？
5. 你会在课堂的研究书面报告与口头报告中强调哪些事项？

> 请完成练习 19.1 和练习 19.2。
>
> **练习 19.1**
>
> 评论附录中的报告 3。讨论它是一篇优质的报告还是一篇差劲的报告，提出该研究应如何改善的建议、哪些部分是其优点，评价其科学性。
>
> **练习 19.2**
>
> 替你想要进行的研究定一个研究标题，并写出研究的导论章节。

附录

报告1：叙述性研究的报告范例

塞克拉斯（SEKRAS）公司

收件人：雷明先生主席（策略规划委员会）
发件人：琼安·威廉姆斯（公共关系专员）
回复：雷明先生所要求的报告
下面是雷朋先生所要求的报告。若需要任何进一步的信息或说明，请不吝告知。
附件：报告

策略规划委员会的报告

1. 导论

副总裁暨策略规划委员会主席雷朋先生请求调查两条信息：
（1）本国前五大零售业企业的销售数据。
（2）塞克拉斯公司应如何改进以提高顾客满意度？为达成此目的，雷朋先生认为可对公司的顾客进行一个简单调查，以获取他们的意见。

2. 获得所需信息的方法

本国前五大零售业企业的销售数据来自商业周刊，该周刊定期发表各种产业的统计数值。

为了获取顾客对公司的意见，研究组对300位公司信用卡联名卡顾客寄发了一份简短的问卷（如附录A的模板），在300位受试者中，100位是在过去18个月最经常使用信用卡的顾客，100位是在同样期间内最不常使用信用卡的顾客，而另100位为信用卡中度使用者。三群受试者分别寄发不同颜色的问卷。若受试者在一个礼拜内回复，则赠送磁铁一块。该问卷提出三个问题：
（1）你在塞克拉斯购物时最喜欢哪些地方？
（2）塞克拉斯公司哪些地方是你最不喜欢的，并且希望其得到改善？请尽可能详细地说明。
（3）你觉得塞克拉斯公司可以做哪些改进以提升服务的质量？

3. 研究发现

（1）前五大零售商在2015年和2018年的销售数字。

前五大零售商在2015年和2018年的销售数字如表19.1所示。如我们所料，2018年沃尔玛和家得宝（Home Depot）仍保持龙头地位，克罗格（Kroger，在32个州拥有533家连锁超市）在2015年没有出现在前五位的榜单上，但在2018年位居第三。而好市多（Costco，一家会员制连锁店）排名第四。塔吉特（Target，一家销售服装、家居用品、电子产品、运动产品、玩具和娱乐产品的公司）在2015年首次进榜，并位居第五名，2018年仍保持第五位的成绩。西尔斯·罗巴克和凯马特在2018年掉出了前5的位置。我们可以观察到沃尔玛的销售额在3年之中增长了1.33倍，但是它在前五位中所占销售份额并没有变。

表 19.1　前五大零售商在 2015 年与 2018 年的销售数据的比较

2015 年排名前五位的零售商			2018 年排名前五位的零售商		
公司	销售额（10 亿美元）	在前五位中的占有率 /%	公司	销售额（10 亿美元）	在前五位中的占有率 /%
沃尔玛	191.33	54.7	沃尔玛	256.0	53.4
家得宝	45.75	13.1	家得宝	73.10	15.2
西尔斯·罗巴克（Sears, Roebuck）	40.94	11.7	克罗格	56.40	11.8
凯马特（Kmart）	36.50	10.3	好市多	47.15	9.8
塔吉特（Target）	35.51	10.2	塔吉特	46.80	9.8

资料来源：商业周刊。

（2）顾客对改进的建议。

在发出的 300 份问卷中，共回收了 225 份，回收率为 75%。100 位最常使用我们信用卡的顾客中，有 80 位回复；在最不常使用我们信用卡的顾客中，有 60 位回复；而中度使用者则有 85 位回复。

约 75% 的受试者为女性。大部分的顾客年纪在 35 岁到 55 岁之间（62%）。

针对三个开放式问题进行分析后，给委员会的有关改进建议的信息如表 19.2 所示。至于其他两个问题：顾客喜欢的地方以及具体的改进建议，则以表格的形式整理在附录中。

表 19.2　建议改进的领域

建议描述	常客	中度顾客频数	稀客频数	总计 频数	总计 %
1. 小家电如搅拌器、果汁机等经常缺货，令人生气。	30	48	22	100	44
2. 餐厅供应的食物平淡无味，为什么不引入香辣的异国料理？	26	14	5	45	20
3. 我们市场找不到所要的东西。	3	6	14	23	10
4. 如果能提供小孩看顾服务，我们就能专心购物。	28	32	25	85	38
5. 常找不到服务人员来回答我们的问题。	29	49	22	100	44
6. 我希望它能成为 24 小时商店。	17	13	7	37	16
7. 有时账单发生错误，我们必须打好几次电话才能更正，非常浪费时间。	4	12	14	20	16
8. 希望能在楼内设置一些让小孩玩电动玩具的空间。	2	—	4	6	2
9. 进口一些东方服饰，如和服、纱丽服、纱笼。	—	8	4	12	5
10. 应调整室内温度，因为通常不是太冷就是太热。	15	12	17	44	18

以下是仅有一两位受试者提出的建议。
（1）在每个楼层增设饮水机。
（2）应减轻手推车的重量，使之容易推动。
（3）应多摆设一些座椅以供长时间购物的客人休息。
（4）奢侈品的价位太高。

由表 19.2 可发现，大多数的不满意来自：（1）小家电缺货；（2）当找不到欲购买商品时，时常无法找到服务人员（各为 44%）。有 38% 的顾客表示需要小孩看顾服务。20% 认为餐厅应提供异国香辣风味的食物。接下来的两个重要项目为，空调温度（18%）与账单错误（16%）。有些顾客（16%）则希望商店能 24 小时营业。

其他的建议只有不到 10% 的顾客提出，因此可以稍后再注意。

这里有一点值得注意的是，我们并不确定样本是否具有代表性。我们认为高度、中度与低度频率使用联名信用卡的顾客能提供些有用信息，若还需要更精细的研究以获得每位来店消费顾客的信息，我们将尽快去做。同时，我们也访问了几个每天在这里购物的顾客。若我们从访谈中发现任何重要的事情，将会马上通知你。

4. 依据建议所提出的改进方法

根据现有样本的调查结果，公司似乎需要进行以下的改进：

（1）小家电必须有适度的库存量（44% 抱怨这一点），该部门必须引进有效的存货再订购系统，以降低顾客的不满程度，避免因缺货导致的销售损失。若需要的话，研究小组可给予进一步的帮助。

（2）在找寻商品时顾客似乎需要服务人员的帮助（44% 曾表达此需求）。若提供帮助是首要考虑，则可以请公司员工穿上佩戴证件的制服，清楚显示他们可以随时帮助顾客。当人员闲置时（没有顾客要求服务时），这些人可以整理货架。

（3）超过三成的顾客（38%）提出小孩看顾服务的需求。我们可以在店面入口处设置一块区域，供父母在购物时托育小孩。但公司必须聘雇一位经过专业训练的幼儿保育人员来照顾孩子。若实施效果不错而且需要的话，也可以聘雇一位助手。从成本—效益分析来看，额外支出将会由增加的销售额抵消，同时也能为公司带来良好的商誉。

（4）增加餐厅供应食物的多样性（20% 提出此需求）是一项看似简单实则复杂的工作。我们需要进一步的详细信息，以确定应增加哪种类型的食物。若雷朋先生需要，我们可以通过另一个小型研究调查来获得这些信息。

（5）账单错误是不应该发生的（16% 指出这一点），所以应该警告负责的部门不要再犯类似错误，并将这些错误纳入绩效评估中。

（6）温度的控制（16% 指出这一点）是比较容易的。事实上，我们可以马上通知工程部门的员工注意该问题。

我希望这份报告涵盖了雷朋先生想要的所有信息。如同先前所提到的，若非联名信用卡顾客也必须纳入样本中，我们可以再重新调查一次。

报告 2：提供解决方案并阐明正反面意见的报告范例

TO：查尔斯·奥利安先生总裁（Lunard 制造公司）
FR：亚力士·范特拉资深研究员（Beam 研究小组）

RE：降低成本以防不景气的建议方案

下面为奥利安先生所要求的报告。若需要任何信息或说明，请不吝告知。

Encl：报告

不大规模裁员而能应付经济不景气的方案报告

1. 导论

由于经济衰退，Beam 研究小组被要求提出解决方案，帮助公司度过接下来数月的不景气。最近在《商业周刊》有一篇标题为"在仓促中蹲下"的文章指出，大多数公司的管理者都是通过裁员和组织重整来降低成本。奥利安先生希望 Beam 研究小组能提出一些除裁员之外的建议。

本报告提出五项方案，并分别举出优缺点。

2. 开发解决方案的方法

本小组对经济指标以及公开的产业分析报告进行了研究，阅读了联邦储备委员会主席的谈话，调查了许多公司在景气与不景气时降低成本的方法，据此提出下列五项方案。

方案如下：

（1）中止所有资本支出。

（2）停止招募。

（3）持续地追讨坏账。

（4）通过大幅缩减交通与娱乐支出来调整营业支出。

（5）停止生产低利润产品。

3. 每一项方案的优缺点

每一项方案详细的成本—效益分析，将列在附录中以供参考。下面只提供各方案的净效益。

（1）中止所有资本支出

在经济不景气时所有制造活动都会减缓，故停止所有资本支出是合理的。除了现有的机器外，没有必要再购买资本设备。而所有相关的提案也应一律搁置。

这个措施将会减少相当于收益的 7% 到 10% 的支出（附录中提供了详细的资料）。另外，可以成立储备基金，以供未来经济回到正常水平时使用。

（2）停止招募

过去 4 年来每年员工人数约增长 15%。随着经济衰退，若每个分支机构都停止招募新员工的话，每年将可节省超过 1 000 万美元。

开始这可能会造成员工工作负担加重，并导致对工作的不满。但一旦员工习惯了，且不景气真的来临之后，他们会因保有工作而心存感激。但最好能在实施前事先向员工解释停止招募的原因，这样他们才能了解该政策背后的动机，并感谢公司的告知。

（3）持续地追讨坏账

在过去 3 年中，公司的坏账持续增加，而且至今似乎并无加强追讨的打算。

我们提议应立即雇用那些曾经成功地为其他公司讨问坏账的讨债公司。这些公司所要求的报酬可能高于其他讨债公司，但这些额外的成本是值得的。当他们开始追讨坏账后，几个礼拜内可讨回 10 亿美元左右，这将有助于公司财务上的资金运转。

（4）调整营业支出

有些营业支出可被削减，特别是管理者的交通费用（如附录中表 4 所示）。视频会议既快速又节省成本，可以在大多数会议与协商时使用。单是这一点就可以每月帮公司省下 17.5 万美元。

另一个大幅削减成本的做法是缩减娱乐费用，除了必要的提升企业知名度或公关活动的支出之外，其他费用都应该缩减。

这些不同的做法将会对士气带来负面冲击，但只要管理者了解经济现况，在一开始的心理抗拒消失后将会慢慢适应新的制度。

（5）停止生产低利润产品

本小组分析了公司内各种产品的生产记录、销售与利润数字，发现附录中表 5 所列出的各种产品利润非常低。从资料中可以看出，公司在生产与销售这些低利润的产品上却花费了相当多的时间与精力。

因此，最有利的做法是逐步淘汰并停止生产这些产品，将资源转移到表 6 中列出的高利润产品上，从表 7 的成本—效益分析来看，这个策略可以帮助公司节省数十亿美元。

奥利安先生若能将上述所提的五项方案全部付诸实践，将能够确保应付不景气时期的来临。

报告 3：精简后的基础研究报告范例

会计师事务所女性员工升迁影响因素

1. 导论

过去 15 年间，有相当多的女性进入会计师事务所。然而，在八大会计师事务所中，只有不到 4% 的合伙人为女性，这显示在会计师行业中，女性员工在升迁上是比较困难的。事实上，会计系女学生在校表现明显比男学生优秀，但不幸的是，她们的聪明才智与知识在职业生涯中并未被充分利用。最近发生了几起代价高昂的反歧视诉讼，使得找出在会计师事务所中影响女性员工升迁的因素，以及提出如何矫正其处境的方案显得格外重要。

2. 简略的文献综述

针对主修会计的男性与女性所做的研究显示，自从 1977 年以来，会计系女学生的人数比例有明显增加（Kurian, 1998）。根据某项超过 15 年的纵贯研究，Mulcher、Turner 和 Williams（2000）发现女学生在高级课程的成绩明显高于男学生。对于女学生杰出的在校学业成绩表现，有理论认为可能是由于女性对于打破陈规有较高的需求和欲望（Messing, 2000），有较高的职业抱负（Tinsley et al., 1999），或是对会计有较高的天赋（Jones & Alexander, 2001；Riley, 2001）。然而，Fraser、Lytle 和 Stolle（1998）以及 Johnson 与 Meyer（1999）所做的实证研究发现，会计系的男、女学生在人格倾向或行为特质方面并没有显著的不同。

几份针对国内女性会计师所做的调查提出了三项妨碍女性在会计师行业中职业生涯升迁的因素（Kaufman, 1986；Larson, 1999；Walkup & Fenman, 2001），即：(1) 会计师需要很长的工作时间（与家庭需求冲突）；(2) 未获上级交付责任重大的工作；(3) 性别歧视。

总而言之，缺乏升迁机会似乎来自组织可以控制的因素。

3. 研究问题

长时间工作、未获交付重大任务，以及性别歧视是否是女性在会计师事务所中缺乏升迁机会的原因呢？

4. 理论框架

因变量性别"升迁"的方差可被三个自变量解释：长时间工作、未获交付重大任务、性别歧视。因为人们一般希望女性负责家庭中的工作并照顾小孩，实际上也是如此，这使她们无法在正规时间外工作，这使上级有个错误的印象，即她们不够专注于工作。由于这个观念，使得她们不被托付重大的责任。而因为她们比男性更少接触错综复杂的会计实务，如此又进一步阻碍了升迁。因此女性员工在升迁时总是被忽略的一群。

如果仔细探究性别角色所造成的歧视，如轰动一时的案例"霍普金斯与普华管理咨询公司 Price Waterhouse & Co."，可以发现性别歧视也阻碍了女性员工的升迁。如果公司不重视女性的潜在价值，总是期待女性去遵守性别角色的行为（这会使她们总是扮演不起眼的角色），她们升迁的机会将大幅减少。

因此，这里所考虑的三个自变量将可显著地解释会计师行业中女性员工升迁机会的方差。无法长时间工作、缺乏负担重责大任的机会与性别角色的陈规都对升迁有负面影响。

5. 假设

（1）若女性员工在正常工时外花更多时间在工作上，则她们将会被交付更多责任。
（2）若女性员工被赋予更多重大责任，她们将有更多机会在组织中升迁。
（3）若女性员工不被期望遵守传统的行为准则，她们在组织中升迁的机会将增加。
三个自变量将显著地解释女性会计师升迁机会的方差。

研究方法

1. 研究设计

该研究为一个横断面的相关性实地研究，三个自变量与因变量的资料都是通过邮寄问卷的方式，由国内几个会计师事务所的女性会计师填答搜集而来。

2. 总体与样本

本研究的总体为国内所有的女性会计师。首先采用系统抽样的程序，从全国各地区选出 30 个城市，并找出这些城市中所有的会计师事务所。接着通过简单随机抽样程序，在每个城市中选出 5 个会计师事务所。资料搜集的对象就是所挑选的会计事务所中所有的女性会计师。抽出的样本数共 300 份，而有 264 位女性会计师回复问卷，约为 88% 的回卷率，这是相当理想的。

如预期的那样，所有的受试者都拥有会计师执照。年龄分布从 28 岁到 66 岁。约 60%的受试者超过 45 岁；家中平均有两个 13 岁以下的小孩。在公司中平均服务年限为 15 年，而曾经工作过的公司数目为 2 个。每天在家中从事与工作相关事务的小时数为 1.4 个小时。

3. 变量及其测量

所有的人口统计变量，如年龄、工作年数、以前工作过的公司数、在家中工作的小时数、小孩数目与年龄等都由单一问题询问。

（1）升迁

该因变量用来表示一个人预期自己在未来3到10年中，其职业生涯会被提升到多高的层级，学者Hall（1986）开发出4个测量此变量的题项，其中一个为："我认为我可以轻易地晋升到下一个更高的职位。"该测量具有聚合效度和辨别效度，这4个题项在样本上的Cronbach's α 值为0.86。

（2）性别角色的刻板印象

对该自变量的测量采用Hall与Humphrey（1972）开发的8个题项来测量，其中一题为：公司中的男性并不认为女性应该待的地方是家庭，该测量在这一样本上的Cronbach's α 值为0.82。

（3）交付的责任

这个变量是由Sonnenfield与McGrath（1983）所开发的三个题项来测量，它要求受试者指出被托付的责任为：做出重要的决策；应付大客户；为公司年度的利润负起责任。该测量在这一样本的Cronbach's α 值为0.71。

4. 资料搜集方法

问卷以邮寄的方式寄给美国的300位女性会计师。在经过两次提醒之后，约6个星期内回收了264份问卷。88%的高回收率或许可以归因为之前很少有类似的问卷，其主题又能够深深贴近女性会计师的心声。有很多原因让研究者决定不以电子问卷的方式进行，其中一点是，传统的问卷让忙碌的受试者不必再开启计算机。

5. 资料分析与结果

在得到该样本在测量上的信度（Crobach's α 值）后，我们顺便求出了人口统计变量的频数分布。这些数值可以在表1中看到。接着计算自变量与因变量的Pearson相关性矩阵，如表2所示。此时，可注意到没有相关系数是大于0.6的。

接着检验每一项假设。相关矩阵提供了前三个假设的答案。第一个假设认为，在正常工时之外的工作时数与被交付责任正相关。相关系数0.56（$p<0.001$），证明此假设成立。

第二个假设认为，若女性被赋予更多重大责任，将会改善其升迁的状况。正向的相关系数0.59（$p<0.001$）证明此假设成立。即女性若被交付更多责任，将感觉到更多的升迁机会。

第三个假设认为，性别角色的刻板印象与升迁将会呈负相关。相关系数-0.54（$p<0.001$），这也证明了这项假设是成立的。即对女性的传统观念越重，则升迁的机会越少。

要检验第四个假设，即正常工时之外的工作时数、更多重责大任的交付，以及对女性角色的传统观念三者可以显著地解释升迁的方差。将这三个自变量纳入回归分析中，结果如表3所示，这个假设也是成立的。即在自由度为（3, 238）的情况下，R^2 值为0.43，显著水平$p<0.001$，证明了升迁中43%的方差可显著地由这三个自变量解释。

6. 结果讨论

研究的结果证明了理论框架中所考虑的变量是重要的。单单考虑工作的时数而不考虑工作的质量显示公司没有充分地利用女性会计师的能力，也未适当地激发她们的才能。这个情况其实是值得加以改正的。

若高层主管交付更多责任给女性,对此情况将是有帮助的。这样可以充分利用女性的才能,并进一步提升公司的效能,若能帮助主管修正他们的心理定位和在性别角色上的预期,他们会减少对传统女性角色的预期,促进女性会计师的升迁,女性可以为公司运作带来不同的观点(Smith,1999;Vernon,2001),所以让她们成为公司的合伙人也可以提升公司的效能。

7. 建议

第一,本研究建议,建立一套系统以评估每位成员所负责业务的贡献价值,并据此当作升迁的测量标准,而不是光靠工作时数。

第二,女性会计师在公司中服务3~5年之后,应给予更多的责任,并指派一位导师来训练她们,这将会使公司运作得更顺利。

第三,应针对主管人员举办小型专题研讨会,使他们对工作场合中性别歧视所带来的负面效应更为敏感,帮助这些主管能够好好地利用女性会计师的才能。如果视女性会计师为拥有理想和抱负的专家,而不以传统观念对待,那么女性会计师将更能够担当重任,并在组织中成长进步。组织相对地也能从她们的贡献中受益不少。

总而言之,应鼓励会计师事务所修正对女性会计师的心理定位与期望,因为如果她们的能力未能被充分利用,这将是全国性的浪费!

给学生的最后一个提示

如果你喜欢学习研究并积累了大量的研究技能，那么你已经为你的职业生涯做好了准备。在本书的前面几章，我们解释了研究如何帮助管理者掌握公司内部或环境中的问题、关注事项和冲突，从而做出有效的决策并制定有效的行动路线。正如从本书中的这些讨论和其他讨论中所认识到的，研究是组织现实中不可或缺的一部分，它可以帮助企业不断改进和逐步增长。

虽然你可能在完成了一个学期的课程，或者完成了一个研究项目之后，还没有成为一名专业的研究人员，但我们相信你已经对商业研究——有效地与顾问打交道的宝贵资产——有了一个明智的认识和足够的知识深度。在作为经理人的职业生涯中，你无疑会在专业和学术期刊上读到一些材料，在筛选这些材料时，区分高质量与低质量研究的能力，对你来说也将是无价的。更重要的是，当你被各种来源的信息淹没时，包括互联网、报纸、谈话节目等等，你会更好地评估信息的有效性，判断它们真正代表什么。因此，你们有能力处理当今信息时代所面临的信息过载。

如果你满意地完成了本章的目标，你就可以自信地认为，作为一名管理者，你已经朝着更加高效的方向迈出了一大步。研究是探索解决问题的途径，作为管理者，你会发现你现在学到的研究知识和技能非常有用。研究，如果运用良好的常识，就会产生预期的结果。我们祝愿您在个人、学术和职业生涯中取得成功！

——罗杰·布吉和乌玛·塞卡兰

统计分布表

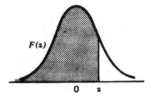

Table I Cumulative Normal Probabilities

z	F(z)	z	F(z)
0.00	0.5000000	0.28	0.6102612
0.01	0.5039894	0.29	0.6140919
0.02	0.5079783	0.30	0.6179114
0.03	0.5119665	0.31	0.6217195
0.04	0.5159534	0.32	0.6255158
0.05	0.5199388	0.33	0.6293000
0.06	0.5239222	0.34	0.6330717
0.07	0.5279032	0.35	0.6368307
0.08	0.5318814	0.36	0.6405764
0.09	0.5358564	0.37	0.6443088
0.10	0.5398278	0.38	0.6480273
0.11	0.5437953	0.39	0.6517317
0.12	0.5477584	0.40	0.6554217
0.13	0.5517168	0.41	0.6590970
0.14	0.5556700	0.42	0.6627573
0.15	0.5596177	0.43	0.6664022
0.16	0.5635595	0.44	0.6700314
0.17	0.5674949	0.45	0.6736448
0.18	0.5714237	0.46	0.6772419
0.19	0.5753454	0.47	0.6808225
0.20	0.5792597	0.48	0.6843863
0.21	0.5831662	0.49	0.6879331
0.22	0.5870604	0.50	0.6914625
0.23	0.5909541	0.51	0.6949743
0.24	0.5948349	0.52	0.6984682
0.25	0.5987063	0.53	0.7019440
0.26	0.6025681	0.54	0.7054015
0.27	0.6064199	0.55	0.7088403

(continued)

(continued)

z	F(z)	z	F(z)
0.56	0.7122603	0.98	0.8364569
0.57	0.7156612	0.99	0.8389129
0.58	0.7190427	1.00	0.8413447
0.59	0.7224047	1.01	0.8437524
0.60	0.7257469	1.02	0.8461358
0.61	0.7290691	1.03	0.8484950
0.62	0.7323711	1.04	0.8508300
0.63	0.7356527	1.05	0.8531409
0.64	0.7389137	1.06	0.8554277
0.65	0.7421539	1.07	0.8576903
0.66	0.7453731	1.08	0.8599289
0.67	0.7485711	1.09	0.8621434
0.68	0.7517478	1.10	0.8643339
0.69	0.7549029	1.11	0.8665005
0.70	0.7580363	1.12	0.8686431
0.71	0.7611479	1.13	0.8707619
0.72	0.7642375	1.14	0.8728568
0.73	0.7673049	1.15	0.8749281
0.74	0.7703500	1.16	0.8769756
0.75	0.7733726	1.17	0.8789995
0.76	0.7763727	1.18	0.8809999
0.77	0.7793501	1.19	0.8829768
0.78	0.7823046	1.20	0.8849303
0.79	0.7852361	1.21	0.8868606
0.80	0.7881446	1.22	0.8887676
0.81	0.7910299	1.23	0.8906514
0.82	0.7938919	1.24	0.8925123
0.83	0.7967306	1.25	0.8943502
0.84	0.7995458	1.26	0.8961653
0.85	0.8023375	1.27	0.8979577
0.86	0.8051055	1.28	0.8997274
0.87	0.8078498	1.29	0.9014747
0.88	0.8105703	1.30	0.9031995
0.89	0.8132671	1.31	0.9049021
0.90	0.8159399	1.32	0.9065825
0.91	0.8185887	1.33	0.9082409
0.92	0.8212136	1.34	0.9098773
0.93	0.8238145	1.35	0.9114920
0.94	0.8263912	1.36	0.9130850
0.95	0.8289439	1.37	0.9146565
0.96	0.8314724	1.38	0.9162067
0.97	0.8339768	1.39	0.9177356

(continued)

(continued)

z	F(z)	z	F(z)
1.40	0.9192433	1.82	0.9656205
1.41	0.9207302	1.83	0.9663750
1.42	0.9221962	1.84	0.9671159
1.43	0.9236415	1.85	0.9678432
1.44	0.9250663	1.86	0.9685572
1.45	0.9264707	1.87	0.9692581
1.46	0.9278550	1.88	0.9699460
1.47	0.9292191	1.89	0.9706210
1.48	0.9305634	1.90	0.9712834
1.49	0.9318879	1.91	0.9719334
1.50	0.9331928	1.92	0.9725711
1.51	0.9344783	1.93	0.9731966
1.52	0.9357445	1.94	0.9738102
1.53	0.9369916	1.95	0.9744119
1.54	0.9382198	1.96	0.9750021
1.55	0.9394292	1.97	0.9755808
1.56	0.9406201	1.98	0.9761482
1.57	0.9417924	1.99	0.9767045
1.58	0.9429466	2.00	0.9772499
1.59	0.9440826	2.01	0.9777844
1.60	0.9452007	2.02	0.9783083
1.61	0.9463011	2.03	0.9788217
1.62	0.9473839	2.04	0.9793248
1.63	0.9484493	2.05	0.9798178
1.64	0.9494974	2.06	0.9803007
1.65	0.9505285	2.07	0.9807738
1.66	0.9515428	2.08	0.9812372
1.67	0.9525403	2.09	0.9816911
1.68	0.9535213	2.10	0.9821356
1.69	0.9544860	2.11	0.9825708
1.70	0.9554345	2.12	0.9829970
1.71	0.9563671	2.13	0.9834142
1.72	0.9572838	2.14	0.9838226
1.73	0.9581849	2.15	0.9842224
1.74	0.9590705	2.16	0.9846137
1.75	0.9599408	2.17	0.9849966
1.76	0.9607961	2.18	0.9853713
1.77	0.9616364	2.19	0.9857379
1.78	0.9624620	2.20	0.9860966
1.79	0.9632730	2.21	0.9864474
1.80	0.9640697	2.22	0.9867906
1.81	0.9648521	2.23	0.9871263

(continued)

(continued)

z	F(z)	z	F(z)
2.24	0.9874545	2.49	0.9936128
2.25	0.9877755	2.50	0.9937903
2.26	0.9880894	2.51	0.9939634
2.27	0.9883962	2.52	0.9941323
2.28	0.9886962	2.53	0.9942969
2.29	0.9889893	2.54	0.9944574
2.30	0.9892759	2.55	0.9946139
2.31	0.9895559	2.56	0.9947664
2.32	0.9898296	2.57	0.9949151
2.33	0.9900969	2.58	0.9950600
2.34	0.9903581	2.59	0.9952012
2.35	0.9906133	2.60	0.9953388
2.36	0.9908625	2.70	0.9965330
2.37	0.9911060	2.80	0.9974449
2.38	0.9913437	2.90	0.9981342
2.39	0.9915758	3.00	0.9986501
2.40	0.9918025	3.20	0.9993129
2.41	0.9920237	3.40	0.9996631
2.42	0.9922397	3.60	0.9998409
2.43	0.9924506	3.80	0.9999277
2.44	0.9926564	4.00	0.9999683
2.45	0.9928572	4.50	0.9999966
2.46	0.9930531	5.00	0.9999997
2.47	0.9932443	5.50	0.9999999
2.48	0.9934309		

This table is condensed from Table 1 of the *Biometrika Tables for Statisticians*, Vol. 1 (1st ed.), edited by E. S. Pearson and H. O. Hartley. Reproduced with the kind permission of E. S. Pearson and the trustees of *Biometrika*.

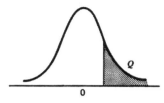

Table II Upper Percentage Points of the *t* Distribution

υ	Q = 0.4 2Q = 0.8	0.25 0.5	0.1 0.2	0.05 0.1	0.025 0.05	0.01 0.02	0.005 0.01	0.001 0.002
1	0.325	1.000	3.078	6.314	12.706	31.821	63.657	318.31
2	0.289	0.816	1.886	2.920	4.303	6.965	9.925	22.326
3	0.277	0.765	1.638	2.353	3.182	4.541	5.841	10.213
4	0.271	0.741	1.533	2.132	2.776	3.747	4.604	7.173
5	0.267	0.727	1.476	2.015	2.571	3.365	4.032	5.893
6	0.265	0.718	1.440	1.943	2.447	3.143	3.707	5.208
7	0.263	0.711	1.415	1.895	2.365	2.998	3.499	4.785
8	0.262	0.706	1.397	1.860	2.306	2.896	3.355	4.501
9	0.261	0.703	1.383	1.833	2.262	2.821	3.250	4.297
10	0.260	0.700	1.372	1.812	2.228	2.764	3.169	4.144
11	0.260	0.697	1.363	1.796	2.201	2.718	3.106	4.025
12	0.259	0.695	1.356	1.782	2.179	2.681	3.055	3.930
13	0.259	0.694	1.350	1.771	2.160	2.650	3.012	3.852
14	0.258	0.692	1.345	1.761	2.145	2.624	2.977	3.787
15	0.258	0.691	1.341	1.753	2.131	2.602	2.947	3.733
16	0.258	0.690	1.337	1.746	2.120	2.583	2.921	3.686
17	0.257	0.689	1.333	1.740	2.110	2.567	2.898	3.646
18	0.257	0.688	1.330	1.734	2.101	2.552	2.878	3.610
19	0.257	0.688	1.328	1.729	2.093	2.539	2.861	3.579
20	0.257	0.687	1.325	1.725	2.086	2.528	2.845	3.552
21	0.257	0.686	1.323	1.721	2.080	2.518	2.831	3.527
22	0.256	0.686	1.321	1.717	2.074	2.508	2.819	3.505
23	0.256	0.685	1.319	1.714	2.069	2.500	2.807	3.485
24	0.256	0.685	1.318	1.711	2.064	2.492	2.797	3.467
25	0.256	0.684	1.316	1.708	2.060	2.485	2.787	3.450
26	0.256	0.684	1.315	1.706	2.056	2.479	2.779	3.435
27	0.256	0.684	1.314	1.703	2.052	2.473	2.771	3.421
28	0.256	0.683	1.313	1.701	2.048	2.467	2.763	3.408
29	0.256	0.683	1.311	1.699	2.045	2.462	2.756	3.396
30	0.256	0.683	1.310	1.697	2.042	2.457	2.750	3.385
40	0.255	0.681	1.303	1.684	2.021	2.423	2.704	3.307
60	0.254	0.679	1.296	1.671	2.000	2.390	2.660	3.232
120	0.254	0.677	1.289	1.658	1.980	2.358	2.617	3.160
∞	0.253	0.674	1.282	1.645	1.960	2.326	2.576	3.090

This table is condensed from Table 12 of the *Biometrika Tables for Statisticians*, Vol. 1 (1st ed.), edited by E. S. Pearson and H. O. Hartley. Reproduced with the kind permission of E. S. Pearson and the trustees of *Biometrika*.

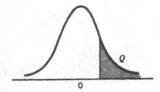

TABLE III Upper Percentage Points of the χ^2 Distribution

Q \ v	0.995	0.990	0.975	0.950	0.900	0.750	0.500
1	392704.10^{-10}	157088.10^{-9}	982069.10^{-9}	393214.10^{-8}	0.0157908	0.1015308	0.454937
2	0.0100251	0.0201007	0.0506356	0.102587	0.210720	0.575364	1.38629
3	0.0717212	0.114832	0.215795	0.351846	0.584375	1.212534	2.36597
4	0.206990	0.297110	0.484419	0.710721	1.063623	1.92255	3.35670
5	0.411740	0.554300	0.831211	1.145476	1.61031	2.67460	4.35146
6	0.675727	0.872085	1.237347	1.63539	2.20413	3.45460	5.34812
7	0.989265	1.239043	1.68987	2.16735	2.83311	4.25485	6.34581
8	1.344419	1.646482	2.17973	2.73264	3.48954	5.07064	7.34412
9	1.734926	2.087912	2.70039	3.32511	4.16816	5.89883	8.34283
10	2.15585	2.55821	3.24697	3.94030	4.86518	6.73720	9.34182
11	2.60321	3.05347	3.81575	4.57481	5.57779	7.58412	10.3410
12	3.07382	3.57056	4.40379	5.22603	6.30380	8.43842	11.3403
13	3.56503	4.10691	5.00874	5.89186	7.04150	9.29906	12.3398
14	4.07468	4.66043	5.62872	6.57063	7.78953	10.1653	13.3393
15	4.60094	5.22935	6.26214	7.26094	8.54675	11.0365	14.3389
16	5.14224	5.81221	6.90766	7.96164	9.31223	11.9122	15.3385
17	5.69724	6.40776	7.56418	8.67176	10.0852	12.7919	16.3381
18	6.26481	7.01491	8.23075	9.39046	10.8649	13.6753	17.3379
19	6.84398	7.63273	8.90655	10.1170	11.6509	14.5620	18.3376
20	7.43386	8.26040	9.59083	10.8508	12.4426	15.4518	19.3374
21	8.03366	8.89720	10.28293	11.5913	13.2396	16.3444	20.3372
22	8.64272	9.54249	10.9823	12.3380	14.0415	17.2396	21.3370
23	9.26042	10.19567	11.6885	13.0905	14.8479	18.1373	22.3369
24	9.88623	10.8564	12.4011	13.8484	15.6587	19.0372	23.3367
25	10.5197	11.5240	13.1197	14.6114	16.4734	19.9393	24.3366
26	11.1603	12.1981	13.8439	15.3791	17.2919	20.8434	25.3364
27	11.8076	12.8786	14.5733	16.1513	18.1138	21.7494	26.3363
28	12.4613	13.5648	15.3079	16.9279	18.9392	22.6572	27.3363
29	13.1211	14.2565	16.0471	17.7083	19.7677	23.5666	28.3362
30	13.7867	14.9535	16.7908	18.4926	20.5992	24.4776	29.3360
40	20.7065	22.1643	24.4331	26.5093	29.0505	33.6603	39.3354
50	27.9907	29.7067	32.3574	34.7642	37.6886	42.9421	49.3349
60	35.5346	37.4848	40.4817	43.1879	46.4589	52.2938	59.3347
70	43.2752	45.4418	48.7576	51.7393	55.3290	61.6983	69.3344
80	51.1720	53.5400	57.1532	60.3915	64.2778	71.1445	79.3343
90	59.1963	61.7541	65.6466	69.1260	73.2912	80.6247	89.3342
100	67.3276	70.0648	74.2219	77.9295	82.3581	90.1332	99.3341
Z_Q	−2.5758	−2.3263	−1.9600	−1.6449	−1.2816	−0.6745	0.0000

(continued)

(continued)

Q							
v	0.250	0.100	0.050	0.025	0.010	0.005	0.001
1	1.32330	2.70554	3.84146	5.02389	6.63490	7.87944	10.828
2	2.77259	4.60517	5.99147	7.37776	9.21034	10.5966	13.816
3	4.10835	6.25139	7.81473	9.34840	11.3449	12.8381	16.266
4	5.38527	7.77944	9.48773	11.1433	13.2767	14.8602	18.467
5	6.62568	9.23635	11.0705	12.8325	15.0863	16.7496	20.515
6	7.84080	10.6446	12.5916	14.4494	16.8119	18.5476	22.458
7	9.03715	12.0170	14.0671	16.0128	18.4753	20.2777	24.322
8	10.2188	13.3616	15.5073	17.5346	20.0902	21.9550	26.125
9	11.3887	14.6837	16.9190	19.0228	21.6660	23.5893	27.877
10	12.5489	15.9871	18.3070	20.4831	23.2093	25.1882	29.588
11	13.7007	17.2750	19.6751	21.9200	24.7250	26.7569	31.264
12	14.8454	18.5494	21.0261	23.3367	26.2170	28.2995	32.909
13	15.9839	19.8119	22.3621	24.7356	27.6883	29.8194	34.528
14	17.1170	21.0642	23.6848	26.1190	29.1413	31.3193	36.123
15	18.2451	22.3072	24.9958	27.4884	30.5779	32.8013	37.697
16	19.3688	23.5418	26.2962	28.8454	31.9999	34.2672	39.252
17	20.4887	24.7690	27.5871	30.1910	33.4087	35.7185	40.790
18	21.6049	25.9894	28.8693	31.5264	34.8053	37.1564	42.312
19	22.71578	27.2036	30.1435	32.8523	36.1908	38.5822	43.820
20	23.8277	28.4120	31.4104	34.1696	37.5662	39.9968	45.315
21	24.9348	29.6151	32.6705	35.4789	38.9321	41.4010	46.797
22	26.0393	30.8133	33.9244	36.7807	40.2894	42.7956	48.268
23	27.1413	32.0069	35.1725	38.0757	41.6384	44.1813	49.728
24	28.2412	33.1963	36.4151	39.3641	42.9798	45.5585	51.179
25	29.3389	34.3816	37.6525	40.6465	44.3141	46.9278	52.620
26	30.4345	35.5631	38.8852	41.9232	45.6417	48.2899	54.052
27	31.5284	36.7412	40.1133	43.1944	46.9630	49.6449	55.476
28	32.6205	37.9159	41.3372	44.4607	48.2782	50.9933	56.892
29	33.7109	39.0875	42.5569	45.7222	49.5879	52.3356	58.302
30	34.7998	40.2560	43.7729	46.9792	50.8922	53.6720	59.703
40	45.6160	51.8050	55.7585	59.3417	63.6907	66.7659	73.402
50	56.3336	63.1671	67.5048	71.4202	76.1539	79.4900	86.661
60	66.9814	74.3970	79.0819	83.2976	88.3794	91.9517	99.607
70	77.5766	85.5271	90.5312	95.0231	100.425	104.215	112.317
80	88.1303	96.5782	101.879	106.629	112.329	116.321	124.839
90	98.6499	107.565	113.145	118.136	124.116	128.299	137.208
100	109.141	118.498	124.342	129.561	135.807	140.169	149.449
z_Q	+0.6745	+1.2816	+1.6449	+1.9600	+2.3263	+2.5758	+3.0902

This table is taken from Table 8 of the *Biometrika Tables for Statisticians*, Vol. 1 (1st ed), edited by E. S. Pearson and H. O. Hartley. Reproduced with the kind permission of E. S. Pearson and the trustees of *Biometrika*.

Table IV Percentage Points of the F Distribution: Upper 5% Points

v_2 \ v_1	1	2	3	4	5	6	7	8	9	10	12	15	20	24	30	40	60	120	∞
1	161.4	199.5	215.7	224.6	230.2	234.0	236.8	238.9	240.5	241.9	243.9	245.9	248.0	249.1	250.1	251.1	252.2	253.3	243.3
2	18.51	19.00	19.16	19.25	19.30	19.33	19.35	19.37	19.38	19.40	19.41	19.43	19.45	19.45	19.46	19.47	19.48	19.49	19.50
3	10.13	9.55	9.28	9.12	9.01	8.94	8.89	8.85	8.81	8.79	8.74	8.70	8.66	8.64	8.62	8.59	8.57	8.55	8.53
4	7.71	6.94	6.59	6.39	6.26	6.16	6.09	6.04	6.00	5.96	5.91	5.86	5.80	5.77	5.75	5.72	5.69	5.66	5.63
5	6.61	5.79	5.41	5.19	5.05	4.95	4.88	4.82	4.77	4.74	4.68	4.62	4.56	4.53	4.50	4.46	4.43	4.40	4.36
6	5.99	5.14	4.76	4.53	4.39	4.28	4.21	4.15	4.10	4.06	4.00	3.94	3.87	3.84	3.81	3.77	3.74	3.70	3.67
7	5.59	4.74	4.35	4.12	3.97	3.87	3.79	3.73	3.68	3.64	3.57	3.51	3.44	3.41	3.38	3.34	3.30	3.27	3.23
8	5.32	4.46	4.07	3.84	3.69	3.58	3.50	3.44	3.39	3.35	3.28	3.22	3.15	3.12	3.08	3.04	3.01	2.97	2.93
9	5.12	4.26	3.86	3.63	3.48	3.37	3.29	3.23	3.18	3.14	3.07	3.01	2.94	2.90	2.86	2.83	2.79	2.75	2.71
10	4.96	4.10	3.71	3.48	3.33	3.22	3.14	3.07	3.02	2.98	2.91	2.85	2.77	2.74	2.70	2.66	2.62	2.58	2.54
11	4.84	3.98	3.59	3.36	3.20	3.09	3.01	2.95	2.90	2.85	2.79	2.72	2.65	2.61	2.57	2.53	2.49	2.45	2.40
12	4.75	3.89	3.49	3.26	3.11	3.00	2.91	2.85	2.80	2.75	2.69	2.62	2.54	2.51	2.47	2.43	2.38	2.34	2.30
13	4.67	3.81	3.41	3.18	3.03	2.92	2.83	2.77	2.71	2.67	2.60	2.53	2.46	2.42	2.38	2.34	2.30	2.25	2.21
14	4.60	3.74	3.34	3.11	2.96	2.85	2.76	2.70	2.65	2.60	2.53	2.46	2.39	2.35	2.31	2.27	2.22	2.18	2.13
15	4.54	3.68	3.29	3.06	2.90	2.79	2.71	2.64	2.59	2.54	2.48	2.40	2.33	2.29	2.25	2.20	2.16	2.11	2.07
16	4.49	3.63	3.24	3.01	2.85	2.74	2.66	2.59	2.54	2.49	2.42	2.35	2.28	2.24	2.19	2.15	2.11	2.06	2.01
17	4.45	3.59	3.20	2.96	2.81	2.70	2.61	2.55	2.49	2.45	2.38	2.31	2.23	2.19	2.15	2.10	2.06	2.01	1.96
18	4.41	3.55	3.16	2.93	2.77	2.66	2.58	2.51	2.46	2.41	2.34	2.27	2.19	2.15	2.11	2.06	2.02	1.97	1.92
19	4.38	3.52	3.13	2.90	2.74	2.63	2.54	2.48	2.42	2.38	2.31	2.23	2.16	2.11	2.07	2.03	1.98	1.93	1.88
20	4.35	3.49	3.10	2.87	2.71	2.60	2.51	2.45	2.39	2.35	2.28	2.20	2.12	2.08	2.04	1.99	1.95	1.90	1.84
21	4.32	3.47	3.07	2.84	2.68	2.57	2.49	2.42	2.37	2.32	2.25	2.18	2.10	2.05	2.01	1.96	1.92	1.87	1.81
22	4.30	3.44	3.05	2.82	2.66	2.55	2.46	2.40	2.34	2.30	2.23	2.15	2.07	2.03	1.98	1.94	1.89	1.84	1.78
23	4.28	3.42	3.03	2.80	2.64	2.53	2.44	2.37	2.32	2.27	2.20	2.13	2.05	2.01	1.96	1.91	1.86	1.81	1.76
24	4.26	3.40	3.01	2.78	2.62	2.51	2.42	2.36	2.30	2.25	2.18	2.11	2.03	1.98	1.94	1.89	1.84	1.79	1.73
25	4.24	3.39	2.99	2.76	2.60	2.49	2.40	2.34	2.28	2.24	2.16	2.09	2.01	1.96	1.92	1.87	1.82	1.77	1.71
26	4.23	3.37	2.98	2.74	2.59	2.47	2.39	2.32	2.27	2.22	2.15	2.07	1.99	1.95	1.90	1.85	1.80	1.75	1.69
27	4.21	3.35	2.96	2.73	2.57	2.46	2.37	2.31	2.25	2.20	2.13	2.06	1.97	1.93	1.88	1.84	1.79	1.73	1.67
28	4.20	3.34	2.95	2.71	2.56	2.45	2.36	2.29	2.24	2.19	2.12	2.04	1.96	1.91	1.87	1.82	1.77	1.71	1.65
29	4.18	3.33	2.93	2.70	2.55	2.43	2.35	2.28	2.22	2.18	2.10	2.03	1.94	1.90	1.85	1.81	1.75	1.70	1.64
30	4.17	3.32	2.92	2.69	2.53	2.42	2.33	2.27	2.21	2.16	2.09	2.01	1.93	1.89	1.84	1.79	1.74	1.68	1.62
40	4.08	3.23	2.84	2.61	2.45	2.34	2.25	2.18	2.12	2.08	2.00	1.92	1.84	1.79	1.74	1.69	1.64	1.58	1.31
60	4.00	3.15	2.76	2.53	2.37	2.25	2.17	2.10	2.04	1.99	1.92	1.84	1.75	1.70	1.65	1.59	1.53	1.47	1.39
120	3.92	3.07	2.68	2.45	2.29	2.17	2.09	2.02	1.96	1.91	1.83	1.75	1.66	1.61	1.55	1.50	1.43	1.35	1.25
∞	3.84	3.00	2.60	2.37	2.21	2.10	2.01	1.94	1.88	1.83	1.75	1.67	1.57	1.52	1.46	1.39	1.32	1.22	1.00

Upper 2.5% Points

v_2 \ v_1	1	2	3	4	5	6	7	8	9	10	12	15	20	24	30	40	60	120	∞
1	647.8	799.5	864.2	899.6	921.8	937.1	948.2	96.67	93.33	968.6	976.7	984.9	993.1	997.2	1001	1006	1010	1014	1018
2	38.51	39.00	39.17	39.25	39.30	39.33	39.36	39.37	39.39	39.40	39.41	39.43	39.45	39.46	39.46	39.47	39.48	39.49	39.50
3	17.44	16.04	15.44	15.10	14.88	14.73	14.62	14.54	14.47	14.42	14.34	14.25	14.17	14.12	14.08	14.04	13.99	13.95	13.90
4	12.22	10.65	9.98	9.60	9.36	9.20	9.07	8.98	8.90	8.84	8.75	8.66	8.56	8.51	8.46	8.41	8.36	8.31	8.26
5	10.01	8.43	7.76	7.39	7.15	6.98	6.85	6.76	6.68	6.62	6.52	6.43	6.33	6.28	6.23	6.18	6.12	6.07	6.02
6	8.81	7.26	6.60	6.23	5.99	5.82	5.70	5.60	5.52	5.46	5.37	5.27	5.17	5.12	5.07	5.01	4.96	4.90	4.85
7	8.07	6.54	5.89	5.52	5.29	5.21	4.99	4.90	4.82	4.76	4.67	4.57	4.47	4.42	4.36	4.31	4.25	4.20	4.14
8	7.57	6.06	5.42	5.05	4.82	4.65	4.53	4.43	4.36	4.30	4.20	4.10	4.00	3.95	3.89	3.84	3.78	3.73	3.67
9	7.21	5.71	5.08	4.72	4.48	4.32	4.20	4.10	4.03	3.96	3.87	3.77	3.67	3.61	3.56	3.51	3.45	3.39	3.33
10	6.94	5.46	4.83	4.47	4.24	4.07	3.95	3.85	3.78	3.72	3.62	3.52	3.42	3.37	3.31	3.26	3.20	3.14	3.08
11	6.72	5.26	4.63	4.28	4.04	3.88	3.76	3.66	3.59	3.53	3.43	3.33	3.23	3.17	3.12	3.06	3.00	2.94	2.88
12	6.55	5.10	4.47	4.12	3.89	3.73	3.61	3.51	3.44	3.37	3.28	3.18	3.07	3.02	2.96	2.91	2.85	2.79	2.72
13	6.41	4.97	4.35	4.00	3.77	3.60	3.48	3.39	3.31	3.25	3.15	3.05	2.95	2.89	2.84	2.78	2.72	2.66	2.60
14	6.30	4.86	4.24	3.89	3.66	3.50	3.38	3.29	3.21	3.15	3.05	2.95	2.84	2.79	2.73	2.67	2.61	2.55	2.49
15	6.20	4.77	4.15	3.80	3.58	3.41	3.29	3.20	3.12	3.06	2.96	2.86	2.76	2.70	2.64	2.59	2.52	2.46	2.40
16	6.12	4.69	4.08	3.73	3.50	3.34	3.22	3.12	3.05	2.99	2.89	2.79	2.68	2.63	2.57	2.51	2.45	2.38	2.32
17	6.04	4.62	4.01	3.66	3.44	3.28	3.16	3.06	2.98	2.92	2.82	2.72	2.62	2.56	2.50	2.44	2.38	2.32	2.25
18	5.98	4.56	3.95	3.61	3.38	3.22	3.10	3.01	2.93	2.87	2.77	2.67	2.56	2.50	2.44	2.38	2.32	2.26	2.19
19	5.92	4.51	3.90	3.56	3.33	3.17	3.05	2.96	2.88	2.82	2.72	2.62	2.51	2.45	2.39	2.33	2.27	2.20	2.13
20	5.87	4.46	3.86	3.51	3.29	3.13	3.01	2.91	2.84	2.77	2.68	2.57	2.46	2.41	2.35	2.29	2.22	2.16	2.19
21	5.83	4.42	3.82	3.48	3.25	3.09	2.97	2.87	2.80	2.73	2.64	2.53	2.42	2.37	2.31	2.25	2.18	2.11	2.04
22	5.79	4.38	3.78	3.44	3.22	3.05	2.93	2.84	2.76	2.70	2.60	2.50	2.39	2.33	2.27	2.21	2.14	2.08	2.00
23	5.75	4.35	3.75	3.41	3.18	3.02	2.90	2.81	2.73	2.67	2.57	2.47	2.36	2.30	2.24	2.18	2.11	2.04	1.97
24	5.72	4.32	3.72	3.38	3.15	2.99	2.87	2.78	2.70	2.64	2.54	2.44	2.33	2.27	2.21	2.15	2.08	2.01	1.94
25	5.69	4.29	3.69	3.35	3.13	2.97	2.85	2.75	2.68	2.61	2.51	2.41	2.30	2.24	2.18	2.12	2.05	1.98	1.91
26	5.66	4.27	3.67	3.33	3.10	2.94	2.82	2.73	2.65	2.59	2.49	2.39	2.28	2.22	2.16	2.09	2.03	1.95	1.88
27	5.63	4.24	3.65	3.31	3.08	2.92	2.80	2.71	2.63	2.57	2.47	2.36	2.25	2.19	2.13	2.07	2.00	1.93	1.85
28	5.61	4.22	3.63	3.29	3.06	2.90	2.78	2.69	2.61	2.55	2.45	2.34	2.23	2.17	2.11	2.05	1.98	1.91	1.83
29	5.59	4.20	3.61	3.27	3.04	2.88	2.76	2.67	2.59	2.53	2.43	2.32	2.21	2.15	2.09	2.03	1.96	1.89	1.81
30	5.57	4.18	3.59	3.25	3.03	2.87	2.75	2.65	2.57	2.51	2.41	2.31	2.20	2.14	2.07	2.01	1.94	1.87	1.79
40	5.42	4.05	3.46	3.13	2.90	2.74	2.62	2.53	2.45	2.39	2.29	2.18	2.07	2.01	1.94	1.88	1.80	1.72	1.64
60	5.29	3.93	3.34	3.01	2.79	2.63	2.51	2.41	2.33	2.27	2.17	2.06	1.94	1.88	1.82	1.74	1.67	1.58	1.48
120	5.15	3.80	3.23	2.89	2.67	2.52	2.39	2.30	2.22	2.16	2.05	1.94	1.82	1.76	1.69	1.61	1.53	1.43	1.31
∞	5.02	3.69	3.12	2.79	2.57	2.41	2.29	2.19	2.11	2.05	1.94	1.83	1.71	1.64	1.57	1.48	1.39	1.27	1.00

Upper 1% Points

v_2 \ v_1	1	2	3	4	5	6	7	8	9	10	12	15	20	24	30	40	60	120	∞
1	4052	4999.5	5403	5625	5764	5859	5928	5982	6022	6056	6106	6157	6209	6235	6261	6287	6313	6339	6366
2	98.50	99.00	99.17	99.25	99.30	99.33	99.36	99.37	99.39	99.40	99.42	99.43	99.45	99.46	99.47	99.47	99.48	99.49	99.50
3	34.12	30.82	29.46	28.17	28.24	27.91	27.67	27.49	27.35	27.23	27.05	26.87	26.69	26.60	26.50	26.41	26.32	26.22	26.13
4	21.20	18.00	16.69	15.98	15.52	15.21	14.98	14.80	14.66	14.55	14.37	14.20	14.02	13.93	13.84	13.75	13.65	13.56	13.46
5	16.26	13.27	12.06	11.39	10.97	10.67	10.46	10.29	10.16	10.05	9.89	9.72	9.55	9.47	9.38	9.29	9.20	9.11	9.06
6	13.75	10.92	9.78	9.15	8.75	8.47	8.26	8.10	7.98	7.87	7.72	7.56	7.40	7.31	7.23	7.14	7.06	6.97	6.88
7	12.25	9.55	8.45	7.85	7.46	7.19	6.99	6.84	6.72	6.62	6.47	6.31	6.16	6.07	5.99	5.91	5.82	5.74	5.65
8	11.26	8.65	7.59	7.01	6.63	6.37	6.18	6.03	5.91	5.81	5.67	5.52	5.36	5.28	5.20	5.12	5.03	4.95	4.86
9	10.56	8.02	6.99	6.42	6.06	5.80	5.61	5.47	5.35	5.26	5.11	4.96	4.81	4.73	4.65	4.57	4.48	4.40	4.31
10	10.04	7.56	6.55	5.99	5.64	5.39	5.20	5.06	4.94	4.85	4.71	4.56	4.41	4.33	4.25	4.17	4.08	4.00	3.91
11	9.65	7.21	6.22	5.67	5.32	5.07	4.89	4.74	4.63	4.54	4.40	4.25	4.10	4.02	3.94	3.86	3.78	3.69	3.60
12	9.33	6.93	5.95	5.41	5.06	4.82	4.64	4.50	4.39	4.30	4.16	4.01	3.86	3.78	3.70	3.62	3.54	3.45	3.36
13	9.07	6.70	5.74	5.21	4.86	4.62	4.44	4.30	4.19	4.10	3.96	3.82	3.66	3.59	3.51	3.43	3.34	3.25	3.17
14	8.86	6.51	5.56	5.04	4.69	4.46	4.28	4.14	4.03	3.94	1.80	3.66	3.51	3.43	3.35	3.27	3.18	3.09	3.00
15	8.68	6.36	5.42	4.89	4.56	4.32	4.14	4.00	3.89	3.80	3.67	3.52	3.37	3.29	3.21	3.13	3.05	2.96	2.87
16	8.53	6.23	5.29	4.77	4.44	4.20	4.03	3.89	3.78	3.69	3.55	3.41	3.26	3.18	3.10	3.02	2.93	2.84	2.75
17	8.40	6.11	5.18	4.67	4.34	4.10	3.93	3.79	3.68	3.59	3.46	3.31	3.16	3.08	3.00	2.92	2.83	2.75	2.65
18	8.29	6.01	5.09	4.58	4.25	4.01	3.84	3.71	3.60	3.51	3.37	3.23	3.08	3.00	2.92	2.84	2.75	2.66	2.57
19	8.18	5.93	5.01	4.50	4.17	3.94	3.77	3.63	3.52	3.43	3.30	3.15	3.00	2.92	2.84	2.76	2.67	2.58	2.49
20	8.10	5.85	4.94	4.43	4.10	3.87	3.70	3.56	3.46	3.37	3.23	3.09	2.94	2.86	2.78	2.69	2.61	2.52	2.42
21	8.02	5.78	4.87	4.37	4.04	3.81	3.64	3.51	3.40	3.31	3.17	3.03	2.88	2.80	2.72	2.64	2.55	2.46	2.36
22	7.95	5.72	4.82	4.31	3.99	3.76	3.59	3.45	3.35	3.26	3.12	2.98	2.83	2.75	2.67	2.58	2.50	2.40	2.31
23	7.88	5.66	4.76	4.26	3.94	3.71	3.54	3.41	3.30	3.21	3.07	2.93	2.78	2.70	2.62	2.54	2.45	2.35	2.26
24	7.82	5.61	4.72	4.22	3.90	3.67	3.50	3.36	3.26	3.17	3.03	2.89	2.74	2.66	2.58	2.49	2.40	2.31	2.21
25	7.77	5.57	4.68	4.18	3.85	3.63	3.46	3.32	3.22	3.13	2.99	2.85	2.70	2.62	2.54	2.45	2.36	2.27	2.17
26	7.72	5.53	4.64	4.14	3.82	3.59	3.42	3.29	3.18	3.09	2.96	2.81	2.66	2.58	2.50	2.42	2.33	2.23	2.13
27	7.68	5.49	4.60	4.11	3.78	3.56	3.39	3.26	3.15	3.06	2.93	2.78	2.63	2.55	2.47	2.38	2.29	2.20	2.10
28	7.64	5.45	4.57	4.07	3.75	3.53	3.36	3.23	3.12	3.03	2.90	2.75	2.60	2.52	2.44	2.35	2.26	2.17	2.06
29	7.60	5.42	4.54	4.04	3.73	3.50	3.33	3.20	3.09	3.00	2.87	2.73	2.57	2.49	2.41	2.33	2.23	2.14	2.03
30	7.56	5.39	4.51	4.02	3.70	3.47	3.30	3.17	3.07	2.98	2.84	2.70	2.55	2.47	2.39	2.30	2.21	2.11	2.01
40	7.31	5.18	4.31	3.83	3.51	3.29	3.12	2.99	2.89	2.80	2.66	2.52	2.37	2.29	2.20	2.11	2.02	1.92	1.80
60	7.08	4.98	4.13	3.65	3.34	3.12	2.95	2.82	2.72	2.63	2.50	2.35	2.20	2.12	2.03	1.94	1.84	1.73	1.60
120	6.85	4.79	3.95	3.48	3.17	2.96	2.79	2.66	2.56	2.47	2.34	2.19	2.03	1.95	1.86	1.76	1.66	1.53	1.38
∞	6.63	4.61	3.78	3.32	3.02	2.80	2.64	2.51	2.41	2.32	2.18	2.04	1.88	1.79	1.70	1.59	1.47	1.32	1.00

This table is abridged from Table 18 of the *Biometrika Tables for Statisticians*, Vol. 1 (1st ed.), edited by t. S. Pearson and H. O. Hartley Reproduced with the kind permission of E. S. Pearson and the trustees of *Biometrika*.

参考文献

Abbott, C. C. (1966) *Basic Research in Finance: Needs and Prospects*. Charlottesville, VA: University Press.

Abdel-khalik, A. R. & Ajinkya, B. B. (1979) *Empirical Research in Accounting: A Methodological Viewpoint*. Sarasota, FL: American Accounting Association.

Agar, M. (1996) *The Professional Stranger: An Informal Introduction to Ethnography*, 2nd ed. New York: Academic Press.

Amabile, T. M., Hill, K. G., Hennessey, B. A. & Tighe, E. M. (1994) The work preference inventory: Assessing intrinsic and extrinsic motivational orientations. *Journal of Personality and Social Psychology*, 66, 950–967.

American Psychological Association (2009) *Publication Manual of the American Psychological Association*, 6th ed. Washington, DC.

Andrews, D., Nonnecke, B. & Preece, J. (2003) Electronic survey methodology: A case study in reaching hard-to-involve Internet users. *International Journal of Human–Computer Interaction*, 16 (2), 185–210.

Angell, R. C. & Freedman, R. (1966) The use of documents, records, census materials, and indices. In L. Festinger & D. Katz (Eds.), *Research Methods in the Behavioral Sciences*. New York: Holt, Rinehart and Winston.

Baker, R. L. & Schutz, R. E. (Eds.) (1972) *Instructional Product Research*. New York: Van Nostrand.

Balsley, H. L. & Clover, V. T. (1988) *Research for Business Decisions. Business Research Methods*, 4th ed. Columbus, OH: Publishing Horizons.

Baron, R. M. & Kenny, D. A. (1986) The moderator–mediator variable distinction in social psychological research: concep-tual, strategic, and statistical considerations. *Journal of Personality and Social Psychology*, 51, 1173–1182.

Barry, H. (1969) Cross-cultural research with matched pairs of societies. *Journal of Social Psychology*, 79, 25–33.

Bending, A. W. (1954) Transmitted information and the length of rating scales. *Journal of Experimental Psychology*, 47, 303–308.

Bentley, T. J. & Forkner, I. H. (1983) *Making Information Systems Work for You: How to Make Better Decisions using Computer generated Information*. Englewood Cliffs, NJ: Prentice Hall.

Bernard, R. H. (1994) *Research Methods in Anthropology: Qualitative and Quantitative Approaches*, 2nd ed. Walnut Creek, CA: AltaMira Press.

Beynon, H. (1975) *Working for Ford*. London: EP Publishing.

Billings, R. S. & Wroten, S. P. (1978) Use of path analysis in industrial/organizational psychology: Criticisms and suggestions. *Journal of Applied Psychology*, 63(6), 677–688.

Bitner, M. J., Booms, B. H. & Tetreault, M. S. (1990) The service encounter – diagnosing favorable and unfavorable incidents. *Journal of Marketing*, 54, 71–84.

Blank, G. (1989). Finding the right statistic with statistical navigator. *PC Magazine*, March 14, p. 97.

Boot, J. C. G. & Cox, E. B. (1970) *Statistical Analysis for Managerial Decisions*. New York: Mc-

Graw-Hill.

Bordens, K. S. & Abbott, B. B. (1988) *Research Design and Methods: A Process Approach*. Mountain View, CA: Mayfield Publishing.

Bougie, R., Pieters, R. & Zeelenberg, M. (2003) Angry customers don't come back, they get back: The experience and behavioral implications of anger and dissatisfaction in services. *Journal of the Academy of Marketing Science*, 31, 377–393.

Box, G. & Jenkins, G. (1970) *Time Series Analysis: Forecasting and Control*. San Francisco: Holden-Day.

Brown, L. D. & Vasarhelyi, M. A. (1985) *Accounting Research Directory: The Database of Accounting Literature*. New York: Markus Wiener Publishing.

Bruner II, G. C., Hensel, P. J. & James, K. E. (2005) *Marketing Scales Handbook*. Chicago: Thomson South-Western Co.

Bullock, J. G., Green, D. P. & Ha, S. E. (2010) Yes, but what's the mechanism? (Don't expect an easy answer). *Journal of Personality and Social Psychology*, 98 (April), 550–558.

Burger, D. (2015, March 12). *EA Tries Selling Video Games That Work*. Retrieved from http://www.bloomberg.com/news/articles/2015-03-12/electronic-arts-delays-game-releases-to-fix-bugs-for-a-change

Burgess, R (Ed.) (1989) *The Ethics of Educational Research*. Lewes: Falmer Press.

Burton, S. & Lichtenstein, D. R. (1988) The effect of ad claims and ad context on attitude toward the advertisement. *Journal of Advertising*, 17, 3–11.

Cacioppo, J. T. & Petty, R. E. (1982) The need for cognition. *Journal of Personality and Social Psychology*, 42, 116–131.

Campbell, A. A. & Katona, G. (1966) The sample survey: A technique for social science research. In L. Festinger & D. Katz (Eds.), *Research Methods in the Behavioral Sciences*. New York: Holt, Rinehart and Winston.

Campbell, D. T. (1976) Psychometric theory. In M. D. Dunnette (Ed.), *Handbook of Industrial and Organizational Psychology*. Chicago: Rand McNally.

Campbell, D. T. & Fiske, D. W. (1959) Convergent and discriminant validation by the multitrait-multimethod matrix. *Psychological Bulletin*, 56, 81–105.

Campbell, D. T. & Stanley, J. C. (1966) *Experimental and Quasi experimental Designs for Research*. Chicago: Rand McNally.

Cannell, C. F. & Kahn, R. L. (1966) The collection of data by interviewing. In L. Festinger & D. Katz (Eds.), *Research Methods in the Behavioral Sciences*. NewYork: Holt, Rinehart andWinston.

Carlsmith, M., Ellsworth, P. C. & Aronson, E. (1976) *Methods of ResearchinSocialPsychology*.Reading,MA:Addison-Wesley.

Cattell, R. B. (1966) The screen test for the number of factors. *Multivariate Behavioral Research*, 1, 245–276.

Chein, L. (1959) An introduction to sampling. In C. Selltiz, M. Jahoda, M. Deutsch, & S. W. Cook (Eds.), *Research Methods in Social Relations*. New York: Holt, Rinehart and Winston.

Chicago Manual of Style, 16th ed. (2010) Chicago: University of Chicago Press.

Churchill, G. A. (1987) *Marketing Research: Methodological Foundations*. Chicago: Dryden Press.

Clark, D. & Bank, D. (1998) Microsoft and Sony agree to work together to link consumer-electronic devices. *Wall Street Journal*, April 8, p. B6.

Cohen, J. (1969) *Statistical Power Analysis for the Behavioral Sciences*. New York: Academic Press.

Cohen, J. (1990) Things I have learned (so far). *American Psychologist*, 1304–1312.

Cook, T. D. & Campbell, D. T. (1979a) *Quasi-experimentation: Design and Analysis Issues for Field Settings*. Boston: Houghton-Mifflin.

Cook, T. D. & Campbell, D. T. (1979b) Four kinds of validity. In R. T. Mowday & R. M. Steers (Eds.), *Research in Organizations: Issues and Controversies*. Santa Monica, CA: Goodyear Publishing.

Cooke, A. (2001) *A Guide to Finding Quality Information on the Internet: Selection and Evaluation Strategies*, 2nd ed. London: Library Association.

Coombs, C. H. (1966) Theory and methods of social measure-ment. In L. Festinger & D. Katz (Eds.), *Research Methods in theBehavioralSciences*.NewYork:Holt,RinehartandWinston.

Cortada, J. W. (1996) *Information Technology as Business History: Issues in the History and Management of Computers*. Westport, CT: Greenwood Press.

Coulter, M. K. (2002) *Strategic Management in*

Action. Englewood Cliffs, NJ: Prentice Hall.

Couper, M. P. (2000) Web-based surveys: A review of issues and approaches. *Public Opinion Quarterly*, 64 (4), 464–494.

Cronbach, L. J. (1946) Response sets and test validating. *Edu cational and Psychological Measurement*, 6, 475–494.

Cronbach, L. J. (1990) *Essentials of Psychological Testing*, 5th ed. New York: Harper & Row.

Cronin, M. J. (1998a) Business secrets of the billion-dollar website. *Fortune*, February 2, p. 142.

Cronin, M. J. (1998b) Ford's Intranet success. *Fortune*, March 30, p. 158.

Crosby, L. A. & Stephens N. (1987) Effects of relationship marketing on satisfaction, retention, and prices in the life insurance industry. *Journal of Marketing Research*, 24, 404–411.

Crowne, D. P. & Marlowe, D. (1980) *The Approval Motive: Studies in Evaluative Dependence*. Westport, CT: Greenwood Press.

Cummings, L. L. (1977) Emergence of the instrumental organization. In P. S. Goodman & J. M. Pennings (Eds.), *New Perspectives on Organizational Effectiveness*. San Francisco, CA: Jossey-Bass, pp. 56–62.

Cummings,T.G.&Worley, C.G. (2015) *Organization Development and Change*.Boston: Cengage Learning.

Davies, G. R. & Yoder, D. (1937) *Business Statistics*. New York: John Wiley & Sons, Inc.

Davis, D. & Cosenza, R. M. (1988) *Business Research for Decision Making*, 2nd ed. Boston: PWS-Kent Publishing.

DeArmond, S., Tye, M., Chen, P. Y., Krauss, A., Rogers, D. A. & Sintek, E. (2006) Age and gender stereotypes: New challenges in a changing workplace and workforce. *Journal of Applied Social Psychology*, 36, 2184-2214.

DeJong, M. (2006) *Response bias in international marketing research*, Doctoral Dissertation, Tilburg University.

Delamont, S. (2004) Ethnography and participant observation. In C. Seale, G. Gobo & J. Gubrium (Eds.) *Qualitative Research Practices*, pp. 217–229. London: Sage.

DeMunck, V. C. & Sobo, E. J. (Eds.) (1998) *Using Methods in the Field: A Practical Introduction and Casebook*. Walnut Creek, CA: AltaMira Press.

Denzin, N. K. (2000) The practices and politics of interpretation. In N. K. Denzin & Y. S. Lincoln (Eds.), *Handbook of Qualitative Research*, 2nd ed. Thousand Oaks, CA: Sage.

DeWalt, K. M. & DeWalt, B. R. (2002) *Participant Observation: A Guide for Fieldworkers*. Walnut Creek, CA: AltaMira Press.

Doran, G. T. (1981). There's a S.M.A.R.T. Way to Write Management's Goals and Objectives. *Management Review*, 70,35–36.

Douglas, M. & Wildavsky A.B. (1982) *Risk and Culture*. Berkeley: University of California Press.

Drenkow, G. (1987) Data acquisition software that adapts to your needs. *Research and Development*, April, 84–87.

Dubé, L. & Maute, M. (1996) The antecedents of brand switching, brand loyalty and verbal responses to service failure. *Advances in Services Marketing and Management*, 5, 127–151.

Dubé-Rioux, L., Schmitt, B. H. & LeClerc, F. (1988) Consumers' reactions to waiting: When delays affect the perception of service quality. In T. Snull (Ed.), *Advances in Consumer Research*, Volume 16(1).

Edwards, A. L. (1957) *Manual for the Edwards Personal Preference Schedule*. New York: Psychological Corporation.

Elmore, P. E. & Beggs, D. L. (1975) Salience of concepts and commitment to extreme judgements in response pattern of teachErs. *Education*, 95(4), 325–334.

Emerson, R., Fretz, R. & Shaw, L. (1995) *Writing Ethnographic Fieldnotes*. Chicago: University of Chicago Press.

Emory, C. W. (1985) *Business Research Methods*, 3rd ed. Homewood, IL: Richard D. Irwin.

Etzioni, A. (1960) Interpersonal and structural factors in the study of mental hospitals. *Psychiatry*, 23, 13–22.

Ferris, K. R. (1988) *Behavioral Accounting Research: A Critical Analysis*. Columbus, OH: Century VII Publishing.

Festinger, L. (1966) Laboratory experiments. In L. Festinger & D. Katz (Eds.), *Research Methods in the Behavioral Sciences*. New York: Holt, Rinehart and

Winston.

Festinger, L. & Katz, D. (1966) *Research Methods in the Behavioral Sciences*. New York: Holt, Rinehart and Winston.

Fiedler, F. (1967) *A Theory of Leadership Effectiveness*. New York: McGraw-Hill.

Field, A. (2009) *Discovering Statistics Using SPSS*. Sage Publications.

Fink, A. (2003) *The Survey Kit*, 2nd ed. Thousand Oaks, CA: Sage.

Fishbein, M. (1967) *Readings in Attitude Theory and Measurement*. New York: John Wiley.

Folkes, V. S., Koletsky, S. & Graham, J. L. (1987) A field study of causal inferences and consumer reaction: The view from the airport. *Journal of Consumer Research*, 13, 534–539.

Folkman, J.R. (2006) The Power of Feedback. 35 Principles for Turning Feedback from Others into Personal and Professional Change. Chichester: John Wiley & Sons.

Fornell, C. (1987) A second generation of multivariate analysis: Classification of methods and implications for marketing research. In M. Houston (Ed.), *Review of Marketing*. Chicago, IL: American Marketing Association.

Fornell, C. & Bookstein, F. L. (1982) Two structural equation models: LISREL and PLS applied to consumer exit-voice theory. *Journal of Marketing Research*, 19, 440–452.

Frederichs, J. & Ludtke, H. (1975) *Participant Observation: Theory and Practice*. Lexington, MA: Lexington Books.

French, J. R. P. (1966) Experiments in field settings. In L. Festinger & D. Katz (Eds.), *Research Methods in the Behavioral Sciences*. New York: Holt, Rinehart and Winston.

Garten, J. E. (1998) Why the global economy is here to stay. *Business Week*, March 23, p. 21.

Gaski, J. F. & Etzel, M. J. (1986) The index of consumer sentiment toward marketing. *Journal of Marketing*, 50, 71–81.

Georgopolous, B. S. & Tannenbaum, A. S. (1957) The study of organizational effectiveness. *American Sociological Review*, 22, 534–540.

Glaser, B. (1978) *Theoretical Sensitivity*. Mill Valley, CA: Sociology Press.

Glaser, B. G. & Strauss, A. L. (1967) *The Discovery of Grounded Theory*. Chicago: Aldine.

Gordon, R. A. (1973) An explicit estimation of the prevalence of commitment to a training school, to age 18, by race and by sex. *Journal of the American Statistical Association*, 68, 547–553.

Gorsuch, R. L. (1974) *Factor Analysis*. Philadelphia: Saunders.

Gorsuch, R.L. (1983) *Factor Analysis*, 2nd ed. Philadelphia: Saunders.

Green, P. E., Kedia, P. K. & Nikhil, R. S. (1985) *Electronic Questionnaire Design and Analysis with CAPPA*. Palo Alto, CA: The Scientific Press.

Grove, S. J. & Fisk, R. P. (1992) Observational data collection methods for services marketing: An overview. *Journal of the Academy of Marketing Science*, 20(3), 217–224.

Hair, J. F., Jr., Anderson, R. E., Tatham, R. L. & Black, W. C. (1995) *Multivariate Data Analysis*. Englewood Cliffs, NJ: Prentice Hall.

Hardy, Q. & Goel, V. (2015, March 26). *Drones Beaming Web Access are in the Stars for Facebook*. Retrieved from http://www.nytimes.com/2015/03/26/technology/drones-beaming-web-access-are-in-the-stars-for-facebook.html

Harnett, D. L. & Horrell, J. F. (1998) *Data, Statistics, and Decision Models with Excel*. New York: John Wiley & Sons, Inc.

Hart, C. (1998) *Doing a Literature Review*. London: Sage.

Heerde, H. van, Leeflang P. S. H. & Wittink, D. R. (2004) Decomposing the sales promotion bump with store data. *Marketing Science*, 23, 317–334.

Heggestad, E. D. & Kanfer, R. (1999) *Individual differences in trait motivation: Development of the motivational trait questionnaire*. Poster presented at the Annual Meetings of the Society of Industrial and Organizational Psychology, Atlanta, Georgia, April.

Hoel, P. G. & Jessen, R. J. (1971) *Basic Statistics for Business and Economics*. New York: John Wiley.

Horst, P. (1968) *Personality: Measurement of Dimensions*. San Francisco: Jossey-Bass.

Hume, L. & Mulcock J. (Eds) (1994) *Anthropologists in the Field: Cases in Participant Observation*. New York: Columbia University Press.

Hunt, S. D. (1983) *Marketing Theory: The Phi-*

losophy of Marketing Science. Homewood, IL: Richard D. Irwin.

IJzermans, M. G. & Van Schaaijk, G. A. F. M. (2007) Oefening baart kunst. Onderzoeken, argumenteren en presenteren voor juristen. Den Haag: Boom Juridische uitgevers.

Izard, C. E. (1977) Human Emotions. New York: Plenum.

Jarvis, C. B., MacKenzie, S. B. & Podsakoff, P. M. (2003) A critical review of construct indicators and measurement model misspecification in marketing and consumer research. Journal of Consumer Research, 30(2), 199–218.

Jorgensen, D. L. (1989) Participant Observation: Methodology for Human Studies. Newbury, CA: Sage.

Kanuk, L. & Berenson, C. (1975) Mail surveys and response rates: A literature review. Journal of Marketing Research, 12, 440–453.

Kaplan, A. (1979) The Conduct of Inquiry: Methodology for Behavioral Science. New York: Harper & Row.

Kapteyn B. (1999) Probleemoplossing in organisaties. Houten: Bohn Stafleu van Loghum.

Kassarjian, H. H. (1977) Content-analysis in consumer research. Journal of Consumer Research, 4, 8–18.

Katz, D. (1966) Research Methods in the Behavioral Sciences. New York: Holt, Rinehart and Winston.

Katz, D. & Kahn, R. L. (1966) Organizations and the System Concept: The Social Psychology of Organizations. John Wiley & Sons, Inc. Reprinted in Shafritz, J. & Ott, J. S. (2001) Classics of Organization Theory. Fort Worth: Harcourt College Publishers.

Keaveney, S. M. (1995) Customer Switching Behavior in Service Industries – an Exploratory Study. Journal of Marketing, 59, 71–82.

Kelley, S. W., Hoffman, K. D. & Davis, M. A. (1993) A typology of retail failures and recoveries. Journal of Retailing, 69, 429–452.

Kelly, F. J., Beggs, D. L., McNeil, K. A., Eichelberger, T. & Lyon, J. (1969) Research Design in the Behavioral Sciences: Multiple Regression Approach. Carbondale, IL: Southern Illinois University Press.

Kerlinger, R. N. (1986) Foundations of Behavioral Research, 3rd ed. New York: Holt, Rinehart and Winston.

Kidder, L. H. & Judd, C. H. (1986) Research Methods in SocialRelations. New York: Holt, Rinehart and Winston.

Kilmer, B. & Harnett, D. L. (1998) KADDSTAT: Statistical Analysis Plugin to Microsoft Excel. New York: John Wiley.

Kirby, C. (2001) Snail mail's loss could be e-mail's gain. San Francisco Chronicle, October 23, p. B1.

Kirk, R. E. (1982) Experimental Design: Procedures for the Behavioral Sciences. Belmont, CA: Brooks/Cole.

Kish, L. (1965) Survey Sampling. New York: John Wiley.

Kish, L. (1966) Selection of the sample. In L. Festinger & D. Katz (Eds.), Research Methods in the Behavioral Sciences. New York: Holt, Rinehart and Winston.

Knechel, W. R. (1986) A simulation study of the relative effec-tiveness of alternative analytical review procedures. DecisionSciences, 17(3), 376–394.

Kolbe, R. H. & Burnett, M. S. (1991) Content analysis research: an examination of applications with directives for improving research reliability and objectivity. Journal of Consumer Research, 18, 243–250.

Kornhauser, A. & Sheatsley, P. B. (1959) Questionnaire construc-tion and interview procedure. In C. Sellitz, M. Jahoda, M. Deutsch & S. W. Cook (Eds.), Research Methods in Social Relations. New York: Holt, Rinehart and Winston.

Krejcie, R. & Morgan, D. (1970) Determining sample size for research activities. Educational and Psychological Measurement, 30, 607–610.

Kuder, G. F. & Richardson, M. W. (1937) The theory of the estimation of test reliability. Psychometrika, 2, 151–160.

Kuppens, P., VanMechelen, I., Smits, D. J. M. & DeBoeck, P. (2003) The appraisal basis of anger: Specificity, necessity, and sufficiency of components. Emotion, 3(3), 254–269.

Labaw, P. (1980) Advanced Questionnaire Design. Cambridge, MA: Abt Books.

Lauder, M. A. (2003) Covert participant observation of a deviantcommunity: Justifying the use of deception. Journal of Contemporary Religion, 18(2), 185–196.

Lazarsfeld, P. F. (1935) The art of asking why. *National Marketing Research*, 1, 26–38.

Leedy, P. D. (1985) *Practical Research: Planning and Design*, 3rd ed. New York: Macmillan Publishing.

Lehmann, D. R., Gupta S. & Steckel J.H. (1998) *Marketing Research*. Boston: Addison-Wesley.

Leshin, C. B. (1997) *Management on the World Wide Web*. Englewood Cliffs, NJ: Prentice Hall.

Likert, R. (1932) A technique for the measurement of attitudes. *Archives of Psychology*, No. 140.

Lombardo, M. L., McCall, M. & DeVries, D. L. (1983) *Looking Glass*. Glenview, IL: Scott Foresman, Co.

Lückerath-Rovers, M. (2013) Women on boards and company performance. *Journal of Management and Governance*, 17 (2), 491–509.

Luconi, F. L., Malone, T. W. & Scott Morton, M. S. (1986) Expert systems: The next challenge for managers. *Sloan Management Review*, 27(4), 3–14.

Luftman, J. N. (1996) *Competing in the Information Age: Strategic Alignment in Practice*. New York: Oxford University Press.

Machi, L. E. & McEvoy, B. T. (2009) *The Literature Review: Six Steps to Success*. Thousand Oaks: Corwin Sage.

Malinowski, B. (1992) *Argonauts of the Western Pacific*. New York: Dutton (First Published 1922).

Mandalios, J. (2013) RADAR: An approach for helping students evaluate Internet sources. *Journal of Information Science*, 39, 470–478.

Mangold, W. G., Miller, F. & Brockway, G. R. (1999) Word-of-mouth communication in the service marketplace. *Journal of Services Marketing*, 13, 73–89.

Marascuilo, L. A. & McSweeney, M. (1977) *Nonparametric and Distributionfree Methods for the Social Sciences*. Monterey, CA: Brooks/Cole.

Marcus, G. E. & Fischer, M. M. J. (1986) *Anthropology as Cultural Critique. An Experimental Moment in the Human Sciences*. Chicago: University of Chicago Press.

Martin, M. H. (1998) Smart managing: Best practices, careers, and ideas. *Fortune, February* 2, p. 149.

McClave, J. T. & Benson, P. G. (1988) *Statistics for Business and Economics*, 4th ed. San Francisco: Dellen Publishing Co.

McClung, J., Grove S. J., & Hughes, M. A. (1989) An investiga-tion of the impact and situation as determinants of customers' approach skills in retailing. In P. Bloom et al. (Eds.), *Proceedings: Summer Conference of the American Marketing Association*. Chicago. 92.

McKellar, P. (1949) The emotion of anger in the expression of human aggressiveness. *British Journal of Psychology*, 39, 148–155.

McNeil, K.A., Kelly, F. J. & McNeil, J. T. (1975) *Testing Research Hypotheses using Multiple Linear Regression*. Carbondale, IL: Southern Illinois University Press.

Meltzer, M. E. (1981) *Information: The Ultimate Management Resource*. New York: Amacom.

Menon A. & Varadarajan P.R. (1992) A model of marketing knowledge use within firms. *Journal of Marketing*, 56, 53–71.

Merriam, S. B. (1988). *Case Study Research in Education: A Qualitative Approach*. San Francisco: Jossey-Bass Publishers.

Merton, R. K. & Kendall, P. L. (1955) The focused interview. In P. F. Lazarsfeld & M. Rosenberg (Eds.), *The Language of Social Research*. New York: The Free Press.

Mick, D. & Buhl, C. (1992) A meaning-based model of advertising experiences. *Journal of Consumer Research*, 19, 317–338.

Miles, M. B. & Huberman, A. M. (1994) *Qualitative Data Analysis*, 2nd ed. Thousand Oaks, CA: Sage.

Miller, E. G., Kahn, B., & Luce M. F. (2008) Consumer wait management strategies for negative service events: A coping approach. *Journal of Consumer Research*, 34(5), 635–648.

Minichiello, V., Aroni, R., Timewell, E. & Alexander, L. (1990) *Indepth Interviewing: Researching People*. Melbourne: Longman Cheshire.

Mintzberg, H. (1971) Managerial work: Analysis from observa-tion. *Management Science*, 18, 23, 97–110.

Mitchell, R. E. (1969) Survey materials collected in developing countries: Sampling, measurement, and interviewing obstacles to intra- and international comparisons. In J. Boddewyn (Ed.), *Comparative Management and Marketing*, pp. 232–252. Glenview, IL: Scott, Foresman & Co.

Mittal, B. & Lassar, W. M. (1996) The role of personalization in service encounters. *Journal of Retail-*

ing, 72, 95–109.

Muehling, D. D. (1987) An investigation of factors underlying attitude toward advertising in general. *Journal of Advertising*, 16(1), 32–40.

Murdick, P. G. & Cooper, D. R. (1982) *Business Research: Concepts and Guides*. Columbus, OH: Grid Publishing.

Murray, N. & Hughes, G. (2008) *Writing up your university assignments and research projects: A practical handbook*. New York: McGraw-Hill.

Namboodiri, N. K., Carter, L. F. & Blalock, H. M. (1975) *Applied Multivariate Analysis and Experimental Designs*. New York: McGraw-Hill.

Nasr-Bechwati, N. & Morrin, M. (2003) Outraged consumers: Getting even at the expense of getting a good deal. *Journal of Consumer Psychology*, 13, 440–453.

Norusis, M. J. (1998) *SPSS 8.0 Guide to Data Analysis*. Englewood Cliffs, NJ: Prentice Hall.

Nyer, P. U. (1997) A study of the relationships between cognitive appraisals and consumption emotions. *Journal of the Academy of Marketing Science*, 25, 296–304.

Oliver, R. L. (1996) *Satisfaction: A Behavioral Perspective on the Consumer*. New York: McGraw-Hill.

O'Neil, D., Hopkins, M. M. & Bilimoria, D. (2008) Women's careers at the start of the 21st century: Patterns and paradoxes. *Journal of Business Ethics*, 80, 727–743.

Oppenheim, A. N. (1986) *Questionnaire Design and Attitude Measurement*. Gower Publishing.

Osborn, R. N. & Vicars, W. M. (1976) Sex stereotypes: An artifact in leader behavior and subordinate satisfaction analysis? *Academy of Management Journal*, 19, 439–449.

Parasuraman, A., Drewal G. & Krishnan, D. (2004) *Marketing Research*. Boston: Cengage Learning.

Park, Y. -H. & Fader P. S. (2004) Modeling browsing behavior at multiple web sites. *Marketing Science*, 23, 280–303.

Parrott, W. G. (2001) *Emotions in Social Psychology: Essential Readings*. Philadelphia: Psychology Press.

Payne, S. L. (1951) *The Art of Asking Questions*. Princeton, NJ: Princeton University Press.

Peak, H. (1966) Problems of objective observation. In L. Festinger & D. Katz (Eds.), *Research Methods in the Behavioral Sciences*. New York: Holt, Rinehart and Winston.

Pedhazur, E. J. (1982) *Multiple Regression in Behavioral Research: Explanation and Prediction*, 2nd ed. New York: CBS College Publishing.

Pelosi, M. K., Sandifer, T. M. & Letkowski, J. J. (1998) *Doing Statistics with Excel™ 97: Software Instruction and Exercise Activity Supplement*. New York: John Wiley & Sons, Inc.

Perrier, C. & Kalwarski, G. (1989) Stimulating Simulations: Technique shows relationship between risk, funding. *Pensions and Investment Age*, October 30, 41–43.

Pfeffer, J. (1977) The ambiguity of leadership. *The Academy of Management Review*, 2.

Pope D., Price J. & Wolfers J. (2018) Awareness Reduces Racial Bias. *Management Science*, 64, 4988–4995.

Popper, K. R. (2002a) *The Logic of Scientific Discovery*. London: Routledge.

Popper, K. R. (2002b) *Conjectures and Refutations*. London: Routledge.

Preacher, K. J., Rucker, D. D. & Hayes, A. F. (2007) Addressing moderated mediated hypotheses: Theory, methods, and pre-scriptions. *Multivariate Behavioral Research*, 42, 185–227.

Price, J. (1997) Handbook of Organizational Measurement. *International Journal of Manpower*, 18(4/5/6), 301–558.

Price, J. L. & Mueller, C. W. (1986) *Handbook of Organizational Measurement*. Marshfield, MA: Pitman.

Rao, C. R. (1973) *Linear Statistical Inference and itsApplications*, 2nd ed. New York: John Wiley.

Resta, P. A. (1972) *The Research Report*. New York: American Book Co.

Richins, M. L. & Dawson, S. (1992) Consumer values orientation for materialism and its measurement: Scale development and validation. *Journal of Consumer Research*, 19, 303–316.

Ridgway, N., Kukar-Kinney, M. & Monroe, K. (2018) An expanded conceptualization and a new measure of compulsive buying. *Journal of Consumer Research*, 35, 622–639.

Riley, M. W. & Nelson, E. E. (1974) *Sociological*

Observation: A Strategy for New Social Knowledge. New York:Basic Books.

Rizzo, J. R., House, R. J. & Lirtzman, S. L. (1970) Role conflict and role ambiguity in complex organizations. *Administrative Science Quarterly*, 15, 150–163.

Rook, D. W. (1987) The buying impulse. *Journal of Consumer Research*, 14(2), 189–199.

Roscoe, J. T. (1975) *Fundamental Research Statistics for the Behavioral Sciences*, 2nd ed. New York: Holt, Rinehart and Winston.

Runkel, P. J. & McGrath, J. E. (1972) *Research on Human Behavior: A Systematic Guide to Method*. New York: Holt, Rinehart and Winston.

Salvia, A. A. (1990) *Introduction to Statistics*. Philadelphia, PA: Saunders.

Scaraboto, D., Rossi, C. & Costa, D. (2012). How consumers persuade each other: rhetorical strategies of interpersonal influence in online communities. *Brazilian Administration Review*, 9(3), 246–267.

Schein, V. E. (2007) Women in management: Reflections and projections. *Women in Management Review*, 22(1), 6–18.

Schensul, S. L., Schensul, J. J. & LeCompte, M. D. (1999) *Essential Ethnographic Methods: Observations, Interviews, and Questionnaires* (Book 2 in Ethnographer's Toolkit). Walnut Creek, CA: AltaMira Press.

Schmitt, N. W. & Klimoski, R. J. (1991) *Research Methods in Human Resources Management*. Cincinnati, OH: South-Western Publishing.

Sekaran, U. (1983) Methodological and theoretical issues and advancements in cross-cultural research. *Journal of International Business*, Fall, 61–73.

Sekaran, U. (1986) *Dualcareer Families: Contemporary Organizational and Counseling Issues*. San Francisco: Jossey-Bass.

Sekaran, U. & Martin, H. J. (1982) An examination of the psychometric properties of some commonly researched individual differences, job, and organizational variables in two cultures. *Journal of International Business Studies*, Spring/Summer, 51–66.

Sekaran, U. & Trafton, R. S. (1978) The dimensionality of jobs: Back to square one. *Twentyfourth Midwest Academy of Management Proceedings*, pp. 249–262.

Selltiz, C., Jahoda, M., Deutsch, M. & Cook, S. W. (1959) *Research Methods in Social Relations*, rev. ed. New York: Holt, Rinehart, and Winston.

Selltiz, C., Wrightsman, L. S. & Cook, S. W. (1981) *Research Methods in Social Relations*, 4th ed. New York: Holt, Rinehart and Winston.

Shapira, Z. (1995) *Risk Taking: A Managerial Perspective*. New York: Russell Sage Foundation.

Sharma, S., Durand, R. M. & Gur-Arie, O. (1981) Identification and analysis of moderator variables. *Journal of Marketing Research*, 18, 291–300.

Shrout, P. E. & Bolger, N. (2002) Mediation in experimental and nonexperimental studies: New procedures and recommenda-tions. *Psychological Methods*, 7(4), 422–445.

Shurter, R. L., Williamson, J. P. & Broehl, W. G., Jr. (1965) *Business Research and Report Writing*. New York: McGraw-Hill.

Smith, C. A. & Ellsworth, P. C. (1987) Patterns of appraisals and emotions related to taking an exam. *Journal of Personality and Social Psychology*, 52, 475–488.

Smith, C. B. (1981) *A Guide to Business Research: Developing, Conducting, and Writing Research Projects*. Chicago, IL: Nelson-Hall.

Smith, P. C., Kendall, L. & Hulin, C. (1969) *The Measurement of Satisfaction in Work and Retirement*. Chicago: Rand McNally.

Spradley, J. P. (1980) *Participant Observation*. New York: Holt, Rinehart and Winston.

Stanford, D. (2015, March 19). *Scientists are Racing to Build a Better Diet Soda*. Retrieved from http://www.bloomberg.com/news/articles/2015-03-19/coke-pepsi-seek-diet-soda-s-perfect-sweetener

Stern, B. B., Thompson, C. J. & Arnould, E. J. (1998) Narrative analysis of a marketing relationship: The consumer's perspective. *Psychology and Marketing*, 15(3), 195–214.

Stern, N. B. & Stern, R. A. (1996) *Computing in the Information Age*, 2nd ed. New York: John Wiley & Sons, Inc.

Steufert, S., Pogash, R. & Piasecki, M. (1988) Simulation-based assessment of managerial competence: Reliability and validity. *Personnel Psychology*, 41(3), 537–557.

Stone, E. (1978) *Research Methods in Organizational Behavior*. Santa Monica, CA: Goodyear Publishing.

Strauss, A. & Corbin, J. (1990) *Basics of Qualitative Research: Grounded Theory Procedures and Techniques*. Sage Publications.

Sturges, J., Guest, D., Conway, N. & Davey, K. M. (2002) A longitudinal study of the relationship between career management and organizational commitment among graduates in the first ten years at work. *Journal of Organizational Behavior*, 23, 731–748. http://doi: 10.1002/job.164

Super, D. E. (1970) *Work Values Inventory Manual*. Boston, MA: Houghton Mifflin Co.

Taylor, S. (1994) Waiting for service – the relationship between delays and evaluations of service. *Journal of Marketing*, 58, 56–69.

Tomaski, E. A. (1970) *The Computer Revolution: The Executive and the New Information Technology*. New York: Macmillan. Toulmin S. E. (1958) *The uses of argument*. Cambridge: Cambridge University Press.

Turabian, K. L. (2007) *A Manual for Writers of Term Papers, Theses, and Dissertations*, 7th ed. Chicago: University of Chicago Press.

Turban, E., McLean, E. & Wetherbe, J. (1998) *Informational Technology for Management: Making Connections for Strategic Advantage*. New York: John Wiley & Sons, Inc.

University of Chicago (2010) *The Chicago Manual of Style*, 16th ed. Chicago: University of Chicago Press.

Villa Rojas, A. (1979) Fieldwork in the Mayan region of Mexico. In G. Foster, T. Scudder, E. Colson & R. Kemper (Eds.), *Long Term Field Research in Social Anthropology*, pp. 45–64. New York: Academic Press.

Ward, J. C. & Ostrom, A. L. (2006) Complaining to the masses: The role of protest framing in customer-created complaint web sites. *Journal of Consumer Research*, 33, 220–230.

Webb, E. J., Campbell, D. T., Schwartz, P. D. & Sechrest, L. (1966) *Unobtrusive Measures: Nonreactive Research in the Social Sciences*. Chicago, IL: Rand McNally.

Werner, O. & Schoepfle, M. G. (1987) *Systematic Fieldwork. Volume 1: Foundations of Ethnography and Interviewing*. Newbury Park, CA: Sage Publications.

Wetherbe, J. C. (1983) *Computerbased Information Systems*. Englewood Cliffs, NJ: Prentice Hall. What is Plagiarism? (n.d.) Retrieved June 22, 2011, from http://www.plagiarism.org/learning_center/what_is_plagiarism.html

White, J. K. & Ruh, R. A. (1973) Effects of personal values on the relationship between participation and job attitudes. *Admin istrative Science Quarterly*, 18(4), 506–514.

Wildstrom, S. H. (1998) Web sites made simpler. *Business Week*, January 26.

Williams, C. T. & Wolfe, G. K. (1979) *Elements of Research: A Guide for Writers*. Sherman Oaks, CA: Alfred Publishing.

Wolcott, H. (2001) *Writing Up Qualitative Research*, 2nd ed. London: Sage.

Wolfers, J. (2015, March 2). *Fewer Women Run Big Companies Than Men Named John*. Retrieved from http://www.nytimes.com/2015/03/03/upshot/fewer-women-run-big-companies-than-men-named-john.html?_r=0&abt=0002&abg=1

Wright, K. B. (2005) Researching internet-based populations: Advantages and disadvantages of online survey research, online questionnaire authoring software packages, and web survey services. *Journal of ComputerMediated Communica tion*, http://doi: 10.1111/j.1083-6101.2005.tb00259.x

Yin, R. (2009) *Case Study Research: Design and Methods*, 4th ed. Thousand Oaks, CA: Sage Publications.

Yuchtman, E. & Seashore, S. E. (1967) A system resource approach to organizational effectiveness. *American Socio logical Review*, 32, 891–903.

Zahle, J. (2012) Practical knowledge and participant observation. *Inquiry: An Interdisciplinary Journal of Philosophy*, 55, 50–65.

Zeithaml, V. A., Berry, L. L. & Parasuraman, A. (1996) The behav-ioral consequences of service quality. *Journal of Retailing*, 60, 31–46.

Zetterberg, H. (1955) On axiomatic theories in sociology. In P. F. Lazarsfeld & M. Rosenberg (Eds.), *The Language of Social Research*. New York: The Free Press.